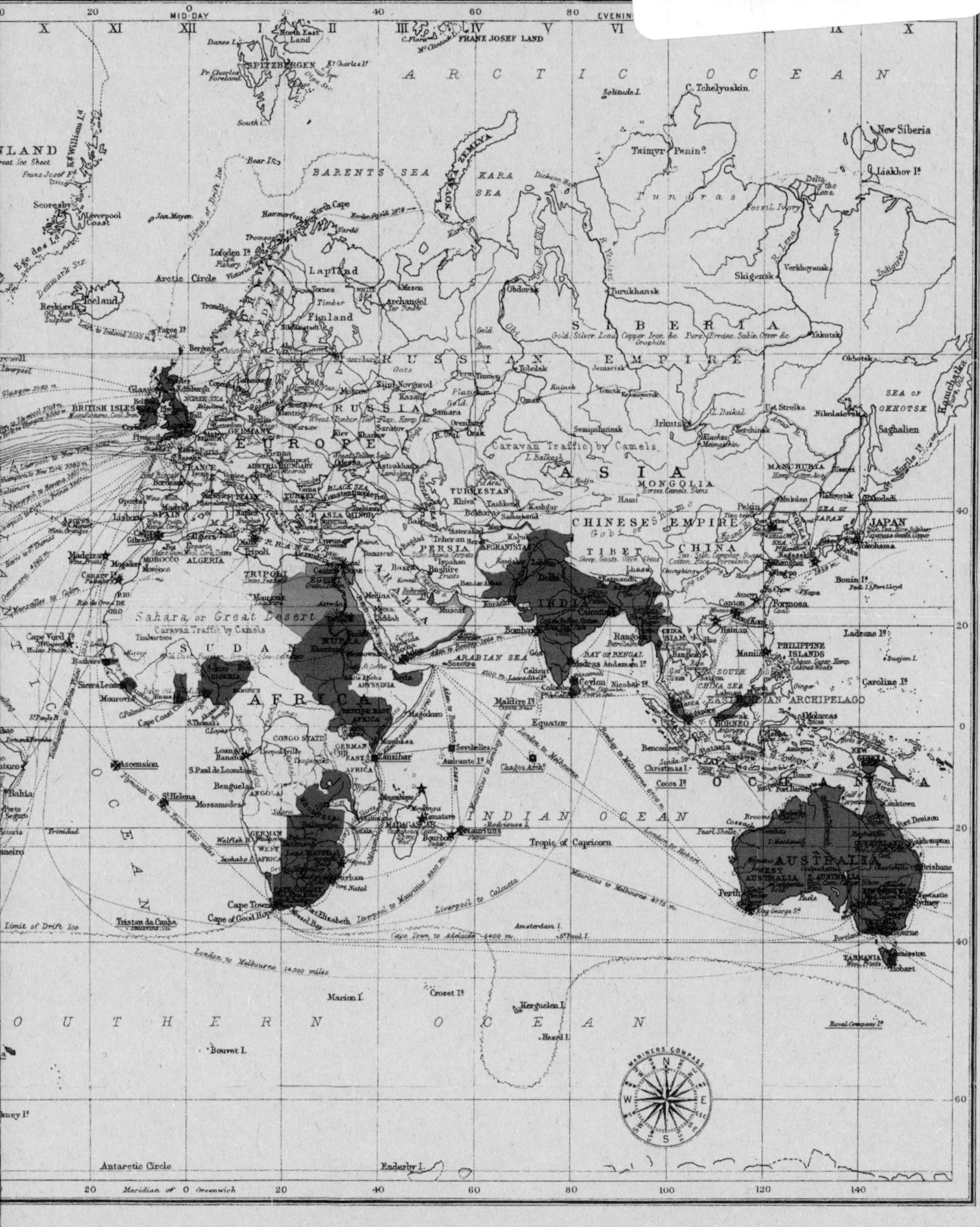
MID-DAY
EVENING
ARCTIC OCEAN
FRANZ JOSEF LAND
SPITZBERGEN
BARENTS SEA
KARA SEA
NOVAYA ZEMLYA
C. Tchelyuskin
Taimyr Penin.
New Siberia
Tundras
Lapland
Finland
Archangel
Iceland
BRITISH ISLES
EUROPE
RUSSIA
RUSSIAN EMPIRE
SIBERIA
Caravan Traffic by Camels
ASIA
MONGOLIA
MANCHURIA
CHINESE EMPIRE
CHINA
TIBET
PERSIA
INDIA
JAPAN
SEA OF OKHOTSK
Saghalien
Kamchatka
TURKESTAN
ARABIA
ARABIAN SEA
BAY OF BENGAL
SOUTH CHINA SEA
PHILIPPINE ISLANDS
EAST INDIAN ARCHIPELAGO
Formosa
BORNEO
Ceylon
Sahara or Great Desert
SUDAN
AFRICA
CONGO STATE
MADAGASCAR
ALGERIA
MOROCCO
TRIPOLI
EGYPT
ABYSSINIA
Equator
INDIAN OCEAN
Tropic of Capricorn
AUSTRALIA
OCEANIA
TASMANIA
Cape Town
Cape of Good Hope
Tristan da Cunha
Ascension
St Helena
Mauritius
Kerguelen I.
Heard I.
Marion I.
Crozet Is
Bouvet I.
Enderby I.
Amsterdam I.
St Paul I.
SOUTHERN OCEAN
Antarctic Circle
Limit of Drift Ice
London to Melbourne 14,000 miles
Cape Town to Adelaide 6400 m.
Liverpool to Calcutta
Mauritius to Melbourne 4775 m.
MARINERS COMPASS
Meridian of 0 Greenwich

イギリス文化史

British cultural history

井野瀬久美惠 編

昭和堂

はじめに

　本書は、1994年に出版された『イギリス文化史入門』を大幅に見直し、近代以降のイギリスを文化史として綴ったものである。イギリスについてはすでに、紅茶やガーデニングをはじめ、生活文化を扱った興味深い本がたくさん存在する。また、上記『入門』以降、イギリス文化史の平易な入門書や概説書も出された。そうした状況を踏まえたうえで、本書は、20世紀末以降、近年の歴史学における学問的な成果をふんだんに生かし、文化（あるいは文化的な現象）の背後にある構造的なものにまで踏み込んだ点で、従来のイギリス文化史を扱った書物とは一線を画している。制度と文化との関係、文化史の方法論などにも目配りして、読みやすい文体で研究の最前線を伝えることを心がけた。読者には、本書をじっくりと読み進めるなかで、「自分の問題」をみつけてほしいと願っている。

　ここでは、そのための留意点をいくつか記しておくことにしたい。

1.「対象としての文化史」と「方法としての文化史」

　「文化史」という言葉を聞いて何を思い浮かべるだろうか。
　たとえば、高校までの歴史教科書では、もっぱら、君主制から共和制への政治体制の変化、チューダー朝からスチュアート朝へといった王朝の交替、封建制度から資本主義への社会経済制度の動き、戦争や講和条約を中心とする国際情勢の変化、などの叙述が圧倒的に高い比重を占めている。もちろん、教科書でも文化史は扱われているのだが、そこでは、芸術や文学の世界で活躍した"有名な"作家や画家らと、彼らの（これまた）"有名な"作品とその（ロマン主義や写実主義といった）特徴などに終始していた。そこでの「文化史」とは、いわば〈対象としての文化〉の歴史であり、（大衆文化やサブ・カルチャー

などと区別される）ハイ・カルチャーの歴史であった。

　しかしながら、本書では、こうした教科書的な「文化史」とは違う意味で、この言葉を用いている。

　ひとつには、対象とする「文化」のなかに、「芸術」という言葉で表現されるハイ・カルチャーだけではなく、人びとの日常生活のなかで身近に見受けられる文化的な現象をも含めることで、〈対象としての文化史〉の間口を広げることに努めたことである。

　と同時に、もうひとつ、本書では、（多少難しい表現をすれば）〈方法としての文化史〉という視点を取り入れている。この点について少し説明しておこう。

　われわれが歴史の教科書などで接してきた諸制度には、（政治や経済はもとより、労働や教育の場でも）かならず、その制度ができた時代の「文化の力」が働いていた。それを想像することはけっしてむずかしいことではない。

　たとえば、なぜわれわれの多くは今、和服ではなく洋服を着ているのか。なぜわれわれは、第一外国語として、中国語ではなく英語を習うのか。なぜわれわれは学校に通わなければならないのか。われわれが無記名投票と議会を「民主主義の制度」として理解しているのはなぜなのか。われわれはなぜ銀行券なる「紙切れ」を信用するのだろうか。

　このように、われわれのごく身近に存在するいくつかの制度をながめただけでも、多くの「なぜ」が浮かんでくる。こうした「なぜ」を理解するうえで、その制度ができた時代の文化とその力を無視することはできない。「文化から制度へ」と向かうベクトルを考えれば、その逆方向、すなわち「制度から文化へ」と働いた力にも気づくだろう。いったん制度ができれば、そこから既存の文化を（有形・無形に）規範化する力が発生する一方で、既存の要素を組み換えて新たな文化へと作り変える動きも生まれるものだ。この双方向に作用する力の関係を明らかにすることも、文化史の重要な課題だと考えている。

2. イギリス文化を考える四つの時空間

「東の島国日本」との対比から「西の島国イギリス」とよくいわれる。だが、この国を見る地政学上の視点はそれだけではない。イギリスを舞台とする文化の創造／想像（そして再創造／再想像）のプロセスを考えるには、この営みと深くかかわる四つの時空間の存在を念頭におく必要がある。

♣ 連合王国としてのイギリス

まずはこの島国内部の時空間である。この国の正式名称には、内なる多様性が刻印されている。「グレートブリテンおよび北アイルランド連合王国 (United Kingdom of Great Britain and Northern Ireland)」——イングランド、ウェールズ、スコットランド、アイルランド（の一部）という四つの地域が結びあって創られたこの国には、異なる歴史や風土が培った、異なる個性を有する文化が、少なくとも四つ流れ込んでいるのである。連合王国の国旗ユニオン・ジャックは、この四つがいつどのように組み合わさったかを考える

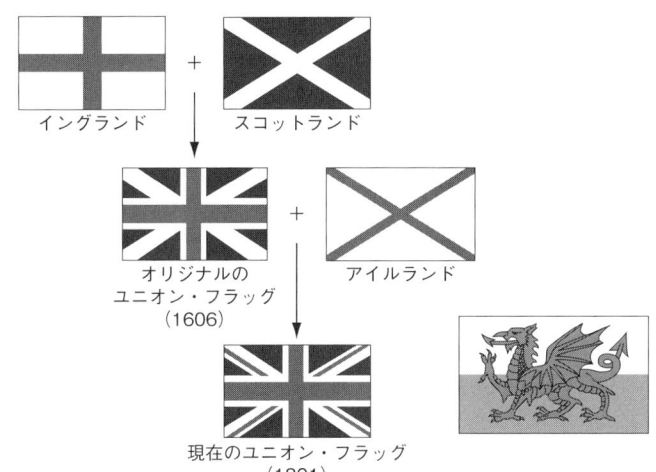

レッド・ドラゴンはどこへ消えた？
出典：Flag Institute のホームページ（http://www.flaginstitute.org/index.php?location=7）より。

＊うち、イングランドとスコットランドは教皇が承認する国王を立てた正式な王国であった。

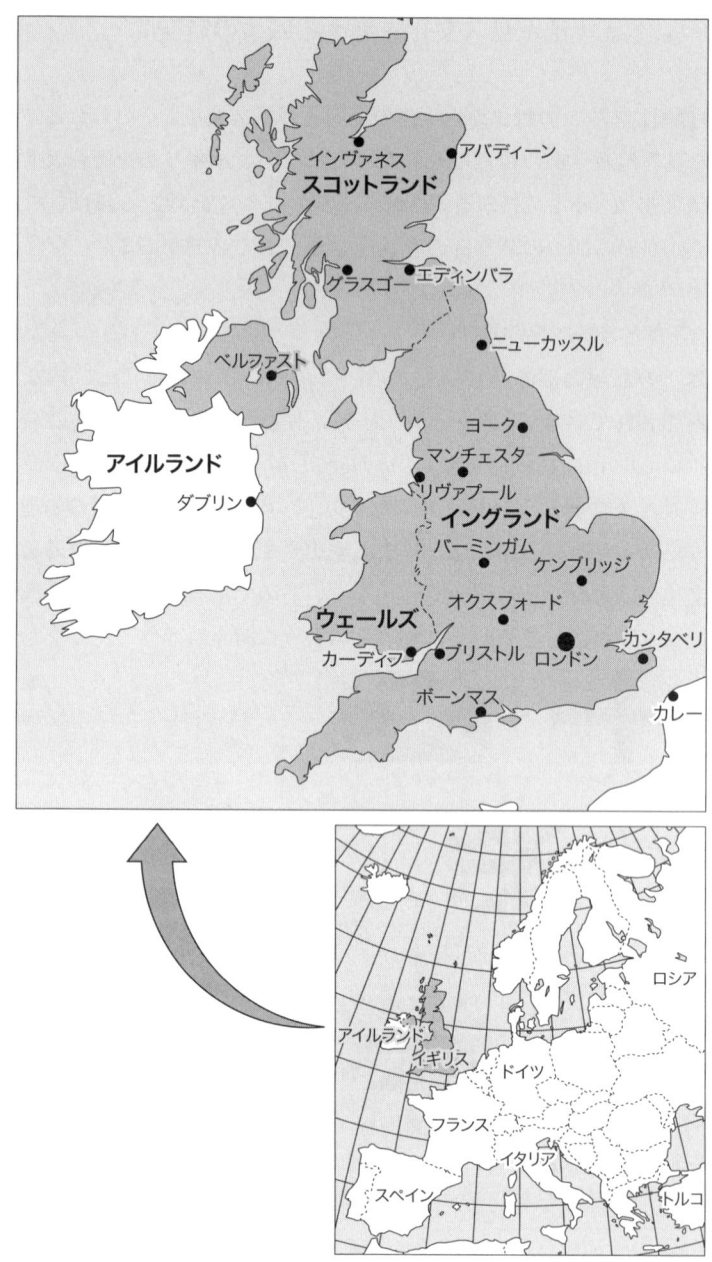

はじめに

格好の「テクスト」であり、なぜそこにウェールズを示す「レッド・ドラゴン」がないのかは、この「テクスト」の行間を読む作業でもある。もっとも、四つの地域それぞれに語られる文化的特徴も、ひとつのものとして括ることには慎重でなければならないだろう。

興味深いことに、「イギリス」と「イングランド」の違い、連合王国がイングランド王国の延長でないことは、20世紀末以降、以前よりずっと見えやすくなってきている。ブレア政権（1997-2007）のもと、ロンドンにあるイギリス議会（ウェストミンスタ議会）とは別に設けられた独自の議会、スコットランド議会（Scottish Parliament）とウェールズ議会（Welsh Assembly Government）はその好例だろう。「イギリス」内部に存在するこうした亀裂を意識すれば、われわれが高校までの教科書で学んだ歴史的事実にも、別の見方が、「もうひとつの物語」があることが見えてくる。たとえば、流血なく国王交替を実現させたことから、イギリス政治史上「名誉革命」（1688-89）と呼ばれる出来事があるが、この政変と関わり、スコットランド北部、ハイランド地方の雪深い冬のグレンコー渓谷でおこったマキーアン一族に対する虐殺事件（1692年2月）に目を向ければ、「名誉」とはまったく異なる構図が浮かんでこよう。

歴史とは「かつて起こった出来事」ではない。それは、人びとの記憶と記録の間を行き来しながら、たえず（その出来事を想起する）今と（その出来事が起こった）過去とを結びつけようとする。文化史は、この"時の往来"に目を向け、過去の何が今問題なのか、新しい視点を与えてくれるものでもある。

♣ ヨーロッパ史という時空間

第二に、この島国の対岸にあるヨーロッパ諸国、諸地域との間にとり結んできた関係、そこに築かれた時空間がある。イングランド中世はこの空間の一部として、すなわち「（ヨーロッパ）大陸国家」として存在しており、この枠組みのなかで人、モノ、情報が動き、そして文化が創造された。この「大陸国家」の解体によって、本書が対象とするイギリス近代の枠組みが作られた。

他方、ヨーロッパという空間は、近代以降、戦争と平和をくり返しなが

v

ら、二つの世界大戦の経験を経て、統合への動きを見せはじめる。冷戦体制崩壊とともに国際政治・経済におけるプレゼンスを高めた「ヨーロッパ連合（EU）」は、21世紀初頭、内部的な統合を深めながら東へと拡大した。この空間と「ともに生きる」ことを高らかに謳いあげたのは労働党のブレア首相であったが、それは、ウィンストン・チャーチル以来、「イギリスは（地理的には）ヨーロッパに位置しているが、ヨーロッパではない」と主張してきたこの国の地政学上のスタンスを大きく変える発言でもあった。

かつてサッチャー元首相は「共産主義やファシズムなど、悪いものはすべてヨーロッパからやってきた」と語った。また、イギリス人のなかには、今なお、フランスに行くことを「ヨーロッパに行く」と表現する人もいる。こうした微妙な言い回しのなかに、イギリスとヨーロッパ大陸諸国とが重ねた複雑な歴史が、ヨーロッパを「他者」として自己像をとり結んできたイギリスの一端が、確認できるだろう。

---

column ヨーロッパ統合への道

　度重なる戦争への反省から生まれたヨーロッパ統合の発想は、前代未聞の犠牲者を出した第一次世界大戦後、リヒャルト・クーデンホーフ＝カレルギー（1894-1972、東京生まれ。「EUの父」と呼ばれるオーストリアの政治家。父はオーストリア＝ハンガリー帝国の駐日全権特命大使、母は日本人・青山光子）が主張した汎ヨーロッパ主義によって大きく前進した。ナチス・ドイツの台頭で中断されたものの、第二次世界大戦後、ウィンストン・チャーチルの「ヨーロッパ合衆国（The United States of Europe）」構想（1946）により、ヨーロッパ統合の機運は急速に高まっていく。ヨーロッパ石炭鉄鋼共同体（1952）につづいて、ヨーロッパ経済共同体とヨーロッパ原子力共同体（いずれも1958年設立）が生まれ、1967年にはこの三つの組織を合わせた「ヨーロッパ共同体（EC、European Communities）」が発足した。フランス大統領シャルル・ド・ゴールが反対しつづけたイギリスのEC加盟は1973年に承認されたが、1993年、ECからEU（European Union）に改称されて後、21世紀に入ってもなお、共通通貨ユーロの使用にはイギリス国民の多くが否定的である。その一方で、トルコの加盟問題などEU拡大議論のなかでは、「ヨーロッパとは何か」というアイデンティティもまた、模索されている。

はじめに

♣ 環大西洋世界という時空間

　第三の時空間は、この島の西方、大西洋の彼方に広がる北米大陸との間に構築された関係である。アメリカ合衆国の支配的文化とされる WASP、すなわち「白人・アングロサクソン・プロテスタント」の起点となったのは、イギリスからの移住者たちであった。16世紀末からはじまった試行錯誤のあげく、白人移住植民地アメリカと本国イギリスとの間には、大西洋を跨ぐ帝国としての国制上の一体性が作り上げられていった。

　この一体性に変更を迫ったのが、18世紀後半のアメリカの独立と、それにともなう第一次帝国の解体であったが、その後も、人やモノ、情報などを通じた両国の交流はいっそう深まり、英米二国間には、他に例を見ない新しいパートナーシップ関係が確立されていった。19世紀後半、イギリスの政治家やメディアが好んで用いた「アングロサクソンの絆」という言葉はそれを象徴的に物語っている。両者の関係におけるシニア・パートナーとジュニア・パートナーの立場は20世紀後半に入ると完全に逆転したものの、両者は、言語の共有、人的系譜の連続性はもちろんのこと、アングロサクソン文化、とりわけ「自由」や「民主主義」の伝統を共有しているという意識を分かち合ってきた。英米が共有するこの意識は、歴史のさまざまな局面で表出してきたが、21世紀初頭、「大義なき」と語られたイラク戦争（正規軍同士の戦いは2003年に始まり終わったものの、戦後処理は2009年末時点でいまだ完了していない）をめぐって、この英米の「特別の関係」が、独仏を中心とする「ヨーロッパ」と対峙して使われたことはまだ記憶に新しい。

　環大西洋という時空間は、アメリカ（およびカナダ）という北米大陸との関係だけではない。イギリス　→　アフリカ大陸西岸　→　カリブ海域、中南米へとつづく三角貿易、別名奴隷貿易は、アフリカ人奴隷を媒介に、イギリス製品（日用品や武器など）と植民地産品（砂糖、タバコ、綿花など）の交換という循環を作り出し、イギリスに莫大な富の集中と蓄積をもたらした。この三角形の一辺が欠けても、イギリスで「世界初の産業革命」は起こりえなかっただろう。アフリカにルーツを持つ多くの黒人がイギリス国内にも流入し、混交的なイギリス文化を創り出すことになったのも、この経済連鎖の賜

物であった。本書第13章で語られる「帝国の逆襲」——旧植民地から宗主国イギリスへの非白人の大量移民は、20世紀後半に突然はじまったわけではない。それはすでに帝国の形成と再編の過程で準備され、白人に有利な人種概念を支配の論理として練り上げる一方、人種偏見を越えて「ともに生きる」ことの意味をも問いつづけていたのである。

♣ イギリス帝国という時空間

　最後に、「帝国だった過去」をあげておこう。「イギリス帝国」は、百年戦争でフランスに敗れた15世紀半ば以降、大陸の領土を失って島国となったこの国の人びとが、大航海時代（すなわちヨーロッパの世界観に大転換をもたらした時代）のなかで描いた未来予想図であった。そしてそれは、国制としての帝国が解体した後も、この島国で暮らす人びとの生活に（有形・無形の）さまざまな影を落とすとともに、彼らの価値観や世界観にまとわりつづけている。近代にあって、連合王国と他のヨーロッパ諸国との間に微妙な距離感を与えていたのも、海のかなたに形成された「帝国」という新しい空間であった。

　当初、大西洋上を中心に展開された「海のかなたのイギリス」は、先述したように、18世紀後半、アメリカの独立（イギリス側からすれば植民地喪失）でいったん挫折するが、それで帝国そのものが崩壊したわけではなかった。その後、連合王国内部の政治や経済、社会などの動きと呼応しながら編成・再編成を繰り返し、アジアやアフリカ、太平洋上へと領土と影響力を拡大した帝国は、「国民」の境界線を揺さぶりながら、この島国にヨーロッパ大陸諸国とは異なる感性や意識を育んだ。第一次世界大戦前夜に全盛期を迎えた帝国領土（本書見返しの地図参照）は、第二次世界大戦後、植民地の独立とともに収縮していくが、その過程でイギリスは、帝国の光と影、とりわけ「帝国だった過去」の負の遺産をこの島国内部にどう引き受けるかに苦悩することになる。

　「帝国」がけっして過ぎ去った昔の出来事でないことをこの国の人びとに意識させるきっかけとなったのは、1982年のフォークランド紛争であった。なぜイギリスは「羊と岩だらけの島」に、人の数より羊の数の方が多いこの

はじめに

島にこだわるのか——この素朴な問いかけは、やがて「イギリス人」のアイデンティティを問う論争へと発展していく。香港返還（1997）へのカウントダウンが始まった 1980 年代後半以降は、「帝国だった過去」への関心もまた高まり、この時空間に対する人びとの複雑な思いを顕在化させた。

　見方を変えれば、20 世紀後半の半世紀間は、脱植民地化の進行に合わせて、再び島国へと収縮しつつあったイギリス国内のポストコロニアル的状況が深化し、「イギリス文化」の中身を大きく変質させた時間として捉えることができるだろう。と同時に、この時間のなかで、20 世紀末から 21 世紀初めにかけてのイギリス社会を大きく揺さぶるアイデンティティ・クライシス、「イギリス人とは何か」の問い直しもまた、準備されたのであった。

　「イギリス文化」とは、こうした四つの時空間が、共時的に、あるいは時間的なずれをともなって、多層的に組み合わさり、絡み合うなかで創造され、変化し、再創造されてきた。それぞれの空間軸と時間軸が重なったところには、さまざまな力学が働く。階級、エスニシティ、人種、ジェンダーなどはその力学を生む代表的な要素であろう。それらが組み合わさるなかで、またそうした諸要素が醸し出す緊張感のなかで、イギリス文化が創造されるとともに、それを収める（あるいは規制する）制度もつくられた。その具体的な様子を動態的に検証していくことが、本書全体を貫くテーマである。

---

column　フォークランド紛争

　南米大陸南端、アルゼンチンの沖合約 500 キロの南大西洋上に浮かぶイギリス領フォークランド諸島（アルゼンチン名・マルビナス諸島）の領有をめぐり、1982 年 3 月から 6 月にかけてイギリス、アルゼンチン両国間でおこなわれた紛争。「帝国だった過去」を色濃くひきずるこの戦いに、イギリス軍はアルゼンチン軍以上に多くの艦艇や航空機を注ぎ込み、そして失ったものの、アメリカ軍の支援を受けて最終的に勝利した。この「戦勝」により、不人気を託っていたサッチャー首相は人気を回復し、2 期目の政権続投が可能になった。

column ポストコロニアル的状況（ポストコロニアリズム）

　かつてヨーロッパ諸国によって植民地化された国や地域には、独立後も植民地主義の残滓や遺産をひきずる状況が、社会にも人びとの心の奥にも継続して存在している。この状況に目を向けてヨーロッパ近代の歴史や文化を見直し、今に続くその影響を考えようとする思想がポストコロニアリズムである。その理論（ポストコロニアル理論）は、狭義には文芸批評の理論をいうが、より広くは植民地主義（あるいは帝国主義）に関わる文化や歴史を検証する作業を示しており、ジェンダーやセクシュアリティ、階級などの問題と絡んで、その方法論も問題意識も多様である。フランツ・ファノンの『黒い仮面・白い肌』（1970）やエドワード・サイードの『オリエンタリズム』（1978）、ポール・ギルロイの『ユニオン・ジャックに黒はない』（1987）、スチュアート・ホールの諸論文（本書第13章参照）などに示されたポストコロニアリズム研究には、ヨーロッパ近代が創造し、普遍的だとみなされてきた概念（たとえば民主主義、自由、博愛、人種など）を見直し、正史や正典の背後にある支配者意識を問い直そうとする姿勢が顕著である。

　通常「ポスト post-」という接頭語は、「〜以降／以後」を示すが、ポストコロニアリズムの場合は、「植民地主義の終焉」ではなく、「過ぎ去ることなく現在に継続し行く末に影響する、という三重［＝過去・現在・未来］の縛り（であると同時に開かれた可能性）を示す概念」（本橋哲也『ポストコロニアリズム』岩波新書、2005年）として捉えるべきであろう。ヨーロッパ近代によって展開された植民地主義は、今なお終わっていないのである。この意味での植民地主義の影響は、植民地支配を受けた側のみならず、支配者だったかつての宗主国にも、旧植民地からの非白人移民の流入という目に見える形で、「ポストコロニアル的状況」をもたらしている。20世紀後半のうちに急速に多民族国家化したイギリスはその好例といえる。さらに、ポストコロニアリズムは、欧米の植民地主義のみならず、日本とアジア諸国との関係を問い直す視点としても注目されている。

3. 本書の構成

　最後に本書の構成を概観しておきたい。

　まずは、本書全体のプロローグとして、「文化史というアプローチ」を置いた。そこでは、長期的な展望のなかで「文化史」の成立とその後の展開を追うとともに、従来の文化史に対する批判として指摘されてきた方法論を議論しながら、今日の文化史の課題を整理している。方法論を扱っているがゆえに、少し難しい内容だと感じる読者がいるかもしれない。その場合は、ひるむことなく、その先、第1章へと読み進めていただきたい。そこからは、3部構成で、近代以降のイギリス文化史の諸局面が具的的にあぶりだされ、解明されていくことになる。

　第1部〈制度と文化〉では、宗教、政治、労働、福祉、教育という五つの分野における制度と文化の相互作用を描いている。「言語論的転回」（プロローグ参照）以降、人文学の世界では、社会に存在する諸制度とその規範は、ある時間、空間における諸要素が織りなす力関係のなかで「構築された」という認識が高まった。そして、社会をつくる諸制度の構造自体が自己展開していくという従来の見方への反省から、その構造に働きかけて制度を成立させていく力として言説や文化が注目され、その作用のあり方が具体的に分析されるようになった。その結果、歴史研究においても言説や表象などへの関心が高まり、すぐれた研究が生産される一方、「言説の過剰状態」を招くことにもなった。さらには、言説や表象といった文化の力への関心が、制度の形成や変化、衰退をめぐる（これまで蓄積されてきた）歴史研究の成果とうまく結びつかないことが問題として意識されるようになった。

　この「言語（言説）の過剰」と「制度の過剰」への反省から、文化史と制度史の接合を試みたのが第1部である。その際、社会のさまざまな場で作用する「境界線の力学」に留意した。階級やエスニシティ、ジェンダーといった諸要素が相互に作用しあい、「自己」と「他者」、「内」と「外」などを分け隔てる境界線を揺さぶりながら、宗教、政治、労働、福祉、教育それぞれ

の制度がどのように構築され、再構築されてきたのか、それが第 1 部を構成する五つの章の共通課題である。宗教に政治や社会が（いわば）内包されてきた中世的世界、その価値観が解体し、世俗化が進んだ近代という時空にあって、政治が自立して独自の文化を育む一方、産業革命とよばれる経済的、社会的な激変のなかで様変わりした労働の場とそのありよう、貧困問題の深刻化と格差社会の深化を受けて、福祉の考え方が鍛えられるとともに、労働者たちは自分たちをとり巻く諸問題の本質を理解し、その解決を図るために、教育の意味を考えはじめた——この五つの並び方からは、そのような物語が浮かんでくるだろう。それを意識して、各章は、時代的にゆるやかに重なりながら、連合王国の形成と再編、ならびに帝国形成と再編に彩られた時代、すなわち先述した四つの時空がはっきりと立ち現れる 17 世紀以降、1930 年代までを扱っている。

　第 2 部では、人びとの生活とそこに育まれる文化が重要な意味をもつようになった近代以降、生活文化のなかで練りあげられた〈「イギリス人らしさ」を読み解く〉ことに努めている。第 6 章から第 8 章では、まずいイギリス料理、常に傘を携帯しているのになかなかさそうとしない不可思議さ、シェイクスピアの作品と並んで（あるいはそれ以上に）イギリス人に愛されるサヴォイ・オペラについて、「なぜ？」をキーワードに、「イギリス的」「イギリスらしさ」の中身を時間軸のなかで考える。第 9、10 章はいずれも、章題に掲げた「われわれ」という言葉とその中身に留意してお読みいただきたい。ウェールズを扱った第 9 章は、イングランドを中心とする従来の風景論のなかで、もっぱら「山がなく、丘がつづく」と描写されてきた「イギリス的風景」の再考でもある。ジェンダーの問題を考える第 10 章を読めば、「イギリス人の家は城である（An English*man*'s house is *his* castle）」（イタリックは引用者）というよく知られる格言の意味が、裏側から批判的にあぶり出されてくるだろう。

　第 3 部〈「悩めるイギリス」の文化的起源〉では、第一次世界大戦以降、20 世紀のイギリス社会をさまざまにとりあげた。イギリス現代とその文化がどのようにして生まれ、どのように展開していったのかを、二つの世界大戦、その後の帝国収縮と旧植民地からの移民の急増、その過程でおこった文

化の変質と伝統の崩壊などと絡めて考えている。

　そして最後に、第3部の「悩み」が解決しないままに、冷戦体制崩壊後、グローバル化の進展とともに対立軸が多元化しつつある世界のなかで、イギリスが抱え込むことになったアイデンティティの危機ならびにその意味を考察して、現代イギリスが直面する文化的課題を整理した。現代世界を行き交う時間軸と空間軸の接点において、文化は文字通り、「闘争の場」である。本書を読みながら、それを感じていただければ幸いである。

　　　　　　　　　　　　　　　　　　　　　　　　　井野瀬久美惠

目 次
────── イギリス文化史 ──────

はじめに　　　　　　　　　　　　　　　井野瀬久美惠　*i*

[プロローグ]　文化史というアプローチ ────── *001*
　　　　　　　　　　　　　　　　　　　　　　長谷川貴彦
　　1. 古典的文化史　*002*
　　2. 民衆文化史　*004*
　　3. 新しい文化史　*008*
　　4. 文化史の挑戦　*013*

第1部　制度と文化

[第1章]　宗教と文化 ────────────── *017*
　　　　──変化する信仰と近世イングランド──
　　　　　　　　　　　　　　　　　　　　　　那須　敬
　　1. ある背教者の死　*017*
　　2. 社会としての教会　*020*
　　3. 非公式な信仰──民間信仰の世界　*025*
　　4. 非公式な教会──非国教徒の登場　*027*
　　5. 近代における宗教　*031*

[第2章]　政治と文化──伝統と革新の18世紀── ────── *035*
　　　　　　　　　　　　　　　　　　　　　　長谷川貴彦
　　1. 王権と貴族　*036*
　　2. 議会と結社　*041*
　　3. 大衆的デモ　*046*

目　次

[第3章] **労働と文化** ─────────────── *051*
　　　──「平凡な日常」とアイデンティティ──
　　　　　　　　　　　　　　　　　　　　　　　竹内　敬子

　　1．工業化と労働規律　*052*
　　2．誰が労働を担うべきか──男性稼ぎ手モデルの確立　*054*
　　3．労働とその対価──家事労働の意味　*059*
　　4．非労働時間と市民の形成　*062*
　　5．労働と男性性　*065*

[第4章] **福祉と文化** ─────────────── *068*
　　　──チャールズ・ディケンズの世界──
　　　　　　　　　　　　　　　　　　　　　　　高田　実

　　1．救貧法とは何か　*069*
　　2．救貧法は誰を、どのように救済したのか　*075*
　　3．チャリティが自然化した社会　*077*
　　4．相互扶助の力　*080*
　　5．「自助」観念の圧倒的な力　*084*
　　6．社会的貧困の認識　*086*
　　7．「福祉の複合体」と「生存維持の経済」　*090*

[第5章] **教育と文化**──連合王国の教育文化史── ─── *093*
　　　　　　　　　　　　　　　　　　　　　　　松塚　俊三

　　1．伝統と民主主義、スコットランドの経験　*096*
　　2．言語と教育、ウェールズの経験　*100*
　　3．制度のダイナミズム、アイルランドの経験　*102*
　　4．人間の普遍的な文化　*106*

xv

第2部 「イギリスらしさ」を読み解く

[第6章] イギリス料理はなぜまずいか？ ——— 113
小野塚知二

1. 衰退の時期　113
2. 衰退以前のイギリスの食　116
3. 衰退の社会的・経済的な原因　118
4. 衰退後の食文化の状況　122
5. イギリスの食の現在　128

[第7章] イギリス人はなぜ傘をささないのか？—— 133
——絵に読むヴィクトリア朝の傘事情——
谷田博幸

1. 傘の来歴　135
2. ステイタス・シンボルとしての傘　141
3. 恩讐の彼方に　154

[第8章] なぜイギリス人はサヴォイ・オペラが好きなのか？ 157
金山亮太

1. サヴォイ・オペラの誕生　158
2. サヴォイ・オペラを楽しむ人びと　163
3. 『軍艦ピナフォア号』と階級　166
4. 『ユートピア有限会社』とアイルランド自治問題　169
5. サヴォイ・オペラと『炎のランナー』　172
6. サヴォイ・オペラはどこへいく　174

[第9章] 「われわれ」の山はどこにある？ ——— 178
——ウェールズからの問い——
久木尚志

1. フュノン・ガルウ　179

2．ペンリン鉱山　*186*
　　3．「山」が問いかけるもの　*193*

[第10章] 「われわれ」の居場所はどこにある？　*196*
——女たちのイギリス——
梅 垣 千 尋

　　1．ペンをもつ女たち——18世紀後半から19世紀前半　*198*
　　2．保護される妻、救済する母——19世紀半ばから後半　*201*
　　3．家庭の殻を破る女たち——19世紀末から20世紀前半　*206*
　　4．伝統を創造する女たち——20世紀後半　*210*
　　5．ジェンダーという「文化」を生きる　*213*

第3部　「悩めるイギリス」の文化的起源

[第11章] 総力戦という経験　*217*
——第一次世界大戦と徴兵制——
小 関 　 隆

　　1．総力戦と総力戦体制　*218*
　　2．志願入隊制から徴兵制へ　*220*
　　3．総力戦体制の敵——アイルランド問題と良心的兵役拒否　*226*
　　4．徴兵制と民主主義　*231*

[第12章] 第一次世界大戦と「無名兵士」追悼のかたち　*235*
森 あ り さ

　　1．画家が見た世界大戦とパリ講和会議　*236*
　　2．不都合な「戦傷者」　*240*
　　3．戦死者を追悼するかたち　*244*

[第13章] 帝国の逆襲――ともに生きるために―― ─── 250
井野瀬久美惠

1. 二つの世界大戦と英領西インド諸島　252
2. 50年後の声　255
3. 途切れない非白人移民の波　257
4. ノッティングヒル人種暴動　260
5. 移民規制の強化と西インド移民　262
6. ノッティングヒル・カーニヴァルの意味　264
7. スティーヴン・ロレンス事件　268
8. ブリティッシュ・ブラックの可能性　271

[第14章] ニュー・カルチャーの誕生？ ─── 275
――1960年代文化の再考――
市橋秀夫

1. 戦後復興期の重要性　275
2. 確立期――ティーンエージャー市場の発見　281
3. 最盛期――「躍動する60年代」　285
4. 60年代文化の終焉　287
5. 60年代が残したもの　289

[エピローグ] 揺らぐアイデンティティ ─── 292
――「イギリス人」のゆくえ――
高田　実

1. アイデンティティの多層性と危機　293
2. グローバリズム、民族主義、多文化主義　296
3. 統合されない連合王国―「イングランド問題」と「北アイルランド人」意識　299
4. アメリカとヨーロッパの狭間で　303
5. イギリス帝国と王室　305
6. イギリスの過去とアイデンティティ　310
7. 帰属と承認のポリティクス　314

あとがき　*317*

基本参考図書　*320*

年　表　*327*

人名索引　*333*

事項索引　*336*

前見返し地図：イギリス帝国1905年

後見返し地図：イギリス帝国領土の変遷（色の濃い部分がイギリス領）

[プロローグ]
文化史というアプローチ

長谷川貴彦

　「文化史」とは何か？　「文化史」の成り立ちについて、やや立ち入って考えてみよう。
　第一に、文化史が対象とする「文化」とは、何を意味するのであろうか。レイモンド・ウィリアムズは、「文化」の意味内容の歴史的変遷を明らかにしようとしている。「文化」の語源は、ラテン語の「自然の生育物の世話」を意味する「耕作」にあった。この言葉が英語圏に流入するのは15世紀。16世紀には隠喩への変化が生じて、「人間の発達の過程」を意味する言葉となり、人間精神を修養する知的活動を意味し、教養ある人間を示す言葉として用いられるようになった。19世紀末から20世紀初頭にかけては、「精神的・美的発展」、「ある特定の国民や集団の生活様式」、「芸術活動の実践や成果」という意味が絡まりあいながら、「文化」概念が成立していた。「文化」の捉え方の多様性、まずこのことを確認しておこう。
　第二に、文化史は、どのような方法によって分析・叙述することができるのか。19世紀にみられたように、直観的形式によって文化のパターンを把握して、それを物語風の歴史叙述にすればよいのであろうか。また、経済史のように、文化財の数量的把握を主たる目的にすることなのであろうか。あるいは、特定のコンテクストにおける文化の意味を発見することなのだろうか。「表象」や「実践」と呼ばれるものに焦点を当てることが文化史なのだろうか。文化史の方法論的な多様性にも注目してみたい。
　文化史が成立するのは、200年以上前のドイツでのことであった。それ以前には、哲学、絵画、文学、言語などについてのばらばらの歴史が存在して

いたにすぎない。ピーター・バークによれば、19世紀から現在にいたるまでの文化史の展開は、いくつかの段階に区分できるという。19世紀の「古典的」段階、その後1930年代の美術史を経て、1960年代の民衆文化史が続き、そして、現在の「新しい文化史」の段階となる。ここでは、「文化史」を構成する二つの視点、すなわち文化史的アプローチの〈対象〉と〈方法〉をめぐる変遷をたどりながら、「文化史とは何か」という問いへの解答を探ることにしよう。

1. 古典的文化史

♣ 文化史の古典

　1800年から1950年代にいたる時期は、文化史研究の古典的時代と呼ばれている。この時期の代表的な作品には、スイス人史家のヤーコプ・ブルクハルトの『イタリア・ルネッサンスの文化』(1860)、オランダ人史家のヨハン・ホイジンガの『中世の秋』(1919) などが含まれている。これらの文化史研究のモティーフとなっていたのは、歴史家の仕事は「ある時代の肖像」を描くことにあるという認識であり、文化史家が、美術、文学、哲学、科学などの大作を意味する「正典」という古典的作品の歴史に集中していた点でも、この時期は「古典的」時代であったといえる。こうした文化史家は、多様な芸術領域の間に見られる相互関係を、ヘーゲルらの哲学者にならい「時代精神」との関連で理解しようとした。

　ブルクハルトは、学問的な仕事では、古代ギリシアからイタリア・ルネサンスへといたる広範な領域を守備範囲に入れていたが、出来事の歴史を重要視せずに、過去の文化を呼び起こし、そのなかでの「繰り返され、恒常的で、類型的な」要素を強調することを好んで実践した。彼は「直観」的方法によって、その時代の美術と文学を研究して、事例や逸話、そして引用によって例証した体系を生み出しつつ、それを生き生きとした散文体のなかで描き出した。ホイジンガは、「直観的把握」という方法論の点ではブルクハルトの継承者でもあり、文化史家の主たる目的は文化のパターンを描くことにあると

宣言した。ホイジンガの主著『中世の秋』は、その宣言を実践に移したもので、中世に見られる「情熱的で暴力的な時代精神」は形式の枠組みを必要としており、信仰と同じく、恋愛と戦争は、儀礼化され、美学化され、規則にしたがっていたのだという。

⚜ 古典的文化史への批判

　このように古典的段階の文化史は、エリート文化、すなわち、上流階級の教養ないしは芸術としての文化に関心をよせていた。また、方法論的には、歴史家による文化の直観的把握とその体系化に重きをおいており、文化史の目的を繰り返しあらわれるパターンの発見にあると見なしていたといえるだろう。しかし、こうした文化史に対しては、主としてマルクス主義の立場からの批判が行われる。それは、古典的文化史が、経済的・社会的土台との関連性を欠いて「宙に浮いた」議論を展開している点を指弾するものであった。事実、ブルクハルトはイタリア・ルネサンスの経済的基盤について語るべきものをもたず、ホイジンガも黒死病の影響を無視して中世後期の死の感性の解釈を行っていた。

　こうした古典的文化史から次にみる民衆文化史へと移行していく通過点となったのが、1930年代の美術史の領域だろう。ルネサンス期の文化における古典的伝統を重視したアビ・ヴァールブルクは、ドイツ流の文化史のなかで最も独創的で影響力をもった人物といわれるが、ブルクハルトの直観的体系化を絶賛していた。彼自身の作品は、「神は細部に宿る」ことを確信して、ルネサンス期イタリアの研究を行ったものだった。また、視覚解釈学を論じるアーウィン・パノフスキーは、「ゴシック建築とスコラ学」という有名な論文のなかで、ゴシック建築とスコラ学が同時代の同じ場所で台頭した事実に注目して、建築家と哲学者との間にあった「精神習慣」と呼ばれる世界像を再構築した。マルクス主義の立場に立つ美術史家たちは、これらの古典的アプローチによる美術史研究を批判し、「文化」を社会の表現ないしは反映であると規定して、たとえば、ルネサンス美術がブルジョワの世界観を反映したものであると見なし、「文化」を社会経済レヴェルでの紛争や変動に結

びつけたのである。

　こうした美術史家の多くが、1930年代の「大いなる離散」を経験することになる。1933年にヒトラーが政権についた時、ヴァールブルク自身は死去していたが、ヴァールブルク研究所に関連する研究者たちは、海外へと亡命していった。研究所そのものも設立者がユダヤ人という理由で迫害を受け、ロンドンへと移動した。またパノフスキーらは、アメリカへと移住する。この移動が受け入れ先の文化史一般、とりわけ美術史にもたらした影響は巨大なものがあった。亡命者のほとんどが1930年代のユダヤ人であり、多様な学問分野の知識人が含まれていたが、とくに文化と社会の関連に関心を寄せるマルクス主義者の存在が重要であった。イギリスでは、1930年代から流入したマルクス主義者によって文化に対する厳密な思考が促され、美術史や科学史、そして文学を中心として文化史研究に影響を与えていった。

---

column 　ゴシック建築とスコラ学

　アーウィン・パノフスキーの書名のタイトル。その内容は、中世ヨーロッパ文化の双璧となるゴシック建築とスコラ学には、全体性と明晰性への意志、理性と想像力などの点において類似性と平行性があるというもの。一見相異なる文化領域を支える共通の論理を探ろうとした画期的書物であり、細部に宿る理念と文化史的コンテクストを発見するヴァールブルク的イコノロジーの最良の実践である。

2.　民衆文化史

✤ 民衆の発見

　18世紀末から19世紀初頭のまさに伝統的な文化が消滅しようとしていた時に、ドイツの民俗学者ヘルダーやグリム兄弟によって民衆文化が発見された。だが、これらは、ロマン主義の潮流のなかでアマチュアの中産階級知識人によって推進されたものだった。文化史家が民衆文化に注目するようにな

るのは、1960年代を待たねばならなかった。今日のカルチュラル・スタディーズと呼ばれる潮流の起源が、1960年代のイングランドで生まれ、このなかで民衆の文化が再発見されることになる。この時期に文化に対する強い関心が生じた背景としては、戦後の経済復興、福祉国家の確立、大衆消費社会の成立といった社会変容があげられる。社会のアメリカ化が急激に進行しつつある時代において、「イングランド的」文化を再考しようとする意識が民衆文化への関心の再興とつながったといわれているのである。

　イングランドでの民衆文化への関心は、19世紀にまで遡ることができる。たとえば、マシュー・アーノルドは、『文化と無秩序』(1869)を著わして、産業化が進展するなかで生み出された労働者階級の文化的無秩序を教養としての文化によって調教＝矯正しようというブルジョワ中産階級の戦略を表明した。また戦間期には、F. R. リーヴィスやT. S. エリオットらが主宰する英文学の雑誌『スクルティニー』を軸として、当時大量に流入しつつあったアメリカ流の大衆文化からイングランドの有機的共同体の文化を擁護するために、英文学を指導的文化とする運動が展開された。民衆文化への関心は、このエリート主義的な傾向を批判しながら、民衆の生活様式の内在的理解を求める運動から登場してくる。1960年代に民衆文化を発見するエドワード・トムスンやレイモンド・ウィリアムズなども、1930年代に始まる労働者教育協会や大学の公開講座など成人教育の場で教鞭をとった経験をもっていた。

　こうした民衆文化史の頂点をなすのが、トムスンの『イングランド労働者階級の形成』(1963)であった。この作品は、工場制度の確立をもって労働者階級の形成とみなす通説を経済決定論であると批判して、「階級」を社会的・文化的形成物と見なした。つまり、産業革命という社会経済変動が背景となっているものの、独特の民衆文化が伝統として存在し、フランス革命の影響を受けるなかで労働者階級が形成されたと主張する。この書物では、政治闘争のみならず、熟練職人の加入儀礼、貧民の文化的生活における祝祭の役割、象徴としての食糧や暴動の意味など、文化史的テーマに関する生き生きとした叙述がなされている。平信徒の説教から讃美歌のもつ想像界にいたるメソディズムの分析は、労働者階級の心性・感情の構造に迫るためのもの

であった。

　『読み書き能力の効用』(1957) で労働者階級文化への深い関心を示したリチャード・ホガートは、1964年に設立されたバーミンガム大学現代文化研究所の初代所長として、イギリスにおける文化研究を制度化していく。この研究所は、今日のカルチュラル・スタディーズの起源として位置づけられている。カルチュラル・スタディーズは、労働者階級の日常生活のなかから、〈学び〉の実践を立ち上げていこうとするもので、民衆文化という対象は、そのような教育実践を可能にする対話の素材でもあった。イングランドにおいて成人教育という伝統と実践が存在していたことが、1964年という早い時期にバーミンガム大学現代文化研究所が設立されて、民衆文化への関心が促されていった点を説明してくれるのである。

---

column カルチュラル・スタディーズ

　狭義には1960年代にイギリスで誕生し、その後に主として英語圏の世界に広まった文化一般に関する研究の潮流を指している。1964年にバーミンガム大学に現代文化研究所が設立され、スチュアート・ホールらがこれを指導した。伝統的な文化研究がエリート文化に重点を置いたのに対して、民衆文化や日常的実践までも取り上げて対象化し、歴史学のみならず、社会学、文学、人類学など学際的なアプローチをとる点に特徴がある。

♣ 歴史人類学

　民衆文化史を経過した1970年代以降の文化史の特徴は、人類学的方向への転回にあったといえる。古典的文化史の時代の「文化」は、エリートの文化を意味するものだった。この時代の文化は、広範な芸術（イメージ、道具、家屋）や慣習行為（会話や読書）を意味するようになる。こうした広い意味での文化概念は、旧くは19世紀から見られる。たとえば、初期の人類学者は「知識、信仰、技芸、道徳、法、慣習、社会の構成員として人間が獲得し

た能力や習癖を含む複雑な構成体」として文化を規定していた。日常性や相対的に社会的分業が未発達な社会への人類学的関心が、文化という言葉を広い意味で用いるよう歴史家に促していったのである。

　他方、歴史家の側で人類学への関心が増大していったのは、歴史研究そのものにも内在している。20世紀後半の指導的な歴史家の多くは、もともと自らを社会史家と称しており、マルクス主義者ではなかったが、マルクスを高く評価していた。こうした歴史家がマルクス主義とは別なかたちで文化と社会を関連づける方法を探していた時に、人類学に注目したのだった。文化人類学は、土台－上部構造モデルのように文化を社会の反映物として見なすことはなく、歴史家たちは文化のもつ自律性を重視するようになったのである。また、民衆文化への関心の高まりは、歴史家にとって人類学をより重要なものとした。人類学者は、研究対象とする民族が自分たちの文化を理解していないという見下した前提を拒否しており、情報提供者によってもたらされるローカルで非公式の知識の価値を評価していたからである。

　歴史家によって参照されてきた人類学者は、贈与に関するマルセル・モース、魔術に関するエヴァンズ＝プリチャード、純潔に関するメアリ・ダグラス、象徴や劇場国家に関するクリフォード・ギアツなどである。とくにギアツは、文化における意味の重要性を強調したが、それによって、象徴に具体化された意味を解析して、その象徴としての儀礼への関心が高まっていった。ギアツによって提起された演劇のアナロジーで文化を理解する方法は大きな影響を与えていき、戴冠式のような公式の儀礼だけではなく、民衆儀礼の意味が解読されていった。たとえば、エドワード・トムスンやナタリー・デーヴィスのような歴史家は、近世のヨーロッパ各地で見られたシャリヴァリと呼ばれる民衆の乱痴気騒ぎを分析して、そこに秘められた共同体再生産のための制裁の儀礼としての意味を明らかにしていったのである。

　1970年代にはまた、ミクロストリアと呼ばれる歴史学のジャンルの台頭を目にすることになった。ミクロストリアは、歴史学と人類学の遭遇を示すものであり、群衆のなかに顔のみえる個人の姿を描こうとするもので、具体的な個人やローカルな経験を歴史に挿入する機会を与えた。ミクロストリア

の実践は、異端審問官の「史料を逆なでに読む」ことによって民衆の世界像を再構成することに成功したカルロ・ギンズブルグ『チーズとうじ虫』(1976)などに代表させることができ、英米圏にも大きな影響をもたらした。なによりもミクロストリアは、古代文明からルネサンス、啓蒙をへてフランス革命や産業革命へといたる、西欧近代文明の勃興を意味する「大きな物語」への幻滅が広がったことに原因をもっていた。この「大きな物語」への批判と、文学や美術の領域での巨匠たちによる正典への批判にはパラレルなものがあり、その背後には、地域文化やローカルな価値を重視することで、グローバル化への対抗意識の萌芽を見て取ることができるのである。

3. 新しい文化史

♣ 構築主義への途

「新しい文化史」という言葉は、1980年代の末に使われるようになった。この新しい文化史は、文化の領域の拡大や文化理論の台頭への応答と見なさねばならない。文化人類学にとどまらない文化理論への関心が、新しい文化史の傑出した特徴であり、とりわけ4人の理論家、ミハイル・バフチン、ノルベルト・エリアス、ミシェル・フーコー、ピエール・ブルデューが重要な人物となってきた。こうした理論家に共通するのは、「表象」や「実践」に関心をもつよう歴史家に促してきたことにある。この二つの概念も、文化史の方法と対象の展開のプロセスに位置づけられよう。すなわち、「表象」概念は、文化が社会的なものの反映物として捉えられるのではなく、逆に文化の相対的自律性が強調されるなかで脚光を浴びることになった。他方で、「実践」は、文化の対象に広く日常生活までも含めることで注目されるようになった概念である。そして、1990年代の文化史は、人文社会科学全般における「言語論的転回」の影響を受けて、構築主義的傾向を帯びつつあるといえる。

ある文化史家の言葉によれば、最近になって「社会的なものの文化史」への転換が生じたといわれる。この認識から明らかになるのは、哲学、社会学、科学史などの学問領域での構築主義的傾向が、新しい文化史に与えた影響で

ある。構築主義的立場の定式化として影響力をもつ見解が、ミシェル・フーコーによって提出され、「言説」を「語られている対象を体系的に構築する実践」と定義している。また、構築主義は、ミシェル・ド・セルトーの文化理論にも多くを依拠しており、セルトーは、民衆の日常生活が既存の文化的レパートリから取捨選択しながら、戦略的に発明・構築される点を強調している。「文化」は構築されるというフーコーやセルトーの見解が正しいとしたら、すべての歴史は文化史ということになろう。事実、二人の影響力は絶大であった。1980年代以降に刊行された「発明」「構築」「想像力」などの言葉をタイトルに含んだ歴史研究の長大なリストが、このことを示してくれる。

---

column 　言語論的転回

　テクストに表れる言語はテクストの外側にある現実（実体）を反映するのではなく、言語こそが現実を構築していくという理解を促した20世紀後半の人文社会科学における認識論的転換を指す言葉。その起源はヴィトゲンシュタインの言語哲学にあるとされるが、フェルディナンド・ソシュールの構造主義言語学、ミシェル・フーコーらのポスト構造主義哲学によって発展させられ、ジャック・デリダは「テクストの外部には何も存在しない」とする認識を示すにいたっており、総じて言語という記号体系の拘束性や規定性を強調するものになっている。

---

column 　構築主義

　社会的事実や人間・集団には固有の性質が内在しているとする本質主義的考え方に対して、そうした本質とされているものが、現実には、歴史的、社会的、文化的に創り出されてきたとみなす考え方を指している。とりわけ、構築主義は、ジェンダー、性、民族、人種などの社会的アイデンティティに関する既成のカテゴリーが、いつ、どのように、どのような権力によって強制されたかを検証するうえで有効な視座を提供している。

✤ 表象

「表象」を例にとってみよう。この概念は、イメージやテクストが単純に社会的現実を反映ないしは模倣していることを意味しているように思われている。しかし、新しい文化史の歴史家は、この意味に長い間居心地の悪さを感じてきた。もとをたどれば、フーコーが「現実に対する理解の貧困」を理由として歴史家を批判したことに始まる。歴史家は「想像されたもの」に対する理解を欠いているからだった。その時から、フランスの歴史家たちは、「想像力の歴史」と呼ばれる研究を推進し、「煉獄」、「社会構造」、「夢」、「亡霊」などイメージの分析を行い、これらの表象が反映していると思われる現実を変容させる力をもっていると見なした。同じく英語圏でも、文字や視覚や心理的なものであれ、さまざまな表象の形態が分析されてきた。1983年には、学際的な雑誌である『リプレゼンテーションズ（表象）』が、アメリカ合衆国で創刊されることになった。

構築主義の文化史では、「表象」そのものが構築されること、あるいは「表象」という手段によって、知識、領域、社会階級、病気、時間、アイデンティティなどが「構築」され「生産」されると考えられるようになった。つまり「表象」の「生産、流通、受容」といった一連のプロセスによって、〈現実〉が構築されるというのである。英語圏において構築主義的歴史学の形成にとって大きな役割を果たした二つの書物は、アンダーソン『想像の共同体』(1983)とホブズボームとレンジャーによる『創られた伝統』(1983)であった。これらの作品に触発されて、この間に生み出された研究には、自己、アテナイ人、野蛮人、伝統、経済、知識人、フランス革命、原始社会、新聞、ルネサンス期の女性、レストラン、十字軍、ポルノグラフィ、人民の構築に関わるもの、また最近では、アイルランド、日本、スペイン、スコットランドなどの「国民」の発明に焦点を当て、他方では、ヨーロッパ、アフリカ、バルカン半島などの「地域」の文化的構築に関する作品も登場している。

[プロローグ] 文化史というアプローチ

♣ 実践

　実践もまた、新しい文化史のスローガンのひとつである。これによって、神学の歴史より宗教的行為の歴史へ、言語学の歴史よりも発話の歴史へ、科学理論の歴史よりも実験の歴史が研究されるようになり、また、旅行、コレクション、スポーツなども実践の視点から分析されている。実践の歴史のなかでも最も広く知られたものが、読書の歴史であろう。読書行為の歴史は、かつての「著述業の歴史」とも、また書籍取引や検閲などを研究する「書物の歴史」とも異なり、読者の役割、読書慣習の変化、印刷の文化的利用などに注目するようになってきた。たとえば、西洋では、音読から沈黙の読書へ、集団的読書から個人的読書へ、ゆっくりとした精読から速読・多読へという「読書革命」が18世紀に生じたといわれる。この読書革命が、フランス革命のような政治革命の社会的底流をなしていたとする解釈も行われている。

　だが、構築主義段階の文化史では、セルトーの理論に影響を受けて「実践」それ自体が構築されたものであることが強調されるようになる。つまり、「実践」は、スクリプト（台本・脚本）とパフォーマンス（演技）の二つの領域から構成されているというのである。パフォーマンスへの注目は、文化が固定的なものではなく、状況が異なれば同じ儀礼や物語でも変化するということを意味しており、個人の自由や主体性を重視する視点への転換であった。この考え方は、エスニシティ、ジェンダー、貴族、奴隷などをパフォーマンスするという観点から日常生活の分析にも用いられるようになっている。たとえば、奴隷によって示される主人への従属はパフォーマンスとみなされ、主人の眼に映る範囲で〈服従〉の姿勢が示されているというのである。

♣ ポストコロニアリズムとフェミニズム

　最近では19世紀の文化史に見られた西欧中心主義や男性中心主義も批判の俎上に載せられている。西洋文明が示した大きな物語への反発が起こった大きな理由は、そこで排除ないしは隠蔽してきたものに対する理解が進展してきたことにある。第三世界の独立闘争、先進国による経済的搾取の持続をめぐる議論、そして植民地主義的偏見の残存に対する関心が、ポストコロニ

アリズム理論の台頭を促した。他方で、フェミニズムは、男性の偏見を暴露すること、そして伝統的な歴史記述では姿のみえなかった女性による文化に対する貢献に関心をおいてきた。イギリスでは、スチュアート・ホールによって指導されるカルチュラル・スタディーズが、新しい文化理論を武器としてポストコロニアリズムやフェミニズムに関するテーマを積極的に取り上げていった。その影響は、文学や社会学だけではなく、歴史学にも及んでいるのである。

　西欧の偏見を暴露するのに最大の貢献をしたのが、エドワード・サイードの『オリエンタリズム』（1978）であった。この論争提起的な研究は、西欧の思想のなかにある西洋／東洋の二項対立の重要性を強調する。18世紀後半からのオリエンタリズムは、実質的に植民地主義を意味しており、オリエントに対して支配を行う西洋の様式と定義された。サイードの書物に影響を受けたのは、1980年代には美術史家で、1990年代には音楽史の研究者であった。そこでは、東洋のイメージ、つまり「他者」の表象が生産され、流通し、受容される構築のプロセスに関心を払っている。オリエンタリズムをめぐる研究の進展は、文化史という名のもとに、学際的な「接触」や「交渉」を行う生き生きとした事例を提供してくれる。

　フェミニストは、ジェンダーを文化的構築物として議論するようになっている。ジェンダーとしての「女らしさ」と「男らしさ」は、しばしば対照性によって構築されてきた。たとえば、男性的なイングランド人は、女性的なフランス人や東洋人との差異によって定義されたのだ。最近の研究のなかで強調されているのは、ある文化のなかでの女性性と男性性の相互依存性に関するモデル、つまり、それぞれが他者との関係によって定義されるというのだ。また、「女らしさ」や「男らしさ」は、社会的なスクリプトとして研究されるようになっている。そうしたスクリプトには、身ぶり、言語、衣服、性的な行動様式が含まれており、ジェンダーは、日常生活でパフォーマンスされることで「女らしさ」や「男らしさ」を構築していると見なされている。文化史の射程は、こうした点に到達しているのである。

4. 文化史の挑戦

　文化史の発展は、古典的時代の文化史に対する批判というかたちをとって展開した。ひとつは、研究対象の深化・拡大であった。古典的文化史はエリート文化を対象とするものであったが、民衆文化史はエリートから民衆へと分析の対象を下降させていった。それによって、従来、「文化」として考えられなかった日常生活レヴェルでの慣習や規範を含むことになった。この文化概念が、必然的に人類学的アプローチとの親和性を見いだした。もうひとつは、方法論的な発展であった。古典的段階の歴史家による直観に依拠する方法は、印象主義的で根拠を欠くとの批判にさらされてきた。1930年代の美術史は、そうした直観的歴史叙述を克服して文化と社会との関連性を問題にしようとする試みだった。文化概念が拡大するにしたがい、文化と社会との位置づけが問われることになったのである。その後、マルクス主義は、文化と社会との関連を土台－上部構造モデルで解釈しようとした。しかし、このモデルにも問題があった。ここでも人類学は、文化の自律性を主張することで、マルクス主義に変わる理論的枠組みを提供していった。

　すでに述べたように、「新しい文化史」の特徴となる「表象」と「実践」も、この方法と対象の拡大のなかに位置づけられる。言語論的転回と呼ばれる傾向のなかで、それぞれが文化的に構築されることが強調されるようになった。「アイデンティティ」という言葉がよく使われるようになっているのも、こうした認識論上の変化を背景にもっている。現在では、分析の対象を人間の内面にまで傾斜させながら、文化におけるパフォーマティヴな要素に注目しつつある。他方で、古典的文化史は、ヨーロッパの文化を対象とし、「西欧の勃興」という「大きな物語」を前提としていた点で、ヨーロッパ中心主義を身にまとってきたが、このヨーロッパ中心主義を相対化する視座として、ポストコロニアル理論が台頭した。フェミニズム理論も男性中心の文化の陰に隠されてきた女性に光を当てることで、女性の文化に対する貢献を明らかにするものだった。この二つの領域が、文化史研究の新しい可能性を秘めた

フロンティアとして文化的構築の方法を拠りどころにしながら展開しているのである。

　現在、文化史がどこかつかまえどころのない曖昧な学問領域とみなされているのは、このような長い歴史のなかで試みられてきた多様なアプローチが存在するためであろう。絶えずそのフロンティアを拡大してきた文化史という領域。その挑戦は、ますます現在進行形で語られるべきなのである。

◉参考文献——

ピーター・バーク（諸川春樹訳）『時代の目撃者——資料としての視覚イメージを利用した歴史研究』中央公論美術出版、2007年。

―――（佐藤公彦訳）『歴史学と社会理論　第2版』慶應義塾大学出版会、2009年。

吉見俊哉編『カルチュラル・スタディーズ』講談社、2000年。

Victoria E. Bonnell and Lynn Hunt (eds.), *Beyond the Cultural Turn: New Directions in the Study of Society and Culture*, Berkeley: University of California Press, 1999.

Peter Burke, *Varieties of Cultural History*, Cambridge: Polity Press, 1997.

――― *Cultural Hybridity*, Cambridge: Polity Press, 2009.

第1部

制度と文化

第 1 部扉図　初期のクェーカーの集会

（17 世紀、銅版画、ロンドン、メアリ・エヴァンズ・ピクチャー・ライブラリ蔵）

[第1章]

宗教と文化
―― 変化する信仰と近世イングランド ――

那須　敬

　長い間宗教の歴史は、教義や神学思想、教会組織やその改革運動の展開を中心に説明されてきた。ここで想定される宗教とはそれ自体に一貫性をもつ教えと制度の体系であって、これが同時代の風習や芸術様式に与えた影響を考えることが、「宗教と文化」を論じることとなる。しかし、こうした宗教理解は自明だろうか。宗教ということばが何を指すのか、またどのようなことばを用いればその歴史を説明したことになるのかについての了解じたいもまた、歴史の産物であり、文化のなかにある。たとえば、10年ごとに行われているイギリスの国勢調査には、2001年の調査から「あなたの宗教は何ですか」という質問が含まれている。しかし、個人が選択したり所属したりできるものとして宗教をとらえる考え方は、歴史上いつもあったものではない。それは、宗派の分裂やアイデンティティの多様化（第13章・エピローグを参照）によって複数の宗教的カテゴリーの存在が一般化した近代にはじめて可能になったのである。宗教を文化史の考察対象にすることは、今日の宗教観を構成する枠組みから一度自由になり、またその歴史性を考えなおすことにほかならない。以下は、そうした試みのためのごく簡単な見取り図である。17世紀イングランドから始めてみよう。

1.　ある背教者の死

　人生を天国への危険にみちた旅になぞらえた寓意小説でイギリス信仰文学の代表作とされる『天路歴程（*Pilgrim's Progress*）』（1678）の著者、ジョン・

第1部　制度と文化

　バニヤンの回想録には、若い日の彼に強い衝撃を与えた一冊の書物が登場する。16世紀イタリアのあるプロテスタント信徒の苦悩と死を記した、『フランシス・スピラの恐るべき境遇』という130頁あまりの小さな本だった。

　物語は次のようなものだ。パドヴァ郊外のチッタデッラに住む弁護士スピラ（またはスピエラ）は、ドイツ宗教改革とともにイタリアに入ってきたルターの著作に感化されて、その教えを受け入れただけでなく、自ら伝道活動にまで従事する。しかしやがてローマ教皇使節によるプロテスタント信徒の取り締まりが始まると、異端審問を恐れたスピラは、自身と家族を守るために公の場でこの新しい信仰を否定してしまう。その直後から、自分は神に見捨てられたという確信と深い絶望が彼を襲う。友人たちの励ましやカトリック神学者の説得に対して、スピラは自分の行く先はもはや地獄しかないと主張する。「確かに神は選ばれた人間をみな救うだろう。しかし永遠の罰に定められた者を救いはしない。私はその一人なのだ。私は本心では信じていたキリストを自分の意志で否定したのだから、神が私に対して心を閉ざし、もう希望を与えてはくれないのが分かるのだ」（Bacon, 1638, pp.41-42）。自分の命が悪魔の手に渡ったと断言したスピラは食事を拒否し、悪魔払いの祈祷や聖餐式用のパンで治療を試みる司祭をも退ける。周囲が驚き悲しむなか、そのまま衰弱死した。1548年のことだった。

　スピラのエピソードは、迫害や誘惑に負けて信仰を捨てる危険を警告する訓話として、ヨーロッパ中のプロテスタント信徒の間に広く知られることとなった。プロテスタント国家となって間もないイングランドでも、スピラはさまざまなパンフレットや芝居、説教に登場した。なかでも1638年にロンドンで出版された『フランシス・スピラの恐るべき境遇』はその代表作となり、1800年までに20版以上を重ねた。

　イングランド東部のベッドフォード州に金物工の息子として生まれたバニヤンは、罪の意識と自己嫌悪にさいなまれ自分の救済の可能性に強い不安を抱いていた二十代にこの本に出会ったようだ。バニヤンは回想録に次のように記している。

[第 1 章] 宗教と文化

今や私は絶望にのまれそうになっていたので、神に祈るのがつらかった。そのころかの不幸な男、フランシス・スピラの恐ろしい物語のことを知った。私の悩める心にとって、傷口に塩をすり込むような本だった。どの文章も、神の巨大な手が重くのしかかったスピラのうめき、嘆き、涙、祈り、歯ぎしり、彼が腕をもがき身をよじらせ、やつれ衰えていく様も、私の魂に短刀のように突き刺さった (Bunyan, 1966, pp.51-52)。

バニヤンが不安を克服し信仰に確信を得たのは、さらに数年が経ってからであった。『天路歴程』には、主人公クリスチャンと旅仲間「希望」の行く手を阻む「絶望」という名の巨人が登場する。「絶望」は二人を「疑いの城」に幽閉し、解放の見込みはないのだから自殺をするようにと迫る。巨人の誘いに屈しそうになったクリスチャンはしかし「約束」という鍵をもっていたことに気付き、二人の旅人は再び自由になる。神の裁きにおののき絶望するスピラに自らを重ね合わせることによって、バニヤンは自分の置かれた状況を理解し、またそこから脱出したのである。

『フランシス・スピラの恐るべき境遇』とバニヤンの出会いは、近世イングランドの宗教と文化についてさまざまなことをわれわれに教えてくれる。たとえばここに、ヨーロッパ全域でつづくカトリックとプロテスタントの対立がイングランドの一般信徒の宗教意識の背景をなしていた一例を見ること

---

column 救済論

Soteriology. 人間が神の前に罪を赦され、天国に入る方法に関する教義。信仰義認を説いたプロテスタント宗教改革は、地上における善行、生者による死者のとりなし、煉獄での苦しみを短縮する免罪、聖母や聖人への祈願、聖職者の執り行う儀式など、ローマ・カトリック教会が認めていたさまざまな救済の補助手段を無効とした。このように救いにおける人間の業(わざ)の効力を否定したプロテスタント救済論にも、個々人の救いの可否を神の絶対的な予定に帰する予定説や、逆に信仰を選びとる人間の自由意志を強調する普遍救済説など、解釈の違いがあり、イギリスでもくり返し神学論争へと発展した。

ができるだろう。一方、書物の文化史という観点から眺めれば、イタリアの一事件が翻訳や書き換えを経ながら印刷メディアを通して読者を獲得していく過程も興味深い。『フランシス・スピラ』の衝撃と成功はまた、17世紀の人びとにとって死後の運命がいかに大きな関心事であったかを物語っている。救いと滅びの確定性を強調するカルヴァンの予定説が当時のプロテスタント神学に大きな影響力を与えていたからこそ、地獄行きを確信するスピラの言葉は、その読者たちにとって特別な重みをもったのである。

われわれはさらに、バニヤンの苦悩とその解決が公的な宗教機関の「外」で進行したことにも注目したい。個人的思索と聖書の独学を通して宗教的確信に到達したバニヤンは、大学教育を受けず、正式に叙任されないまま説教活動を開始し、唯一の法定教会であるイングランド国教会（Church of England）を大胆に批判した。その結果として獄中で10年以上を過ごしたことが、『天路歴程』執筆のひとつの背景をなしている。信仰と不信仰、希望と絶望の対立がバニヤンとスピラの人生において重なり合う時代はまた、宗教をめぐる人びとの意見が分裂し、多様化していく時代でもあった。

以下では、イングランドにおける宗教のありようとその変化を、16世紀から17世紀の終わりにかけての時期を中心に概観してみたい。この時期を取り上げるのは、中世キリスト教からの連続性と、近代における新しい宗教観との両方が共存し、また相互に影響し合った興味深い時代だからである。

2. 社会としての教会

中部イングランド、ノーサンプトン州の牧師エウセビウス・パジットは一般信徒向けに書いた『聖書のはなし』（1602年初版）を、次のように始めている。

Question.	What is Religion?
Answer.	A knitting of us againe to God.
質問	宗教とは何ですか？
答え	私たちを再び神と結び合わせることです（Pagit, 1602, p.1）。

[第1章] 宗教と文化

　『聖書のはなし』はこの後、旧新約聖書の内容を一問一答式で解説していく。このような教理問答書(カテキズム)は、ちょうど同時期の日本でイエズス会の宣教師たちが作成していたが、16-17世紀のイングランドでも大衆の教化に使用されていた。17世紀を通じてロング・セラーとなった『聖書のはなし』も、もとはパジットが自宅の食卓で妻や子ども、召使いたちの前で毎日行っていた問答を本にしたものだった。

　パジットの「knitting of us（私たちを結ぶ）」という言葉は、近世における宗教のあり方を理解するヒントになるだろう。ここでパジットは、人間と神との結びつきだけでなく、「私たち」の社会的結合をも意味しているからである。「religion」という言葉じたい、古くは「約束して義務を負う」「誓いに縛られた生活を送る」といったニュアンスをもっていたようだ。仲違いした隣人同士を和解させることは教会で行われる礼拝の重要な機能と考えられていた。今ではもっぱら「慈善」という意味で用いられる「チャリティ」は、神の人類への愛と人間同士の友愛の両方を意味する語であった。社会的な規範に束縛されない個人的な信仰、人間の精神面にかかわる問題、といった今日の宗教理解は、前近代のヨーロッパにおいては異質なものであった。むしろ、人を社会のつながりのなかに組み込んでいくものこそが宗教だったのである。

　宗教と社会の一体性は、人びとの生活空間としての教区(パリッシュ)を見ても明らかである。教区とは、教区教会を中心とする宗教上・行政上の単位であり、原則として国民は誰もがどこかの教区民であった。人口の集中する都市は複数の教区に細かく区切られており、逆に北部イングランドのように人口の疎らな地域では一教区が広大な領域にまたがっていたものの、多くの場合はひとつの村や集落がそのまま一教区の姿をなしていた。このころのイングランドとウェールズを合わせた教区の総数は9000程度であった。ピーターバラ主教ホワイト・ケネットの言葉を借りれば、「王国とは、家族と教区の集合体にほかならない」のであった。

　個々の教区教会はみな、カンタベリ大主教を最高位聖職者とする主教制度（Episcopacy）によってイングランド国教会に所属しており、その礼拝式は

第 1 部　制度と文化

国定の『共通祈祷書（Book of Common Prayer）』によって標準化されていた。1549 年にはじめて刊行され 1662 年に内容を確定したこの『祈祷書』は、救済論や聖餐の解釈など鍵となる項目にプロテスタント神学を取り入れ、ローマ・カトリック時代の礼拝スタイルから国教会を切り離すためのガイドラインとなった。とくに祈祷文からラテン語を取り除き、礼拝を完全に英語化したことは画期的であった。だが多くの人びとにとって教会は変革よりも、過去からの連続性を確認する場所でありつづけたようだ。人びとは共同体が何世代にもわたって使用してきた同じ建物に集まり、聖職者が執り行う典礼を眺め、祈祷文を唱え、決まった箇所で跪いたり頭を下げたりするという身体動作を反復した。後に見るように、教義としてのプロテスタンティズムを人びとがどこまで理解していたかは疑問の余地があるものの、教区教会が死後に天国に入るための方法を教える唯一の場所であったことに変わりはなかった。そこはまた、大雨、干ばつ、飢饉、疫病、戦争といった非常事態に際して人びとが集団で神に祈願する場所でもあった。

　教区教会の役割は礼拝だけではない。人びとのライフサイクルにかかわる重要な通過儀礼、すなわち新生児をキリスト教徒の共同体に迎え入れる洗礼、社会関係の最小単位とされた結婚、出産後の女性の社会復帰を認める安産感謝式、そして地上の生の終わりを標す葬儀はすべてここで行われた。教会の庭は教区民の埋葬地であっただけでなく、共有地として集会、祝い事、市、娯楽や運動などさまざまな目的に使われた。キリスト昇天祭の直前の祈願節に、住民と聖職者が若者たちと一緒に教区の境界線やその目印を木の枝で打ちたたきながら練り歩く「境界打ち（beating the bounds）」の行列は、共同体の空間的広がりを構成員が確認し、次世代に伝える行事として、地域によっては 19 世紀後半まで続いた。教会はまた教会裁判所を通して、婚姻関係をめぐる訴訟、遺言の検認の他、名誉毀損、不品行などさまざまな日常的問題の解決に取り組んだ。罪が確定した場合もっとも重い処罰のひとつは、違反者を聖餐の秘蹟から一時的に除外する陪餐停止（excommunication）だった。これは文字通り、神と人間社会の両方から関係を絶たれることを意味した。社会の統合と安定に、教会は深く関与していたのである。

[第1章] 宗教と文化

> *column* 　聖餐
>
> 　Holy communion / Eucharist. キリストの肉と血をあらわすパンとワインを信徒に与える教会の儀式。初代キリスト教会時代から中世を通して行われていた秘蹟であるが、宗教改革ではその形式と解釈に変化が起きた。ローマ・カトリック時代にはパンのみが信徒に与えられていたのに対し、パンとワインによる二種陪餐が復活した。また聖体（パンとワイン）が実質的にキリストの身体に変化するという化体説（transubstantiation）が否定され、聖体はキリストの象徴であるがそれ自体は崇拝の対象ではなく、超自然的な力も持たないとされた。『フランシス・スピラの恐るべき境遇』で、司祭たちが瀕死のスピラを聖餐のパンで治療しようとした場面は、プロテスタント読者たちの目にはローマ教会の「迷信」の典型と映ったはずである。

　宗教を通して結ばれた社会はまた、その構成員に各々の置かれた場所と、互いに対する位置関係、すなわち秩序(オーダー)を教える社会でもあった。教会のなかの座席は、その教区における身分や特権、年齢、性別、あるいは納税額などによって決められることが多かったため、日曜日の教会内の光景は社会構造の小さな見取り図となった。16世紀から17世紀にかけて説教、絵画、戯曲などがくりかえし強調したのは、君主と国民、聖職者と平信徒、主人と使用人、夫と妻、親と子といった主従関係の重要性だったが、こうした個々の社会関係は神と被造物の関係、つまり全宇宙の秩序を反映するものとして説明された。ここでイメージされるのは、互いに矛盾した利害をめぐって対立する複数の階級(クラス)からなる社会よりもむしろ、不平等でありながらも全体がひとつの身体に連なる、包括的な社会である（図1-1）。

　鎖によって互いに結び合わされ、序列化されていたのは人間だけではない。同じ原理によって、動物や植物、または鉱物にも高貴なものと卑しいものがあると考えられたし、天使にさえ厳格な位階が与えられた。後代の歴史家たちが「存在の大いなる鎖」と呼んだこうした秩序観には、学問的裏付けもあった。ルネサンス期ヨーロッパの人文主義者たちを魅了したネオ・プラトン主義哲学では、自然世界は人体のような小宇宙(ミクロコスモス)から天体世界すなわち大宇宙(マクロコスモス)に

023

第 1 部　制度と文化

図1-1　英語訳聖書『グレート・バイブル』
　　　　1540 年版の口絵
注：キリスト（最上部中央）の真下に座る国王ヘンリー 8 世からカンタベリ大主教トマス・クランマ（左）と側近トマス・クロムウェル（右）に渡された聖書が、主教や貴族たちの手を経て臣民に読み聞かされている。表紙を開いて最初に物語られるのは、聖俗の主従関係の連鎖でつながった社会である。
出典：John Morrill (ed.), *The Oxford Illustrated History of Tudor & Stuart Britain*, Oxford: Oxford University Press, 1996, p.228.

いたるまで、互いに感応する有機的な全体をなしていると考えられていたからだ。イギリスの 17 世紀は「科学革命」の時代とも呼ばれるが、新しい学問の登場が直ちに宗教的世界観を打ち壊したのではない。むしろ、ウィリアム・ハーヴィーやアイザック・ニュートンら科学者たちの研究は、神の作品としての宇宙の秩序を解明するという神学的使命を負っていたのである。

　このように、前近代の宗教は、それなしで他のものを説明することがほとんど困難なほど広範囲に影響力を有していた。宗教は、人間関係の基礎という点において社会と同義であり、また意味の体系、思考と行動の様式と見れば文化そのものであったとも言える。ただしここで、変化の余地のまったくない静的で安定した社会をイメージしたり、人びとの考えが教会のイデオロギーに完全に支配されていたと結論したりすれば、理解を誤ることになろう。国教会成立（1534）から名誉革命（1688-89）までの約一世紀半は、絶えず変容しつづける「長い宗教改革」の期間であり、宗教のあるべきかたちをめぐってさまざまな意見が激しく対立した時代であった。歴史家たちは、スコット

ランドとアイルランドを巻き込み、国王チャールズ１世の処刑（1649）にまで発展したイングランド内戦が、本質的に宗教的な「ピューリタン革命」だったのか、それとも多分に政治的・世俗的な要因によるものだったのかをめぐって長く議論を重ねてきた。だが、おそらくこの二つを別々のものとして考えることは間違いだろう。政治と不可分であったからこそ、宗教は絶え間ない競争の対象となり、またその舞台となったのである。そこで次に、国教会を軸とする公式の宗教が直面したさまざまな挑戦と変化について考えてみよう。

3. 非公式な信仰――民間信仰の世界

　まず、公式のキリスト教の枠に収まりきらない民間宗教の世界に目を向けてみよう。印刷術の普及に助けられて、都市部を中心に識字率は上昇していたが、人口の約８割以上は肉体労働や奉公に従事しており、彼らが読み書き教育を受ける機会は限られていた。これら大多数の人びとの思想や価値観を体系的に再現することはきわめて難しいが、国教会の提供する教えを額面通りに受け止めていたとは言いがたい。聖職者たちの著作物や日記を覗けば、教区民の無知や無関心に対する失望やいらだちの声を聞くことができる。「……人びとは、教会に来てたくさんのことを聴く。たぶん年間150回の説教を聴くのです。しかし、それにもかかわらず１年の終わりになると、彼らの寄りかかっている教会の柱、もしくは腰掛けている信徒席とまったく変わらなくなってしまうのです」（トマス、荒木訳、上、240頁）とオクスフォード大学の神学者ウィリアム・ペンブルは記している。国民に義務づけられていた教区教会への出席は完全に守られてはいなかったし、出席した者も皆が牧師に協力的とは限らなかった。教会裁判所や牧師たちの記録は、教区民の遅刻、途中退席、礼拝中のおしゃべり、笑い、喧嘩、居眠り、突然の発言、泥酔といった事例に事欠かない。ただし、17世紀以降に大学教育を受けた聖職者が急増したため、彼らと一般信徒の間に教育や価値観における隔たりが生じていたことは考慮する必要があるだろう。
　より興味深いのは、伝承や慣習のかたちをとって人びとの間に存続したさ

まざまな非公式な信仰である。これらは多くの場合は公認されたキリスト教と部分的に重なり合っていたが、無関係な場合もあった。たとえば、ラテン語の祈祷文は宗教改革によって廃止されたはずだったが、民衆の間では悪魔よけの呪文や願いをかなえるまじないとして根強く残ったようだ。生活のいろいろな場面で十字を切ることも同様だった。聖餐式で用いるパンは人間や家畜の病気の治療に効くと信じられていた。宗教改革は視聴覚に訴える儀式的要素をキリスト教から取り除き、聖書すなわち「言葉」の中心性を強調したといわれるが、では福音書の句が書かれた紙片を身につけると災難を免れる、という民間信仰はどの程度プロテスタント的といえるだろうか。歯痛を治す、紛失したものを見つけ出す、他人にかけられた呪いを解くなどの日常的な問題の解決のために、カニング・マン、カニング・ウーマンなどと呼ばれた地域のまじない師に頼る習慣も、また天国に入れずに地上をさまようとされた亡霊への関心も、17世紀を通して衰えなかった。同世紀後半には占星術による予言を載せた安価な暦書(アルマナック)が大量に印刷され、人気を誇った。

　こうした慣習や信仰を教会が正式に認可することはなかった。しかし公式のキリスト教義と明らかに対立しないかぎり、目をつぶっていることが多かったようだ。たとえば、流星、空に浮かぶ雲の形状、動物の異常な行動などから不幸や災害を予測することは、人間世界に警告を与えるため自然現象に直接介入する神の「摂理(プロヴィデンス)」というプロテスタント神学と矛盾するものではなかった。公式の宗教と民間宗教の境界はあいまいだったのである。ただし神学者の多くは、平信徒が超自然的な力と直接かかわりをもつことを嫌い、とくに悪魔の力に頼るものと判断された魔術に対しては厳しい取り締まりを要求した。一般に、民間信仰は伝統的な生活様式に深く根づいていたので、改革に熱心な聖職者たちからは飲酒や賭博と同様、粗野な民衆の「不信仰」の表れとして問題視されたし、洗練された教養を身につけた上流階層の人びとからは「迷信」として見下された。

[第1章] 宗教と文化

4. 非公式な教会——非国教徒の登場

　公式のキリスト教の維持においても、教会が一致団結していたわけではなかった。その障害となっていたのはカトリック信徒と、急進的なプロテスタント信徒の存在である。宗教改革が国家事業であった以上、前者の立場ははじめから厳しかった。ローマ教皇への恭順は国教会の首長である国王に対する叛逆を意味したため、カトリック信徒の社会的・政治的信用は弱まったし、少数のカトリック貴族が議会の爆破を試みた1605年の「火薬陰謀事件」などによって、国民感情における「教皇主義者(ペイピスト)」のイメージはさらに悪化した。イングランド国民のアイデンティティを形成したのはプロテスタンティズムへの熱心さより、むしろ排他的な反カトリック感情であった可能性を、多くの歴史家たちが指摘している。一部のカトリック貴族が宮廷の恩顧を受け、また、地方でも一定勢力を維持したことは確かだが、逆にこのことは人びとの間に「カトリック陰謀」への強い不安感を生んだ。1640年代の内戦やその後のアイルランド征服（1649-53）が激しい宗教戦争色を帯びたのはこの結果でもあった。

　他方で、プロテスタンティズムにおける国内統一を実現することはまた別の問題だった。ヨーロッパ大陸やスコットランドでのカルヴァン派教会の誕生に刺激されて、イングランド国教会における宗教改革の不徹底や、主教制度のようにカトリック時代から存続する教会組織を批判する声が、16世紀後半からくり返し聞かれた。批判は聖職者の着る祭服や、聖餐式のための聖餐台(テーブル)の位置や角度といった微細な事柄にまで及んだが、やがて意見の対立は神学論争の域を越えていく。本章のはじめに見た『フランシス・スピラの恐るべき境遇』や『聖書のはなし』のような大衆向け信仰書や説教運動に刺激され、一部の一般信徒の間にも宗教生活の向上を求める動きが現れはじめたのである。彼らは聖書研究のために私的な集会を開いたり、評判のよい説教者の教えを聞くために他の教区へ出かけたりした。中世の異端カタリ派（ギリシア語「浄い者」）の英語名「ピューリタン」は、このよ

027

第1部　制度と文化

うに宗教的に厳格な人びとをからかう侮蔑的な呼名となったが、彼らもまた自らを「信仰深い(ゴッドリー)」集団と自覚し、次第に他の「不信仰」な世界との距離感を意識するようになっていった。クェーカー（後述）女性著述家の一人、メアリ・ペニントンは、幼少時代に養育のため預けられていた家族のことを、日曜日に教区教会に行く以外は宗教について真剣に考えることのない「締まりのない(ルーズ)プロテスタント」だったと回想している。宗教的指向の違いから生まれる軋轢は17世紀が進むにつれて顕著になった。エリザベス1世期に花開いたロンドンの演劇は、早くからピューリタンに非難されていたが、宗教改革熱がもっとも高まった内戦・共和政時代には公衆道徳に有害という理由でついに禁止された。

　ピューリタンの運動は、教会の現状に不満を抱く聖職者のものであれ、熱心な一般信徒のものであれ、すべてのキリスト教徒が連なるべきひとつの身体、すなわち大文字のCではじまる唯一の普遍教会の理念を浸食しかねなかった。当然、エリザベスをはじめ国王たちは強く警戒し、国教会の規定外での宗教活動に厳しい態度でのぞんだ。ただし、よく誤解されるようにピューリタニズムが制度としての国教会を真っ向から否定していたわけではない。国教会から離脱することは、分派や異端の汚名を着せられる危険をともなったし、なによりもキリスト教徒の「チャリティ」のためにも慎むべきことだった。長く批判の対象だった主教制が一時的に廃止され、長老制（Presbyterianism）によるまったく新しい教会設立が画策された内戦期においても、ピューリタン聖職者の大多数は、全国民が単一の教会に連なるような伝統的な宗教秩序が維持されることを望んだのである。

　しかし内戦の進行につれて、国教会外での私的な集会、無許可の平信徒説教、印刷物による急進的な表現活動に歯止めをかけることは困難になった。聖書の「黙示録」に預言された世界の終末とキリストの再臨を熱望する千年王国思想(ミレナリアニズム)の流行も、宗教的情熱に拍車をかけた。急進主義者の目には内戦は「聖徒」と「反キリスト」の戦いと映ったからだ。この結果、1640年代から50年代にかけて各地に無数の分離教会またはセクトが現れた。教区と無関係な教会形成が始まったのである。幼児洗礼を否定したバプテスト

[第1章] 宗教と文化

図1-2　初期のクェーカーの集会

注：伝統的な礼拝様式にとらわれず思い思いの姿勢で信徒の「解き明かし」に聞き入る聴衆。集会で女性の発言が許されていたことは、男女の主従関係の逆転を連想させた。たらいの上に立って話す平信徒説教者（tub preacher）の姿は、革命期セクトの定番的なイメージとなった。（17世紀、銅版画、ロンドン、メアリ・エヴァンズ・ピクチャー・ライブラリ蔵）

（Baptists）や、信徒個々人への神からの直接啓示を重視したクェーカー（Quakers）が代表的だが、女性の説教師や預言者も現れた（図1-2）。このころ「信仰の自由」が盛んに議論されたことの思想史上の意義は大きい。だがこうした展開が同時代の保守的な批評家たちに意味したのは「ひっくり返った世界」、すなわち秩序の崩壊にほかならなかった。

これらのプロテスタント非国教徒（Nonconformist）は17世紀半ば以降、教派として組織化を進めたが、規模においては少数派であり、総人口の1割を超えることはなかったようだ。チャールズ2世による王政復古で主教制国教会が復活すると、彼らは厳しい取り締まりと差別の対象となった。バニヤンが投獄されたのはこの時である。しかし、カトリック信徒であったジェイムズ2世を廃位した名誉革命直後、「寛容法」(1689)によって非国教徒の存在は合法化された（カトリックを除く）。プロテスタント王位継承の原則は守られたが、同時に教会の一体性という理念は失われたのである。

column 普遍教会

定冠詞をともなう the Church は、個々の会堂や教派ではなく、地上における全キリスト教徒の集合体、またこれを包摂する単一で普遍的な教会組織を意味する。「カトリック」とは普遍的・公同的という意味であり、宗教改革以前のローマ・カトリック教会は少なくとも西ヨーロッパ世界においてはこの普遍教会を体現していたといえよう。宗教改革でローマ教会を激しく批判したプロテスタントも、理念としての普遍教会は否定しなかった。イングランドの神学者たちはしばしば国教会が「カトリック」であると表現したが、これはローマ教会に対する自らの正統性の主張だけでなく、国教会から分離するセクトに対するけん制でもあった（コラム「教派」も参照）。

column 教派

Denominations. 宗教改革によって大陸ではルター派、カルヴァン派（改革派）などプロテスタント諸教会が並立したが、イングランド（ウェールズ含む）ではイングランド国教会が国内における唯一の制度教会（institutional church）であり、原則的に教派の存在する余地はなかった。国教会は大主教の下に主教、その下に各教区の聖職者を置く、ローマ・カトリック時代と同じ主教制（Episcopacy）をとるが、教会全体の首長は教皇ではなく国王である。17世紀には信者の自発的な集会としての会衆教会（congregational church）の考え方によってバプテストやクェーカーなどさまざまな分離教会やセクトが形成されたが、教派として認められたのはプロテスタント非国教徒が合法化された名誉革命期であった。主教制ではなくカルヴァンの提唱した長老制を教会組織の基礎とする長老派（Presbyterians）は、イングランドでは王政復古後に国教会を離れたピューリタン聖職者たちが中心となって形成されたが、スコットランドでは長老派教会が制度教会の地位を守り、北米や北アイルランドにも展開した（ただし19世紀には教会自治への国家の介入を嫌ったスコットランド自由教会などが分離した。第5章を参照）。この他に今日も存続する代表的な教派に18世紀に生まれたメソディスト（Methodists）がある。その活発な伝道活動と敬虔主義的な道徳観は国教会内にも福音主義（evangelicalism）の気運を高めた。ローマ・カトリック教徒も非国教徒として存続し、またアイルランドでは多数派を構成した。彼らに対する法的差別をイギリス政府が撤廃したのは1829年である。

[第 1 章] 宗教と文化

5. 近代における宗教

　16-17世紀の「長い宗教改革」は、その後のイギリスの宗教と文化に何を残したのだろうか。まず明らかなのは世俗化、すなわち宗教の政治的・社会的影響力の低下である。確かに、1707年のイングランド・スコットランド合同によって連合王国となったイギリスでは、プロテスタンティズムを共通項とする国民意識が長い対フランス戦争を支えた。18世紀のイングランド内政においてトーリー党とホイッグ党の宗教的支持基盤は、前者は主教制度や伝統的な礼拝式を重んじる国教会の高教会(ハイ・チャーチ)派、後者は非国教徒も含むプロテスタントの共存・寛容を認める低教会(ロー・チャーチ)派となった。オクスフォードやケンブリッジ大学に進学し官職に就く道は、19世紀まで国教徒の男性に限られた特権であった。こう見ると宗教は以前と変わらず、あるいは以前に増して政治性を強めた印象さえ受けるかもしれない。しかし宗教的差異を相対的な「立場」や「意見」の違いに回収することは、選択を許すことであり、正統と異端を決定する判断を保留することでもあった。教会の一致に頼らずとも国家が成り立つことが明らかになるにつれて、宗教対立は政治の中心から遠ざけられていった。
　内戦の苦い記憶と宗教戦争への幻滅も、こうした変化に影響した。なによりも、新しい啓蒙主義の文化において敬遠されたのは「熱狂」であった。信仰的情熱は、私的な領域においてこそ許されても、礼節を重んじる公的な空

---

column　トーリー党・ホイッグ党

　Tory and Whig. ジェイムズ2世即位前の1679年から1681年にかけて、ローマ・カトリック信徒であるジェイムズを王位継承から排除することを求めたホイッグと、これに反対したトーリーに議会メンバーが分かれたのが起源。近代的な政治政党として形を整えはじめたのは18世紀以降である。トーリーが国王と国教会を軸とする伝統的な政治秩序を重視したのに対し、ホイッグは議会による王権の制限と宗教的寛容を推進した。

間にはそぐわないと考えられるようになったのである。啓示や神秘体験への懐疑的なまなざしが強まるなか、キリスト教信仰が「自然」で「理性的」であることを証明することが、神学者たちの課題となった。内戦期に勢いを見せたピューリタニズムはさまざまな非国教会派に受け継がれ、また北米のキリスト教文化にも影響を残したが、イングランドでは多数派の宗教となることはなかった。ハリファクス侯爵ジョージ・サヴィルは、1699年に出版された娘への手紙のなかで、教会で感情を高ぶらせたり自分と信仰の異なる者に怒りを向けたりする人びとには近づかないよう注意している。彼の考えでは、宗教とは本来「優しく」「楽しいもの」であるべきだったからだ。ここで批判されているのがバニヤンやペニントンのようなタイプの人間であることは明らかだろう。下層民衆に対する訴求力を次第に弱めながら、宗教は安定と社会的上昇を求める人びとの道徳や教養として定着していった。プロテスタント信徒であることは、洗練された善良な市民性のしるしとなったのである。

　政治の脱宗教化と同時に、説明の体系としての宗教の守備範囲も縮小していく。規則的に動く機械になぞらえて自然を理解する新しい自然哲学の発達にともなって、知識人たちはあらゆる現象を神の摂理で説明することは避けるようになった。彼らの多くは科学とキリスト教が両立すると考えたが、自然は神学と別の方法で探求されなければならなくなった。病気や災害を罪深い人間世界への神の警告や悪魔のいたずらと考えることは、いまだ啓蒙されざる民衆の迷信と見なされるようになった。魔女の告発は18世紀半ばまでには消えていたが、それは魔女が活動を止めたからというより、魔術という超自然的な力を本気で信じることの方が異常視されるようになったからである。

　社会生活のさまざまな領域で世俗化が進むにつれて、宗教とは何かという理解そのものも世俗化した。17世紀の宗教的混乱はキリスト教会の唯一性という前提をゆるがしたが、ここからさらに宗教の複数性を連想することは極端な飛躍ではなかった。航路の拡大にともなってアジアやアメリカなどさまざまな地域の風習が知られるようになり、世界各地の宗教を比較する百科事典が流行した。1649年、すでにフランス語訳されていた『アルコーラン』

[第1章] 宗教と文化

が英語で出版されたことも、異教に対する好奇心の高まりを示している。神学者たちはキリスト教がその教えの「合理性」において他の宗教に優越していると論じたが、自分たちの信仰がいくつもの宗教（*religions*）の一種であることは認めたのである。宗教は宇宙全体をひとつに結び合わせる秩序ではなく、多様な人間生活の一側面となり、比較したり選択したり、あるいは研究したりすることのできる「もの」になったのだ。

　しかし、伝統的な宗教が社会的な統合力を失う一方で、個人の信仰的覚醒や自発的な参与を軸とする宗教意識が新たな形で現れるのも、18世紀以降の特徴である。信徒一人ひとりの回心体験の必要を説いたジョン・ウェズリは、国教会の制度的基盤が弱い僻地や労働者人口の急増する地方工業都市への伝道で成功をおさめ、メソディスト教会を設立した。同世紀終わりまでには国教会でも福音主義運動と呼ばれる一連の内部活性化の動きが起こった。19世紀イギリスで高まった社会福祉や奴隷制度廃止、世界宣教への情熱は、こうした新しい宗教運動の産物である。とはいえ福音主義の根幹にあったのは、信仰とは個人の内面世界に追求すべきもの、すなわち本来的には社会生活と相容れない私的な営みである、という確信であった。

　一方、視野を広げれば、宗教は以前より断片化・多様化しながら、新しい役割を確保していったようにも見える。啓蒙時代の合理主義に反発して自然の神秘を賛美し、原初的な人間精神への回帰をうたったロマン主義の芸術も、工業化していく社会が生んだ新しい宗教的感性の表れと見ることができるかもしれない。やがてヨーロッパ諸国が突入するナショナリズムと戦争の19-20世紀は、民族や人種、国家といった世俗的な概念が神聖化され、人びとに献身を要求した時代でもあった。ゆるやかに低下をつづける教会出席率からキリスト教の弱体化という結論を導くことはたやすい。しかしわれわれは宗教そのものの意味と場所がどう変わったのかを考えるべきだろう。第一次世界大戦で西部戦線を戦ったイギリス兵士たちは、壮絶な塹壕戦の経験を、バニヤンの『天路歴程』におけるクリスチャンの苦闘に重ね合わせて語った。複雑化する近代社会において人びとがどのように世界を意味づけ、また自らの生と死を理解したかを探ることは、依然として文化史の課題なのである。

第 1 部　制度と文化

◉ 参考文献──

今関恒夫ほか『教会──近代ヨーロッパの探求 3』ミネルヴァ書房、2000 年。
S・ギリー・W・J・ツールズ（指昭博・並河葉子監訳）『イギリス宗教史──前ローマ時代から現代まで』法政大学出版局、2014 年。
小泉徹『宗教改革とその時代』山川出版社、1996 年。
指昭博「近代イングランドの教会座席」指昭博・塚本栄美子編『キリスト教会の社会史──時代と地域による変奏』彩流社、2014 年。
S・シェイピン（川田勝訳）『「科学革命」とは何だったのか──新しい歴史観の試み』白水社、1998 年。
高柳俊一・松本宣郎編『キリスト教の歴史 2 宗教改革以降』山川出版社、2009 年。
K・トマス（荒木正純訳）『宗教と魔術の衰退（上・下）』法政大学出版局、1993 年。
M・トルミー（大西晴樹・浜林正夫訳）『ピューリタン革命の担い手たち──ロンドンの分離教会 1616-1649』ヨルダン社、1983 年。
那須敬「17 世紀イングランドの異端学と宗教の複数性──A・ロスの英語訳『コーラン』と『世界宗教大全』」『西洋史学』第 219 号、2005 年、173-88 頁。
K・ライトソン（中野忠訳）『イギリス社会史 1580-1680』リブロポート、1991 年。
N. Bacon, *A Relation of the Fearefull Estate of Francis Spira in the Yeare, 1548*, London, 1638.
J. Bunyan, *Grace Abounding to the Chief of Sinners; and, The Pilgrim's Progress*, R. Sharrock (ed.), Oxford: Oxford University Press, 1966.
W. Kennett, *The Charity of Schools for Poor Children Recommended*, London, 1706.
M. MacDonald, "*The Fearefull Estate of Francis Spira:* Narrative, Identity, and Emotion in Early Modern England", *Journal of British Studies*, 31(1), 1992, pp. 32-61.
P. Pagit, *The History of the Bible*, London, 1602.
M. Penington, *Experiences in the Life of Mary Penington*, N. Penny (ed.), London, 1911, reprinted 1992.
G. Savile, Marquess of Halifax, *Advice to a Daughter*, London, 1699.
Office for National Statistics ［http://www.ons.gov.uk/］

[第2章]
政治と文化
―― 伝統と革新の18世紀 ――

長谷川貴彦

　イギリス政治を文化という窓からのぞいてみる。あるいは、政治という視点からイギリス文化を観察すれば、どのような姿が浮かび上がってくるのだろうか。こうした視点は、政治文化論と呼ばれており、文化史研究のなかでも今後の発展が期待される分野となっている。政治文化という言葉は1960年代から政治学者によって用いられるようになるが、現在この概念は、政治と文化を結合させる必要性があることを主張する歴史家によって用いられている。ここでは、この領域を開拓してきたリン・ハントらの文化史家にしたがって、政治文化を「政治的行動様式の諸規則、より限定的にはレトリック、象徴、儀礼の実践に焦点を当てるもの」として定義しておこう。
　さて、歴史ブームにあるといわれるイギリスでは、ここ20年余りに歴史書の刊行部数が飛躍的に増大してきた。現代のようにグローバル化によって社会文化的なアイデンティティが危機にさらされるなかで、人びとは拠りどころを求めて歴史へと目を向けるようになってきているのである。かつて、1960年代のイギリス人にアイデンティティ感覚を提供した歴史書は、エドワード・トムスン『イングランド労働者階級の形成』(1963) であった。そこには、大衆社会の政治的無気力のなかに放置されたイングランド民衆の闘う伝統を復権しようとする意図が込められていた。最近のアイデンティティをめぐる論争のなかでは、伝統的な政治文化を重視するジョナサン・クラーク『イングランド社会』(2000) や、多文化主義を強調するリンダ・コリー『ブリトン人』(1992、邦題：イギリス国民の誕生) などの書物が参照されている。奇しくも、この三つの作品が対象としているのが、18世紀から19世紀にか

第 1 部　制度と文化

けての政治文化なのである。

　それではなぜ、このような 18 世紀の政治文化をめぐっての多様な解釈が生まれたのであろうか。その原因は、18 世紀イギリスが置かれた特殊な歴史的位置にあると思われる。この時代は、17 世紀に市民革命を成し遂げて議会主権を確立してから、順調に経済が発展して世界で最初の産業革命を引き起こすまでの一世紀と重なる。政治的近代化と経済的近代化の跛行的発展の過程で、保守と革新の勢力がせめぎあいながら、伝統的要素と近代的要素が共存し混在するところに特徴があり、この二つの側面のどちらに焦点を当てるかで異なる解釈を生み出してきたのであった。いずれにしても、今日においてイギリス固有の政治文化として参照されるものの原型は、18 世紀から 19 世紀にかけて確立していったのである。この時代の歴史的位相から、今日までつづく政治文化の特質を読み取ってみることにしよう。

1.　王権と貴族

♣ 王室の危機——ダイアナの死

　スティーヴン・フリアーズ監督の映画『クイーン』（2007）。主演のヘレン・ミレンがエリザベス 2 世を好演して、アカデミー主演女優賞を獲得したことで話題となった。ストーリーは、1997 年 8 月 31 日未明のダイアナ元皇太子妃のパリでの突然の事故死に始まり、それへの女王を核とする王室の対応が中心となる。離婚して王室を去ったダイアナの死に冷淡な皇太后や夫のフィリップ殿下、動揺するチャールズ皇太子、悲しみに暮れる王子たち。女王一家は、避暑地スコットランドのバルモラル城で、マスコミを避けながら鹿狩りに興じる。ところが、ロンドンのバッキンガム宮殿やケンジントン宮殿の前には、死を悼む国民からの献花が絶えない。なぜ女王はロンドンへ戻らないのか、なぜ宮殿は半旗を掲げないのか、そしてなぜ国民へのメッセージを発表しないのか。ジャーナリズムやマスメディアが、一斉に王室を攻撃しはじめる。「伝統」にとらわれる王室が国民の不信感を招き、「最大の危機」を招いた 1 週間を描いたものだ。

[第2章] 政治と文化

　折しも、5月には「過去300年にわたる歴史上最大の国制改革」を唱えるブレア労働党政権が誕生したばかり。ブレアはダイアナの死に際して、「人民のプリンセス」といち早く声明を発表して人気を高める。側近の卓越したスピーチ・ライター、アリステア・キャンベルのセンスが光る。確かに、ブレア夫人は明らかに共和制支持の進歩派、キャンベルも君主制には批判的だ。だが、英国社会の「近代化」を唱えるブレアは、君主制の廃止や共和制を意図していたわけではなかった。ブレアは、伝統的君主制から現代的君主制への変化を模索していた人物として描かれる。伝統の擁護者であるエリザベス女王、近代化を唱えるブレア。好対照の二人が繰り広げる政治の駆け引きがおもしろい。やがてブレアは、女王の献身的姿勢に胸うたれ、自らの母親と同年代の女王への共感を示すといった展開である。

図2-1　2007年に封切られた『クイーン』のポスター
出典：Album/アフロ.

　歴史家デイヴィッド・キャナダインによれば、「教皇をのぞけば、おそらくエリザベス2世ほど儀礼に取り巻かれている国家元首は、ほかには考えられないであろう」という。映画でも描かれているように、エリザベス2世は多くが儀礼というかたちを取る王室の伝統のなかに暮らしていた。しかし、この儀礼の性格は、はるか昔からまったく変わらなかったわけではない。イギリスの君主制は、絶えず近代化の荒波のなかで、自己変革の試みを行ってきたのである。ここでは、君主制の儀礼の変化に焦点を当てながら、王権の文化変容を18世紀から掘り起こしてみよう。王室の文化はまた、地方社会でのそれを受容していった地主貴族の文化との同型性をもっている。イギリス支配階級の一翼をなす地主貴族の政治文化についても簡単に触れることにする。

第1部　制度と文化

♣ 王権――君主制の儀礼

　名誉革命はジェイムズ2世の専制政治を終わらせることによって、君主制を再確立した。その君主制は議会によって制御され、国王個人ではなく「議会における国王」を至上の権威とする君主制であった。当時のヨーロッパ諸国と比べた場合、イギリス国王は大きな制約を課されることになったが、とりわけ財政上の面でそれは大きかった。王室費は議会によって承認を受けることが必要で、大規模な宮廷文化を創出するための財源を欠いていた。なによりも、ドイツのハノーヴァー家出身のジョージ1世やジョージ2世は、英語が達者ではなかった。旧スチュアート家の再興を図るジャコバイトの乱が二度（1715、1745）勃発したが、その脅威におびえるあまりに、一般大衆向けの見せ物を繰り広げ、プロパガンダを盛んに送り出すということもなく、宮殿の奥に引きこもりがちであったというのである。

　これら二人のジョージに比べて、ジョージ3世はひと味違った。ジョージ3世は、イギリスで生まれ育ち、国家をめぐる問題に積極的に関与した。ジョージ3世の時代には国王に対する人気が復興する。彼の統治期には、家庭生活を重視した父親的なイメージと、愛国心を強調する新たな国王像が登場したのである。詩人ジェイムズ・トムソンが作詞した愛国歌「ブリタニア（ルール）よ、統治（ブリタニア）せよ！」（168頁参照）や、のちに国歌となる「国王陛下万歳（ゴッド・セーブ・ザ・キング）」が演奏されはじめるのもこの時期である。こうした国王賛美は、国王祭典が規模と頻度の面で増大していったことで可視化されていく。新聞の普及や記念品の発売なども、王のイメージを直接的に伝える手段として利用された。1797年の対仏戦争での海軍の勝利を祝うパレードには、ロンドンに20万人もの群衆が集まったという。地方都市では、この国王祭典の組織化に積極的に取り組むことで、都市としての誇りを愛国心のなかで表出していった。このようにして、君主のイメージは愛国的政治文化の中心と位置づけられていったのである。

　デイヴィッド・キャナダインによれば、その後の君主制の儀礼のイメージの発展には、いくつかの段階が確認されるという。第一段階は、1820年以前から1870年代におよび、圧倒的に地方分権主義で都市化以前、前産業社

会的状況のもとで儀礼が挙行され、依然として不備が目立った時期である。第二段階は、ヴィクトリア女王がインド皇帝になる1877年に始まり、第一次世界大戦が勃発するまでの期間で、ヨーロッパばかりでなくイギリスでも「伝統の発明」といわれる儀礼の創出の最盛期であった。第三段階は、1918年からエリザベス女王の戴冠式が行われた1953年にかけてであり、イギリス人が儀式において秀でているとされた時期である。1953年以降の時期は、大国としてのイギリスの衰退にテレビの大きな影響が結びつき、君主制の儀礼の意味が再び根本から変容した時期だった。その意味でいえば、映画『クイーン』は、21世紀の転換期にあって、さらなる自己変革を求められた王室の姿を描いた映画だったといえよう。

---

column　ジャコバイトの乱

1688年、カトリックを重用する国王に対してプロテスタント信仰を守ろうとする議会はオラニエ侯ウィリアムを担ぎ「名誉革命」を遂行、追放されたジェイムズ2世（スコットランド国王ジェイムズ7世）とその子孫の復位を求める勢力がスコットランド高地を拠点に起こした反乱をいう。ジャコバイトは、ジェイムズのラテン語名に由来。アン女王が没した1715年には、ジェイムズ2世の息子ジェイムズ・エドワード・スチュアート（老僭王）が蜂起したが失敗。1745年にも老僭王の息子チャールズ・ジェイムズ・スチュアートを担いでイングランド奥深くに侵入したが鎮圧された。

♣貴族——カントリー・ハウスの世界

王権の儀礼がナショナルなレヴェルで国民統合の象徴的文化であったのに対して、地方社会のなかで同じような役割を担ったのが地主貴族だった。18世紀前半は大土地所有が発達して、上層の貴族への土地の集中が進んだ。富裕な地主貴族は、周囲の社会から広大な庭園で隔絶された屋敷（カントリー・ハウス）に住んでいた。このカントリー・ハウスは、大規模な場合には、庭園を囲む塀の総延長が十数キロメートル、庭園が数千エーカーに及ぶという例もあった。社交を求めてロンドンなどに出かけることが多く、不在になりがちな地主貴族の威信を示すことになったのが、このカントリー・ハウスで

第 1 部　制度と文化

あった。カントリー・ハウスでは、さまざまな機会を捉えて客を招いての会食が行われた。戦勝や国王の即位とか結婚といった祝い事の際には、一晩で 100 ポンド以上の費用がかかる特別豪華な祝賀会が催された。

　狩猟も、地主貴族を中心に地域社会の人びとが交流する機会を提供した。18 世紀を通して鹿狩りが高級な貴族の文化であったのに対して、狐狩りは地主貴族が広く楽しむ娯楽であった。この娯楽のために、イギリスの景観は再編され変貌していった。生け垣は崩されて溝は埋められ、門や橋がたてられ、農民はプライヴァシーを侵害された。狐狩りには農村社会の多様な社会層が参加したが、地主貴族は猟犬の増殖や飼育にかかわる費用を引き受けた。地主貴族は狩猟を楽しむことで、退廃的な印象を与えずに有閑階級であることを誇示することができた。天敵である狐を駆除すれば、農民や鶏や子羊を保護することもできたからだ。狐狩りは格好の娯楽であるとともに、地域社会に貴族の社会的有用性を示す道具でもあったのだ。

　地主貴族はまた、地方統治のなかで州長官として、また治安判事として、州（カウンティ）内部で大きな権力を振るった。治安判事の権限には、救貧行政や道路行政の監督権、民衆の日常生活にかかわる物価や賃金の統制権、民衆の交流の場であるパブの営業許可権など広範な権能が含まれた。地主貴族は、家父長主義的な態度で地域社会の統治にあたった。たとえば、災害時には、洪水の被害が出れば地代を減免して、穀物不足の時には貧民に無料で穀物を配り、一般的な慈善活動にも積極的に関わり、地域の病院や学校を設立し、クリスマスには貧民に現金を配った。民衆たちは、こうした地主貴族の社会的優越性を認めるとともに、家父長主義に対する恭順の意を示した。地域社会は、地主貴族を頂点とする小宇宙を構成しており、その小世界は「家族」とも呼びうるものであった。「ノブリス・オブリージュ（高貴な者の務め）」に基づく支配は、地方社会のなかで独特の政治文化を構成していたのである。19 世紀以降、地主貴族の権力はゆるやかに衰退していき、第一次世界大戦以降、彼らの世界自体が文学などでノスタルジーの対象となり、カントリー・ハウスもまた、歴史の博物館となっていく。カズオ・イシグロの『日の名残り』で主人公の執事が見た世界である。

2. 議会と結社

♣ 奴隷貿易廃止 200 周年

2007年3月25日、イギリスは奴隷貿易廃止200周年の記念行事で湧いた。ブレア労働党政権のもと政府の肝いりで、ウェストミンスタ教会での式典をはじめとして、国会議事堂や地方自治体、美術館、博物館などでも記念の展示や講演会が連続して行われた。マスメディアでの争点は、ブレア首相が「過去に犯した人道に対する犯罪」たる奴隷貿易に謝罪をするのか否かという点に絞られていった。市民団体がイギリス各地で講演集会などを開き、謝罪を求める行脚などのパフォーマンスを行って、注目を浴びた。結局、ブレアは遺憾の意を示すというレヴェルにとどまったが、過去の過ちを率直に認め、その記念顕彰行事を政府から草の根レヴェルまで多層的に行ったという点で、政治文化の基盤にある市民社会の底の深さを知らしめる出来事であった。

そもそも奴隷貿易の廃止は、どのように進められたのであろうか。18世紀のイギリスは重商主義の時代であり、ロンドン、リヴァプール、ブリストルなどの貿易港は、大西洋三角貿易の一環を担う奴隷貿易の港として繁栄を極めた。しかし、アメリカ独立戦争での敗北は、奴隷貿易の存続に陰を投げかけた。奴隷貿易という人道に対する罪、モラルの堕落が戦争での敗戦をもたらしたという福音主義者の批判が影響力をもつようになる。1780年代のロンドンに奴隷貿易廃止を唱える「奴隷貿易廃止協会」が自発的結社として設立され、国教会クラパム派のウィリアム・ウィルバフォース、クェーカー教徒との深い親交で知られる国教会のトマス・クラークスンなどにより指導される全国的規模での活発な運動が展開された。運動は一時挫折するが、1807年には奴隷貿易廃止法案が議会を通過して、1833年には奴隷制度そのものがイギリス帝国内で廃止されていった。

奴隷貿易廃止というこの出来事は、政治文化としてみた場合、民主主義を支える二つの要素が合流したところになしえた事件であった。ひとつは、議会政治という要素である。イギリスは、議会政治の祖国であるといわれる。

第 1 部　制度と文化

奴隷貿易廃止法案は、庶民院におけるウィルバフォースなどの議員立法によって提出され、公開の議論を通じて多数派を獲得し議会で成立したのだった。もうひとつは、自発的結社という要素である。自発的に組織された団体「奴隷貿易廃止協会」が、議会外でキャンペーンを展開することによって世論が喚起された。広くアソシエーションとよばれる結社やクラブは、市民社会を支える政治文化としてイギリスの伝統と見なされている。この二つの政治文化について、その歴史的由来を明らかにしてみよう。

✤ 議会政治――請願

　イギリスの議会は、貴族院と庶民院から構成されている。貴族院は、聖職貴族と世俗貴族からなり、後者には世襲貴族と一代貴族が含まれる。1958 年の貴族院改革から生まれたこの「一代貴族」には、エルトン・ジョンなど文化人が含まれることになる。庶民院は選出制度であり、庶民院議員が選ばれた。歴史的に見れば、この議会の起源は、アングロサクソン時代の「賢人会議」にまで遡るが、「議会」(パーラメント)という言葉が産まれたのは、12 世紀前半から 13 世紀前半のことであった。1265 年、王権と対立するシモン・ド・モンフォールは、国内の支持を得るため州と自治都市の代表を議会に招集した。議会は国政に対する諮問機関であり、とりわけ課税に対する同意を得るための協賛機関であった。初期の議会と国王との関係は協調的であったが、17 世紀に入って王権と対立する。チャールズ 1 世が慣例を無視して国王大権を振りかざして、ここにピューリタン革命に頂点をなす内乱の一世紀が始まったのである。

　名誉革命は、イギリス議会主義の確立の画期となる。「権利の章典」は、議会の同意なき課税の禁止、自由な議会選挙、言論の自由、議会の招集などを要求したもので、議会主権の原則を確立した。カトリック教徒の王位継承も禁止されたが、最終的に 1701 年の王位継承法によって、国王はイングランド国教会の信徒として、プロテスタント信仰を誓約して議会の承認なしには王位に就くことができないことになった。19 世紀初頭には「イギリス生まれ」という条件も加わり、ヴィクトリア女王の母は、イギリスでの出産にこだわることになった。そして、1694 年の三年議会法によって、議会は、

[第 2 章] 政治と文化

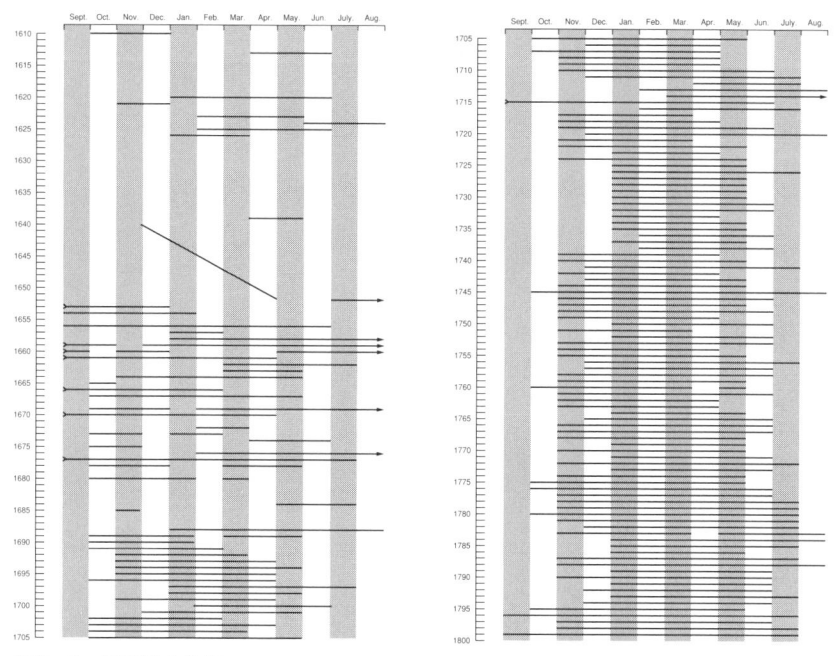

図 2-2 庶民院の会期
注：1640 年 11 月から 1653 年 4 月までの斜線は「長期議会」を意味する。この議会の最中、議会派と王党派の分裂・対立はピューリタン革命に発展し、結局、議会自体はオリヴァー・クロムウェルが解散するまでつづくことになった。
出典：Paul Langford, *Public Life and Propertied Englishmen 1689-1798*, Oxford: Oxford University Press, 1991, pp.141-42.

前議会解散後の三年以内に招集されねばならなくなり、ひとつの議会が三年続いてはならないことも決められた（これは1716年の七年議会法によって議員の任期を七年に改訂された）。ここに、地方ジェントリを母体とする議会という独特の空間が出来上がったのだ。名誉革命後、図2-2を見れば明らかにわかるように、議会はほぼ毎年開催されるようになり、18世紀に議会政治が安定した軌道に乗ることになる。

議会主義の賛美は、19世紀のホイッグの歴史家たちが発明したものではない。確かに、18世紀にホイッグ党とトーリー党による二大政党制が発達したという見解は、すでに批判されてきている。実際には、国王を中心とす

る「宮廷派」とそれを批判する「地方派」との政治的対抗が基軸となるものだった。この党派政治のために、選挙区でも対立候補の間で熾烈な争いがあり、選挙は地域社会の祝祭的な空間をなしていた。選挙権を与えられていなかった人びとも、商業や道路、橋建設や地方行政などに関して議会への請願を行い、また救貧や博愛主義的事業をめぐっても請願が繰り返された。18世紀に始まる議会は、地域の問題を論じるフォーラムとなっていったのだ。そして、スコットランドやアイルランドからの議員も参加する議会は、形成期の「連合王国」の国民的アイデンティティの象徴的存在ともなっていったのである。

♣ アソシエーション──自発的結社

　自発的結社ないしは任意団体と呼ばれる団体の組織モデルは、中世の職能組合やフリーメースン、あるいは同時代の株式会社にあるともいわれる。こうした団体は、当時のヨーロッパ規模で各地に広がっていったが、都市部でとくに発展し、会員はもっぱら男性が中心であった。各地方では、地元の有力者が後ろ盾となって、さまざまなクラブが結成された。会員が少額の会費を任意に拠出することによって組織を設立し、勃興しつつある中流層に適合的な会員制民主主義の原理が採用される団体もあった。具体的には、趣味の団体、バラ作りからスポーツまでその対象は多様であった。無数のフリーメースンなどの団体では、秘密の儀式や紛争で男性たちを楽しませ、相互扶助的な組織であるボックス・クラブは、比較的下層の者たちも参加して保険を掛けていた。政党政治にかかわる団体、アマチュアの知識人が哲学や文芸を論じる討論クラブも存在した。

　このアソシエーションが歴史の舞台に登場してくるのは、17世紀末以降のことである(図2-3)。なかでも慈善事業の団体は、ロンドンをはじめとして各地方で設立された。当時、発生しつつあった貧困や疫病など社会問題への対策として、このアソシエーション組織が利用されることになったのである。18世紀前半にはロンドンを中心として、18世紀半ば以降は、地方において中流層の醵金によって学校や病院などの慈善団体が叢生する。こうした

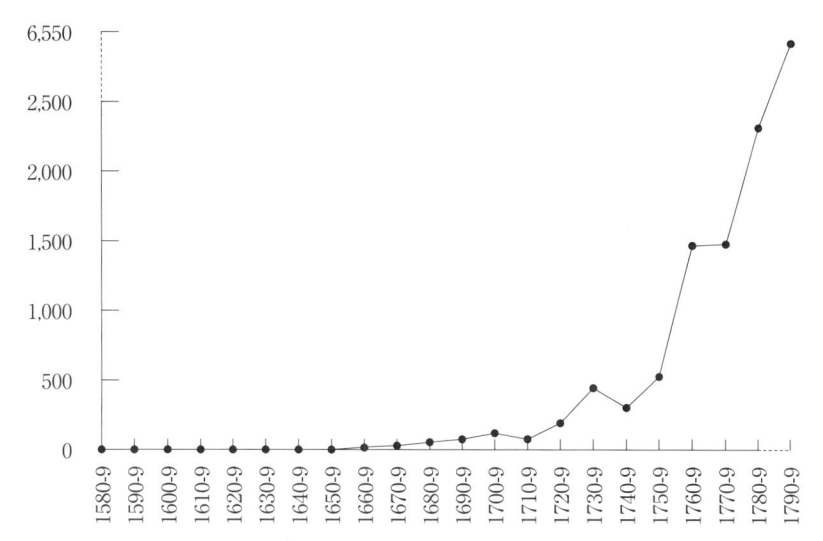

図2-3　英語圏におけるクラブ数 1580-1799（ブリテン島、植民地、合衆国を含む）
出典：Peter Clark, *British Clubs and Societies 1580-1800*, Oxford : Clarendon Press, 2000, p.128.

団体は、流動化する社会に対抗しながら、地域の名称を冠して地域のアイデンティティを構築していくうえで重要な役割を果たすことになる。だが、アソシエーションは地域というレヴェルを越えて展開していった。アメリカ独立戦争後の1780年代には、全国レヴェルで多様な改革団体が設立された。全国日曜学校協会、道徳改良団体、なかでも奴隷貿易廃止協会は、全国的な運動のモデルを提供する団体となった。

　アメリカ独立戦争期に奴隷制廃止運動が始まったことには理由があった。敗戦の原因が国民のモラルの堕落に求められ、さまざまな改革が必要とされたのだが、とりわけ奴隷制度に反対することは、国民を宗教的に救済する手段として広がった。奴隷制に反対することは国民的な美徳の象徴となり、イギリス人が自由を愛する国民であることを外国に対して印象づける手段でもあったからで、これによって奴隷制の存続するアメリカ合衆国よりも道徳的優位に立つことができたからである。奴隷貿易に反対する請願運動が名誉革命から100年後の1788年に発生したことは、偶然の一致ではないだろう。

奴隷貿易廃止運動を自由の伝統を再確認する機会として歓迎していたのである。こうしたアソシエーションを媒介とした請願により公論を喚起し、議会を通じて政治社会を変えるという文化は、今日においても健在なのである。

3. 大衆的デモ

♣ イラク反戦運動——ロンドン 2003 年 2 月 15 日

2003 年 2 月 15 日、ロンドンのハイド・パークからトラファルガー広場にいたる路上は、100 万人ともいわれる群衆で埋め尽くされた。「イラクとの戦争近し」という緊迫した状況のもとで、イギリス史上最大規模の街頭デモが繰り広げられたのだ。イギリスには、反戦・平和の伝統がある。20 世紀に限ってみても、両世界大戦をめぐっての宗教的平和主義、戦後は 1950 年代に始まる核兵器廃絶運動や 1960 年代のヴェトナム反戦運動。そこでもロンドンの街頭デモは、ひとつの風物詩となっていた。しかし、今回のデモは、戦争の始まる前に大規模に行われたという点で画期的であった。伝統的な組織的動員の方法に加えて、インターネットの普及が大規模な参加を可能にしたともいわれる。それは、ヨーロッパに始まり、中東からアメリカへとグローバルな規模で連鎖的に展開した運動の一齣でもあったのである。

図2-4　2003 年イラク戦争に反対するデモ（ロンドン）
出典：Getty Images / アフロ.

民主主義は、代議制と同義ではない。確かに、議会は国民の代表機関として民意を表出する重要な回路のひとつだ。しかし、任期中すべての国政に関わる意思決定の権限を議員

[第2章] 政治と文化

に白紙委任したわけではない。個別の争点に関して、政党政治を中心に展開される議会を越えたレヴェルで政治的意思の表出の手段が存在する。たとえば、前述のアソシエーションを通じた請願活動が議会外の運動として議会に圧力をかける手段であるように、大衆的デモもまた政治的意思を表明する回路として確立していた。最近でも、北アイルランド問題をめぐる和平協議の進展が行き詰まった時に、メディアが「なぜ民衆は街頭に出て、自らの意思を表明しないのか」と檄を飛ばしたことが思い起される。緊急の争点に関しては、政党政治や議会請願といった方法に代わって、民衆がその意思を直接行動によって明確に示すことが必要とされるのだ。代議制を補完強化するものとして、この直接民主主義の政治文化が組み込まれているのである。

✤ 民衆蜂起——直接行動

民衆による異議申し立ての伝統は、古くは中世末期にまで遡ることができる。いわゆる封建反動に対してワット・タイラーは「アダムが耕し、イヴが紡いだ時、誰が支配者(ジェントルマン)だったのか」をスローガンに、農民たちを率いて反乱に立ち上がった。経済的動機による反租税一揆ならびに宗教的動機に基づく異議申し立ては、ピューリタン革命の時期まで政治的事件と連動しながら連綿としてつづく。だが、現代の異議申し立ての直接的な先駆として注目されているのが、18世紀の食糧暴動である。食糧暴動は日常生活レヴェルと連動しながら、権力への異議申し立ての回路として民衆世界のなかに深く組み込まれていた。この食糧暴動は17世紀後半から19世紀初頭にかけての時期に限定的に、いわば「18世紀に固有な現象」として発生する。

食糧暴動は、民衆の直接行動の原理によって貫かれていた。民衆の主食がパンであった時期に、穀物価格の高騰は死活問題となる。民衆たちは穀物商人や農業経営者の穀物貯蔵庫を襲撃し穀物を持ち去る、あるいは船着き場などで運搬中の穀物を確保するといった行動をとる。しかし、歴史研究が注目するのは、こうした暴動にも一定の規律が見られたことにある。商人の家に放火が行われる際にも、家具が通りに運び出されて火がつけられ、人身への殺傷行為は慎重に避けられていた。暴動の規律性は、「民衆的価格設定」と

047

呼ばれる行為のなかにも発見された。民衆自ら穀物を市場に搬入して販売し、その代金は商人に返した。穀物商人が不在の場合には、代金を残して帰った事例まで報告されている。時に掠奪行為と見なされがちだが、穀物商人に平時の「公正な価格」で穀物を販売することを強制したのであった。

　こうした民衆蜂起の規律性を支えているのが、「モラル・エコノミー」と呼ばれる独特の観念であった。17世紀末以前の地方社会では中世以来の家父長的な支配が続いており、穀物は市場に搬入されると最初に貧しい民衆から購入する権利が与えられていた。ところが18世紀になって市場経済の原理が徐々に浸透し、仲買商人が介在するようになると、この原則が崩れていく。食糧は、複雑な流通網を介して商店で販売されるようになったのである。だが、民衆は食糧の優先的配給を慣習的な権利と考えつづけ、食糧価格の高騰は自然的な要因で発生したのではなく、仲買商人の人為的な価格操作によって発生したと信じていた。穀物価格は規制されるべきであるのに、当局はその義務を果たしていない。正当性はわれにあり。このモラル・エコノミーの観念が、民衆蜂起を支える世界像を構成していた。やがて、19世紀初頭に経済的自由主義が本格的に浸透して、この観念も消え去ることになる。

　♣ **大衆集会——労働者階級の形成**
　食糧暴動という日常レヴェルに基礎をおく民衆の異議申し立ては、18世紀社会の風景をなしていた。しかし、フランス革命の勃発によって転機が訪れる。「ロンドン通信協会」は、「会員は無制限」として広く門戸を開放して、労働者階級の選挙権を求める組織化された運動を開始した。トマス・ペインの『人間の権利』を読み、公開の討論を行い、広く出版物を刊行する。ロンドンやシェフィールドなどの熟練職人のコミュニティを基盤としながらも、「通信協会」の影響力は拡大していった。エドワード・トムスンの名著『イングランド労働者階級の形成』は、ここに労働者階級形成の起点を求めている。時は、エドモンド・バーク著『フランス革命の省察』（1790）の刊行に見られるフランス革命への反動をともなう時代。やがて、ピット政権の弾圧

[第2章] 政治と文化

> *column* 　人身保護令状
>
> 　別名ヘイビアス・コーパス（Habeas Corpus）。不当に人身の自由が奪われている者の身柄を裁判所に提出することを求める令状。歴史的には13世紀に国王裁判所が地方裁判所に拘束された被疑者を出頭させる令状であったが、中世末期には星室庁裁判所による慣習を無視した拘禁に対する救済手段となった。こうした王権の恣意的な拘束に対する批判の結果、1679年には人身保護法が制定され、理由を明示しない拘禁に対して令状の発給が義務づけられた。ただし、国家の非常時には一時的に適用を停止されることがあり、1794年から1801年にかけてのフランス革命戦争とナポレオン戦争の時期もそうであった。

によって、人身保護令状（ヘイビアス・コーパス）が停止されるなど戒厳令的な状況下におかれ、労働者の運動も地下活動を余儀なくされる。

　フランス革命戦争、それにつづくナポレオン戦争は反動を強固なものにした。そして、戦争後の不況は、民衆の生活状態を危機的なものにしていった。労働者の団結が禁止されている状況下では、秘密結社型の運動を基盤に組織化が進展し、機械の導入に対抗するラダイト運動も発生した。運動の転換点は、1819年のピータールーの虐殺事件である。選挙権を求める急進派の運動が、マンチェスタの聖ピーターズ広場での集会を実現する。急進派の運動が屋外での公開集会に結実したという点で画期的であった。民衆は思い思いのバナーや旗をもちながら、リボンを付けて行進した。数万の群衆を目の当たりにした当局はパニック状態に陥り、これが虐殺へと繋がったのであった。治安判事は、かつての食糧暴動には家父長的に対応できたが、すでにこの方法が通用しなくなっていた。

　1832年の選挙法改革によって、中産階級が選挙権を獲得した。選挙改革運動をともにした労働者階級はこれを「裏切り」と見なした。議会を重んじる国制の原理にもかかわらず、議会に国民世論の多数の意見が反映されていないという不満から、労働者階級を中心とする多様な運動を統合してチャーティスト運動が始まった。この運動には三つの波があり、1838-39年、1842年、1848年に高揚を迎える。チャーティスト運動は、民衆の政治的ヴォ

第 1 部　制度と文化

キャブラリーを拡大したという点でも画期的であった。「人民憲章」に始まり、松明に灯をともした屋外集会、歌やバナー、溢れ出る労働者階級の刊行物、そして国民集会(コンヴェンション)と呼ばれた議会外の代議員の集会。とりわけ数万規模の群衆が集まった 1848 年のケニントン・コモンでの大集会は、そのクライマックスをなす。チャーティズムは敗北するが、これによって大衆的示威行動という「下からの」新しい政治文化の伝統が確立していったのである。

---

column　ラダイト運動

　1810 年代に北東部や中部地方において、繊維産業に機械が導入されたことに困窮の原因を求める民衆が、工場などを襲撃して機械を破壊した運動を指す。この名称はノッティンガムの「ネッド・ラッド」と呼ばれる靴下編工の徒弟による機械破壊運動に由来し、機械導入に反対する脅迫状や声明文のなかで「ラッド将軍」の名が広く用いられていた。この機械破壊運動は、「暴力による団体交渉」としてのちの労働運動の先駆とされている。

◉参考文献──

青木康『議員が選挙区を選ぶ』山川出版社、1993 年。

リンダ・コリー（川北稔監訳）『イギリス国民の誕生』名古屋大学出版会、2000 年。

近藤和彦『民のモラル──近世イギリスの文化と社会』山川出版社、1993 年。

────編『長い 18 世紀のイギリス──その政治社会』山川出版社、2001 年。

エドワード・トムスン（市橋秀夫・芳賀健一訳）『イングランド労働者階級の形成』青弓社、2003 年。

ドロシィ・トムスン（古賀秀男・岡本充弘訳）『チャーティスト』日本評論社、1989 年。

リン・ハント（松浦義弘訳）『フランス革命の政治文化』平凡社、1989 年。

エリック・ホブズボーム他（前川啓治・梶原景昭他訳）『創られた伝統』紀伊国屋書店、1995 年。

レズリー・モートン（鈴木亮・荒川邦彦・浜林正夫訳）『イングランド人民の歴史』未来社、1972 年。

J. C. D. Clark, *English Society 1660-1832*, 2nd ed., Cambridge: Cambridge University Press, 2000.

[第3章]

労働と文化
―― 「平凡な日常」とアイデンティティ ――

竹内敬子

　『ハマータウンの野郎ども』(1977) で学校文化に反発し、自ら労働者階級であることを選び取っていく1970年代のイギリスの労働者階級の若者たちの姿を描いたポール・ウィリスは、「職場の文化」に関する論文のなかで文化における労働の重要性について触れている。彼は、われわれがもっとも当たり前で平凡な日常のなかにある時にこそ、われわれはもっとも深く文化に埋め込まれているのであり、したがって、多くの人が1日の主要な時間を費やす「労働」は、文化にとってきわめて中心的な意味をもつ、という。また、どのような仕事をしているかは人びとにとって自らのアイデンティティの重要な部分を占めるし、他人について語る時にも、その人がどんな仕事をしているか、ということはその人を定義するための大きな役割を果たす。その意味でも、労働と文化の関係は深い、とウィリスはいう。

　人びとはその生存を維持するために遠い昔から労働し、モノやサーヴィスを生産してきたし、現在もそうしている。未来もまたそうであろう。ただし、労働そのもののあり方、労働をめぐる人と人との関係、労働と生活の関係などは、歴史を通じて変化してきた。そして、それらは今後も変化していくであろう。この章では、19世紀を中心に工業化時代のイギリスの労働をめぐる文化についてみていこう。

第 1 部　制度と文化

1.　工業化と労働規律

　近年の研究は、いわゆる「産業革命」と呼ばれるイギリス史上の大きな社会経済的な変化は、産業や地域によりその度合いが大きく異なっており、全国で一様に経験されたものではなかったことを明らかにしている。また、経済成長という点においても、その速度や度合いは、急速というよりはむしろ緩やかであったということも指摘されている。産業革命の象徴ともいうべき工場制度の発達も非常に限定的なもので、小規模な仕事場での手工業が長く存続していたし、工場にしても大規模で高度に機械化されたところばかりではなかったのである。
　とはいえ、パット・ハドソンが『産業革命』で示したように、工業化された一部の産業や地域がイギリス全体に与えた経済的・社会的・文化的な影響はけっして小さくはなかった。彼女の言葉によれば、「この小さな国において、産業・仕事・生活のすべてがこの国の工業化地域から大きな影響を受けた」のだ。たとえば、工業化した一部の産業部門や地域は下請け業者や原材料提供業者などを派生させ、それら部門の成長にともなう商業・金融のインフラストラクチュアの整備は全国の経済に活力を与えた。工業化が労働や労働観に与えた影響が小さくなかったことはいうまでもない。
　工業化がまず進展した繊維産業やそれを擁する地域に現れた「工場」という新しい仕事の場は、同時代人の目を引いた。自ら工場主でもあったエドワード・ベインズは『綿業の歴史』(1835) のなかで、当時のマンチェスタに立ち並ぶ綿工場の規模の大きさ、そして、機械で生産することの効率の良さについて言及している。工場では「100 馬力の蒸気エンジンを備え、5 万もの紡錘が動いている。かつては 20 万人の労働者を必要とした綿糸がたった 750 人の労働者で生産されている」というようなことが珍しくなかったのだ。ベインズは「20 万人」と対比して「たった 750 人の労働者」という表現を使っているが、ひとつの工場に 750 人もの労働者が雇用されているということは、工業化以前の時代には考えられないことであった。工業化以前の小村の人口

［第3章］労働と文化

を凌駕するような人数の労働者が一ヵ所で働いたのだ。マンチェスタなどの工業都市で、早朝、足ばやに工場に向かう大量の労働者の姿は同時代人を圧倒する光景であった。この労働者の群れのなかには多くの女性や子どもも含まれていた。

　工場主たちが苦労したのは、この大量の労働者たちに労働規律を教え込むことであった。アンドリュー・ユアは『製造業の哲学』（1835）で、動力機で動く巨大な機械がたえず作動するためには労働者を訓練して「複雑な自動機械の単調な規則性に一体化させる」ことが重要である、とした。とりわけ重要だったのは、時計時間による労働時間の管理であった。そして、その労働時間の間、労働者たちが持ち場を勝手に離れたりせずに、機械のリズムに従って働くことであった。

　工業化以前の都市の手工業や農村の家内工業では、職人たちは労働時間を自律的に管理していた。週末に深酒をし月曜日は仕事を休む「聖月曜日」の習慣が普及していた。職人たちはけっして怠け者であったわけではなく、週の後半や納期の近くには早朝から夜遅くまで必死に働いた。職人たちは請け負った仕事をいつどれだけやるのか、どの程度のペースで進めるのかということについて、自分たちの裁量で決めることができた。こうした労働のリズムは工場主が求める労働のリズムにはそぐわない。工場主たちは、欠勤や遅刻者に罰金を課したり、逆にきちんと出勤した者に賞金を出すなどして集団的な労働規律を定着させようと苦労した。労働者たちは、こうした厳しい規律を嫌い、昔を懐かしんだ。工場法に関する1832年の児童雇用委員会で、「工場法案が通過した結果、工場が閉鎖されてしまうような事態になったらどう思うか？」と質問され、工場がなくなれば、「もっとも祝福すべき家内労働に戻るということになるでしょう。工場制度は奴隷制度です」と答えた労働者もいた。

　このような変化をE. P. トムスンは「課業本意」から「時間本意」への労働規律の移行と呼んだが、この変化は、けっして単線的ではなかった。「聖月曜日」の習慣や労働者が自分の都合で勝手に欠勤するといったことは、容易にはなくならなかったのである。一般的には「聖月曜日」の習慣がなくな

るのは 1860-70 年代といわれるが、その後も残存する場合があった。製陶業の小規模な仕事場では、20 世紀に入っても仕事場に時計を置いていない所の方が多かった。労働時間は日によって異なるので、他産業では一般的になっていた「標準労働時間」という考え方がここでは存在しなかった。

　労働時間にかかわる法律といえば、まず頭に浮かぶのは工場法であろう。工場法は、女性労働者や児童労働者を長時間労働や危険労働から保護する法律として知られているが、この法律やそれをめぐる議論は機械時計の刻む時間によって 1 日の労働を管理するという考え方も広めたといえよう。1802 年に綿産業の工場で働く徒弟の労働条件を定めたはじめての工場法が制定されて以来、工場法は何度も改定された。1833 年には綿産業以外の繊維産業の工場もその対象となった。その後、1840 年代からレース工場などの繊維関連産業、1860 年代には金属産業などの工場にも工場法が拡張され、また、小規模な仕事場の労働条件を規制する仕事場法も制定された。工場法や仕事場法がより多くの産業をカバーし、それら産業における労働時間を規制するようになったことは、仕事というのは始業時間と終業時間の間に挟まれた「労働時間」内で行うものだ、という考え方の普及と確認ということでもあった。

2. 誰が労働を担うべきか——男性稼ぎ手モデルの確立

　工業化にともなう大きな社会問題のひとつは児童労働問題であった。繊維工場では大量の子どもを雇用していた。蒸気力の利用の広がりとともに需要の増した石炭を採掘する炭坑でも多くの子どもが雇用されていた。子どもたちの苛酷な労働条件を批判する声が高まった。政府は工場法や鉱山法制定との関連で何度も児童労働に関する調査を行った。そこで明らかになった児童労働の実態は同時代人に衝撃を与えた。4 歳、5 歳といった小さな子どもが 1 日に 12-13 時間、時に 14-15 時間も働いており、夜を徹して働くことも珍しくなかった。監督者からの体罰も頻繁に行われていた。

　1832 年の児童雇用委員会には、長時間労働で疲れて機械の前で居眠りしてしまい監督から殴られた、というような子どもたちの証言が多く寄せら

[第3章] 労働と文化

れている。機械に巻き込まれて指を失ったり、という事故も絶えなかった。1842年の鉱山の児童に関する調査では、幼い子どもたちが暗闇のなかでじっと待機し、石炭を載せた荷台が通るたびに鉱道の扉を開閉する仕事を担当したり、狭い鉱道を四つばいになって石炭の入ったかごを引きずりながら運んだりする様子が明らかにされた。子どもたちは仕事の辛さもさることながら、暗闇の怖さを訴えることが多かった。暗い鉱道で迷って震えた経験をもつ子どもも少なくなかった。

1833年工場法は繊維工場における9歳未満の子どもの雇用を禁じ、9歳以上12歳未満の子どもの労働時間を1日9時間に、12歳以上18歳未満の年少者の労働時間を1日12時間に制限した。1842年鉱山法は10歳未満の子どもの鉱山での地下労働を禁じた。実際には児童労働は簡単にはなくならなかったし、繊維産業や鉱山以外のさまざまな産業で働く子どもへの労働条件の法的な規制の実現にも時間がかかった。しかしながら、子どもが働くことは「望ましくない」とする考え方は社会に広く受け入れられるようになっていった。

女性の労働もまた「望ましくない」と考えられるようになった。工場法は当初、子どものみを対象としていたが、1840年代になると女性の工場労働への批判が強まり、女性の労働条件の制限を求める声が高まった。女性の肉体的弱さが工場労働に不向きなことや、女性には家事や育児の責任があることが強調された。

工場法の発展に寄与したアシュリー卿（のちのシャフツベリー卿）は、工場法によって女性の労働時間を制限するよう強く訴えた。工場での長時間労働は女性の妊娠や出産に悪影響を与える危険があり、実際、工場の女性の間では、死産が頻発するし、平均よりも低体重で生まれる子どもが多い、と彼は主張した。さらに、彼は、工場で働く女性が、家事の技能や知識を欠いており、既婚女性が働いている家庭が荒廃していることを嘆き、未婚女性が将来築くはずの家庭も同様であろうことを懸念した。また、彼は、工場労働をすることで、女性や子どもに与えられる権力や権威を嘆いた。収入が充分ではなかったり、失業などで家計に貢献できない夫に妻は尊敬の念を持たない。

第 1 部　制度と文化

子どもたちも家計に貢献しており、母親のやり方に従って父親に敬意を払わない、というのだ。

　結婚を機にマンチェスタに移り住んだエリザベス・ギャスケルによる『メアリ・バートン――マンチェスタ物語』（1848）のなかでも工場労働のために女性たちが家事や育児をおろそかにせざるをえなかった様子が描かれている。

　ここに見られるのは、労働というのは本来、男性が担うものであり、その男性の稼得で家族全員が生活すべきだ、そして、女性の本来のいるべき場所は家庭だ、という思想だ。工場法をめぐる議論のなかではこの思想が繰り返される。アンナ・クラークによれば、労働者階級の女性の多くは、結婚後もなんらかの形で稼得労働に関わらざるをえず、家庭という私的領域に「逃げ込む」ことを許されていなかった。しかしながら、工場法をめぐる議論のなかでは、公的領域で重要なもののひとつである労働を担うべき男性は「独立」の存在であり「保護」など不要であること、女性が本来いるべき場は家庭であることが強調され、女性が家庭の外で働くことの弊害が強調されたのである。

　男性労働者も不健康な労働条件で働いている場合が多かった。鉱山労働では、狭い鉱道で仰向けや腹ばいになって力いっぱいつるはしをふるって石炭を採取せねばならないことも多かった。とざされた空間に石炭のほこりがまいあがり、それを吸いながらの労働である。製鉄業では、溶鉱炉の高熱は激しく、労働者は帰宅すると着ていたシャツを搾らねばならぬほど汗びっしょりになる。多くの労働者は身体中に火傷の傷跡がある。若くして病死する労働者も多かった。繊維工場でも、塵芥を吸って働くので、青白い顔をした男性労働者が多かったという。

　しかし、工場法や仕事場法は男性の労働時間を規制することはなかった。男性は労働条件改善を求めるのなら、国家の「保護」に頼るのでなく、労働組合を組織して自分たちで使用者と交渉し、それを勝ち取らねばならないとされたからだ。1824 年、25 年の団結禁止法の廃止は、労働者は団結することで使用者と対等な交渉相手になれる、という考え方に基づいていた。工場

[第3章] 労働と文化

図3-1　製鉄業労働者（1863）
出典：Sydney Wood, *Living in Victorian Times*, London: John Murray, 1985, p.38.

法についての議論のなかで、成人男性の労働時間の法的制限をほのめかすような発言があると、それは激しく非難された。

　実際、労働組合を組織し、使用者との直接交渉によって、自分たちの産業や職種の「標準労働時間」を定めようという動きもあった。この動きは主に熟練労働者たちによるものだった。1850年代末より建築業や機械産業の労働者たちは、1日の労働時間を9時間にすることを使用者に繰り返し求めた。1870年代初頭にはサンダーランドの機械工が4週間にわたるストライキの末、9時間労働日を勝ち取った。機械工の9時間労働日運動は、ニューカッスルその他の地域に広がり、また、造船業などのいくつかの産業でも闘われた。

　男性労働者は、「女性や子どものために」工場法を求めて闘うこともあった。ロバート・グレイは1830年代から1860年代までの時間短縮運動を詳細に分析した。この運動の担い手には繊維産業の男性労働者が多く含まれていた。彼らは自分たちとは異なり「弱い」女性や子どものために労働時間の法的制限を求めた。このことによって、女性はますます男性の証しである「独立」と対比され、「保護」を必要とし、国家や男性に「依存する者」に分類されるようになった。グレイは、時間短縮運動が採用した「ジェンダー化」された言説は、男女労働者を異なる存在とする文化を形作るのに寄与したと

057

いう。男性は、女性の労働条件についてさえ、「正式の」交渉者として立ち現れるようになり、女性は公的な場では声を持たない存在となってしまったのだ。

このように労働と男性を結びつけ、男性が一家の稼ぎ手だとする考え方は19世紀を通じて強化された。19世紀後半には、男性の賃金が家族全員を扶養するに足りるものであるべき（「ファミリー・ウェイジ」）という考え方が社会通念となり社会政策にも反映されるようになった。実際には男性の賃金のみで家計を支えられない場合も多かったが、本来はそうであるべきとする社会通念を果たせないことは男性のプライドを傷つけた。また、この社会通念は女性の賃金を低く抑える役割も果たした。女性の労働はあくまで家計を補助するためのものだと考えられたからだ。妻子を働かせている男性の場合と同じように、働く女性は、本来はすべきでないことをしている、ということでスティグマ化された。夫と離別・死別し、自分と子どもの生活をささえねばならない女性であっても、家族全員を扶養するにふさわしい賃金が支払われることはなかった。

それは、女性が「熟練」から排除されていたということとも関わっている。工業化は熟練を解体し、かつては訓練を受けた職人にしかできなかった仕事を女性や児童でもできるようにした。繊維産業における女性や児童の雇用はその象徴である。しかし、工業化以降も熟練が完全に解体したわけではないし、工業化がもたらした新たな熟練もあった。熟練労働者たちは、自分たちの地位を守るために結成した労働組合を通じて入職制限を行うこともあった。その職業に就ける労働者の人数を労働組合がコントロールしようとしたのである。

熟練は「男らしさ」と結びつけられるようになり、男性労働者は熟練を必要とするような仕事から女性を排除しようとした。時にそれは暴力をともなう激しさをもって行われた。工業化以降の綿産業においては紡績が熟練職種とみなされるようになっており、男性たちはそれを自分たちの手に独占しようとした。1819年には、数人の失業中の綿紡績工がグラスゴー近くの工場で紡績工として新たに雇われた女性労働者の家を襲うという事件が起こった。

女性たちはひどく殴られ、一人は死亡した。さまざまな産業で男性労働者は女性労働者が賃金の高い熟練職に就くことを妨げる試みを繰り広げ、女性は熟練から排除されていったのだ。

3. 労働とその対価——家事労働の意味

　ところで、ここまで製造業などでの労働者階級の肉体労働を中心に話を進めてきたが、労働は肉体労働に限られたものではない。工業化は生産の規模を拡大し、工程を複雑にした。製造工程を管理するための科学的工学的知識をもった産業専門職や、企業経営に関わる会計の知識や法律の知識をもつ会計士や弁護士の需要も増した。これらの専門職は男性に独占されていた。
　なぜなら、そうした仕事を得るにふさわしい教育へのアクセスが女性にはとざされていたからだ。医学の分野においても18世紀末ごろからの専門化の過程で専門教育を受けた内科医、外科医、男性薬剤師が権威を確立し、女性外科医や産婆の地位が低下した。看護職については19世紀半ば以降新しい女性の専門職として確立されるが、あくまでも医者より下位に位置づけられ、医療の分野における新たなジェンダー・ヒエラルキーが作られた。また、教育専門職は女性にはとざされなかったが、これは、当時、ガヴァネス（女性家庭教師）や教師が、弁護士や医師と同等の専門職だとはみなされていなかったためだという。
　先にも触れたようにクラークは職場と家庭という「分離された領域」は労働者階級の女性には許されない「特権」であった、という。そのことは、裏を返せば、ミドルクラス以上の女性は労働から撤退することが可能であったということだ。
　しかし、19世紀を通じてのイギリスにおいては女性の人口が男性の人口を上回りそのため結婚できない「余った女性」が存在した。この「余った女性」にとっては、雇用機会を得ることは死活問題でもあった。そういった事情もあいまって、19世紀半ばごろからのフェミニストの重要な関心のひとつは女性の雇用機会の拡大であった。フェミニストたちは、国勢調査のデータに

第1部　制度と文化

基づき、実際には多くのミドルクラスの女性たちが稼得労働に従事していること、今後ますます雇用を必要とする女性が増えることに気づいており、雇用紹介や雇用機会拡大のための教育などの実際的な支援の活動にも熱心だった。しかし、彼女たちは他方で働くことの宗教的な意味合いを強調した。19世紀半ばのフェミニストたちの労働の概念の特徴は、経済的な意味合いと宗教的な意味合いが入り混じっていることであった。

　バーバラ・ボディション（旧姓バーバラ・リー・スミス）は『女性と労働』（1857）で女性も男性もこの世に生まれた時よりも少しでも良い世の中を作るのに貢献して死ぬべきで、それは神が人間に与えた仕事だ、とした。フェミニストたちが労働（ワーク）という言葉を使う時、それは非常に幅広いもので、しばしば家事労働や慈善活動などの金銭的対価をともなわないものも含まれていた。

　ここで、家事労働について少し考えてみよう。工業化は、家庭と職場を分離し、家事労働を生産労働から分離した。工業化以前の小生産者の家庭では、自家用の菜園や小さな庭の簡単な畑で野菜を育てたり、家畜や家禽を飼ったりしていることが多い。野菜や乳製品や卵などは自家用としても使うが、市場でも売る。乳製品や家禽の世話やこれらを市場に売りにいくのは妻の役目だ。このように、生産は家庭という場で行われ、そこで作られる物は一部は自家用で、一部は市場用だ。その意味で、生産労働と家事労働の境界線はあいまいだ。

　工業化による家庭と職場の分離は、一方で労働を金銭的対価をともなうものと同一視する見方を強くし、他方で家事を不払い労働であり、家庭内で行われる私事とした。しかし、家事のあり方や担い手は階級によって大きく異なった。19世紀に入り、新興ブルジョワジーとの対抗関係のなかで労働者の間に階級意識が生まれ、19世紀半ばには、上流階級、中流階級、労働者階級の三大階級が形成された、とされる。この見解には近年異論もあるのだが、同時代人たちの間でイギリス社会をこの三つのヒエラルキーに分ける考え方はかなり浸透していた、と見てよい。

　家事労働は家庭内で行われる不払い労働となったものの、中流階級以上の家庭では主婦が自ら家事に手を染めることはなかった。実際の家事を行うの

[第3章] 労働と文化

は家事使用人であり、その家事使用人を雇用できるか否か、何人雇用しているか、ということは、中流階級以上の家庭が社会的上位層のなかでどのような地位を占めるかを決定する重要な指標となった。晩餐会での招待客の席順が雇っている家事使用人の数によって決まる場合もあったという。労働者階級から自らを差別化したい中流階級の下層の人びとにとっては、是が非でも整えたい「道具立て」であった。家事労働は中流以上の家庭にとっては対価を支払って購入すべきサーヴィスであ

図3-2　家事使用人（1880）
出典：Wood, *op.cit.*, p.19.

り、家事使用人が他人のために行う家事は賃金を得て行う労働であった。

　中流階級の成長にともない家事使用人の数も増大した。上流の大家の場合は家事使用人にはさまざまな種類があり、そのなかにもヒエラルキーがあった。男性の場合は、使用人すべてを統括する執事を筆頭に、料理人、主人の身の回りの世話や雑用を担当する従者および従僕など。女性の場合は女性使用人を束ねる女中頭、奥様の世話をする小間使い、子どもの世話をするナニー、雑事全般を担当する女中など。アンソニー・ホプキンス主演の映画でも知られるカズオ・イシグロの『日の名残り』（1989）は名家の家事使用人の世界を知るにはうってつけである。また、『マナー・ハウス――英國発貴族とメイドの90日』（2002）はイギリスのTV局チャンネル4が8000人の応募者のなかから選ばれた21人にエドワード朝初期のカントリー・ハウスでの100年前の生活を再現させるというドキュメンタリー番組で、家事使用人の世界を生き生きと知ることができる。

　中流家庭では家事使用人は1-2人ということが多かった。上流・中流家庭でのサーヴィスは女性にとって最大の雇用先であった。水道や電気が完備される前のお屋敷での家事は重労働であった。とりわけ、家事使用人のなか

で最下層に属し、かつ数のうえで最大多数を占めた雑役女中（メイド・オブ・オール・ワーク）は広範なすべての仕事を一人でこなさねばならなかった。

　キルバーンの室内装飾業者の家で雑役女中として働いていたハナ・カルウィックの19世紀半ばの日記は、雑役女中が6時半に起床してから夜の11時の就寝までの間、毎日働きづめであったことを私たちに教えてくれる。ハナの典型的な1日は鎧戸を開け台所の火を起こし、その際に出たすすの掃除をするところから始まり、朝食の準備、靴磨き、ベッドメイキング、朝食の後片付け、近隣宅に届け物、ディナーのためにアヒルの羽毛をむしり、はらわたを抜いて焼き、戸口の上がり段や敷石を跪いて掃除し……と本当に際限なくくるくると働かねばならない。

　しかし、世紀末ごろから、家事使用人を雇用しづらくなる。若い女性たちは他人の家庭で主人一家に気を遣いながら働くよりも小売店や事務所での労働時間のはっきりした仕事を好むようになった。エドワード朝に入ると家事使用人を雇えず、中流階級の主婦は自ら家事に手を染めねばならないことも出てくる。そのなかで労働節減器具を購入することも進んだ。中流階級の主婦たちは、そうした新しい労働節減器具を使いこなして家事を担当することに、新たな価値を付与しようとした。彼女たちが家事をすることは、身分がいやしいからではなく、家族への愛情のためだという、家事労働の意味の「読み替え」が行われたのである。

4. 非労働時間と市民の形成

　工業化後、時計時間に計られた「労働時間」が社会通念として広まると、それに対立する概念としての「非労働時間」、労働していない時間、という概念が成立する。工業化以前の農村社会では、労働と余暇は渾然一体としており、農業暦や教会暦は仕事と遊び・休息を組み合わせた生活リズムを提供していた。手工業者たちの間でも仕事中に酒を飲んだり、日曜日に深酒をし、月曜日、時に火曜日も仕事を休むといったように仕事の不規則性や仕事と余暇の境界のあいまいさが一般化していた。工場制度の普及は、規則的な労働

[第3章] 労働と文化

慣行を社会規範として徐々に確立していった。工業化の初期の繊維工場の労働時間は非常に長く、労働者たちにはなかなか余暇を楽しむ余裕はなかった。彼らの住居はエンゲルスが『イギリスにおける労働者階級の状態』(1845)で描いたようにひどいもので、とてもくつろげるような場所ではなかった。労働者たちがなぐさみを酒に求めたのも無理のないことかもしれない。

　工業化、都市化にともない、共同地が囲い込まれ、工業化以前に人びとが余暇を楽しんだスペースが失われた。中世以来親しまれてきたフットボールが工業化の初期に衰退したのもそのためである。1830-40年代はチャーティズムや反新救貧法の運動に労働者階級の人びとも加わり、民衆の政治運動がさかんになった時期だったのだが、この時期は「大衆レジャー史の谷間の時代」と呼ばれることもある。工業化以前の娯楽にさまざまな法的制限が加えられ、それに代わる新しい娯楽がいまだ普及していなかったからである。闘鶏や牛いじめなどのブラッドスポーツの禁止や街路でのフットボールの禁止など、工業化以前の民衆になじみ深い娯楽を楽しむ機会を奪われた労働者階級の人びとがパブでの飲酒に慰めをもとめたのも無理のないことだったろう。労働者の飲酒に同時代人はまゆをひそめた。労働者階級は工業化時代の労働規律を身につけることを求められたが、非労働時間の過ごし方についても同時代人の介入を何かと受けた。社会改良家たちは禁酒・節酒運動を進め、労働者たちにアルコールの摂取を適度に抑えることを奨励した。

　19世紀半ばごろからは政治的・経済的に相対的に安定した時代に入り、労働者階級が大衆レジャーを享受することが可能になる。が、社会改良主義者たちは、この時期から労働者の非労働時間の過ごし方をシティズンシップとの関連で論じるようになる。いわゆる「合理的娯楽」の提供により、一方で大衆が政治に関心を持ち、行動することを阻止し、他方で粗野なレクリエーションに耽って社会に悪影響を与えるのを防ごうとしたのだ。公園や図書館が建設されたり、教育と娯楽を兼ねた催しが盛んに行われた。職工学校（メカニック・インスティチュート）なども設立された。パターナリスティックな工場主のなかには従業員福祉のために、社内にブラスバンドや合唱団を作ったものもいた。

　ブラッド・ベバンは、『労働者階級男性の余暇とシティズンシップ——

1850-1914年』で、社会改良家が「上から」与える「合理的娯楽」は労働者にはあまり人気がなかったが、労働者はそのなかから自分たちが楽しいと思えるものだけを選んで楽しんだ、と指摘した。たとえば、労働者のために催される詩の朗読会や講演会に食事目当てに参加したり、音楽の時だけ楽しんだりして、肝心の詩の朗読や講演やゲストの挨拶は適当に聞き流す、というようなこともあった。「合理的娯楽」でもっとも人気を博したのは「ペニー・リーディング」であった。これは、ハンリー・メカニック・インスティチュートで始まった活動で、当初は新聞の抜粋を朗読するというものだった。これが、音楽や文学作品も加えたプログラムに発展した。非常に数多くの労働者が1ペニーの参加費を払ってこの催しを楽しんだという記録がある。

　「合理的娯楽」で留意すべきことのひとつは、これが女性を対象として考慮していなかったことだ。女性の非労働時間は社会改良家の関心を引かなかったのだ。女性が自らの楽しみごとのために時間を費やすというような贅沢は想定されていなかった。時間的余裕があれば、女性はそれを家事に費やし、男性にとって居心地がよく、飲酒などの堕落的な遊行にふけらない家庭を整えるべきだとされた。市民としての女性の涵養ということはあまり意識されていなかった。

　他方、19世紀後半には商業的な大衆レジャーが発達した。レジャー産業の企業家たちは、その顧客たちに「合理的な」自己改善などは求めず、儲かるのであれば、労働者階級の文化の特質も取り入れながら、顧客にとって魅力的な娯楽を提供した。それは多くの「楽しみを求める」人びとを惹きつけた。社会改良家たちは、「低俗な」娯楽に興じる労働者たちを見て、彼らがいったいどのような「国民」になるのか、と懸念したが、大衆レジャーは労働者のなかに着実に普及し、「労苦」としての労働時間と「楽しみ」としての非労働時間の対比はいっそう鮮明に意識されるようになった。

　しかし、労働者は商業主義的レジャーを単に受動的に消費したのではなかったようだ。たとえば、サッカー観戦で労働者たちが地元のクラブを熱狂的に応援することは、当初予想されていなかった。これは労働者たちが自分たちの地域や、その地域の擁する産業への誇り、そして自らのアイデンティ

ティを地元のクラブの応援という形で確認するなかで生まれた、いわば「下からの」一般市民の涵養であった、とベバンはいう。

男性労働者の大衆レジャーのための家計からの出費は、しばしば家庭争議の種になった。時に暴力をともなうような深刻なケースもあった。サッカー観戦をはじめとする大衆レジャーの場は女性排除的な性質をもつことも多かった。家族ぐるみの日帰り旅行などは女性にとっては「楽しみ」でもあったが、旅行準備など新たな家事負担が増すという側面もある。大衆レジャーの時代のジェンダーの問題については今後さらなる研究が必要とされる。

5.　労働と男性性

パトリック・ジョイスは『労働の歴史的意味』(1987) の序文で、単なる「経済的活動」としての労働ではなく、「文化的活動」としての労働や労働の意味するものの歴史分析の重要性を強調した。この章で見てきたように、工業化以降の労働はさまざまな文化的な意味を付されていた。労働は時間と密接な結びつきをもって考えられるようになった。時間による労働の管理、労働時間内は真面目に働くべきであるという労働規律、「労苦」としての労働時間と「楽しみ」としての非労働時間の対比などは、今日の私たちの労働観や時間感覚や労働と趣味あるいは労働と生活を対立的に見る見方とも繋がっている。

労働と文化の枠組みがジェンダーによって大きく縛られていたことも重要である。クラークが指摘したように労働者階級の女性は実態としてはさまざまに働いていた。それは、近所の独身男性の洗濯物を引き受けるといった「カジュアル・ワーク」の場合も多かった。しかし、労働を男性と結びつける考え方は、女性の労働の意味をみえにくくしてきた。

労働は男性が担うべきであり、また、男性の賃金は家族を扶養するに足るものであるべきだ、という考え方は、これを満たせない家族にスティグマを与えた。19世紀には熟練労働者でも生涯の一時期失業することはけっして珍しくなかった。石工出身の労働組合運動家で後に国会議員にまでなるヘン

第 I 部　制度と文化

　リー・ブロードハーストは自叙伝のなかで失業時代の苦しさを語っているが、この苦しさは、労働に従事していることが男性性の証として重要であった当時の文化によっていっそう苦しいものになったともいえる。
　ジェンダーは非労働時間についても大きく関与していた。女性にとっては、非労働時間はなによりも「家事労働」という労働をすべき時間であった。また、女性の場合は先にあげた洗濯労働のように、たとえ仕事をもっていたとしても労働時間と非労働時間の区分がはっきりしないことの方が多かった。家計のやりくりのなかで男性の非労働時間のための出費が家庭内の摩擦の原因になることがあった点も重要である。
　労働の文化も非労働の文化も、使用者と労働者のせめぎ合い、社会改良家の懸念、国家の立法措置、労働者の間の確執など、さまざまな要素のなかで形成されたものだが、男性労働者の関与も大きかった点を忘れてはならない。工場法を求める労働者の運動の例で見たように男性労働者は労働運動を通じて男性と労働を結びつける考え方を強化したし、サッカー観戦の例で見たように男性労働者が地域の労働者のつながりや市民意識を自らの手で涵養する場合もあった。

　本章では具体的にふれる余裕はなかったが、イングランド、ウェールズ、スコットランド、アイルランドという連合王国を構成する四つのネイションでは、労働の文化を異にしているだけではなく、移民、非正規など、労働者を取り巻く状況にも地域ごとの相違は大きい。また、帝国という局面に目を向ければ、そこで働くイギリス人労働者、現地雇用の現地人労働者はじめ、労働と労働者をめぐる問題はさらに多様化、複雑化する。こうしたさまざまな差異を加味することこそ、イギリスにおける労働とその文化の歴史を考えることであることを忘れないでいただきたい。

[第3章] 労働と文化

◉参考文献──

荒井政治『レジャーの社会経済史──イギリスの経験』東洋経済新報社、1989年。
シドニー・ウェッブ、ビアトリス・ウェッブ(飯田鼎他訳)『イギリス労働運動の歴史』
　　上・下巻、日本労働協会、1973年。
川北稔編『「非労働時間」の生活史──英国風ライフスタイルの誕生』リブロポート、
　　1987年。
エドワード・P・トムスン(市橋秀夫・芳賀健一訳)『イングランド労働者階級の形成』
　　青弓社、2003年。
新野緑「労働・娯楽・教育──ディケンズ『辛い世の中』における民衆」松村昌家他編
　　『英国文化の世紀4　民衆の文化誌』研究社出版、1996年。
パット・ハドソン(大倉正雄訳)『産業革命』未来社、1999年。
原剛『19世紀末イギリスにおける労働者階級の生活状態』勁草書房、1988年。
『マナー・ハウス──英國発貴族とメイドの90日』(DVD)プレシディオ、2007年(英
　　国でのTV放映とVHS販売は2002年、DVD販売は2006年)。
Brad Beaven, *Leisure, Citizenship and Working-class Men in Britain, 1850-1945*,
　　Manchester and New York: Manchester University Press, 2005.
Alice Clark, *The Struggle for the Breeches: Gender and the Making of the British
　　Working Class*, California: California University Press, 1995.

[第4章]
福祉と文化
―― チャールズ・ディケンズの世界 ――

高田　実

　チャールズ・ディケンズの『クリスマス・キャロル』を読んだ人、あるいは映画版やアニメ版を観た人は多いだろう。その冒頭、クリスマス募金に訪れた二人の紳士は、主人公スクルージに次のように寄付を求める。「現在、非常に難渋している貧困者や身寄りのない者たちの生活を、我々が幾分なりとも助けることは、平生よりいっそう必要だと思いますよ。何十万という人間が、何の慰安もない生活にあえいでいるのですよ」。これに対して、スクルージは、「監獄はないんですかね？」、「それから救貧院は？　いまでもやっていますか」と応じる。

　それでも、紳士は「それだけでは、大多数の人びとにクリスマスの喜びを与えることはできないと考えますので、我々数人の有志の者たちが計りまして、貧しい人びとに肉や飲みものや燃料を送る資金の募集で目下大わらわです」とたたみかける。しかし、スクルージは頑として受け付けない。「私は牢屋や救貧院のために税金を出しています――その税金だって相当なものになりますよ。暮らせない奴らはそっちに行けばいいのですよ」。「死にたい奴らは死なせたらいいさ。そうして余計な人口を減らすんだな」。「私に関係したことじゃありませんよ」。「自分の仕事さえ承知していりゃ、充分でさあ。他人のことに干渉するどころか、自分の仕事で年中手一杯です」と寄付をはねつけた。もちろん、このあと3人の幽霊が登場し、スクルージは改心する。最後は、慈悲深い商会経営者へと変身し、物語は大団円を迎える（村岡花子訳、新潮文庫、1952年、16-17頁）。

　本章では、1843年に書かれたこの小説の一節を手がかりに、19世紀から

[第4章] 福祉と文化

20世紀初頭における福祉の制度と文化の相互作用を語ってみたい。その際、次の3点を中心に検討する。第一に、福祉はさまざまな担い手によって成り立つ構造的な複合体であること、第二に、それぞれの担い手は特有の共同性によって支えられていること、最後に、その共同性のもつ「正義」にしたがって、誰を救い、誰を救わないのかが決められていたこと、である。

1. 救貧法とは何か

　寄付を募る紳士に、スクルージはいきなり、「監獄はないのか」、「救貧院はないのか」と迫った。なぜだろう。救貧院とはどんな所だったのだろうか。これに答えるには、救貧法（Poor Law）という貧民救済の「最後の寄る辺」を理解しなければならない。

♣旧救貧法

　救貧法は、イギリスの公的福祉の根底をなした法律である。16世紀には一連の救貧法が制定されたが、その集大成は1601年のエリザベス救貧法（旧救貧法）である。封建的な共同体が存在していた時には、地域社会がそこに居住する貧民に最低限のセーフティネットを提供していた。たとえば、共有地の存在は、貧民が寒い冬を乗り切るための燃料の確保を可能にしたし、そこで牛を共同放牧することができれば、生活の糧をえることもできた。しかし、この共有地はエンクロージャーと工業化の過程で解体され、人びとは土地から切り離された。これによって、工場で働く「自立した」「近代的労働者」が創出された。ところが、すべての者が働き口をみつけられたわけではなかったので、16世紀から18世紀にかけて食い扶持を求めて移動する大量の物乞いと貧民の群れが生み出された。

　このような物乞いの増大に対して、教区単位で救貧税を集め、救済措置を施すために制定されたのが救貧法であった。その法律のもとでは、貧民は一定年数居住することを条件に救済され、その収容施設として救貧院（ワークハウス）が設立された。ヨーロッパ各地に救貧法はあったが、地域住民に貧民救済のための強

制的な課税を認めた法律が存在したのはイギリスだけであり、それを負担したのは各地域の地主であった。

♣ 新救貧法の成立

もっとも、この旧救貧法のもとでは「働ける貧民」にも在宅給付が提供されたため（「院外救貧」）、貧民たちの救貧法への依存が高まった。また、豊かな教区では貧民に寛大な措置がとられたため、財政負担が増大するとともに、貧民が怠惰になると批判された。この結果、1834年には新救貧法が制定され、「働ける貧民」にはより厳格に対処する方針がとられるようになった。彼らに対する院外救貧は原則として禁止され、救貧院に収容された貧民の救済水準は、自立して働く労働者以下でなければならないと規定された（これを「劣等処遇の原則」と呼ぶ）。さらに、被救済者は市民権を奪われるとともに、一等劣った者としての汚辱の烙印（スティグマ）が押される社会的な制裁を受けた。産業革命の進展とともに、救貧法に依存せず、労働して自活する新しいモラルが称揚されたのである。

♣ 救貧院とは

スクルージが口走った「救貧院」とは、この新救貧法時代の貧民収容施設であった。そこでは、「働けない貧民」に住居、食事、医療が提供されただけでなく、「働ける貧民」には労働機会を提供するための作業場が付設されていた。道路敷設のための石砕きや、肥料作りのための骨砕きなどの労働が強制され、貧民に「働く義務」が教え込まれた。さらに、場合によっては軽犯罪者を感化する機能も負わされていた。立派なレンガ造りの威厳ある救貧院の佇まいは、収容される貧民に「権威」への恐れを抱かせ、自立に向けて努力しなければならないのだというプレッシャーを与えるように設計されていた。スクルージが、救貧院とならんで「監獄」という表現を用いているのは、このように「怠け者」への処罰と矯正の場として、両者が同等な意味合いをもっていたからである。そのため救貧院は「貧民のバスチーユ」として恐れられてもいた。恐怖心が「怠惰」を矯し、労働の義務を認識させると考

[第4章] 福祉と文化

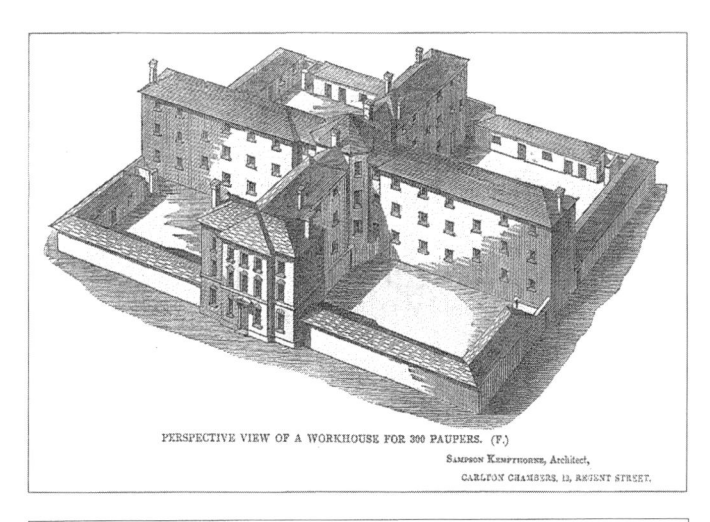

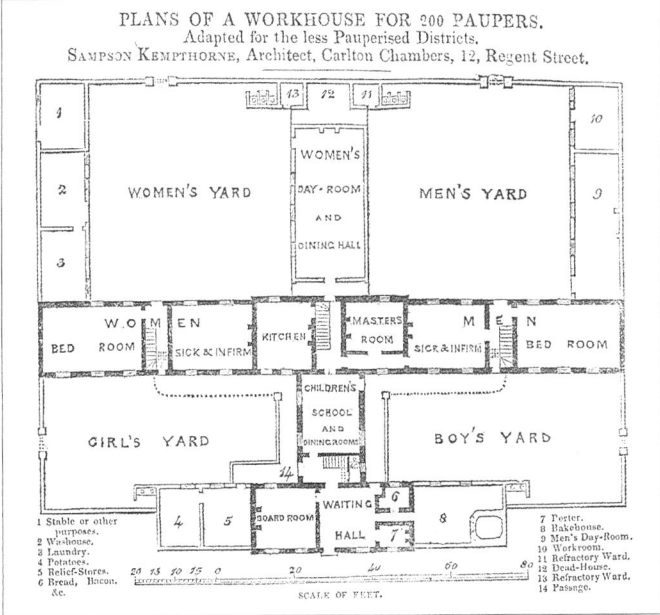

図4-1　救貧院俯瞰図・平面図（サンプソン・ケンソーン・モデル）
出典：Peter Higginbotham, *Workhouses of the North*, Stroud: Tempus, 2006, p.21.

第 1 部　制度と文化

えられていたのだ。
　さらに問題だったのは、この救貧院の運営の実態であった。新救貧法の行政単位は複数の教区が集まった「教区連合(ユニオン)」であったが、そこでは「貧民保護委員(ガーディアン)」が責任者となり、そのもとに「貧民監督官(オーヴァシーアー)」が置かれていた。実質的には各地方の貧民保護委員会が運営事項を決定したが、中央には「中央救貧委員会」が置かれ、救貧行政の全国的な統一性が図られた。この中央委員会は、さまざまな命令、規則、指令をだし、副委員長を各地に派遣して、行政の画一性を求めた。各救貧院に管理人が配置されたが、彼らの運営方法には救貧院ごと、地域ごとに相当の格差が存在した。概して、財政が豊かで貧民が少ない地域では、比較的寛大な給付判定がなされた。しかし、救貧費が増大し地方財政を圧迫している地域、救貧法関係の役人が厳しい所、あるいは管理人の資質が劣っている地域では、苛酷な救貧行政も展開した。こうした救貧院運営の苛酷さと救貧法被救済民につきまとうスティグマのために、『クリスマス・キャロル』に登場する紳士二人は、「第一、［救貧院に］はいりたがらない人が多いのです。そんなところへ行くくらいなら死んだほうがましだと思っている連中も大勢あります」と語らざるをえなかったのである（前掲訳書、17頁。以下、引用文中の［　］は引用者による補足説明）。
　管理人の資質が問題とされた例としては、1845年ハンプシャーのアンドーヴァで起きた救貧院スキャンダルがある。マクドゥエル管理人夫妻が、労役所収容者に苛酷な労働をさせたうえ、十分な食事を与えなかったため、貧民は肥料用に砕いていた骨にこびりついた肉や骨髄を食べていたという。さらに、女性収容者は管理人から性的ハラスメントを受けていたというのである。

♣ 『オリヴァー・ツイスト』が描くもの
　こうした救貧院の実態をつぶさに描いたのも、ディケンズである。自らの経験を背景に書かれたとされる『オリヴァー・ツイスト』では、「教区に養われる子供」、「救貧院の孤児」オリヴァーの一生が臨場感豊かに描かれている。救貧院に引き取られたオリヴァーは「一人につき粥椀に一杯きりで、祝日だけに、そのほかにパンが2オンス4分の1」与えられる食事に堪えきれず、

「どうか、僕、もう少しほしいんです」と粥のおかわりを要求した。それは救貧院の規則に違反しており、管理人バンブルはその事実を貧民保護委員に報告する。その結果、委員会はオリヴァーを独房に入れて反省を求めることを決定する。その場で、ある委員は「この子供は絞首刑台いきだぞ」とオリヴァーを叱責する。空腹から食事を求めるという自然の行動が、救貧院に収容された孤児には許されず、規定とモラルに反する「犯罪」として認識された。そうした「しつけ」もできてない子どもは、将来「空恐ろしい」大人になると断言されたのである（本多季子訳、岩波文庫、1956年、上、26-30頁）。救貧院に住む者は、子どもを含めて、「劣った者」として表象されていた。

　さらにオリヴァーは、労働の習慣を身につけさせるというねらいから、教区に年季奉公に出される。最初は、煙突掃除業者のところで働かせる案が出された。しかし、この業者ギャムフィールドは、孤児引き取りに対して救貧院が支払う5ポンドが目当てで、過去にも引き取った孤児を何人も過労死させていた。その悪徳さには保護委員会も我慢がならず、オリヴァーはそこで働かないですむことになった。保護委員会には、貧民「保護官」として、絶対に譲ることのできない社会的正義の最低線が存在していたのである。

　問題はその先である。オリヴァーはその後葬儀屋に奉公に出されるが、「一定の良識」をもった委員会が認めた雇用先での労働もけっして恵まれたものではなかった。あまりの扱いのひどさに、オリヴァーはそこから逃亡し、少年窃盗団に加わることになる。年季奉公は、実際には労働の尊さを教えるような経済的・道徳的な役割を果したというよりも、単に安価な働き手の確保手段として機能していたといえよう。

No. 3.—DIETARY for Able-bodied Paupers.

		BREAKFAST.		DINNER.					SUPPER.	
——		Bread.	Gruel.	Cooked Meat.	Potatoes or other Vegetables.	Soup.	Bread.	Cheese.	Bread.	Cheese.
		oz.	pints.	oz.	lb.	pints.	oz.	oz.	oz.	oz.
Sunday . .	Men .	8	1½	. .	. .	. .	7	2	6	1½
	Women	6	1½	. .	. .	. .	6	1½	5	1½
Monday . .	Men .	8	1½	. .	. .	. .	7	2	6	1½
	Women	6	1½	. .	. .	. .	6	1½	5	1½
Tuesday . .	Men .	8	1½	8	¾	. .	. .	.	6	1½
	Women	6	1½	6	¾	. .	. .	.	5	1½
Wednesday .	Men .	8	1½	. .	. .	. .	7	2	6	1½
	Women	6	1½	. .	. .	. .	6	1½	5	1½
Thursday . .	Men .	8	1½	. .	. .	1½	6	.	6	1½
	Women	6	1½	. .	. .	1½	5	.	5	1½
Friday . . .	Men .	8	1½	. .	. .	. .	7	2	6	1½
	Women	6	1½	. .	. .	. .	6	1½	5	1½
				Bacon.						
Saturday . .	Men .	8	1½	5	4/4	. .	. .	. .	6	1½
	Women	6	1½	4	¾	.	. .	. .	5	1½

Old people, of sixty years of age and upwards, may be allowed one ounce of tea, five ounces of butter, and seven ounces of sugar per week, in lieu of gruel for breakfast, if deemed expedient to make this change.

Children under nine years of age, to be dieted at discretion; above nine, to be allowed the same quantities as women.

Sick to be dieted as directed by the medical officer.

図4－2　救貧院の規定食事

出典：Higginbotham, *op.cit.*, p.21.

図4−3　救貧院の食事風景（1902 年メリルボーン救貧院）

出典：S. Fowler, *Workhouse: the People, the Places, the Life behind Doors*, London : the National Archives, 2007, p.192, fig.19.

2. 救貧法は誰を、どのように救済したのか

♣ 貧民の選別

　このように、さまざまな限界や問題はあったものの、それでも救貧法は貧民の「最後の寄る辺」としての機能を果たしていた。貧困の原因は社会にあり、社会が貧民を助けるべきだとして生活保護や年金といった国家の福祉制度が機能する現代とは異なり、当時は、のちに述べるように、人に頼ることは悪であり、社会が「個人の貧困」に責任などもたないことが当たり前であった。そのなかで、救貧法は唯一の公的救貧制度であった。その中身がどんなに過酷であろうと、この制度がなければまちがいなく、多くの人びとは餓死してしまったであろう。「最後の寄る辺」とは、そういう意味である。

　しかし、それがすべての貧民を救ったわけではない。貧民は、「救済に値する貧民」と「救済に値しない貧民」とに区別され、前者のみが救済された。その境界線はどのようにして決まったのだろうか。

　一般的に、「救済に値する」とみなされたのは、「やむをえない」事情で貧困に陥っていると認定された人びとであった。病人、子ども、とくに孤児、老人、障がい者など働く能力がないと認定された人びとと、働く意志はあるのだが働く場がないと認定された人びとと、あるいは懸命に働いているのだが貧困に陥っていると認定された人びと（「働けども貧しき者」）が、「救済に値する」と判定された。他方、「救済に値しない」と判定されたのは、働ける力があり、働く機会もあるのに、それを利用せず、自らの怠惰から働いていないとされた人びと（「怠け者」）であった。

♣ 貧民の手紙と被救済権

　それでは、いったい誰が、どのようにして、「救済に値する」かどうかを認定したのだろうか。近年の研究では、救済を訴えるたくさんの「貧民の手紙」の存在が明らかにされている。それによれば、貧民は貧民保護委員会のひとつ下の貧民監督官のレベルの役人に手紙を書き、自らの窮状を訴え、彼

らと「交渉」することで、被救済資格を「認定」してもらおうとしていたようだ。手紙には、たとえば、たくさんの子どもを抱えた寡婦であること、懸命に仕事を見つけようと自助努力をしているのに限界があること、つまり「もう彼女の力ではどうしようもないところまで来ている」ことが綴られており、最後は救貧保護官の「お慈悲」を求める、というのが定番である。つまり、自らの言動＝パフォーマンスによって、救済権限をもった者を「説得」することで救済に値することを証明しようとしていた。このように、窮状を訴え、挙証し、交渉するという自らの行為を通して、貧民は「被救済権（right to relief）」を行使していた。

　もちろん貧民自身が手紙の内容すべてを書いたとは限らない。手紙のひな形が用意されており、申請者の置かれた状況にあわせて、特定のパターンが選びとられた。またそれを仲介するエージェントも存在したようだ。

　その交渉を左右したのは教区という「公共空間」における地域の規範力であった。貧民と役人の交渉は、「貧民の手紙」という証拠物件を基礎としつつも、最終的な判断は面談によっていた。行為されたこと、見られた状態が交渉を最終的に左右した。現代のように、文書に記載された事実を、法律の文言に基づいて認定していくという文書主義がすべてではなかった。また、被救済資格の認定は、あくまで地域の事情によっていた。財政力の豊かな地域、運営者が良い意味で「ルーズ」な場合には、貧民への措置も寛大であった。

　しかし、そうした地域的交渉を許し、その正当性を担保していたのは法の力であった。救貧法によれば、貧民保護官は、自らの誤った判断で教区の貧民を死に至らしめた場合は処罰された。死なないくらいのきわめて低水準のぎりぎりのレベルの保障しか提供しない「最後の寄る辺」ではあれ、それをしっかりと確保すべきことが全国に命ぜられた。国家は、救貧の枠組みを維持する機能だけは一貫して遂行していたのである。19世紀の自由主義国家とは、通俗的に理解されているように、消極的で何もしなかった国家ではない。国家は、「小さいけれども、強く、規制的」であった。人びとが生存するための最後の安全網を整備し、自由主義が機能する社会を作りあげるために、国家は積極的に干渉していたのである。

3. チャリティが自然化した社会

♣ 税金か寄付か

　さて、ここで再び冒頭のスクルージの言葉に戻ろう。スクルージは、自分は自分の仕事をしっかり行っているし、地域社会に対する責任としての牢屋や救貧院に対する税金も支払っているので、それ以上の寄付は不必要であると主張していた。それに対して、寄付を募りに来た紳士は、「それ［救貧税支払いによる貧民救済］だけでは、大多数の人びとにクリスマスの喜びを与えることはできない」のだと応じていた。つまり、救貧院は「最後の寄る辺」にすぎず、貧民救済としては不十分である。その前に自発的な寄付が必要である。富を稼いでいる社会的上位者（多くの場合地主）は、救貧税の負担に加えて、貧民救済のために任意の寄付をすべきであるというのである。

　往々にして、公的な福祉と民間の福祉は対立的に描かれがちであるが、財源の負担者からすれば、限られた財源を公と民のどちらに支出するのかという問題として捉えられていた。社会的な義務として同じ財政負担をするのであれば、役人の差配によって、しかもディケンズの小説にたびたび登場するような、公金を横領して私腹を肥やす悪徳の管理人や行政官にお金を託すよりは、自分の目の届くところに、納得のいくように拠金する方がずっとよいと考えた資産家は多かった。しかも、こうした社会貢献は本人の地域社会における名誉を高めることにもつながった。そのため、ほとんどの資産家は多額の寄付を行っている。

　チャリティには、個人的なもの、結社の形をとったもの、遺贈によるものなどさまざまな形があったし、その対象も貧民救済だけでなく、病院や教育施設など多様であった。19世紀を通じてチャリティやフィランスロピに支出される額は、一貫して安定的に増えつづけており、個人慈善などを除いた慈善信託と篤志協会への支出だけでも、1870年代には1400万ポンドに達していた。それは全国の救貧法支出をゆうに上回っていた。こうしたチャリティ活動によって人びととの間には一種の「共同体」意識が形成されていた。それ

が国のいたるところに存在していたので、イギリス近代は「チャリティが自然化した社会」と評されている。

---

column　フィランスロピ（チャリティ）の「自然化した社会」

　フィランスロピ（philanthropy）とチャリティ（charity）は現在ではほぼ同義で、「民間非営利の自発的な弱者救済活動」を指す言葉として用いられている。元々は、フィランスロピは世俗的な博愛行為全体を指すギリシア語起源の言葉であった。他方のチャリティは、キリスト教と関連するラテン語のカリタス（caritas：神の愛）から派生した言葉であり、主に教会の行う慈善活動を指した。しかし、19世紀以降、両者は現実的には同じような意味で、世俗化して用いられるようになった。こうした行為は全世界的に見られる行為であり、国家福祉の占める比重が小さい地域や時期には、とくに大きな役割を果たしている。

　近現代のイギリスは「チャリティが自然化した社会」であった。18世紀後半から19世紀にかけてチャリティ団体が叢生し、その活動は貧者への金銭的援助に限らず、宗教振興、学校の設立・維持、篤志病院の設立・維持、海難救助などの人命救助、黒人解放運動などの政治的支援、娯楽の提供等々、社会の広範な分野におよんだ。それゆえに、近藤和彦は、チャリティを「政府や教会とは別のところで、公正あるいは衡平をはかるための社会的行為」に関係する「公益団体」として理解する方が適切であると主張する（『年報都市史研究』15、2007年）。

　金澤周作によれば、チャリティが拡大する論理は、「救う共同体」の自己増殖と考えられる。共同体のなかに実在する「悲惨」を救う主体は、「救済対象」として主体的に認識（つまり、常に「悲惨」を分節化し、創出）し、この認識されたかぎりでの「悲惨」を救済する行動にでる。この連鎖的な行為が継続的に繰り返されることで、与え手の義務意識と受け手の権利意識が生まれる。それにより「慈善を行う人々のネットワークの下で安定が目指される／実現している人的結合」としての「共同体」が持続的に創出されるとともに、「救う共同体」としてのアイデンティティが構築される。こうして、チャリティの共同体は自己拡大し、フィランスロピが「英国の近代を構成し、現代までその刻印が押されている『本質的』な要素」となる。

[第4章] 福祉と文化

♣ 選別するチャリティ

このチャリティにも明確な理念と守備範囲があった。慈善は、無制限に提供されたのではなく、貧しい人のなかでも、施しを行うことで自立が可能だと判断された人を対象として与えられた。自立できない人は救貧法の対象と認識されていたので、スクルージは「暮らせない奴らはそっち［牢屋や救貧院］に行けばいいのですよ」と発言したのである。もちろん、彼がケチだからそういっているところがないわけではないが、それ以上に、この言葉は自立できない人に施しするなどもったいないという感覚を表していた。したがって、対象者がその基準に該当するかどうか、またどのような援助が最良であるか、貧民の家を訪問して、詳細に判定される必要があった。ここでも、救貧法と同様に対面的な判定がなされた。

その面談を担ったのが中流階級の女性たちであった。「品行方正（リスペクタブル）」で、「よき母親」を追求することが最良の価値とされていた時代、彼女たちは慈善を女性の「天職」と考え、率先して家庭を訪問し、家事・育児の指導を行い、あるべき家族の理念を植え付けようとした。もっとも、労働者がそうした忠告を感謝して受け入れることなどほとんどなかった。もし、このような「指導」よりも、慈善を与える方が適切でかつその必要があると判断された時には、そうされた。また、誰をチャリティの対象にするのかを決めるのに、選挙が用いられることもあった。

こうして、チャリティの場合にも、救済される人とそうでない人の間には明確な境界線が引かれていた。その基準は、ここでも「自立」できるかど

図4-4 ナースの訪問
出典：J. Lewis (ed.), *Labour and Love: Women's Experience of Home and Family 1850-1940*, Oxford : Basil Blackwell, 1986, p.98.

第1部　制度と文化

図4-5　地域が行う慈善活動(「コヴェントリの老女向け養老院」)
　　　(筆者撮影)

うかであった。「自立」の可能性がない者にむやみに施しを与えることは、「浪費的慈善」であると考えられた。「啓蒙の科学」に基づく「科学的な」慈善活動、「科学的な」貧民救済の全国的な組織化が称揚された。こうして、チャリティという他者依存のツールを媒介としつつも、最終的には自立の確保がめざされていたのである。

4. 相互扶助の力

♣ 相互扶助のアソシエーション

　チャリティが「持つ者」から「持たざる者」への社会的な縦の関係を中心にしているとすれば、保険の機能を利用して「持たざる者」がお互いを助け合う横につながった扶助関係も広がっていた。他者の施しに「依存」することなく、自らの手で互いを支えあい、いざという時のために備えるべきだという労働者のプライドに裏打ちされた行動も広がりをみせていた。工業化によって古い共同体が解体した後には、賃金労働者たちの相互扶助の共同性が生み出された。このような組織として、労働組合、協同組合、友愛組合がある。労働組合が労働者の結束の力によってできるだけ高い賃金を確保し、そ

の賃金で購入する商品を協同組合ができるだけ安く作り、できるだけ安く売る。さらに、労働者の生活で出会う病気やけが、高齢化、さらには葬式と埋葬などの危急時の保険を友愛組合が提供した。

いずれの組合も自前の組合費によって成り立っていた。友愛組合についていえば、自らが掛金を払うという義務を果たせば、自動的に給付を受ける権利があった。その意味で、救貧法や慈善の救済判定とは異なり、個人主義的で、メカニックな受給権の判定装置を内包していた。

♣ 友愛組合の「共同精神」と個人主義

しかし、それらを支えた文化はきわめて「社会的・共同的」であった。たとえば、古フォレスター会友愛組合の指導者は、機関誌(1900年12月号)に次のように記している。

> 友愛組合はあえていえば、一大倹約事業をなすかたわらで、人びとをあらゆる面でよりよき市民にする手助けをしている。……それらの組合はより本当の意味での、より崇高な共同精神を、つまりお互いの負担を担うという偉大な結合に従って行動することによって、親切心、人道心、兄弟的感情を促進する共同精神を教えているのだ。

しかし、相互扶助団体に参加する人びとの意図と結果を混同してはならない。相互扶助組織に加入する人がみんな共同精神豊かな人であったとは限らない。組合加入の動機は、あくまで、よりよい生活を確保したい、あるいは自らが立派な市民であることを誇示したいという「個人主義的」な欲求であり、その方法や結果が共同的であったとみることもできる。

♣ シティズンシップの学校

さらに、これらの相互扶助団体は他のアソシエーションと同様に、組合員自らの手によって運営されていた。組織運営、組合員の権利と義務、行動規範などについては規則によって細かく規定されており、それを厳格に遵守す

第 1 部　制度と文化

図4-6　友愛組合入会儀式
出典：W. G. Cooper, *The Ancient Order of Foresters Friendly Society 150 Years, 1834-1984*, Southampton：AOF, 1984, p.17.

図4-7　友愛組合組合員証
出典：Cooper, *op.cit.*, p.23.

ることが求められた。市民結社の運営に携わり、規則を守ることで、組合員は一定の市民性を身につけていた。その意味で、これらの団体は「シティズンシップの学校」「民主主義の学校」と呼ばれていたのである。

♣ 連帯の文化的ツール

このような相互扶助団体に加盟した人びととの連帯を確認するためには、さまざまな文化的ツールが用意されていた。友愛組合の例を用いれば、次のような道具立てが用意されていた。まず、入会にあっては古式ゆかしい入会の儀式が催され、秘密の暗号が教えられた。会員になることに秘密結社としての神秘性が付与された。また、組合員には色彩豊かな組合員証が手渡されるだけではなく、組合員自らが進んでバッジやたすきなどを表示した。集会では歌が歌われ、総会後には組合旗を掲げて全員が町を整然と練り歩いた。自分たちが立派な市民であることを誇示したのである。さらに、組合内部では「よりよき友愛組合員とは」などの課題で懸賞作文が募集されたし、運動会や遠足行事も定期的に行われていた。なによりも、パブでの日常的な語らいは、互いの共同性を確認する重要な機会であった。こうした道具を用いつつ、

082

[第4章] 福祉と文化

図4-8　友愛組合の支部会風景
出典：Cooper, *op.cit.*, p.25.

図4-9　友愛組合年次総会時の市中パレード
出典：Cooper, *op.cit.*, p.33.

組合員の連帯と団結が確認されていた。文化的装置を用いた社会性が、金銭的な相互扶助機能を底辺から支えた。

　しかし、友愛組合の共同性にも包摂と排除の力が働いていた。持続して組合費を支払える所得のある人、一定の市民的な道徳を守れる人、しかも多くの場合男性のみが、組合員となることができ、それ以外の人は相互扶助の枠の外に置かれた。相互扶助団体自身が、こうした排除の問題と組織の限界に気づくのは、19世紀末であった。

083

第1部　制度と文化

イギリス近代社会においては、ここに示したようなチャリティ、相互扶助団体、ヴォランタリー団体などの国家と家族の間にある中間団体の役割が非常に大きかったのである。

5.「自助」観念の圧倒的な力

⚜ サミュエル・スマイルズと『自助論』

これまで述べてきた福祉のネットワーク全体を覆っていた支配的な規範は「自助」であった。自らの労働で生計を立て、稼いだ金は飲酒などに浪費せず、いざという時のために備えて貯蓄したり、保険にも加入すべきである。また、人生の最期、葬式の際にも埋葬資金くらいは自分で準備しておかなければならない。よもや救貧法に依存して葬式をあげるなどということがあれば、それは最大の恥である（「救貧法に救われた者の葬式」と呼ばれ軽蔑の対象となった）。こうして、他者に依存しないで、自分自身で自らの生活をトータルに維持すべきだという観念が力をもった。「天は自ら助くる者を助く」という標語は、イギリスのみならず日本の近代化においても大きな影響を与えた。

サミュエル・スマイルズはベストセラー『自助論』（1859）の冒頭において、次のように記している。

> 自助の精神は個人のすべての真の成長の礎である。それが多くの人びとの生活で示されれば、自助は国民の活力と強さの真の源泉となる。外部からの援助はしばしばその効果を減退させるが、内部からの援助はきまって人を元気にする。他人のためにあるいはもろもろの階級のために何かがなされたとしても、独力で行動する刺激や必要性を排除するほどにまで、人びとが過剰な指導や過剰な統治に服従しているところでは、必然的な傾向として、彼らは比較的無力になってしまうのである。
>
> ……個々人のエネルギッシュな活動に示されるような自助の精神は、常にイングランド人の性格の顕著な特徴であったし、われわれの国民としての力に対する真の尺度となる（1936年版, pp.13, 16）。

こうして、「自助」こそがイングランド人の国民性であり、国民の力の源泉であることが強調されたのである。
　冒頭のスクルージが「自分の仕事さえ承知していりゃ、充分でさあ。他人のことに干渉するどころか、自分の仕事で年中手一杯です」と語るくだりは、この文脈で理解されなければならない。オレは自分のことを懸命にやっていて、十分に「自助」を実践しているのだからそれでいいではないか、他人のことなんかにはかまっていられないよ、というのである。しかし、それは本当の「自助」ではなく、単なる「利己主義」にすぎないことを、『クリスマス・キャロル』は訴えたかったのである。

⚜ 自助のための装置
　自助の実践には、自助を促進したり、強制するツールが必要であった。慈善や相互扶助は、それぞれ社会のなかの縦と横の人間関係のなかで自助を促進するツールであった。現に相互扶助は「集団的自助」とも呼ばれた。また、救貧法は自助できない者の権利を剥奪し、汚辱の烙印を押すことで、自助を強制する装置であった。これらすべての装置と方法とが結合して自助を促進したのである。その意味で、自助は個人だけの問題ではなく、社会的関係性の問題でもあった。その関係性の一部を担うべく社会から期待された人は、それ相当の役割を果たすことが求められた。自助は、実態としては集団的な自助として実現したのである。

⚜ 自助と労働
　「自助」と対になっているのが、「働くこと」である。つまり人びとは働けば適切な収入が入り自活できる。しかも、「倹約」に努めれば、いくらかの将来への蓄えをすることもできる。それができないのは、飲酒などに「浪費」する生活習慣のためである。人びとが貧困に陥るのは、本人自身に問題があるのだと、「自己責任」が強調されたのである。そこでは人びとは働く能力があり、働く意志さえあれば、働くことができる、と想定されていた。したがって、「失業」という概念自体は、19世紀末までは存在しなかった。

6. 社会的貧困の認識

♣「貧困の発見」と社会問題

　このような「自助」をすべての人が行うことは不可能だと認識されたのは、19世紀末になってからのことだ。いわゆる「貧困の発見」がなされたのである。いうまでもなく、貧困状態自体はずっと以前から存在していた。しかし、それが「社会の問題」であることが認識され、それを個人ではなく、社会全体の力を用いて解決すべきであるという意識が、国民の間に共有されるようになったのである。それによって、はじめて「貧困」は「国民」の「問題」として捉えられるようになり、その解決策が模索されることになった。

　そのためにはセンセーショナルな暴露が必要であった。世界に冠たるイギリス帝国、「世界の工場」、「世界の銀行」、そのまさに中枢であるロンドンのシティに隣接するイーストエンドでは、3分の1の人が貧困にあえいでいる——1899年チャールズ・ブースが公表した社会調査の結果は人びとに衝撃を与えた。ブースは調査の結果を数値化し、貧困の程度を8等級に分け、「貧困線」という「科学的な」標識を示した。それと同時に、地図に貧困の程度を色分け表示し、可視化することで人びとに貧困問題の深刻さを訴えたのである。これによって世論は色めきだった。

　重要なのは、貧困が「社会問題」として認識されたことである。社会の機構に問題がある、そのために膨大な貧民が生み出されている、これは重大な問題提起であった。ヴィクトリア期イギリスの「偉大さ」を根底から支えていた「異常なまでに安定的な社会」が、ほころびはじめたというのだ。

　こうした危機感のなかで、「社会」の再建が問題にされたのである。「社会」が主語となった思想が流布した。社会進化論や社会有機体論が力をもった。弱肉強食の世界で、淘汰されない、競争しても負けない社会づくりが必要であることが強調された。T. H. グリーンの理想主義、ギリシアの古典哲学や市民哲学、ジョン・ラスキンの考えが知識界、政界、官界に広まっていた。人に迷惑をかけず、社会が求めるモラルある行動を自発的に実行できる高い

市民性と徳をもった理想的な市民社会を再建することが目標となった。そのためには、国家の力、強制力を用いることも必要であると主張された。福祉制度の改編はその具体的な手段であった。

　この時、イギリス帝国の危機を告げるスキャンダルが報道された。1899年に勃発した第二次南アフリカ戦争は、数ヵ月以内に終結すると予想されていたが、実際には2年半もかかってしまった。その原因を兵士の身体能力の低下に求める言説が巷にあふれた。戦争遂行に不適切な、軟弱な兵士が多数いたために戦争が長期化したというのである。この報道はかならずしも実態に即していなかったものの、帝国主義的な競争が激化するなかで、「帝国を担う人種」の危機として宣伝され、世論を誘導した。1903年には体力低下に関する部局間委員会が設置され、議会による本格的な調査も行われた。さらに、ジョゼフ・チェンバレンは、保護貿易と帝国統合によって社会問題を解決しようと主張するキャンペーンを展開した。

---

column　社会有機体論と社会進化論

　チャールズ・ダーウィンの進化論は、自然界における自然淘汰による最適者生存の法則を明らかにしたことで有名だが、これを社会に適用し、最強社会が競争を生き残ることができるとする考えが社会進化論あるいは社会ダーウィニズムと呼ばれている。ハーバート・スペンサーがその代表である。他方、社会をどのようにみるかということについては、19世紀末には社会有機体論が力をもった。これは、社会自体を、どの部分の機能が欠けても生命体としての役割がはたせない統一的な有機体とする考え方である。全体は部分の機械的な寄せ集めではなく、全体が部分に先立つと理解された。この両者が結合するなかで、個人単位ではなく、人種（race）単位における優劣を競うという考えが普及した。これによって、人種が優秀となるための制度や環境の整備が国家に求められ、それが帝国主義と福祉国家を促進するひとつの要素となった。この考え方は、イギリスのみならず、欧米を中心とする世界各国に普及したが、もっとも極端な形としては、社会進化論が「優生学」と結合し、ナチスのユダヤ人迫害を生み出した。これは、人種が優秀になるための制度の整備という論理を裏返し、劣等な個人と人種の排除という理屈に作り変えた結果である。

第1部　制度と文化

> *column* 　国民的効率（national efficiency）
>
> 　19世紀末になると、帝国主義的な対立の激化とあいまって、「国民共同体」の質の向上へ関心が向けられた。社会進化論が力をもっていたので、「もっとも効率的な国民」が国際的生存競争を生き残ると考えられ、「国民的効率改善運動」が展開した。その中心メンバーは、ウェッブ夫妻を中心とするフェビアン知識人、アスクィス、ホールデン、グレイなどの自由帝国主義者、ローズベリ、エイメリーなどの統一党（保守党）の帝国主義者などであった。彼らは、超党派的に「効率懇親会」を結成して会合・会食を重ね、国民的効率改善をめざした新党の結成すら構想していた。この国民的効率のなかでも、国民の身体能力改善（efficiency）は「帝国を担う人種」育成の中心的課題となった。20世紀イギリス史のなかでは、こうした帝国主義とも密接に関連する超党派的な運動のなかで、国家福祉改革が導入された意味も考えなければならない。

♣ 自由党の社会改革

　貧困の発見、自助の不可能性、社会の危機、帝国維持の至上性、戦争遂行能力の確保、これらについての認識が結合されて、「帝国を担う人種」の危機が醸成された。その結果、第一次大戦前の「最後の自由党政権」のもとで、福祉国家の起源と目される一連の社会政策が導入された。学校教育における身体検査（1906）や学校給食（1907）、老齢年金（1908）、職業紹介所（1909）、炭坑8時間労働（1909）、賃金裁定局設置（1909）、健康保険・失業保険（1911）など、福祉に対して国家が直接的な責任を負う一連の政策が次々と導入されたのである。その財源は、地主を中心として、高額の不労所得を得ている人びとへの累進課税（1909年人民予算）によって調達する計画であった。「社会正義」を追求する視点から、所得再分配が制度化された。このようにして、自由主義を維持しつつも、社会の再建を図るためには積極的な国家介入が必要であるという「新自由主義」のもとで、新たな国家福祉が導入された。

　こうして、最低限の生活保障のために、救貧法でカバーしきれない部分に、国税を用いた国家の年金が接ぎ木された。同時に福祉国家形成に大きな役割をはたす社会保険の仕組みも導入された。それは、従来民間で行われていた

相互扶助や保険の制度をヒントにしながら、その原理を国家の制度に取り込んだものであった。そこでは、「国民共同体」という視点から、国家は一大相互扶助組織とみなされていた。その意味では、国家保険制度は、国家の力を用いて、国民に集団的自助を強制するシステムであるという見方もできる。自由主義の国イギリスでは、依然として自助の力が規定的な影響力をもったが、そのための方法は大きく変わったのである。

---

column　新自由主義（New Liberalism）

　新自由主義（ニュー・リベラリズム）とは、19世紀末から20世紀初頭において、社会に対する国家の干渉を否定的に捉える「自由放任（レッセ・フェール）」的な自由主義と対比的に、国家の積極的な干渉のもとで「社会正義」の実現と社会の安定をはかる自由主義の意味で用いられる用語である。もちろん、「自由放任」主義の段階にも国家の干渉がなかったわけではなく、社会がうまく機能する枠組みをつくるために、国家は間接的な国家干渉を展開していた。その意味では、19世紀中葉の国家は「小さいが、規制的で、強い」ものであり、「夜警国家」ではなかった。しかし、19世紀末以降、社会の機能不全が起きたために、社会そのものを再建するための国家の直接的な介入が必要になったのである。具体的には、1906-14年の「最後の自由党政権」のもとで、累進課税に基づく一連の国家福祉政策が展開され、国家による所得の再配分が進んだ。注意すべきは、新自由主義が展開した時代は「帝国主義の時代」でもあり、国家干渉による国家福祉と戦争準備が同時に進行したことである。また、国家干渉の増大には、個人から見れば、社会や個人生活の安定と同時に、国家による規制の拡大という両義性が含まれていることにも注意が必要だ。新自由主義の代表的な思想家としては、J. A. ホブソンやL. T. ホブハウスなどがあげられるが、当時は個人の自由のあり方と自由主義のあり方をめぐって、古典的自由主義者との議論が盛んとなった。

　今日では、同じ「新自由主義」という言葉ながら、国家干渉に否定的で、市場主義と個人の「自己責任」を強調する正反対の意味をもった「ネオ・リベラリズム（Neo-liberalism）」が普及しているので、混同しないように注意されたい。

第1部　制度と文化

♣ 福祉のナショナリズム

しかし、このような改革にも大きな限界があった。国家福祉は確かにそれまでより多くの人びとを福祉の網の目に捉えたが、他方では国家の福祉であるという性格上、「国民」、正確には国籍を有し、一定期間国内に居住する人にしか福祉を提供しなかった。つまり、イギリスの国土内に居住していても帰化していない人びとと、逆に外国人と結婚して国籍が変わった人びとは、国家福祉の恩恵には浴せなかった。ここに、福祉のナショナリズムという新たな問題が生じることになった。この問題は、100年後の今日でも十分には解決されていない。

7.「福祉の複合体」と「生存維持の経済」

♣ 福祉の複合体

福祉の担い手とそれを支える考え方は多元的であり、その全体像は「福祉の複合体」と表現されている。近年は、そのなかでも、とくに国家以外の担い手の活動にスポットが当てられている。

しかし、それぞれの担い手は、自らの共同性に固有の「正義」をもち、それに沿うような形で福祉活動を行っていた。そのために、その範囲内に包摂される人とそこから排除される人の間には明確な境界線が引かれていた。また、この福祉の網の目に包摂される人びとは、それによって生活の安定をえるものの、他方では、その共同性が押しつける規範によって縛られることにもなった。福祉による包摂には、常に安定と拘束が不可分な形で同居していた。そこには、それぞれの担い手が固有にもつ文化の力と、担い手を横断して時代のなかで共有された文化の力が交錯して、複雑な福祉のベクトルが生み出された。その合成力が福祉の制度として結晶化した。

♣ 生存維持の経済と『オリヴァー・ツイスト』

この福祉の制度と文化の網の目のなかを、貧民は綱渡りのようにたくましく生き延びた。最後にこの点に触れておきたい。地域の人びとの助け、高貴

な人びとの慈善、相互扶助、救貧法、それに窃盗などの小犯罪。これらをつなぎ合わせながら何とか生存を確保しようとするたくましい貧民の生き方は「生存維持の経済」と呼ばれ、最近の研究で注目を集めている。

『オリヴァー・ツイスト』の世界は、この貧民の生存戦略を如実に描いている。オリヴァーは、救貧院で育ち、教区の徒弟奉公に出されるが、そこを飛び出して盗賊に加わる。そこでは、さまざまな境遇の孤児に出会う。救貧院の孤児ばかりでなく、慈善院育ちの孤児もいる。その窃盗集団は、硬い結束と厳しい掟で互いを支え合う。そんな生活のなかで、優しいジェントルマンに助けられる場面も描かれている。地域の人の助け、公的救貧、自己労働、慈善、盗賊の相互扶助、それに窃盗などの小犯罪、これらを綱渡りのように使い分けながら、たくましく生き延びるオリヴァーの姿は、福祉の多元的ネットワークの存在とともに、貧民の生き残り戦略の動態をわかりやすく描き出している。

20世紀社会の特徴であった「福祉国家」の再検討が進んでいるいま、福祉国家の単線的な進歩史観や「福祉社会」礼讃の歴史理解に陥ることなく、福祉における文化の力とはなにか、それはどのように変化し、いかなる制度を生み出してきたのか、さらに、それがそれぞれの時代を生きた人びとにどのような影響を与えたのか、改めて長期的な視点から考え直す地点にきている。

ここでは、主にディケンズの作品を取りあげながら、救貧法、チャリティ、相互扶助という三つの形態の福祉のあり方を検討してきたが、触れることのできなかった福祉実践はたくさんある。篤志病院、公衆衛生、労働者住宅建設、企業家福祉、商業保険、ソーシャル・ワークなども検討しなければならない。また、ディケンズ以外にも福祉制度に働く多層的な力を描いた文学作品や絵画は数多く存在する。それらを素材としながら、福祉と文化の問題を、新しい視点から考えてみてはどうだろうか。

第1部　制度と文化

◉参考文献——

大沢真理『イギリス社会政策史——救貧法と福祉国家』東京大学出版会、1986年。
樫原朗『社会保障の史的研究 I～V』法律文化社、1973-2005年。
金澤周作『チャリティとイギリス近代』京都大学学術出版会、2008年。
ポール・ジョンソン（真屋尚生訳）『節約と浪費——イギリスにおける自助と互助の生活史』慶應義塾大学出版会、1997年。
パット・セイン（深澤和子・敦監訳）『イギリス福祉国家の社会史』ミネルヴァ書房、2000年。
ヘンリー・メイヒュー（松村昌家・新野緑編訳）『ヴィクトリア朝ロンドンの下層社会』ミネルヴァ書房、2009年。
マイケル・E・ローズ（武居良明訳）『社会保障への道——1834-1914年イギリス』早稲田大学出版部、1995年。
Bernard Harris, *The Origins of the British Welfare State: Social Welfare in England and Wales 1800-1945*, Basingstoke: Palgrave Macmillan, 2004.
Jose Harris, *Private Lives, Public Spirit: A Social History of Britain 1870-1914*, London : Penguin Books, 1994.
Eric Hopkins, *Working-class Self-help in Nineteenth-century England*, London: UCL Press, 1995.
Alan Kidd, *State, Society and the Poor in Nineteenth-century England*, Basingstoke: Palgrave Macmillan, 1999.
Steven King and Alannah Tomkins (eds.), *The Poor in England 1700-1850: An Economy of Makeshifts*, Manchester: Manchester University Press, 2003.

[第5章]
教育と文化
―― 連合王国の教育文化史 ――

松塚俊三

　理性という言葉が輝きを放っていた啓蒙主義の時代から、教育は希望を託されてきた。たとえば、J. ベンサムにとって、教育は個人の自由と統治とを矛盾なく統合する「社会の構成原理」であったし、そのよって立つ根拠は人間の「完成可能性」に対する限りない信頼であった。ところが、ベンサムの時代から200年を経た今日にいたっても、教育は依然として理想的な姿にはほど遠い。不平等な社会の是正を託されたはずの学校教育制度は、社会を絶えず成層化し、不平等を再生産しつづけてきた。生み出された不平等を新たな制度によって改善しようとする努力もまた、新たな差異を生み出しては固定してきた。いわば、宿命にも近い「失敗の連鎖」がその後の教育の姿であったということもできた。しかも、物事は本来「ヤヌス」の顔のように正と負を併せもつものなのだが、教育はなぜか、過大な期待と非難の間を揺れ動いてきたように思われる。

　しかし、こうしたおおまかなくくり方は、理念や制度のレヴェルではなるほどそうかもしれないが、歴史を生きた個人のレヴェルにまで下り立って考えた場合には、かならずしも納得の行く説明ではなかった。どのような理念や制度も対象をとらえたかと思った瞬間に、間尺に合わない人間のさまざまな体験に遭遇するからである。そこには類型化できない個人がおり、制度の網の目からこぼれ落ちていく、複雑で豊かな経験が渦巻いていた。たとえ同じ時代の同じ制度のもとにあっても、あるいは同じ学校の同じ教師のもとにあったとしても、個人の語る学校体験はさまざまであった。19世紀末から20世紀の初頭にかけて多くの民衆が通った下町の学校など、おしなべて劣

第1部 制度と文化

悪な状態にあったと一括されるのが普通であるが、教育史の通説とはまるで違う体験を語るものたちが大勢いた。たとえば、ロンドンのスラム街に住むダン・スミスは少年時代を回顧して、「学校は今日［1970年］と比べれば無味乾燥なところであったけれども、当時の恐ろしく惨めな状況からすればオアシスであった」と語っている。学校には、自宅にはない灯りと暖房があったからだ（引用文中の［　］は、引用者による補足説明）。

⚜ 多様な個人の経験

また、失業中の塗装工の娘ロティ・バーカーは自らの学校体験を次のように語っていた。ジョナサン・ローズの『イギリス労働諸階級の知的生活』から引用してみよう（以下、とくに断らない場合は、引用は同書による）。

> 私にとって、学校の生活規則やこまごまとした作業も楽しいものでした。むしろ、週末と休日が嫌いでした。週末と休日はうんざりするような家事仕事の繰り返しでしたし、幼い子どもたちの面倒をみなければなりませんでした。先生は大変に厳しい人でしたが、公平な心の持ち主でした。大半の子どもたちはひもじい思いをしていましたが、とりわけ私は歳のわりに、豆のつるを支える支柱のように背が高くやせこけていましたので、他の子どもたちよりもいっそうひもじい思いをしているように見られていました。先生は罰を与えると称して私を職員室に呼びつけ、私を傍らに座らせると、机の上にあった自分のサンドイッチを食べるように命じました。

あるいは、世紀末から20世紀にかけて、子どもたちを苦しめた問題のひとつに体罰があったことはよく知られている。体罰に反対する父母の運動は1889年と1911年に、生徒を巻き込む大規模な学校ストライキに発展した。その様子はS. ハンフリーズの『大英帝国の子どもたち』（山田潤他訳、柘植書房、1990年）が描く通りである。全国で100校を超える小学校の生徒がストライキに参加するなど前代未聞のことであり、体罰がいかに深刻であったかを如何なく示していた。

しかし、最近のオーラル・ヒストリーや労働者の自伝研究は、これとはまったく異なる事実を伝えている。労働者階級の親はおろか、子どもたちまでもが体罰一般に反対していたわけではなく、正当な理由によるものであれば体罰を容認していた。たとえば、ウィリアム・キャムベルは当時をふり返って、「われわれはムチでたたかれることを悪いとは思っていない。些細な理由で放課後に学校にいのこりをさせ、何百行もの文章を書き取らせるような罰こそ、たちの悪い罰だ」と述べている。体罰に反対する共産党女性委員会のメンバーであった彼の母親は、息子にデモンストレーションを組織させ、校長の前で「ムチは帝国主義の道具だ」と、金きり声を上げさせたが、彼女は台所の壁にムチをかけていた。明らかな悪さをした子どもたちにとって、本当に怖かったのは教師の体罰を上回る親の体罰だった。厳しくはあっても、正当な（strict but just）理由のある体罰は容認されていたのである。自分の弱さを隠すためにムチをふるう教師、些細なことで過度な体罰を科す教師は「男らしくなかった」。

　指の間から砂がこぼれ落ちていくように、人びとの多様な経験は安易な類型化や概念的な把握を拒んだ。すこし難しい言い方をすると、文化は複雑に絡み合う個人や集団の体験や表象の網の目であり、その豊かさを「多様性」「多義性」「両義性」といった言葉で片づけるのではなく、可能なかぎり説明し、くり返し再審に付していくことを求めている、といえるのかもしれない。

　このような文化のあり方は、個人のレヴェルだけでなく、ブリテンを構成する諸民族の教育文化史的なアイデンティティからも語ることができた。類型化や概念的な把握から個人の経験がこぼれ落ちていったように、スコットランド、ウェールズ、アイルランドの教育史もイングランド中心のいわゆる「イギリス教育史」から、ほとんど無視されるに等しい扱いを受けてきた。以下の叙述はこの明らかな偏重を是正するひとつの試みである。「イギリス教育史」の常道に反するかもしれないが、あえてイングランドに触れることなく、スコットランド、ウェールズ、アイルランドの教育史をブリテンの教育文化史として読み解いてみたい。主として扱うのは18世紀から19世紀にかけて形を整えていく初等公教育である。

第 1 部　制度と文化

1.　伝統と民主主義、スコットランドの経験

　スコットランドの教育制度に惜しみない賛辞をおくる研究者は多い。ピューリタン革命にいたる社会の激動を「教育革命」として説明した L. ストーンもその一人である。彼はある論文のなかで、初等教育から大学にいたるどのレヴェルにおいても、ヨーロッパのなかでもっとも優れた教育制度を整えた教育の最先進国としてスコットランドを称賛した。その理由はいうまでもなく教区学校制度にあった。宗教改革以来、スコットランドの体制宗教である長老派のスコットランド教会は、すべての教区に初等学校を作り、誰もが聖書を読むことのできる環境を整えてきた。学校の建設に協力することは敬虔な教区地主の義務であり、彼らが学校の運営や教師に大きな影響力をもつことになった。カトリックの影響が強かった高地地方に対しても、スコットランド教会はプロテスタント化と英語化を強力に推し進めた。その結果、18 世紀末までには、あらゆる階層の人びとを教区学校に収容する理想的な国民的教育制度を整えたとまでいわれるようになった。貧しい家庭に生まれた少年が刻苦勉励して大学に進学するサクセス・ストーリーも、国民的な教育制度を整えた彼らの誇りに彩をそえた。

　しかし、こうした教育先進国のイメージは多分に理想化されたものであり、ひとつの記憶＝神話にすぎないことがやがて明らかになる。理想的な国民的教育制度もスコットランドの国家と長老派教会と教区地主の既得権益を守る保守的な支配体制にすぎないことが 19 世紀に露わになるからである。後述するように、保守的な支配体制が解決しえなかった社会の亀裂を修復するには、スコットランド人自身の努力だけでなく、ブリテンの国家介入が必要であった。

[第5章] 教育と文化

♣「神話」、ひとつの記憶

　スコットランドの教育を理想化し模範にまで仕立て上げたのは啓蒙主義者たちであった。とりわけ、アダム・スミスや『エディンバラ評論』を通じて論陣をはったJ. ミル、H. ブルームらの貢献は大きかった。彼らはこぞってスコットランドの教育を褒めたたえただけでなく、イングランドにも適用可能であると主張してやまなかった。19世紀の初頭から1820年代にかけて庶民院に提出された「教区学校法案」はことごとく廃案になったが、スコットランドの教区学校をモデルにしたものであったことは明白である。イングランドに対するスコットランドの教育的優位が多くの政治家のなかに定着するのもこのころである。また、D. ストウやロバート・オーウェンらがモニトリアル・システムの機械的な教育方法を批判し、子どもたちの感性や人格形成の大切さを説いたのもスコットランドの教育文化的伝統と啓蒙主義に負うところが大きかった。

　理想的な教育制度であるはずの教区学校制度が急激な社会の変化に翻弄され、欠陥を露呈するのは19世紀である。急速な工業化に伴って、アイルランドや高地地方から大量の移民が流入した結果、スコットランド社会は民族的にも、宗教的にも多様性を増し、亀裂と混迷の度を深めていった。教区学校制度は都市部の急激な人口増加に追いつかず、街頭にたむろする子どもたちに手を差しのべることができなかった。大都市圏の貧しい子どもたちに教育の機会をかろうじて提供したのは、雑多な私立学校である。教区学校制度は誰の目にも旧体制の既得権益を守るものとしか映らなくなっていた。こうして、あらゆる階層の子どもたちを等しく教育する教区学校の神話はもろくも崩れ去った。

　スコットランド社会の亀裂の深さを鮮明な形で示したのはスコットランド教会の分裂である。スコットランド教会は国家と教会のあり方、聖職者の任免をめぐって、1843年に三つに分裂した。国家と教会の癒着、有力者による聖職者・教師の支配をよしとしない福音主義者のグループは、スコットランド教会から袂を分かち、自由教会と統一長老教会を結成した。分裂の結果、旧来のスコットランド教会は信者の32パーセント、都市部では5分の1の

勢力に後退し、もはや国民的教会ではなくなった。

　当然のことながら、教会の分裂は教育にも大きな影響をあたえ、宗派独自の教育体制を助長することになる。民主主義的な教会運営を主張する自由教会や統一長老教会が、教区有力地主の支配下にあった聖職者と教師を信者＝納税者の監督下におくよう努めたのも自然の成り行きであった。しかし、教会の分裂は教育界に深い亀裂を持ち込んだけれども、同時に国民的な教育体制を新たな形で蘇生させる重要な契機ともなった。三つに分裂した宗派の教育体制を再びひとつに統合するその後の非宗派主義運動は、イングランドに見られるような宗派間の協調、妥協ではなく、世俗主義に基づく下からの国民的な教育体制の再生を目指したからである。スコットランドにとって幸いであったのは、教会の分裂がイングランドの国教会と非国教会のような教義上の対立ではなく、主として組織運営上の対立であったことである。

---

column モニトリアル・システム

　教師も教室も資金も足りないなかで、できるだけ多くの子どもを教えるために、18世紀の末に考え出された教授方法である。考案者の名前にちなんでベル＝ランカスター方式とも呼ばれる。一人の教師が能力の高い年長の生徒を助教（＝モニター）に指名し、徹底した分業システムのもとで大勢の子どもたちに初歩的な教育をほどこした。教師は教育者ではなく、モニターの管理者、システムの統率者になるよう求められた。一人の教師が多数のモニターを使うことによって、1000人の子どもの教育も可能であるといわれた。このシステムは近代学校の開始を告げるものであったが、実際には、きびしい規律と体罰による身体の規律化に威力を発揮した。モニトリアル・システムのこうした機械的な教育のあり方は、子どもたちの感性や道徳の発達を重視するD.ストウやR.オウェンら、スコットランドの教育家や社会改革者からきびしい批判を受けた。

[第5章] 教育と文化

♣ アイデンティティの再生

　失われたアイデンティティを再生する画期となったのは、1867年に出されたアーガイル委員会の報告書である。委員会はスコットランドの教育がいかに不十分なものであるかを余すところなく明らかにするとともに、あらゆる階層、宗派が参加する国民的な教育システムの再生を改めて提唱した。この報告に沿って出された法案の要諦は、学校を建設するための課税権をもつ学校委員会を各地に設立し、納税者の選挙によって選ぶというものであった。神話と化していた教区学校を納税者民主主義に基づいて再生する試みは、イングランドの基礎教育法（フォスター法）とは別個に提出されたスコットランド教育法（1871、72）として実を結び、各宗派の監督下にあった学校の大半が新たに設立された学務委員会（スクール・ボード）に移管された。1843年の分裂からおよそ30年を経て、スコットランドの教育は一部のカトリックや監督教会主義者の支配下にあった学校を除き、ほぼひとつの、世俗主義的な制度のもとに再統一された。

　スコットランドの学務委員会は名称も課税権もイングランドのそれと同じであったが、めざすところが根本的に違っていた。イングランドの学務委員会が国教会派や非国教会派の力の及ばない、いわゆる学校の「空白」地域に学校を建設し、既存の宗派の教育支配を容認するきわめて妥協的なものであったのに対し、スコットランドの学務委員会は宗派そのものの影響力から学校を切り離し、全宗派の学校を選挙で選ばれた学務委員会に統合する、文字通り国民的かつ民主主義的なものであったといってよい。スコットランド独自の教育体制の成立に貢献したのはブリテンの国家であり、ロンドンの中央政府と議会であった。これらの力がなければ、スコットランドの旧来の国家＝教会体制は打破されなかっただろう。しかし、同時に、スコットランドの教育はブリテンの制度下に単純に包摂されたわけではなかった。スコットランドは自らがまねいた社会の分裂をブリテンの国家の力を借りて修復し、独自の教育制度を新たなアイデンティティとして創り出したのである。

2. 言語と教育、ウェールズの経験

スコットランドがブリテンの教育文化史を民主主義から再検討する手がかりをあたえているとすれば、ウェールズはブリテンの教育文化史を言語問題から見直す可能性をあたえる。この問題を考える前提はスコットランドとは別の意味で深刻なウェールズ社会の分裂であった。ウェールズでは、18世紀の前半にノルマン系の貴族やウェールズ伝来の貴族が没落し、多くの所領がイングランドやスコットランドのジェントリの手に渡っていた。チューダー、スチュアート期にウェールズ語を話し、固有の文化を庇護してきた支配層が国教会や長老派のジェントリに取って代わられたことは教育文化史から見ても重要な出来事であった。新しい支配層はキリスト教知識普及協会を通じて各地に学校を建設し、国教化と英語化を推し進めたが、ウェールズ語しか話せない多くの民衆を包摂することはできなかった。

支配層と民衆との乖離、教育の空白を埋めたのは国教会を追放された聖職者やメソディストらの福音主義者であった。彼らは限られた資金でできるだけ多くの子どもや大人を教育するために、英語ではなくウェールズ語による聖書の講読＝読む力の涵養にまい進した。冬季の3ヵ月間を利用して開かれた巡回学校は、あらゆる生活空間を教室として使い、教師を即席で養成した。この種の巡回学校はアイルランドやスコットランドの高地地方でも見られたが、その規模の大きさから18世紀のヨーロッパを通じてもっとも重要な教育史上の経験であったと考える研究者もいる。

1731年から1761年にかけて開設された巡回学校は3325校に達し、成人と子どものおよそ半数にウェールズ語の読み方を教えたといわれている。運動の成果はメソディストの日曜学校運動に引き継がれ、ウェールズの伝統＝伝説と化した。すなわち、ひたすら魂の救済を求める敬虔なウェールズ人という素朴な教育文化的伝統の創出である。この素朴な観念がその後のウェールズ史に大きな影響をあたえる伏流になったことは確かであるが、ウェールズ人の精神的、道徳的「特性」にまで高められた記憶＝神話は、そのままの

[第5章] 教育と文化

形で継承されることはなかった。
　そもそも、神話自体が「ケルトの周辺」に住む民衆によって創造されたというほど単純なものではなった。ウェールズの文化的伝統を強調した者たちはロンドンに住むバイリンガルなウェールズ出身の知識人たちであったし、彼らを後押ししたのは、ウェールズでもイングランドでもない、「古代ブリテン」のなかに新たなアイデンティティを見出そうとした人びとであった。神話はスコットランドを統合し、ついでアイルランドをも併合する過程にあったイギリス＝ブリテンのイデオロギーでもあった。
　ウェールズ人に英語を強要する国教会の対応のまずさとメソディズムの果たした役割を高く評価する「メソディズム史観」ともいうべきこの神話は、19世紀の急激な人口増加、工業化、都市化、社会問題の噴出など、大きな試練を受けることになる。その一方で、ブリテンの政府も大きな困難に直面した。チャーティスト運動最大の武装衝突として知られる南ウェールズのニューポート蜂起に驚愕した政府は、国教会系の教育団体である国民協会や非国教会系の内外学校協会を通じて、モニトリアル・システムの普及に努めたが、期待される成果を得ることはできなかった。モニトリアル・システムは英語を強要したばかりでなく、その機械的な教理問答の暗記は巡回学校や日曜学校を通じて精神的、道徳的な体験を深めたウェールズ人にはなじまなかった。

♣ バイリンガルな教育文化の再生へ
　ウェールズの教育文化史上の画期は、1847年に枢密院教育委員会が出した同地の教育に関する詳細な報告書である。教育の実情をつぶさに調べ上げた報告書は、ウェールズ社会にすさまじい怒りと衝撃をあたえたといわれる。報告書がウェールズ社会の後進性を、英語を解さないウェールズ人の無知のせいにして、非難したからである。
　しかし、その一方で、1847年報告はウェールズ人が漠然と抱いていた素朴な神話をも打ち砕いた。アイルランドに比べて英語の識字率が低かっただけでなく、ウェールズ語すら満足に教えられていないきわめて不十分な教育

101

実態が明らかになったからである。メソディストもブリテンの政府が後援する国民協会や内外学校協会も、高まる教育需要に応えてはいなかった。急速に工業化した都市部で大きな役割を果たしていたのは、イングランドのデイム・スクールに匹敵する小さな私立学校であった。

貧困な教育の現実はロンドンの中央政府の教育政策を受け入れ、イングランド化＝英語化を以前にもまして加速させるとともに、素朴な神話を再構築し、アイデンティティを新たに生み出すきっかけをあたえた。ウェールズ人が選択した、あるいは近代化・工業化のなかで選ばざるをえなかった道は、バイリンガル、バイカルチュラルなウェールズ文化のあり方である。

かつて巡回学校や日曜学校運動を推進したメソディスト教会は、地域のコミュニティ・センターとしての役割を強め、ウェールズ語とウェールズ固有の文化の振興に大きな役割を果たすようになった。その象徴は毎年各地で催される合唱祭(アイステズヴォッド)である。今日まで歌い継がれる「ウェールズ国歌（Land of My Fathers）」も、もとはといえば1866年の合唱祭で歌われたものであったし、映画『わが谷は緑なりき』は日常生活のなかに歌がとけ込んでいる炭鉱労働者の姿を伝えている。ウェールズ語による合唱、詩の朗読やスピーチ、懸賞論文は、ブラスバンドやウェールズ語の新聞・雑誌の刊行、労働者の読書サークル（図書館運動）とともに、英語化する学校教育を幾重にも包み込んだ。このようにして再構築されたウェールズの教育文化を政治に結びつけたのは、都市部にようやく成長してきた中産階級知識人である。1868年の庶民院選挙で自由党は保守党の10議席に対して23議席を獲得し、長く続いたトーリー党の地主支配にようやく終止符をうった。とはいえ、ウェールズの教育文化はすでに見てきたように、ウェールズ・ナショナリズムに一方的に傾斜するようなものではなくなっていた。

3. 制度のダイナミズム、アイルランドの経験

学校建設資金の2分の1を国庫から助成する1831年の補助金制度は、国家が教育に本格的に介入する「イギリス公教育史」の画期としてよく知られ

ている。しかし、これはイングランドのことであって、アイルランドではまったく事情が異なっていた。ブリテンの政府は公的な資金をイングランドの学校に投入するはるか以前から、アイルランドの民衆教育＝プロテスタント化に莫大な資金を投入していた。理由はいうまでもなく植民地を帝国につなぎとめておくためである。フランスと長きにわたって敵対してきた政府はアイルランドの治安を優先し、カトリック教徒の改宗をめざすプロテスタント系の学校に対して18世紀以来、資金援助を行ってきた。その額は1801年までに毎年、2万8000ポンドに達しており、政府が1831年に学校建設に投入する2万ポンドをすでに超えていた。

　さらに注目される変化がナポレオン戦争中に起こっている。プロテスタントへの改宗を援助してきた政府は、アイルランド併合を機に、彼らを帝国の臣民として国民化し、本国との一体化をより高次の次元から構想しなければならなくなったからである。そのために、政府は非宗派主義的な教育行政と世俗的な教育を支援する政策に転じた。特定の宗派の教義に基づく解釈を退け聖書のみを教える非宗派主義は、イングランドではかならずしも十分浸透しなかったが、イングランド以上に宗教対立の厳しかったアイルランドでは宗派間の妥協の余地はなく、一足飛びに世俗主義に向かった。神聖な聖書を読み書きのテキストにすること自体に抵抗が強かったアイルランドでは、宗教教育を各宗派の自主性に任せ、教育行政の協調体制と世俗的教育の強化を通じて教育をひとつに統合することに力が注がれた。

　世俗主義的な教育への移行はイングランドでは長い時間を要したが、宗教対立の厳しいアイルランドの現実がかえって政府を思い切った世俗主義に向かわせたのである。この政策を強力に推進したのは1811年に設立されたアイルランド教育促進委員会（置かれた場所にちなんでキルディア協会として知られる）と、その方針を継承したアイルランド国民教育委員会であった。これらの組織はカトリック教会とアイルランド国教会、非国教会を糾合し、教師の養成、学校の建設、教師の給料、視学官の査察、テキストの作成にいたるまで、非宗派主義に基づく協同の体制を発展させた。イングランドの宗派対立に悩まされつづけた枢密院教育委員会やその中心にいたケイ＝シャトル

第 1 部　制度と文化

ワースにとって、アイルランドの教育行政はイングランドの先を行く、まれに見る成功例であっただろう。

---

column　ジェイムズ・ケイ＝シャトルワース

　イギリス初等公教育の先駆者。エディンバラ大学で医学を学び、公衆衛生、救貧行政に携わった。1839 年、枢密院教育委員会の事務局長に任命され、49 年に過労で倒れるまで、初等公教育の普及に尽力した。1849 年には、その功績が認められ、男爵に叙せられている。シャトルワースは公教育の制度を整えただけでなく、模範的な師範学校を自ら設立し、教員の養成にも努めた。彼については、伝記作家の過大な評価（「公教育の父」）も散見されるが、初等公教育の制度設計にはたした業績は大きなものがあった。

♣ アイルランドから輸入された教科書

　非宗派主義的な協力体制がもっとも威力を発揮することになったのは世俗主義的なテキストの出版であった。上記の二団体は世俗的なテキストを大量に発行し、その発行部数は 1851 年までに、年間 40 万冊に達した。扱う分野も論争の火種になりやすい歴史を除いて、政治から経済、農業、科学にいたる、あらゆる分野を網羅するにいたった。これらの世俗的なテキストの内容にもっとも大きな影響をあたえたのは、J. ミル、H. ブルーム、J. ベンサム、F. プレイス、C. ナイトらの自由主義的なホイッグや急進主義者が 1826 年に設立した有用知識普及協会の出版物であった。わけても『ペニー・マガジン』からの引用がきわだっていた。政治的に目覚めた、識字能力の高いイングランドの労働者に向けられた出版物の内容がより分かりやすい形で直接、アイルランドの学校教育に持ち込まれたのである。アイルランドの貧困に立ち向かい、治安・秩序の安定を目指したこれらのテキストは、政府の必要性、自由貿易、需要と供給の市場原理、農業技術の改良、自助の精神、私有財産の尊重など、中産階級の政治経済学を分かりやすく説いていた。

　さらに、特筆すべきは、これらのテキストがイングランドに大量に逆輸出

されたことである。チャーティストに象徴される、識字能力の高い労働者の運動に直面したイングランドの教育団体は1840年代以降、教理問答一辺倒の教育から世俗主義的教育に方針を転換するが、彼らの出版努力はアイルランドの水準にはとうてい及ばなかった。イングランドの教育団体は廉価で種類も豊富なアイルランドのテキストを大量に輸入するより仕方がなかった。

♣ ブリテンの教育文化史

これまで紹介してきた三つの地域の歴史は紛れもなくブリテンの教育文化史の一部である。これらの地域の物語はイングランドを中心に語られてきた従来の「イギリス教育史」の視野を広げるだけでなく、これまで等閑視されてきた問題に新たな光を当てる可能性をもっていた。スコットランドの経験は、あえて要約すれば、教育においても民主主義の問題がいかに重要であったかを示していた。詳しく述べる余裕はないが、大学拡張運動やWEA（労働者教育協会）に示された知識人と労働者階級の巨大なエネルギーは、スコットランドの民主的な教育文化の伝統のなかで培われた大学人・知識人のネットワークを抜きにしては語りえないであろう。また、イングランドの各地で展開された学務委員会の選挙をめぐる激しい攻防も、その背後にスコットランドの経験がなかったとはいいきれないであろう。両者に通底するのは民主主義であり、時代の政治文化である。

ウェールズの経験は学校を包み込む地域社会の教育文化を考えさせるだけでなく、英語が定着していると思われるイングランドの言語文化についても改めて再考を促しているように思われる。19世紀から20世紀にかけて繰り返されてきた英語の綴り字改革運動は、発音と綴りの落差がいかに大きかったかを示しており、標準英語の定着（方言の克服）には相当な時間を要したはずである。また、英語の標準語化は帝国にも敷衍して考えるべき問題を提起していた。綴り字を発音に近づける試みは、英語を国際的な共通語にしなければならない帝国にとっても重要な懸案事項であったろう。これらの問題は、ウェールズの経験が示すように、教育を学校だけでなく、それを幾重にもとりまく地域の教育文化として読み解かねばならないことを教えている。

第 1 部　制度と文化

　アイルランドの逆説的な経験はわれわれに何を語っているだろう。プロテスタントへの改宗策から一挙に世俗主義的な教育に転換したアイルランドの経験は、制度史的な教育史研究の盲点を突いている。「イギリス」の教育制度は長い時間をかけて徐々に形成されてきただけでなく、できあがった制度は中央集権的なものとは程遠いと考えられてきた。しかし、アイルランドの経験は、スコットランド同様、制度がダイナミックに変化することを教えている。ブリテンの教育文化史は「イギリス教育史」以上に、懐の広いダイナミックなものであった。

---

column　大学拡張運動

　この運動は 1870 年代の大学拡張講義運動から始まった。オクスフォードやケンブリッジの大学人が地方都市を巡回し、高度な教養講座を多くの労働者に提供した。講師のなかには学位を取得したばかりの多くの若い大学人が見られたが、彼らは「知識と教育に根ざした民主主義」「社会正義」の実現に心を動かされた者たちであった。運動の成果は、その後、労働者教育協会（WEA）、さらには現代のオープン・ユニヴァーシティへと引き継がれ、世界に例を見ない裾野の広い生涯教育として実を結んだ。近年、一連の運動に参加したスコットランド出身の大学人、知識人のはたした役割に新たな光があてられようとしている。

4.　人間の普遍的な文化

　最後に、際限なく分解しかねない個人や変転きわまりない制度をつなぎとめる教育文化の可能性にも触れておきたい。冒頭でも述べたように、教育制度はさまざまな差異を生み出しては固定していくものであり、その意味では教育制度も「失敗の連鎖」であったということもできた。しかし、こうした見方は未来に対する「諦念」あるいは後知恵からする過去の「断罪」に向かいやすく、時代を「生きる」あるいは「生きた」人間の姿を忘却の淵におい

やる傾向をもっていた。

　少なくとも、19世紀から20世紀にかけてのブリテンの教育史は暗澹たる現実に情熱をもって立ち向かった多くの人びとの歴史である。この時代のブリテンほど、さまざまな差異を乗り越え、人間の普遍的な価値や真・善・美に対する憧憬がいたるところで聞かれた時代も珍しい。冒頭でも触れたベンサムをはじめ、多くの思想家、知識人が人間の「理性」と「完成可能性」を信じ、教育によってすべての人間が等しく自己実現できる普遍的な文化（common culture）の可能性を追求した。M. アーノルド、B. ジョウエット、T. H. グリーン、R. H. トーニー、A. D. リンゼイらは、立場こそ違え、普遍的な理想の実現に名を連ねた者たちである。彼らは大学拡張運動、WEA、その他さまざまな学習運動に献身的にかかわり、アーノルドの「教養人は平等の真の使徒」という言葉を誠実に実践した者たちであった。階級や民族、置かれた状況が違っても、人間は普遍的な文化に到達する可能性をもっており、またそれなくして民主主義など成り立ちえないという確信こそは彼らの真骨頂であった。彼らは上から何かを教え諭す啓蒙主義者でも、優越感に支えられて目下の者たちを称揚する（condescend）者たちでもなかった。

　♣学ぶとは、教育とは
　しかし、もっと重要なことはこうした態度が多くの労働者にも共有されていたことである。WEAの運動に参加した労働者の体験のなかには、知識のもつ普遍的な価値に触れる者たちも少なくなかった。衣料関係の仕事についていたラヴィーナ・ソルトンストールはWEAが労働者を階級闘争からそらし、麻痺させるという、労働者作家エセル・カーニーに対して次のように反論している。

　　ギリシアの芸術は労働者が自らの世界を語る妨げとはならない。むしろ、こ
　　れまで引きずってきた人生の障害がどこにあったかを理解するのに役立つ。
　　美しいものが労働者を損なうことはない。……社会主義者として、選挙権拡
　　張論者として、女性参政権論者として、私はWEAの教育方針が苦痛に満ち

第 1 部　制度と文化

　　　た労働者の歴史を忘れさせ、私たちの身のまわりのさまざまな困難に対する
　　　感覚を麻痺させるというカーニーの言い分に怒りを感じた。……カーニーや
　　　彼女の見解を鵜呑みにする者たちが労働者の男や女がひとつの問題を完全に
　　　理解しようとして、問題のあらゆる側面を見ようとするがゆえに、かえって
　　　わき道にそれ、中立化されやすいというのであれば、彼らは労働者階級の知
　　　性を愚弄しているのだ。

　あえて注釈する必要はないであろう。彼女にとって、知識は断片的な情報ではなく、人間の全面に働きかける生きる力であった。また、1920 年代に WEA のチュートリアル・クラスでトマス・ハーディの作品に出会ったエディス・ホールも同じような体験を次のように語っていた。

　　　パンチ誌やその他の出版物は家内奉公人たちを愚かで、浅はかな連中として
　　　描き出した漫画を掲載し、笑いものにしていた。とりわけ奉公人の下男、下
　　　女は頭脳をもたない下卑た者たちとして描かれていた。トマス・ハーディの
　　　『テス』のなかに登場する新聞も同じで、農業労働者を田舎者、哀れなでく
　　　の坊として描いていた。しかし、ハーディが興味深い性格と思想、人格を
　　　もった貧しい労働者階級の娘テスの物語を語ったのは他でもないこの小説で
　　　あった。私がこれまで読んだ小説のなかで、生まれの卑しい女性主人公や労
　　　働者階級を、頭脳をもたない人形として描かなかった最初の本であった。

　書物はさまざまな読まれ方をするが、文学はあれこれの政治的なメッセージの表層をつらぬき、人間の尊厳、生きる力に光を届ける力をもっていた。先に挙げた知識人たちの多くは、こうした人間の尊厳を語る労働者と日々、接触していた者たちである。
　WEA は学ぶ喜び、生きる力を伝えただけではなかった。学ぶことによって知る悲しみの深さ、苦渋にも目を開かせた。教育の意味を深く捉えたある労働者の言葉を紹介して結びとしよう。

[第5章] 教育と文化

　私は教育が人の感受性をより豊かにし、物事をより鋭敏に知覚させる力をもっていることを知った。人びとの心を和ませ、喜ばせるとともに、人びとをおおいに傷つけ、絶望の淵に追いやるこの世界にあって、感受性の豊かな者は幸福の大きさと不幸の両方に触れることになる。……多くのことが幻想であることを知ったが、後悔はしない。なぜなら、教育は私に物事をありのままに見るほうがよいことを教えたからである。

　労働者が学ぶとはどういうことなのか、あれこれ考えつづけてきた私は、いまだ、これ以上の説明に出会ったことはない。

◉参考文献──
井野瀬久美惠「イギリスを創り直す──ブリテン・帝国・ヨーロッパ」谷川稔編『歴史としてのヨーロッパ・アイデンティティ』山川出版社、2003 年。
木畑洋一「イギリス近代国家とスコットランド、ウェールズ」『世界の構造化』(シリーズ世界史への問い 9) 岩波書店、1991 年。
小松佳代子『社会統合と教育──ベンサムの教育思想』流通経済大学出版会、2006 年。
リンダ・コリー (川北稔監訳)『イギリス国民の誕生』名古屋大学出版会、2000 年。
指昭博「ウェールズ語聖書と古代ブリテン伝説」『神戸外大論叢』第 47 号、1996 年。
鈴木哲也「18・19 世紀におけるウェールズ語の衰退と教育」『明治大学人文科学研究紀要』第 50 号、2002 年。
松塚俊三『歴史のなかの教師』山川出版社、2001 年。
森野聡子「〈ウェールズの山〉はいかにしてブリテンの国家的風景となったか」『静岡大学情報学研究』第 6 号、2000 年。
R. D. Anderson, *Education and the Scottish People 1750-1918*, New York: Oxford University Press, 1995.
J. M. Goldstrom, *The Social Content of Education 1808-1870*, New Jersey: Irish University Press, 1972.
G. E. Jones and G. W. Roderick, *A History of Education in Wales*, Cardiff: University of Wales Press, 2003.
J. Rose, *The Intellectual Life of the British Working Classes*, London: Yale University Press, 2001.

第2部

「イギリスらしさ」を読み解く

第2部扉図　ウィリアム・パウエル・フリス〈ダービーの日〉(部分)
(1855年、油彩・キャンヴァス、ロンドン、テイト・ギャラリー蔵)

[第6章]
イギリス料理はなぜまずいか？

小野塚知二

「イギリスはまずい」ということは夙(つと)に知られている。その理由として、国民性ゆえに美食を欲しない、ピューリタンの影響で食の楽しみが罪悪視された、あるいは、気候が冷涼で食が単調になるなどの俗説はあるが、いずれも学問的には支持しがたい怪しげな説である。以下、第1節では食文化史を学問的に論ずるための方法を設定して、イギリスの食の衰退期を仮定したうえで、第2節では衰退以前の食の状況を、第3節では衰退の社会的・経済的な原因を、第4節では衰退後の状況を概観し、イギリスが食文化を回復できない理由について考察することにしよう。

1. 衰退の時期

♣食文化研究の方法

うまい/まずいは直接的には個人の好みに属することであって、食の属性ではない。むろん、世界の多くの人がイギリスはまずいと表明している事実はけっして無視すべきではないが、食文化人気投票の類で信頼に足るものはないし、そもそも人気投票だけで食を学問的に論じうるわけでもない。うまい/まずいといった主観的な印象評価を離れて、研究の対象として食を客観的に分析するために、筆者は、食材の多様性、食材の在地性、および調理方法の多様性という三つの指標を設定する（詳細は小野塚〔2004〕および小野塚〔2005〕を参照されたい）。むろん、これら三つの指標だけで食を論じ尽くすことができるわけではない。食文化史の本来的な関心からするなら、実際に

第2部 「イギリスらしさ」を読み解く

食べられた料理や、食べる場・状況などが重要なのだが、料理や場・状況は史料として残らないため考察の対象とするのは難しく、今後の方法的彫琢をまたなければならない。それに比べると食材や調理方法は、残されたレシピを用いてかなり正確に再構成できるので、客観的な検証にたえうる。

♣ 食材の多様性と在地性の低下

　中世末期から現代（第一次世界大戦以降）までのイギリス料理にいかなる食材が用いられてきたか調べてみよう。中世末期から近代までの間にもイギリスの食のあり方は変化しているが、食材という点では、近世（ほぼ16–18世紀）に急増する熱帯産香辛料とじゃがいもを除けば、19世紀初頭までその種類は安定している。表6-1と表6-2はそうした食材を示している。

　このうち表6-1は19世紀中葉には用いられなくなった食材を、表6-2はこの時期を越えて現代まで用いられつづけている食材を表す。19世紀中葉以降は、表6-2に加えて表6-3の食材が新たに登場する。ここから明らかなように、19世紀前半の数十年間に食材の多様性が著しく低下し、在地食材がほぼ消滅し、19世紀中葉以降のイギリスの食は大量生産可能な農業牧畜産品、トロール漁業産品、および工業製品で占められるようになる。19世紀は食糧輸入の増加した時期だが、熱帯産香辛料の役割はむしろ決定的に低下した。こうして現在知られているように、香りや味の点で華やかな個性を欠いた「薄い塩味」だけのイギリス料理が登場することになる。19世紀中葉以降、急増する香辛料は唯一カレー粉だが、これはイギリスによるインド支配の完成とともに、印英間の人の移動が増加したことを反映している。

♣ 調理方法の単調化

　また、調理方法も単調化した。たとえば、調理の基本である加熱に関してみるなら、19世紀後半までに、塩茹で、オーヴン加熱、油で焼く/揚げる（近代英語では油で焼く、炒める、揚げるはfryの一語で表し、区別も消失している）の3種に収斂し、かつてあった、蒸す、直火で炙る、遠火で熱するなどさまざまな方法が捨て去られてしまった。また、野菜を加熱せずに生食する

[第6章] イギリス料理はなぜまずいか？

表6-1　19世紀初頭まで多用された食材でその後のレシピから消失したもの

猟鳥獣（game）など	鹿肉、白鳥、鳩、うさぎ、きじ、雷鳥、去勢肥育鶏（capon）、牡蠣
山野の漿果類	ブラックカーラント、バーベリー、レッドカーラント、プルーン、ブルーベリー、グズベリー、干しぶどう
菜園の香草や豆およびそれらの派生品	セージ、にんにく、フェンネル、クレソン、るりぢさ（むらさき科の香草）、ローズマリー、セイバリー（しそ科の香草）、すいば・かたばみ、からし、たんぽぽ、オールドガーデンピーズ、干しえんどう豆、ローズウォーター（rosewater）
醸造酒・その加工品	りんご酒（cider）、サイダービネガー、ワイン、ワインビネガー
おもに南方から輸入された香辛料など	生姜、サフラン、シナモン、ナツメグ、メイス（mace, ナツメグの仮種皮）、丁字（クローヴ）、アーモンド、アニス、キャラウェー、甘草、黒胡椒、白胡椒、オレンジ、レモン、マンダリン（ミカンの一種）、アンチョヴィ（塩漬け）

表6-2　近世・近代・現代を通じて多用された食材

大量生産野菜	人参、セロリ、玉葱、リーク、キャベツ、じゃがいも（17世紀ごろから）
牧畜・養鶏産品	子牛肉、牛肉、子羊肉、羊肉、鶏肉
乳製品など	バター、クリーム、塩、パン粉

表6-3　19世紀中葉以降新たに（あるいは大量に）使われはじめた食材

工業製品	レモンエッセンス、ゼラチン、瓶入りグレービー、マッシュルーム・ケチャップ、ハーヴィーのソース、レイズンビーのアンチョビ・エッセンス、リービッグ社の肉エキス、固形スープ、瓶詰め杏ジャム、ソーセージ、ベーコン、ハム、マーガリン
トロール漁業産品	たら（cod, haddock）、かれい（plaice）、おひょう（halibut）
東インド産品	長粒米（long grain rice）、カレー粉
表記の変わった物	胡椒（'pepper', 黒白などの区別の消滅）、魚（'any kind of fish'）

サラダも19世紀前半には消滅し、その後はキャベツやカリフラワー、にんじん、じゃがいも、かぶなどの根菜類を長時間塩茹でしたものをクリーム系のこってりしたドレッシングで和えた「茹でサラダ」が登場した。こうした調理方法の多様性の消失は、さらに、料理の味付けにもおよび、調理段階でほほとんどの料理について最低限の塩・胡椒のみが用いられるだけに単調化

115

第 2 部 「イギリスらしさ」を読み解く

した。むろん、そのままではまずいから、食べる者が食卓で、塩、グレービー、酢、ケチャップ等々を用いて自ら味付けしなければならないという、料理人の責任放棄ともいうべき現象が蔓延することとなった。

2. 衰退以前のイギリスの食

♣ イギリスの豊かな食の伝統

以上のように 19 世紀前半にイギリスの食は三つの指標の点で多様性を失ったのだが、それをここでは「食文化が衰退する」と表現することにしよう。これは経済的な貧困化とは別の現象である。食文化衰退以前のイングランドには、中世以来、実に豊かな食の伝統があった。とくに、18 世紀のイギリス料理は多様、多彩で、中世以来の伝統を受け継ぎながら、在地と外来のさまざまな食材と種々の調理方法を駆使する高みに到達していた。

表 6-4 はその一例である。川かますのガレンタイン・ソース添えは 15 世

表6-4　19世紀初頭までに消滅したイングランド料理の例

料理名	川かますのガレンタイン・ソース添え（Pike with Galentyne Sauce）
食　材	川かます、モルト・ヴィネガー、ピクルス用の香辛料、月桂樹の乾燥葉、ライ麦パンのくず、白ワイン、白ワイン・ヴィネガー、シナモン、黒胡椒、玉葱、ひまわり油
料理名	サラダ（Salad）
食　材	スプリング・オニオン、パセリ、リーク、セイジ、小玉葱、るりぢさ、玉葱、ミント、フェンネル、クレソン、にんにく、ヘンルーダ（輸入？）、すべりひゆ、ローズマリー
料理名	ミンスパイ（Real Mincepie）
食　材	羊もしくは牛の赤身、羊もしくは牛の腎臓ないし腰部脂肪、粉クローヴ、粉メイス、黒胡椒、サフラン、干しぶどう、小粒の干しぶどう、種抜き干しすもも、小麦粉、塩、ラード、ミルク、バター、砂糖、ローズウォーター
料理名	スコッチ・コロップス（Scotch Collops）
食　材	羊の薄切り肉、バター、赤ワイン、酢、玉葱、ナツメグ、レモン、アンチョヴィ、ホースラディッシュ、牡蠣（あれば）、にんにく
料理名	鹿肉の壺焼き（Potted Venison）
食　材	鹿の肩肉（脂肪付き）、バター、小麦粉、塩、黒胡椒、粉メイス、粉クローヴ、砕いたナツメグ、アンチョヴィ切身

出典：Maggie Black et al., *A Taste of History: 10,000 Years of Food in Britain*, English Heritage / British Museum Press, 1993 より作成。

紀中葉のレシピで、内陸部でも夏場には容易に入手できる中型の淡水魚である川かますを主食材に用いている。淡水魚は、当時の人びとにとって重要な動物性タンパク質であると同時に、祭りの食卓に変化を与える重要な食材でもあった。川かますは現在のイギリスでは顧みられないが、ヨーロッパ大陸ではフランスだけでなく中東欧・北欧でいまでも多用されている。この料理は、川かますをモルト・ヴィネガーに1-2日間漬け込んでから、オーヴンで徐々に加熱することで小骨を柔らかくし、淡水魚の臭みも除くよう工夫されている。ソースはパンが入っているためペースト状になり、ライ麦パンと酢で柔らかな酸味が与えられている。調理した魚を一旦冷まして熱いソースをかける場合と、熱い魚に冷たいソースをかける場合とがある。

　次のサラダも、中世以来19世紀初頭までのイギリスの食卓では欠かせないものであった。この15世紀中葉のレシピでは、ドレッシングはオリーヴ油もしくはくるみ油、白ワイン・ヴィネガー、塩だけの単純なものだが、まず油で和えて、食べる直前に酢と塩をかけるように指示されており、生野菜の食感と風味を引き出す工夫がなされている。とてもイギリス料理とは思えないにぎやかな香りと色が楽しめたはずである。ミンスパイは現在では、干果物を用いた菓子に類するものとなっているが、16世紀末のこのレシピでは肉と多くの種類の香辛料も加えた絢爛豪華なパイとなっている。高温・低温の二段階加熱で余計な水分を飛ばして味を凝縮する。冷ましてから食べるもので、手づかみも可だから、軽食・立食で楽しめる。近世イングランドには正餐以外にも応用可能な豊かなレシピのあったことを示している。

♣ヨーロッパとの連続性

　次のスコッチ・コロップス（17世紀末のレシピ）は、薄切り羊の炒め煮のような料理である。バターで薄切り肉を軽く炒め、そこへにんにく以外の他の材料を入れて数分加熱する。にんにくを擦り付けて温めた皿に盛り付ける。羊の薄切りさえ用意しておけば（「半クラウン硬貨の半分の厚さに切る」技術は並大抵ではないが）、短時間でできる料理で、手早さと絶妙の火加減を要求される。中華料理のような瞬間芸的な調理法も、後のイギリスでは消滅した食

の技法である。赤ワインと酢のソースはアルプス以北のヨーロッパでは肉（殊に内臓）料理にしばしば用いられる基本的なものである。

　鹿肉の壺焼きは18世紀中葉のレシピで、猟鳥獣料理のもっとも豪華な食材である鹿肉の保存料理である。猟鳥獣を用いた料理は現在の日本ではジビエなどとフランス語で呼ばれるが、イギリスからはほとんど消失してしまったジャンルである。3ないし4時間、低温のオーヴンで、バターとパイ皮で蓋をした壺を加熱することで、鹿の風味を維持しながら、食べられる柔らかさに調理する。加熱後は、鹿の臭みを残さないために壺の中の汁から肉を引き上げ、別に保存する。酢漬け野菜とともに供する。メイン・ディッシュにはむかないが、正餐の箸休め的な料理である。主人は鹿肉を入手できる猟場ないし財力を有することを自慢することができる。18世紀の鹿料理では赤ワインと酢のシチューもある。

　これらは一例にすぎないが、それでも、季節変化のなかの在地産品や外来香辛料など多様な食材を駆使した料理であることは一目瞭然である。また、川かます、スコッチ・コロップス、鹿肉の壺焼きや鹿肉のシチューなど、ヨーロッパ大陸のおもにアルプス以北の諸地域（アルプス以南の植物油食文化圏に対して、獣脂食文化圏と呼ばれる）の料理に類似したものも少なくなく、衰退以前のイギリス料理がヨーロッパ大陸と連続した食文化のなかにあったことがわかる。連続した食文化圏のなかにありながら、大陸諸地域には現在まで個性的で豊かな食文化があり、イギリスにはそれがない原因は何だろうか。

3. 衰退の社会的・経済的原因

♣ 食の需要側と供給側
　食を需要側と供給側に分けて考察してみよう。誰でも何かを食べるのだから需要側にはあらゆる人が含まれるが、ここでは、日常の簡素な、あるいは手抜きの食事とは区別して、その地域・時代の個性を代表する食、すなわち祝宴やクラブ、レストランなどで提供される正餐(ディナー)に限定して考えよう。

[第 6 章] イギリス料理はなぜまずいか？

> *column* 植物油食文化圏 / 獣脂食文化圏
> 　ある食文化が多用する油脂はその食文化の置かれた自然環境と経済状況（とくに農業生産力と製油技術）に大きく影響される。したがって、同じ油脂を多用する食文化は他の食材も共通することが多く、言語・宗教・民族・国家などの相違を越えて複数の食文化を括るのに油脂は便利な指標となる。また、油脂は照明や化粧にも用いられたから、生活全般を特徴付けるものでもある。油脂には大別すると植物性と動物性がある。アルプス以北のヨーロッパは、とくに農業生産力の低い段階には、油脂原料となる植物（大豆、やし、ひまわり、あぶらな、落花生、ココナツ、オリーブなど）の栽培には不向きであったため、長く動物性の油脂を多用してきた。北海やバルト海の沿岸では鯨油、魚油、肝油（鱈・鮫・鯨などの肝臓から抽出した脂肪）も用いられたが、アルプス以北の多くの食文化に共通しているのは豚脂・牛脂・羊脂など陸生哺乳類の皮下脂肪や、バター・クリームなどの乳脂肪であった。冷涼な気候では家畜の皮下脂肪が厚く、乳汁中の脂肪分も濃厚になるので動物性油脂が多用されたのである。豚や羊の脂身（あるいは塩漬三枚肉）と豆やじゃがいもを煮たシチューはアルプス以北に共通する大衆的な料理であり、バターを用いたドミグラスやベシャメル・ソースは獣脂食文化圏が生み出した基本的なソースである。このように動物性のこってりとした風味とこくが際だつ獣脂食文化圏に対して、ヨーロッパ・中近東の地中海沿岸地域はオリーブ油に代表される植物性油脂を多用した食文化圏を構成しており、香草・香辛料を豊富に用いることもあって軽い風味を特徴とする。イタリア北部・中部は両者の境界に当たるため現在でも双方にまたがる多面性を保持している。

　イギリスではこうした贅沢な食の主たる需要者であった富裕層は、17世紀中葉の革命と内乱の時期を除けば、ほとんど衰退していない。貴族や大地主などの伝統的・在地的な富裕層が衰退しなかっただけでなく、17世紀末以降の着実な経済成長の結果、都市にも商業的な富裕層が、19世紀以降は産業的な富裕層も幅広く存在していた。富裕層の勢力は長期的に見るならけっして衰えなかったし、彼らは食に対する支出を惜しまなかった。おびただしい料理書の出版、豪華な厨房と調理器具の設置、外国人シェフの招聘、有名なレストランの隆盛、さらにメディアにおける食に関する記事や番組な

ど、食への関心の高さを示す現象は近世・近代・現代を通じて一貫している。
　では、贅沢な食の供給者はどのような者だったのであろうか。貴族や富商の食事はむろん彼ら自身が作ったわけではない。宮殿・邸宅や、レストランやクラブにおいても、富裕層のために調理をした料理人は例外なく下層階級か、中産階級の下層の出身である。では、けっして富裕ではない生まれ育ちの者たちはいかにして豪華で豊かな食文化を生み出すことができたのだろうか。大陸諸地域との比較、および衰退以前と衰退期以降との比較を通じて検出される相違は、暦のなかに祝祭が位置付けられているか否か、そして、そうした祝祭を維持してきた「村」と「祭り」が存続しつづけたか否かである。

⚜ 農業革命と議会囲い込み

　イギリスも他の先進社会と同様に農業革命を経験している。農業革命とは、産業革命に先立って、あるいは産業革命と同時進行して、農業生産性を向上させ（てより多くの非農業人口＝商工業人口を食糧面で支えることを可能にし）た変化で、イギリスでは以下の三つの側面からなる。すなわち、第一にクローバー栽培、有蓄輪作などの農法（農業技術）上の変化、第二に借地大規模農場経営、三分割制など農業経営形態の変化、第三に囲い込み、入会地・共有地の私有化など土地制度の変化である。農業革命は産業社会へ移行した国・地域はかならず経験しているが、そのあり方は国によって大きく異なる。ここで問題とするのは、18世紀後半−19世紀前半の農業革命がイギリスの食に与えた不可逆的な影響である。

　議会囲い込み以前のイギリス農村では農民は共有地（commons）に入って果実、鳥獣、魚、きのこ、薪などを採集する入会権を有していた。共有地は表6-1（本書115頁参照）に見られる多彩な在地食材の宝庫だったのだが、囲い込みによって共有地が私有化され、入会権が消滅し（無断で立ち入れば不法侵入罪が、そこで何かを採集すれば窃盗罪が構成される）、下層農民にとって在地食材の利用可能性は大幅に低下した。さらに、囲い込みによって中小規模の自営農経営は衰退し、彼らの土地は大地主に集約された。その土地を借りて大規模農場経営を行う農業資本家が発生し、その農場では農繁期に農

[第6章] イギリス料理はなぜまずいか？

業労働者が雇用され、農閑期には解雇された。こうして、年間を通じた生活の場としての農村は消滅し、小農の菜園・庭畑地（これもまた在地食材の宝庫）も荒廃した。自分の菜園で注意深く栽培したものならいざ知らず、どこの誰が作ったかわからず、それゆえ家畜・家禽の糞尿がかかっているかもしれない生野菜は生食可能なものではなくなった。サラダの消滅は「村」の消滅の端的な結果である。

column 議会囲い込み

　一定範囲の土地を生垣・石垣などで囲い込んで、外部との境界を明瞭にするとともに、内部にあった共有地への入会権や休閑地の共同放牧権を消滅させて、土地私有を明確にすることを囲い込み（Enclosure）という。16世紀には、イギリスが毛織物産業で国際競争力を獲得したため牧羊を主目的として土地が囲い込まれたが（第一次囲い込み）、18世紀から19世紀初頭にかけては、ノーフォーク農法（有蓄輪作農法）の普及とあいまって、穀物増産のために囲い込みが行われた。

　この第二次囲い込みは囲い込まれる土地ごとに議会で特別法を制定してなされたので議会囲い込みと呼ばれる。そのありさまは実に多様で、簡明な概括は困難だが、以下の2点は多くの囲い込み事例に共通している。①共有地・入会権が消滅し、その土地にいる多くの者にとって薪や木の実などの採集と野生鳥獣の捕獲が困難になった。②その土地の農業従事者がかならずしも減少したわけではないが、大規模農場経営の効率化にともなって彼らは季節的に移動するようになり、年間を通じて同じ農村に住む農民や年雇・住み込みの農業奉公人が減少して、「村」と「祭り」が衰退した。

♣村と祭りの消滅

　変化は食材供給にとどまらなかった。かつて村では、年間を通じた居住のなかで、農事暦や教会暦の節目ごとにさまざまな祭宴が、また結婚式などの祝宴が催されていた。こうした「祭り」は、貧しい人びとが普段は接することのできない珍しく、高価な食材を使って、その土地の個性を活かした料理

121

を作り、食べ、飲み、歌い、踊る重要な機会で、領主・地主・有力者からのふるまいも宴を豪華にするのに役立った。すなわち、贅沢な食の需要者は富裕層に限定されていたわけではなかったのだ。

ところが、資本主義的農場経営の発展とともに「祭り」が消滅し、下層階級にも保証されていた豊かで個性的な食と音楽・舞踏の機会が消滅した。産業化は農業生産性の上昇を必要とするが、その初期に村と祭りを着実に破壊したのはイギリスの産業化の特徴である。他の国・地域では農法改良はあっても、囲い込みや資本主義的農場経営はかならずしもともなわず、「村」と「祭り」が、それゆえ、ともかくも個性的な食と音楽が産業化過程を生き延びた。

4. 衰退後の食文化の状況

♣ 外国人依存の音楽と食

このように「村」と「祭り」の消滅が食と音楽の衰退の基盤に作用していたのだとすると、食や音楽への需要はいかに満たされたのであろうか。18世紀と19世紀のイギリスでは外国人音楽家が圧倒的に目立つ（小野塚〔2004〕、67頁の図1参照）。18世紀初頭以降2世紀にわたって、イギリスは外国人音楽家の稼ぎ場所であって、ヘンデル、クレメンティ、ハイドン、シュポーア、メンデルスゾーン、ドヴォルジャークなどはそうした音楽家として有名であり、モーツァルトやベートーヴェンもイギリスを活躍の場所として模索していた。

同様にして、食文化においても外国人の料理人が19世紀のイギリスで活躍した。フランス生まれのソワイエは19世紀イギリスを代表する名シェフで、1837年にロンドンのリフォーム・クラブに移ってから約20年間イギリスの料理界を主導しただけでなく、アイルランドのじゃがいも飢饉（1845-49）の際には貧民向けのレシピを公表し、また料理書を執筆し、厨房の近代化をはかるなど、多面的な活動で知られる。フランカテッリはイギリス生まれであったがイタリア系の家に生まれ育ったシェフで、フランス、イタリア、ドイツの料理を体系的に紹介した。

[第6章] イギリス料理はなぜまずいか？

column　産業革命と食文化

　産業革命期から直後にかけてのイギリスで食文化の衰退が問題視されたことはなかった。衰退は緩慢な現象だったし、富裕な者たちは支出さえ惜しまなければそれなりの食にありつけたのである。おおいに議論されたのは下層階級の生活状態で健康を維持することは可能かという問題であった。住環境や衣料、飲酒や麻薬、労働安全衛生などにも関心は集まったが、生活費の過半が食費で占められていたから、食をめぐる議論も盛んで、「ジャガイモと水だけで健康を保てる」ことを自ら立証してみせる者が現れたりもした。季節性のある多様な食材を入手する可能性は閉ざされ、都会の安い市場では混ぜものや着色料を含んだ危険な食品や腐りかかった肉・野菜・乳製品が横行していたから、よりよい食を実践しようとする意欲がたとえ残されていたとしても、容易でなかったであろう。

　ジェイムズ・ネイスミスは19世紀中葉のイギリスを代表する機械技術者で、自助の人として有名だが、1829年から2年間ほどロンドンのモーズリのもとで徒弟修行していたころの食の工夫を次のように回想している（サミュエル・スマイルズ編のネイスミス自叙伝〔1883〕による）。賃金が週10シリングと低く、夕食を外食したら毎週赤字になってしまうので、食材を買って自己流のやり方で料理することにした。まず、灯油ランプひとつでシチューを煮ることのできる鍋を設計し、わずかな蓄えから10シリングを崩して鈑金職人に作ってもらった。この鍋に牛すね肉、たまねぎ、じゃがいもを入れ、塩、胡椒、水を加えて、朝出勤前にランプに点火する。夕方帰宅するころにはよく煮えたシチューができあがっていて、「かのソワイエでも羨むような出来映えであった」。材料と灯油代で4ペンス半。時には、米や干しぶどう、あるいは1ペンス分の牛乳を加えて変化をつけた。朝食のパンと紅茶が4ペンス。下宿代が週3シリング6ペンスだから、残りの6シリング6ペンスで食費を支出してもいくらか残る勘定である。

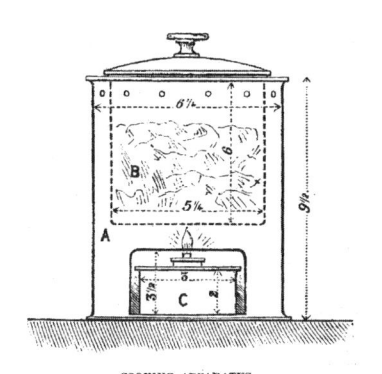

COOKING APPARATUS.
A. CYLINDRICAL OUTER CASE.
B. THE MEAT PAN, MOVABLE.
C. OIL LAMP.

機械技術者ネイスミスが開発した調理器具

第2部 「イギリスらしさ」を読み解く

表6-5　ヴィクトリア期イギリスにおけるフランス風料理名の一例

料　理　名	出典
Poulet sauté à la Plombièr	Charles Herman Senn, *Recherché Cookery*, 1895.
Rice à la soeur Nightingale White soup à la Reine Pheasant gitana	Charles Elmé Francatelli, *The Cooks Guide and Housekeepers and Butlers Assistant*, 1877.
Macaroni à la Reine	Eliza Acton, *Modern Cookery for Private Family*, 1874.
Pettites bouchées	Mrs Isabella Beeton, *The Book of Household Management*, 1886.
Charlotte russe	Alexis Soyer, *The Modern Housewife and Ménagère*, 1853.

♣ 外国語混じりの料理名と料理書

　彼らはイギリスに来て、どのような料理を作っていたのであろうか。彼らの残したレシピからは、その多くがフランス料理ないしはフランス風の表記をともなった料理であったことがわかる。しかも、こうした招聘外国人の料理人だけでなく、イギリスで生まれ育った料理人や料理書の著述家たちも、フランス風の表記を好んで用いたのである。その一例を表6-5に示そう。完全にフランス語で表記されているものもあるし、フランス語やイタリア語と英語との混成表記もある。これらの料理はイギリスの近世までの食文化の延長上にあるのではなく、ヨーロッパ大陸の食の輸入ないしは模倣に近いから、料理を学ぼうとする者にとっては外国語表記にはそれなりの合理性があったとも考えられる。

　しかし、書名にまでフランス語が入り込んでいるのはそうした合理性では解釈できない。*Recherché Cookery* という書名が同時代の普通のイギリス人にどれほど理解されたか疑問だが、フランス語混じりが好ましいと著者あるいは出版社が考えたのであろう。あるいは、*The Modern Housewife and Ménagère* では、ほとんど同義語を英語とフランス語で重ねているのだが、そのことに望ましい効果があるとやはり考えられていたのである。

♣ 進水式の奇妙な献立

　次に、北部イングランドはバロウ＝イン＝ファーネスにあるヴィッカーズ

[第6章] イギリス料理はなぜまずいか？

>
> Caviare à la Russe.
>
> —
>
> Clear Turtle.
>
> —
>
> Boiled Salmon, Dutch Sauce.
>
> —
>
> Lamb Cutlets à la Royal. Curried Chicken à la Madras.
>
> —
>
> Roast Sirloin, Dorset Ham, English Lamb, Mint Sauce. Ox Tongue, Pressed Beef.
>
> —
>
> Pommes de Terre Nouveaux. Salade de Françaises. Salade de Tomates.
>
> —
>
> Trifle à l'Ecossaise. Charlotte Russe. Gelée à la Dantzic. Meringues à la Crème Pêche.
> Bon Bons. Petits Fours. Pistachio Glacé. Wafers au Champagne.
> Dessert. Thé. Café.

図6-1　金剛進水式正餐の献立

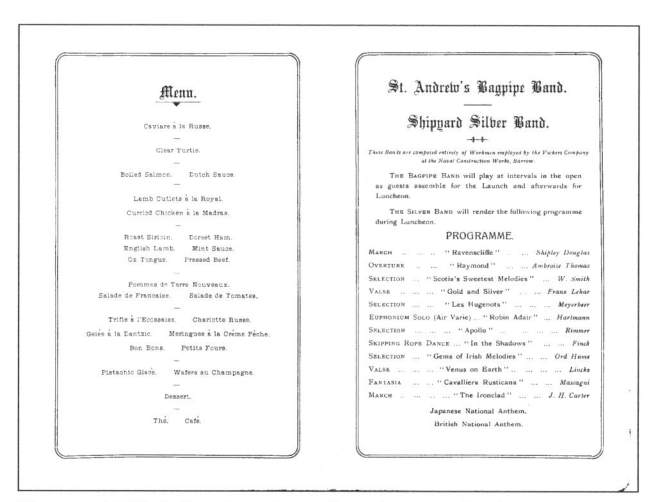

図6-2　金剛進水式のプログラム（1912年5月、裏面）
注：左側が正餐の献立、右側がバロウ造船所の従業員の楽隊が演奏した曲目。スコットランドとアイルランドの音楽以外にもヨーロッパ大陸の曲がたくさん含まれており、イングランドの曲は数えるほどしかない。
出典：Cumbria Record Office（Barrow-in-Furness）所蔵, BDX138/13.

第2部 「イギリスらしさ」を読み解く

社造船所での進水式パーティー（1912年5月12日）の正餐の献立(メニュー)を見てみよう。品数が多いだけでなく内容的にも非常に豪華な正餐である。まず、前菜のCaviare à la Russe（ロシア風キャヴィア）からフランス語である。次のClear Turtle（亀の澄まし汁）とBoiled Salmon, Dutch Sauce（茹で鮭オランデーズ・ソース添え）はイギリス風と思われていた料理で英語表記である。最初の肉料理は、Lamb Cutlets à la Royal, Curried Chicken à la Madrasと再びフランス語混じりである。前者は野うさぎを用いたフランスの猟鳥獣料理の定番（Lièvre à la royale）の羊版であろうか。

怪しげなのは後者である。マドラス風のカレー味の炙り鶏、いわゆるタンドリ・チキン（tandoori chicken）であろう。Madrasi Curried Chickenといった英語表記が可能であるにもかかわらず、なぜフランス語混じりで表記するのだろうか。二番目の肉料理は、Roast SirloinとDorset Ham, English LambとMint Sauce, Ox TongueとPressed Beef、いずれもイギリス色を意識した料理で、英語表記である。そのあとはフランス語がつづく。Pommes de Terre Nouveaux（新しいじゃがいも）とは、単に穫れたてのじゃがいもか、それともじゃがいもの新しい料理という意味だろうか。Salade de FrançaiseとSalade de Tomatesもなぜフランス語で表記するのか不明である。この献立表を書いた者は、それらを、New Potatoes, French Salad, Tomato Saladと分かりやすく端的に書くことを意図的に避けているようですらある。

甘味類も、Trifle à l' Ecossaise（スコットランド風トライフル）は英語との混成、Charlotte Russe（ロシア風シャルロット）、Gelée à la Dantzic（ダンツィヒ風ゼリー）はいずれもフランス語だが、スコットランド、ロシア、ダンツィヒに因む甘味をフランス語で表す理由は何だったのだろうか。このあとは最後までフランス語で突っ走る。もはや、紅茶、コーヒーまでなぜフランス語なのかとことさらに問う必要もないであろう。

♣ フランス語多用の意味

この日、進水した船は日本海軍巡洋戦艦「金剛」で、この進水式に参列し

[第6章] イギリス料理はなぜまずいか？

たのも日本国政府および日本海軍関係者のほかは、造船所および英海軍関係者とイギリス人である。そこに集ったのは単に食べて、楽しみ、祝うだけの人であって、料理を学ぶ者たちではなかった。しかも、そこで供された料理はかならずしもフランス料理ばかりではなかった。しかし、Curried Chicken à la Madras や Pommes de Terre Nouveaux といった傑作な表記までしてフランス語を多用しなければならないなんらかの理由が作用していたにちがいない。

この献立表が明らかに不合理なほどにフランス語表記にこだわっている理由を合理的に解釈しようとするなら、料理の旨さや進水式パーティの高級感が、それゆえ日本人賓客を歓待しようとする造船所側の精一杯の意思が込められていると考えざるをえない。英語で、あるいはロシア語やドイツ語ではなく、フランス語あるいはフランス語混じりで表すことによって料理はおいしそうに印象づけられると、この献立表を書いた者は考えたにちがいない。

当人あるいは受け手にとって便利でないにもかかわらず、外国語やそれに類する符牒を頻用するのは、仲間内に閉じた社会の特徴（隠語）か、そうでなければ、文化の植民地的な状況を示している。この例はけっして閉鎖社会の正餐ではないから、後者を表していることになる。同様に食文化の植民地的状況は、ほかの事例にも明瞭に見て取ることができる。

♣ タイタニック号のレストラン

金剛の進水式の一月ほど前、1912年の4月にサウサンプトンを出港してニューヨーク向けの処女航海に出たタイタニック号は当代随一の豪華客船で、その船客用のレストランも贅を凝らしたものであった。船会社はイギリスの会社で、就航路線も英米間であったから、船客もイギリス人、アメリカ人、および移民のアイルランド人が中心で、そのほかにヨーロッパ諸地域の客が多様に含まれていた。このレストランは船客用食堂の定食とは異なる注文料理を提供する場所で、その名も「アラカルト（A La Carte）」といい、一等船客を中心とした者たちのために設置されていた。名称がフランス語であるばかりでなく、その従業員も圧倒的に外国人で占められていた。衝撃的な

表6-6 タイタニック号レストラン従業員

	接客系職務	調理系職務	その他職務	小計
英米系の名	1	0	6	7
イタリア系の名	32	5	1	38
フランス系の名	4	16	0	20
その他の名	2	2	0	4
合計	39	23	7	69

出典：ホームページ（http:www.encyclopedia-titanica.org/titanic-restaurant-staff/）より算出。

沈没事故を起こしただけに、船客と従業員ほとんど全員の氏名、年齢、職種が判明している。このレストランの従業員全69人の名を英米系、イタリア系、フランス系、その他ヨーロッパ系の四種類に区別し、また、職務を接客系、調理系、その他職務に三区分した結果を示したのが、表6-6である。

イタリア系の名が接客に、フランス系の名が調理に集中していることが明白である。接客系にわずか1人だけ英米系の名が含まれているが、これは16歳の少年で、客呼び出し係（page boy）であった。レストランの予約客を呼びに船内を走り回る職務であって、レストラン内部の接客職務ではない。調理系23人のうちに英米系の名はいっさいない。調理系職務はシェフのルソー以下フランス系が主体である。その他の職務7人のうち、支配人のガッティを除く6人は英米系で、おもに出納や経理などの事務を担当していた。

このレストランの従業員を分析した結果からも、上で見てきたのと同様に、食文化の植民地的状況が明瞭に現れている。調理はフランス人、接客はイタリア人、これがこのレストランの方針であったことは間違いない。このころ、まだ、「イギリスはまずい」という言説は明瞭には存在していなかったが、イギリス人が調理し、イギリス人が供すると、まずそうに思われるということをこのレストランはあまりにも如実に示している。

5. イギリスの食の現在

♣ 正餐とティー

イギリスの個性的で豊かな食を創造しつづける力は、「村」の「祭り」の消滅とともに衰退した。衰退後も贅沢な食の必要性はなくならなかったから、フランスから借用した（より正確にいえば「フランス」という記号を身にまとっ

[第6章] イギリス料理はなぜまずいか？

た）正餐が代わりに隆盛することになった。

　また、本章では触れなかったが、都市では中産階級の女性たちを中心にティーが高度な発展を遂げた。現在の日本で人気があるのは、諸種の茶葉や茶器、サンドイッチ、スコーン、タルトなどの軽食、それに洒落た会話からなるティーの方である。しかし、その担い手の生活と価値観は20世紀に大きく変化し、自宅での濃密な文化としてのティーは衰退した。戦間期にはまだティーが残っていたことは当時の映画や小説からうかがい知ることができるが、第二次世界大戦後は、自宅・職場ではCTC製法のティーバッグと大

---

　column　CTC製法

　　紅茶は大まかにいって、萎凋（いちょう）（生の茶葉の水分を飛ばして萎れさせる）、揉捻（じゅうねん）（茶葉の細胞組織を揉み潰して成分を溶け出しやすくする）、発酵（茶葉に含まれるポリフェノールを酸化酵素で褐変させる）、乾燥の四つの工程で造られる。このうち揉捻工程は伝統的な製法（オーソドクス製法）では手や足、あるいは簡単な機械を用いていたが、1930年代に、茶葉を潰し（crush）、引き裂き（tear）、粒状に丸める（curl）作業を一度に行うCTC機が開発された。この機械で揉捻工程を行う製法をCTC製法という。この製法では、他の工程も機械化・省力化が進んでおり、大量生産向けである。オーソドクス製法の紅茶は概して茶葉の原形を留めているが、CTC製法では微細な塊粒状となる。

　　この製法では茶葉の可溶成分が細胞組織から充分に出た状態で発酵・乾燥がなされるため、熱湯に入れるとすぐに成分が溶け出し、色・味ともに濃く抽出される。現在、アッサムやケニアなど大量生産地域ではほとんどがCTC製法で造られ、多くはティーバッグの形で最終商品になる。雲南、ダージリン、スリランカなどの産地ではオーソドクス製法の中・高級品も製造され、香りの繊細さという点でCTC製法にまさるが、量的には世界の生産量の過半はCTC紅茶である。紅茶は19世紀後半以降アッサムやスリランカの茶園で大量に生産されて、イギリスの国民的な飲み物になり、さらにCTC紅茶のティーバッグが20世紀に米英両国で普及して、紅茶は上品なティーの文化から脱して、手軽な飲み物になったのである。

第 2 部　「イギリスらしさ」を読み解く

量生産のビスケットなどの簡素化された形で残ったにすぎず、ヴィクトリア期風のアフタヌーン・ティーは、その会話や雰囲気、人間関係を剥ぎ取られた形で、都市の少数のティールームか、1970年代以降に観光名所となったカントリー・ハウスやマナー・ハウスで再現されているだけである。

---

column　カントリー・ハウス / マナー・ハウス

　元来は、中世の貴族・ジェントリが自己の領地（荘園、マナー）に定住していた時代の居館がマナー・ハウスである。16世紀に解散させられた修道院の財産は国王の手か貴族たちに売り渡されて、新たな領地・居館となり、また、国王や貴族が季節によって都市と地方を移動するようになると、各地に多様な別荘・邸宅が建てられ、それらはタウン・ハウス（都市の邸宅）に対して、カントリー・ハウス（田舎の邸宅）と呼ばれた。現在、観光資源としてホテル、レストラン、ティールーム、博物館などに用いられる場合は、「マナー・ハウス」と「カントリー・ハウス」という用語はそれほど明瞭に区別されているわけではない。

　中世以来のマナー・ハウスで現存・現用しているものはほとんどなく、多くは近世・近代に改築ないし新築されたカントリー・ハウスである。イギリスの「ティー」は実際には19世紀中葉から20世紀初頭にかけて、おもに都市の中産階級の女性たちに担われて完成の域に達した文化であって、こうした貴族的・田園的な場が、現在知られているイギリス紅茶文化を育んだ主たる舞台だったわけではない。

♣「モダン・ブリティッシュ」

　「フランス」風の正餐の方は政治家や実業家の会食や、諸種の結社の晩餐会などの形で現在も存在はしている。だが、1950年代以降、夏の長期休暇を享受できるようになった労働者たちが、スペイン、ポルトガル、ギリシアなどの安価なリゾート地に出掛けて、イギリスから持ち込んだ高価な食材ではなく、現地の安価な料理に接するようになって、一世代を経て、彼らの間に新たな食を志向する動きが出現した。それが「モダン・ブリティッシュ」と呼ばれる「新種のイギリス料理」で、その担い手たちは概ねスペインなどでのリゾートを経験した最初の世代の子どもたちである。自分たちの食を確

[第6章] イギリス料理はなぜまずいか？

立しようとする試みと見ることができるが、この「新種のイギリス料理」は地中海沿岸のどこかにありそうな料理の模倣の域を超えたものではない。真に個性的な食を行う能力は容易には再生しないようだ。

---

column 　現在のイギリスの食

　イギリスでも、外国人が調理する外国料理店に行けばおいしいものが食べられるといわれてきた。ところが1990年代末ごろから、外国料理には分類されないが人気の高いレストランが出現している。こうした新しい料理界の動きは総称して「モダン・ブリティッシュ」と呼ばれ、こうしたレストランのシェフのほとんどは1960年代後半以降に生まれた世代に属する。そのなかにはファーガス・ヘンダスン（レストラン「セント・ジョン」のシェフ）のようにイギリスの食材にこだわって新しい料理を実践する者もいるが、多くは外国料理から大きな刺激を受けている。まず、オーストラリアで中華や東南アジア料理の影響も受けて1990年ごろから起こった「モダン・オージー」の担い手（リチャード・ズーバー、ロバート・コクランなど）がロンドンに移り、フランスの「ヌーヴェル・キュイジーヌ」やイタリアの「ヌオーヴァ・クチーナ」に対応するイギリス版「新しい料理」を試みはじめ、その後にジェイミー・オリヴァーなどさまざまな若手料理人が続いた。1960年前後からそれほど裕福でない家族でも数週間程度の長期休暇を海外で過ごすことが可能になったのだが、これら若手料理人はそうした世代の子どもたちに当たる。イギリスの上流階級や中産階級は以前から南仏やスイスで過ごす際に紅茶、マーマレード、ベーコンなど食材一式を持参してイギリスの食を崩さなかったが、労働者にはそうした経済的余裕はなく、安いスペイン、ポルトガル、ギリシアなどへ出掛けて現地の食に親しんだ。家庭で親とともに台所に立って、そうした料理を模倣・アレンジしながら育った若者のなかからモダン・ブリティッシュの担い手が輩出し、現地の食に親しんだ者たちがそれを受容する基盤となった。そのほとんどはまだ「地中海風」の模倣の域を出ないが、料理を楽しむ家庭で幼少期から台所を経験することによって新しい料理人が育まれたことは重要である。とはいえ、モダン・ブリティッシュは大都市の外食文化にすぎず、基盤は薄い。イギリスでは調理器具売り場は貧弱で種類も少ないし、スーパーでは冷凍食品が幅をきかせ、生鮮食材は限られているから、イギリスの家庭料理の平均水準はけっして高くないと考えられ、真に創造的で個性的な食が回復するにはまだ時が必要であろう。

第2部 「イギリスらしさ」を読み解く

＊ 表6-1、表6-2、表6-3は、多数の文献・史料から、実際に作られ、食べられた年代が明瞭に特定できるレシピを選び出して、作成された。非常に煩雑になるので、それらの文献・史料を列挙することはしていないが、Maggie Black et al., *A Taste of History: 10,000 Years of Food in Britain*, London: English Heritage / British Museum Press, 1993 に紹介されているさまざまなレシピを分析するだけでも、この表とほぼ同様の結論を得られるであろう。

◉参考文献──

小野塚知二「イギリス食文化衰退の社会経済史的研究（Poor Taste and Rich Economy: historical explanations on the lost tradition of British food）」アサヒビール学術振興財団『食生活科学・文化及び地球環境科学に関する研究助成 研究紀要』第17巻、2004年5月。

─────「イギリス料理はなぜまずくなったか──イギリス食文化衰退の社会経済史的研究」佐藤清隆他編『西洋史の新地平──エスニシティ・自然・社会運動』刀水書房、2005年。

川北稔編『世界の食文化17 イギリス』農文協、2006年。

林望『イギリスはおいしい』平凡社、1991年。

Maggie Black et al., *A Taste of History: 10,000 Years of Food in Britain*, London: English Heritage / British Museum Press, 1993.

Ruth Brandon, *The People's Chef: Alexis Soyer, a Life in Seven Courses*, Chichester: Wiley, 2004.

Ivan Day, *Eat, Drink & Be Merry: The British at Table 1600-2000*, London : Philip Wilson, 2000.

Kenneth Kiple and Kriemhild Coneè Ornelas (eds.), *The Cambridge World History of Food*, 2 vols., Cambridge : Cambridge University Press, 2000.

Timothy Morton (ed.), *Radical Food: The Culture and Politics of Eating and Drinking 1790-1820*, 3vols., London: Routledge, 2000.

Alison Sim, *Food and Feast in Tudor England*, Stroud: Sutton Publishing, 1997.

Colin Spencer, *British Food: Extraordinary Thousand Years of History*, London: Grub Street, 2002.

[第7章]
イギリス人はなぜ傘をささないのか？
―― 絵に読むヴィクトリア朝の傘事情 ――

谷田博幸

　傘の歴史というものをひもといてみると、世の東西を問わず、その起源はおよそ3000年前に遡り、われわれ人間が随分長い間これを重宝してきたことがわかる。ところが、こと傘の利用・普及に関するかぎり、イギリス人ほど往生際が悪いというか、その導入に頑なに抵抗しつづけた国民はあまり例がないように思われる。

　ご存知の通り、イギリスという国は、めまぐるしく天気の変わる国で、朝はカラリと晴れ渡っていても、いつ何時雨に襲われるか皆目わからないという実に天候不順な国なのだが、そういう国でありながら、何ゆえ傘の普及が遅れることになったのか、考えてみるとなんとも不思議なことに思われる。今日でも、イギリス人は多少の雨であれば、濡れることにさほど抵抗がないように見える。平気で小雨のなかを傘もささずに歩いているのだが、天候不順な国特有の諦めがそうさせるのかというと、かならずしもそうとばかりはいえないようだ。傘を持っていないのかと思って見ると、ちゃんと持っている。持っていながら、彼らは多少の雨では傘をさしたりしないのである。時として、傘はむしろさすためにあるんじゃなくて、持っていることに意味があるんだといわんばかりに見えることすらある。

♣ 日よけに始まる

　今日、われわれは雨傘 (umbrella) と日傘 (parasol) とを画然と区別して使っているけれども、元をただせば、umbrella も parasol も語源的にはいずれも「日よけ」を意味している。umbrella はラテン語の「影」を表す umbra か

ら派生した言葉であり、parasol は sol を para する、つまり「太陽」を「防ぎ、遮る」の意である。このように、傘というものがそもそも雨よけではなく、日よけとして発生し、強い日差しから守られることで差別化される社会的な地位や権威の標識として、また「傘下に入る」というように、そうした権威のもとで保証される庇護の標識として発展したことは、きわめて重い意味を持っている。一説によると、仏像の光背や後光、キリスト教の聖人の頭部に輝くニンブス（輪後光）も、元をただせば、この日傘に起源が求められるのではないかといわれているが、時代が下がり、実用本位の日傘や雨傘が一般に広く普及するころになっても、傘はそうした過去を引きずりつづけたようなのだ。つまり、イギリス人の傘に対する微妙な感情もどうやら傘というものが社会的なステイタスを表す標識として機能しつづけたことに由来しているように思われるのである。

　イギリスにおいて傘が社会的なステイタス・シンボルとして広く認知されるようになったのは、今から100年から150年ほど前のヴィクトリア朝時代のことだった。無論、この時代、ステイタス・シンボルと目されたアイテムは傘のみにとどまらず、馬車やピアノ、帽子、ステッキ、タバコ、手袋などなど枚挙に暇がなかった。およそ社会が何がしかの理由を押し立てて、「持つ者」と「持たざる者」の色分けに熱心になれば、ステイタス・シンボルとなる資格は自動的に発生したといってよい。傘もそうしたステイタス・シンボルのひとつにすぎなかった。とはいえ、身分や階級の差に関係なく、万民にひとしく降り注ぐ日の光や雨を遮る傘という代物が、なにゆえそうした格差の標識となりえたのだろうか。本章では、傘がヴィクトリア朝のイギリスにおいて社会的な格差の標識としてどのように機能していたのか、その一端を当時の絵画作品を通して明らかにすることによって、イギリス人の傘に対する微妙な感情を理解する糸口を探ってみることにしたい。

[第7章] イギリス人はなぜ傘をささないのか？

1. 傘の来歴

　しかし、そもそもいかなる経緯でイギリスに傘が紹介・導入され、それが定着・普及していったのか。具体的に個々の絵を通して傘の生態を検証していく前に、傘製造にかかわる技術的な側面をも含めて、イギリスにおける傘の来歴を簡略に見ておく必要があるようだ。それは、傘の普及とそれにともなう社会的意味の発生ということが、単なる流行や趣味の問題にとどまらず、技術史的な発展と不可分に展開していった面も否定できないからだ。

　⚜ 傘の紹介
　パラソルはどうやら17世紀の半ばまでにはイギリスにもたらされ、アンブレラもそれからさほど遅れることなく紹介されたが、17世紀を通して傘というものが流行し、定着したという事実はない。実際、18世紀初頭の辞書をひもといてみると、今日とは逆にアンブレラが日傘、パラソルが雨傘とされているかと思えば、両者が同義語扱いされていたり——語源的には正しいのだが——といったいい加減さで、傘がいまだ一般に認知されていなかった状況というものを如実に物語っている。
　また、18世紀初頭まで一般に傘は女性の持ち物という通念が強かったことも窺われる。つまり、日傘にしろ雨傘にしろ、傘などというものを使用するのは"女々しい"行為だとみなされていたということである。"女々しい"などと強がってみても、傘がなければ、濡れる時は濡れるわけで、いったい当時の人びとはいかにして雨をしのいでいたのか、非常に気になるところだ。
　これは、今も昔も変わりはないが、不意に雨に降られた場合は雨宿りできるところへ駆け込むのが常道で、運がよく、また金に余裕さえあれば、通りかかった馬車に乗り込むこともできただろう。一方、どうしても雨のなかを外出しなければならない場合は、馬車を持つ身分でないかぎり、撥水性のあるウールの外套に帽子でしのぐほかなかったようである。しかし、多少撥水性にすぐれていても、長時間雨に打たれれば、全身ぐっしょりとなり、湿気

135

第2部 「イギリスらしさ」を読み解く

図7-1　カートメル小修道院（ランカシャー）に残る大型の傘
出典：J. S. クロフォード『アンブレラ——傘の文化史』八坂書房、2002年。

と水分を吸った重みとで実に気持ちの悪い思いを強いられたにちがいない。

　ちなみに、はじめて防水加工の施された繊維が開発されるのが、それからおよそ100年余り後の1817年のことで、さらに防水効果の高いゴム引きの素材の発明は1844年を待たねばならない。しかし、これとて、通気が悪いせいで、着用していると汗でぐっしょりとなり、あたり一面にゴムの異臭が漂ったという。より快適な防水生地として、有名なアクアスキュータムが発明されたのが1851年のことで、これは早速クリミア戦争の際に軍服に採用されている。また、バーバリーの防水生地ギャバジンの登場は、さらに遅れて1870年のことという。

　いささかわき道に逸れてしまったが、話を再び18世紀前半に戻すと、"女々しい" 道具と考えられながらも、次第に雨傘の実用性というものが認知されていくことになる。とはいっても、コーヒーハウスや教会、あるいは貴族や名士のお屋敷の玄関ホールに置かれて、雨の日に馬車を乗り降りする際にさしかけて使う大型のものが一般的だった（図7-1）。つまり、イギリスではいまだどこへ行こうと、雨の日に街角を傘が行き交うといった光景になどお目にかかることはなかったということである。

[第7章] イギリス人はなぜ傘をささないのか？

♣ ジョナス・ハンウェイ登場

　そこへ、ロンドンの町をはじめて雨傘をさして歩いたといわれる伝説的な人物ジョナス・ハンウェイ（1712-86）の登場となる（図7-2）。彼は1712年にポーツマスに生まれ、もともとカスピ海沿岸の交易を生業とした商人だったが、交易の体験を綴った旅行記『イギリスにおけるカスピ海周辺交易の歴史的記述』（1753）が評判となって、旅行家として名声を博すところとなった。やがて彼はロンドンの孤児や娼婦たちの救済活動に尽力し、慈善家としても名を残すことになるが、そのハンウェイがはじめて雨傘をさしてロンドンの町を歩いたのが1760年ごろのこと。彼の雨傘は外国製で、エボニーのハンドルに果物や花の彫り物や象嵌が施され、カヴァーは落ち着いた緑色のシルクで、灰色のサテンの縁取りがついていたという。当初、雨傘を商売敵とみた馬車の御者たちから散々な嫌がらせを受け、町で見かけるとわざと泥水を撥ねかけられたり、「キザなフランス野郎」と罵声を浴びせかけられたりしたという。こうした嫌がらせにめげることなく終生雨傘を携えてロンドン中を闊歩しつづけた結果、彼が亡くなった1790年ごろまでには雨の日に傘をさす習慣がイギリスでもようやく定着しはじめることになった。

図7-2　ジェイムズ・ノースコート〈ジョナス・ハンウェイの肖像〉（1785年ごろ、油彩・キャンヴァス、ロンドン、ナショナル・ポートレート・ギャラリー蔵）

　いち早くハンウェイの手本に倣ったのは医者や牧師たちだった。往診や墓地での埋葬の儀式といった職業上の必要から、彼らは体面など気にすることなく実用本位の大型の雨傘を使用し、それが彼らの誠実さを表す一種のトレードマークとして尊敬を集めることにもなった。

　しかし、体面を気にする貴族やジェントリなど上流階級の人びとのなかには、傘などさして、自分の足で歩かねばならない階級の人間、つまりは馬車

を所有していない階級の人間と誤解されるくらいなら、雨に濡れたほうがましだと考える御仁もまだまだ少なくなかったようだ。傘が社会的な格差の標識となる根っこがここにある。

♣19世紀

1810年代になるとロンドンだけで60人余りの傘の製造業者がいたというが、まだまだ当時の傘は骨も柄も木製で非常に重たく、はなはだ体裁の悪い代物だった（図7-3）。やがてヴィクトリア朝ともなると、傘はオンス（28グラム強）を単位として目方を量るのが当たり前になるが、当時はいまだパウンド（0.4536キログラム）が一般的で、傘一本で1キロを超えるものも珍しくなかった。乾いた状態でこの重さとすれば、仮に安物の綿のカヴァーでもついていようものなら、さらにずっしりと雨を吸い込んで、よほど腕っ節が強くないと支えていられない重さになったはずである。この重さと、たたむとブカブカに膨れ上がる体裁の悪さとが、体面を気にする人びとの間で傘が普及することを妨げたもうひとつの要因となっていた。

このブカブカに膨れ上がった傘が、後にディケンズの『マーチン・チャズルウィットの生涯と冒険』（1843-44）に登場するいぎたない助産婦ギャンプ夫人にちなんで"ギャンプ"と名づけられ、今も一般名詞として辞書にその令名を留めていることはあまりに有名だ（図7-4）。いうまでもなく、ギャンプは、野放図に膨れ上がった胸元を無理やり締め上げたギャンプ夫人の体型に準えられているのである。

さて、19世紀前半、馬車を所有する余裕など到底ないが、傘ならば買い求められる階級、つまり中流階級の間で傘は広く浸透していくことになった。雨傘は中流階級のステイタス・シンボルとなったわけである。19世紀半ばを基準としていえば、馬車を所有するには年収が少なくとも700ポンド以上なければ叶わなかった。つまり、馬車の所有は、アッパー・ミドル（上層中流階級）以上の人びとの特権だったということだ。この当時、雨傘はごく一般的なアルパカのカヴァーの安いもので6シリングから最高級品で40シリング（つまり2ポンド）くらいまであったが、1本組み立てるのに163もの

[第7章] イギリス人はなぜ傘をささないのか？

図7-3 ジェイムズ・ギルレイ
〈旧派の貴公子〉
（1800年、エッチング・手彩色）

図7-4 "フィズ"（H. K. ブラウン）
〈ギャンプ夫人、乾杯の音頭を取る〉
（1844年、スティール・エッチング）
出典：チャールズ・ディケンズ『マーチン・チャズルウィットの生涯と冒険』1843-44年。

工程の必要な傘職人の手間賃が一本につき4分の3ペニーから1ペニーほどであった。したがって、この傘職人が自分で組み立てたもっとも安い傘を新品で手に入れようとすれば、72-96本分の手間賃をためる必要があったという計算になる。これは彼らの週給のおよそ半分強に相当したから、新品の傘というものは安いものでもおよそ労働者階級には手の届かない高嶺の花とならざるをえなかった。傘はまさしく中流階級のものだったのである。

⚜傘骨の革新

その後、一般に鯨骨と呼ばれたバリーン（鯨鬚）がさらに軽くしなやかな傘骨の素材として用いられるようになり、19世紀半ばでも年間400-450トンもの鯨骨が輸入されていたが、時代はすでに鋼の時代となっていた。つまり、鋼の導入によって、傘の軽量化とスリム化が急速に進むことになったの

139

第 2 部　「イギリスらしさ」を読み解く

図7-5　1820年代　鯨骨製傘骨の雨傘（左）
　　　　1860年代　パラゴン式傘骨の雨傘（右）
出典：J. Farrell, *Umbrellas and Parasols*, London: B.T. Batsford, 1985.

である。これに先鞭をつけたのが、バーミンガムのヘンリー・ホランドで、早くも1840年に中が空洞のチューブ型の鋼の傘骨で特許を取得している。これは商業的に成功した最初の鋼の傘骨であったが、やがて1847年にシェフィールド近郊ストックスブリッジのサミュエル・フォックスが中身の詰まった細めの鋼の傘骨"アーカス"を開発し、ホランドの傘骨の人気にかげりが見えはじめる。この"アーカス"に対抗して、ホランドは1850年新たに楕円形チューブの傘骨を開発するが、またしても1852年フォックスが開発した断面がU字型の傘骨"パラゴン"によって苦杯をなめさせられることになる。この"パラゴン"式の傘骨は、U字型の鋼でさらに軽量化が進み、傘をたたんだ際にストレッチャー（受け骨）が親骨にUがUに重なる形でぴったりと収まる工夫がなされたことで、スリムにまとまる細身の傘が可能となったのだった（図7-5）。

　"パラゴン"は、発明から150年余り経った今も、われわれにとってもっともなじみ深い傘骨でありつづけているが、この軽くスリムな傘の登場によって、体面を気にする上流階級の紳士方のなかにもステッキを細身の雨傘に持ち替える御仁が現れるようになった。かつて、馬車を所有していない低い階級に属していることの表れとみなされた雨傘が、ステッキの代用となったということは、傘がジェントルマンの持ち物として認知されたということである。つまり、傘がステッキ同様、労働などという"卑しい"作業で手を煩わせていないことを誇示するステイタス・シンボルの地位へと昇格したことを意味している。中流階級の人びとがさしていたのが実用本位のこうも

140

り傘であったとすれば、これはあくまでも携帯すること自体に意味のあるステッキの代用だった。

　また当時、ステッキにしろ傘にしろ、上等のものになると、ハンドルの部分の意匠や素材に凝ったものが多かったが、体面を気にする御仁は、今日一般的なフック型の腕にかけられるタイプを蔑み、ビリヤードのキューのようなストレートなハンドルのものを好んだという。フック型のハンドルが腕にかけられれば、当然手が空くことになるが、その空いた手で何かをしようという魂胆がそもそも下品だと考えられたためにほかならない。

　さて、前置きはこれくらいにして、以下傘が絵のなかで社会的格差の標識としてどのように表現されているかを具体的に見ていくことにするが、その前に一言だけお断りしておかなければならないことがある。それは、傘が画中に描かれる時、かならずしも社会的格差を明示（暗示）するためにのみ描かれるわけではないということである。本章では残念ながら割愛せざるをえないが、大型のこうもり傘が「父権的な庇護」の象徴として、またくたびれたギャンプが持主の「老い」を強調するアトリビュートとして描かれた例も少なくないのである。本章は副題に「絵に読むヴィクトリア朝の傘事情」と銘打ちながら、その一端の紹介にすぎないことをあらかじめ了承いただきたい。

2．ステイタス・シンボルとしての傘

♣アンブレラ

　まずステイタス・シンボルとしてのアンブレラの例を見てみることにしよう。これは、前述のように中流階級の象徴としての実用本位のこうもり傘とジェントルマンのステッキの代用としてのシティ・アンブレラを指している。それぞれが単独で描かれ、傘の有無が社会的な格差を物語る場合も多々あるが、両者が同一画面のなかで対比的に描かれる場合も少なくない。その際、とりわけ強調されるのは、中流階級の堅実さとその反面としての野暮ったさであり、それがジェントルマンの洗練と対照されることになる。煙突状のトップ・ハットとフロック・コートやモーニング・コートで垂直性を強調

第２部　「イギリスらしさ」を読み解く

されたシルエットに、細巻のシティ・アンブレラがぴったりとマッチすることになるが、洗練とは要するに功利性を無視することであるから、それがややもすると実利を重んじる中流階級の目には、ただキザったらしいだけの空疎なものと映ることになる。

　最初の例は、鉄道への投資ブームに沸いた1840年代後半の漫画（図7-6）である。鉄道の一等から三等までの乗客がそれぞれ上流・中流・労働者階級に対応する形で対比的にとらえられているが、ご覧の通り、傘を携えているのは二等車の乗客だけで、すでに傘というものが中流階級の標識となっていたことを窺わせている。

　次の図は、1879年3月、ヴィクトリア女王の第七子で三男のアーサーがプロシアのルイーズ皇女と結婚した際にウィンザー宮に集まった物見高い群衆をサンプリングしたものだが、ここでも三つの階級の人びとが対比的にとらえられている（図7-7）。画面左上隅の馬上の二人が上流、中央に労働者が二人、そして画面右側に中流の家族が描かれている。さすがに1870年代末ともなると、上昇志向の強い中流の旦那もジェントルマンを気取って細身のシティ・アンブレラを携えているようだが、あくまでも馬の所有が上流の証しであるように、傘は彼の出

'Railway Politeness', *Punch* (8 March 1845)
図7-6　〈鉄道の礼儀〉
出典：『パンチ』誌（1845年3月8日号）。

[第7章] イギリス人はなぜ傘をささないのか？

図7-7 〈ウィンザー宮でのロイヤル・ウェディング——群衆の二、三の例〉
出典：『イラストレイテッド・ロンドン・ニューズ』誌（1879年3月22日号）。

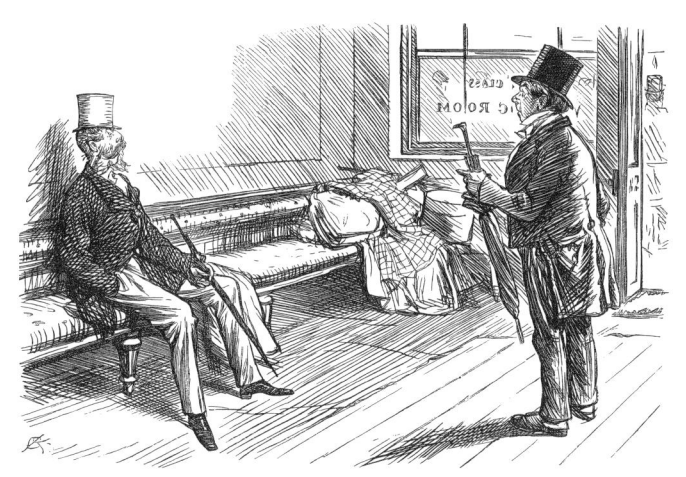

図7-8 チャールズ・キーン〈いまだ絶滅せざる種族〉
出典：『パンチ』誌（1867年8月24日号）。

自が中流以外の何者でもないことを物語っている。

　チャールズ・キーンの〈いまだ絶滅せざる種族〉と題された漫画（図7-8）は、当の"いまだ絶滅せざる種族"たる上流紳士（左）と田舎から出てきた中流のおじさん（右）がロンドンのパディントン駅の待合で繰り広げる珍妙なやり取りを描いている。両人の傘の対比については、もはやいうまでもないだろう。右の中流おじさんの傘は、枝角のハンドルのついた典型的なギャンプである。このおじさんは、ここからバンクまでのオムニバスの乗車料金を尋ねているのだが、件の紳士は日頃自分の馬車で出かけることはあっても、オムニバスなどとはトンと縁がないのだろう。「今まで一度も乗ったことはないが、奴等も君から3シリング以上の料金を取るだけの厚かましさはないだろう。4シリング以上、けっして払ってはならんぞ。奴等とは賭博場で会ったことがあるんだ」などと頓珍漢な答えを返しているが、正規の料金はたかだか6ペンスにすぎない。

　ギャンプの生みの親"フィズ"ことハブロ・ナイト・ブラウンの息子ウォルター・ブラウンも父に劣らず立派なギャンプを『パンチ』誌に描いている（図7-9）。描かれているのは、甥っ子のトムが裕福な中流階級の伯父さんから、傘を返す用事を頼まれて往生している場面だ。このトム君は髯といい、ジャケットといい、細身のステッキといい、すっかりシャレ者の紳士を気取っているので、ブカブカに膨れ上がった傘の化け物を抱えてロンドンの街中を歩いているところなど人に見られたらと、想像するだけで卒倒しかねないところなのだが、だからといって日頃何くれとなく面倒を見てもらっている伯父の頼みとあっては断ることもならず、「おおいに困惑の体」となった次第だ。

　この見てくれを度外視したギャンプと対照的な傘が描かれているのが、次のジョージ・デュ・モーリエの〈特技〉（図7-10）だ。ご覧の通り、描かれているのは、二人のシャレ者の紳士である。左の紳士は、みごとに細く巻き上げられた傘を持っているが、右の連れに「どうして自分の傘をささないんだ？」と尋ねられて、こう答えている。「5月にモンティ・ブラヴァゾンに巻いてもらってから一度も開いていないんだ」と。「そりゃ一体誰だい？」とのさらなる問いかけに、左の御仁は「君はモンティ・ブラヴァゾン卿のこ

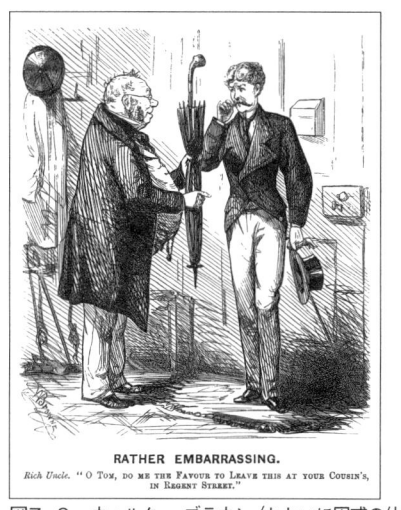

［第7章］イギリス人はなぜ傘をささないのか？

図7-9　ウォルター・ブラウン〈おおいに困惑の体〉
出典：『パンチ』誌（1869年12月11日号）。

図7-10　ジョージ・デュ・モーリエ〈特技〉
出典：『パンチ』誌（1882年4月8日号）。

とを知らんのか。今、ロンドンで傘をきちんと巻けるのは、彼一人きりなんだぞ」と答えている。実際、当時は今のようにナイロン地の傘などは存在しなかったから、一旦雨に打たれた傘を細く巻き上げるのは至難の業で、アイロンまで持ち出して布地の皺を伸ばし、ピシッと折目をつけたうえで巻き上げる必要があった。つまり、ステッキの代用であるかぎり、あくまでもシティ・アンブレラは差すためのものではなく、細く巻いて携帯していることに意味があったということなのだ。ハンドルが腕にかけられるフック型のものでないことにも注意しておこう。

　油彩画から例を引いてみよう。まず最初は、ジョン・リッチーが1858年に描いた〈セイント・ジェイムズ公園のある冬の一日〉（図7-11）である。1850年代末から60年代初頭にかけて、ロンドンはテムズ河も氷結するほどの寒波にいくどか見舞われているが、ここには、そうした「ある冬の一日」、公園内の凍結した池でスケートを楽しむ人びとの姿が描かれている。17世

紀のオランダ風俗画を髣髴とさせるこの絵のなかで、とりわけ目を惹くのは、画面右側の一団とその彼らが目を向けている左側の家族との対比である。右には、悠々と椅子に腰掛けて葉巻をくゆらしながらブーツにスケートをつけさせている上流の紳士とそのお連れのご婦人方が描かれているが、彼らの社会的な地位の高さは、池までの道の雪を箒で払うことで何がしかの金を恵んでもらおうと赤くかじかんだ手を口元に押し当てながら待っている痩せぎすの貧しい少女の存在によって強調されている。今しも、黒いコートに赤いボネットをつけた女性が財布から小銭を出しかけているが、おそらくこの少女の哀れな姿を見かねたのだろう。この紳士はジェントルマンらしく左手にステッキを携えているが、一方左で楽しげにソリを滑らせる五人家族の家長のほうは中流階級の出自というものをこうもり傘で明確に主張している。このステッキとこうもり傘の対比は、とりもなおさず、上流階級の上流たるゆえんであるノブリス・オブリージュと中流階級がなによりも尊ぶ家庭的な美徳の対比ともなっているのである。

　次にウィリアム・ヘンリー・ナイトの〈失くした釣銭〉（図7–12）という1859年のロイヤル・アカデミー展出品作を見てみよう。描かれているのは、村の通りの溝で大事な釣銭を落として泣きじゃくっている少女に同情した近所の子どもたちが総出でぬかるみをさらって釣銭を探している場面である。そこへ偶々通りかかったのが、おそらく教会からの帰りと思われる老夫婦と娘の三人組である。中央の父親は、村の子どもたちのけなげな心根に打たれて、ポケットから小銭を出して失くした釣銭を立て替えてやろうとしているところのようだ。子どもたちが大騒ぎしている釣銭が、この老人にはほんの小銭にすぎないという事実に気づかされて、今日のわれわれは老人の振る舞いにいささか偽善めいたものを感じてしまうのだが、一見子どもたちの純真な善意を無にしてしまいかねないそうした自己満足的な行為を博愛・慈善の美名で許していたのがヴィクトリア朝中流階級特有のセンチメンタリズムだった。そこのあたりが、莫大な不労所得を気前よくはずむのがごく自然な務めであった上流階級との違いでもあったのだが、その意味でも、この三人の親子はその振る舞いにふさわしく、三人が三人とも中流階級の標識とし

[第7章] イギリス人はなぜ傘をささないのか？

図7-11　ジョン・リッチー〈セイント・ジェイムズ公園のある冬の一日〉
　　　　（1858年、油彩・キャンヴァス、個人蔵）

図7-12　ウィリアム・ヘンリー・ナイト〈失くした釣銭〉
　　　　（1859年、油彩・キャンヴァス、所蔵先不明）

第2部 「イギリスらしさ」を読み解く

図7-13　ジョン・リー〈古本の屋台〉
（1863年、油彩・キャンヴァス、所蔵先不明）

てしっかり雨傘を携えている。父親は黒い服を着用しているためあまり目立たないが、娘が腕を預けている右腕をよく見れば、確かに大きなこうもり傘がぶらさがっているのに気づくはずだ。

　もう1点、ジョン・リーの〈古本の屋台〉（図7-13）という1863年の作品を見ておこう。そこには、リヴァプールのチャーチ・ストリートの一角で露天の古本屋を営む老人とその客の姿がラフェエル前派風の明澄・克明なスタイルで鮮やかに活写されている。とりわけ、弁当を脇に置いて、レンガ塀にもたれたまま店番をしている老人の生き生きとした描写に目を瞠らされるが、ここでもこの老人の無骨な棍棒のステッキと客が脇に抱えている青の雨傘とが鮮やかな対比を見せて、両者の帰属する階級の違いというものを雄弁に物語っている。また、客と老人の互いに交わることのない無関心な眼差しのありようが、雨傘と棍棒の物語る格差の大きさをさらに増幅しているようだ。背後には、さらに画面のこちら側に直接視線を投げかけてくる女性と少年が描かれている。素性の怪しげな女性を描きこんだ画家の真意については判断に迷うところだが、少年の何事かを訴えるかのような右手は、おそらく、この客のように屋台の本に夢中になっていると、ディケンズの『オリヴァー・ツイスト』でもお馴染みのように、スリの恰好の餌食になるよと、この絵を見ているわれわれに注意を促しているらしく思われる。実際、客は青いハンカチを盗んでくれといわんばかりにフロック・コートのポケットから垂らしているが、古本屋の親爺の心ここにあらずといった面持ちから察するに、アートフル・ドジャース君のお仲間もさぞかし仕事がしやすかろうと思われる。

[第7章] イギリス人はなぜ傘をささないのか？

THE DARWINIAN THEORY—VARIATION FROM ENVIRONMENT.
"Knocked 'em in the Old Kent Road!"　|　"Attracted all Eyes at Church Parade."

図7-14　エヴェラード・ホプキンス〈ダーウィン学説――環境による変異〉
出典：『パンチ』誌（1892年6月18日号）。

♣ パラソル

　さて、ステイタス・シンボルとしての雨傘（アンブレラ）の例はこれくらいにして、次に日傘（パラソル）の作例を見てみることにしたい。まず最初は、エヴェラード・ホプキンスが『パンチ』誌に寄せた漫画〈ダーウィン学説――環境による変異〉（図7-14）である。画面左側に下町の通りをポケットに手を突っ込んだまま闊歩する労働者階級の娘を、また右側には教会通りでおしとやかにポーズする上品な中流以上のお嬢さんを描いている。下のリジェンドを読むと、左の女性については「オールド・ケント・ロードの男どもなんて、いちころよ」とあり、右の女性には「教会通りで衆目を集める」と記されている。要するに、生まれ育った環境によって、同じ女性でもこれ

149

第2部 「イギリスらしさ」を読み解く

ほどの違いが生じることになるんだといいたいのであるが、ここでは明らかにパラソルの有無ばかりではなく、顔の色艶やスカート丈までもが階級差の標識として描き出されている。つまり、ヴィクトリア朝を通して健康的な赤いほっぺなどというものは卑しい庶民のものという観念が一般的で、良家のお嬢さんには青白い、いささか不健康な顔色が求められたということだ。いってみれば、病気がちでデリケートな体質こそが深窓の麗人に相応しい一種のステイタス・シンボルだったというわけである。また、女性に脚などというものは存在しない建前になっていたから、踝が覗いて見えるスカート丈は非常にはしたない下品なものとみなされていた。

ところで、右のお嬢さんの持っているパラソルは柄の長い比較的大きなものだが、これは1860年代以降の流行で、ヴィクトリア朝が始まった1830年代から30年余りにわたって一世を風靡したのが、いわゆるヴィクトリア・パラソルと呼ばれる小型の日傘だった。たとえば、ウィリアム・パウエル・フリスの有名な〈ダービーの日〉（図7-15）にこれを見ることができる。馬車に乗ったご婦人方が、いずれも頭部だけを陽光から守る小型のヴィクトリア・パラソルをさしているのが見て取れるだろう。この小型のパラソルが流行した背景としては、30年代以降女性たちが頭部をボネットでタイトにまとめる風俗が一般化したのに伴って、それまでの大型のパラソルが不釣合いになったという事情も確かに無視できないが、むしろ重要なことは、雨傘がかつて馬車を所有していない階級に属する標識とみなされたのとは逆に、この小型の日傘は馬車に乗る階級の女性であることを示す標識であったということだ。屋根のない無蓋馬車に乗る際の必需品として、この小型のヴィクトリア・パラソルが上層中流階級以上の女性たちのステイタス・シンボルとなっていたのである。ならば、いっそのこと、ちゃんと屋根のある馬車に乗れば、日傘なんて端から必要ないではないかなどというのは、ご婦人方の気持のわからぬ野暮というものである。

先にジョン・リッチーによる冬のスケート風景をご覧いただいたが、次の〈ハイド・パークのある夏の一日〉（図7-16）は、同じ画家の手になるその対作品、つまり夏ヴァージョンである。画面中央の上流婦人は、1858年に

[第7章] イギリス人はなぜ傘をささないのか？

図7-15　ウィリアム・パウエル・フリス〈ダービーの日〉（部分）
　　　　（1855年、油彩・キャンヴァス、ロンドン、テイト・ギャラリー蔵）

図7-16　ジョン・リッチー〈ハイド・パークのある夏の一日〉
　　　　（1858年、油彩・キャンヴァス、ロンドン博物館蔵）

第2部 「イギリスらしさ」を読み解く

図7-17 チャールズ・ロシッター〈ブライトン往復3シリング半〉
（1859年、油彩・キャンヴァス、バーミンガム市立美術館蔵）

流行したテレグラム・パラソルと呼ばれる一際小さなヴィクトリア・パラソルをさしている。直径が25センチほどしかないため、頭部だけでも日をよけるには心もとない感じだが、これも上流紳士の細巻のシティ・アンブレラ同様、あくまでも携帯することに意味のあった社会的地位の標識にほかならなかった。この上流婦人のテレグラム・パラソルは、その左でベンチに腰掛けている中流夫人の緑色の雨傘と好対照を見せ、そのさらに左の婦人のパラソルとも差別化が図られている。

　馬車に縁のない中流のご婦人方がパラソルをささなかったわけでないことは、次のチャールズ・ロシッターの作品〈ブライトン往復3シリング半〉（図7-17）にも見られる通りである。ブライトン行きの三等車の乗客を描いているのだが、画面手前の子ども連れのおばさんと若いカップルがいずれも小型のヴィクトリア・パラソルをさしている。つまり上昇志向の強い中流のご婦人方は、たとえ馬車に乗る身分ではなくても、上流を真似たミエのパラソルを携えるのを常としていたということだ。当初、無蓋馬車用として始まったヴィクトリア・パラソルであったが、次第に馬車のあるなしに関係なく、広く中流階級の下層にまで普及していったのである。しかし、よく見ると、お

ばさんのパラソルは上物だが、ややとうのたった流行遅れの代物であるし、右のカップルのそれは安物のようだ。

　以上のわずかな例からだけでも、ご婦人方のパラソルが男性方の雨傘同様、単なる日よけにとどまらない社会的な機能を有していたことがわかるが、パラソルのほうがファッションと一体化したアクセサリーとしての要素が強い分、社会的な格差というものを露骨に、また微細に表示したように思われる。つまり、当時、どんな傘を携えているかで、その男性がどのような社会的地位にあるかがわかっ

図7-18　チャールズ・ウェスト・コープ〈動悸〉
（1844年、油彩・キャンヴァス、ロンドン、ヴィクトリア＆アルバート美術館蔵）

たといわれるのであるが、それは女性たちの場合にもあてはまり、どんなパラソルをさしているかで、その女性のお里が知れたということである。『イングリッシュウーマンズ・ドメスティック・マガジン』誌（1862年3月号）によれば、年収400-600ポンド程度の中流家庭の花嫁ならば、嫁入り道具としてアンブレラ1本とパラソル2本は必要だという。パラソルのうち1本は控えめな普段使いのウォーキング・パラソルでも構わないが、もう1本は凝った造りのよそ行きの上物にすべきだといっているのだが、これもパラソルに注がれる世間の眼というものを十分認識したうえでの忠告といってよいだろう。

　最後に、もう1点チャールズ・ウェスト・コープの〈動悸〉（図7-18）という1844年の作品を例にパラソルの生態を見ておこう。そこには、召使が郵便配達夫から手紙を受け取っている様子を玄関の戸口の裏でドキドキしながら窺っている一人の若い女性が描かれている。足元の床には、彼女のもの

と思われるバッグとヴィクトリア・パラソル、手袋が打ち捨てられるように置かれている。また、画面右上の壁には角鹿のトロフィーや乗馬用の鞭が掛けられ、その下のトップ・ハットや手袋とともにこの家の主人の存在を暗示している。狩猟や乗馬を趣味とする上流の御仁らしいことがわかるが、戸口の隅に置かれた古ぼけた雨傘とステッキの様子から判断して、どうやら持主はさほど若くはないように推測される。では、この持主の男性と画面の若い女性とはいったいどのような関係にあるのだろうか。それを過たず物語っているのが、彼女の右手薬指に輝いている結婚指輪だ。つまり、画中に姿の見えないこの家の主人こそが彼女の夫なのである。

 とすれば、気付け薬（右手に握られている）で動悸を鎮めねばならないほど彼女の胸をドキドキと高鳴らせているものの正体とはいったい何なのだろうか。今一度、床に投げ出されているバッグに注目してみよう。ハンカチらしきものの下から、束ねられた三通ばかりの手紙が覗いているのがわかるだろうか。そして、今新たに赤い蜜蝋で封のされた手紙が届いたのである。誰からの手紙かは、もはやいうまでもない。彼女に出奔をそそのかす恋人、つまり不貞の相手からの手紙なのである。なぜ、そういいきれるのか。それは、壁に飾られた鹿の枝角が伝統的に不貞のシンボルであり、鞭が彼女とその不貞のシンボルとを結びつけて、彼女の罪状を暴き出しているからにほかならない。では、なぜパラソルと手袋が床に投げ出されているのだろうか。彼女は、今まさにパラソルが指し示す恋人の待つ外の世界へと飛び立とうとしているのだが、やがては古手袋同然にその恋人からも見棄てられるのである。打ち捨てられたパラソルと手袋は、一時の情熱に身を任せて道を誤る女性が喪うものの大きさと彼女がたどる悲惨な末路とを暗示しているのである。

3. 恩讐の彼方に

 ヴィクトリア朝の絵画を例に、いささか駆け足で傘の生態を観察してきたが、傘というものが今日迎えている状況を考えると、たかが傘一本で社会的な格差をめぐって、かくも人びとの感情や思惑が交錯した時代があったこと

[第7章] イギリス人はなぜ傘をささないのか？

などほとんど嘘のように思われるかもしれない。

　ヴィクトリア朝が幕を下ろしてから100年余り、さまざまな新発明や生活様式の変化が、モノの社会的な意味づけに改変を迫り、その去就を決定していった。しかし、イギリスという国は、電化とモータリゼーションの20世紀を迎えても、世紀半ばまでガス燈の点燈夫に活躍の場を与え、辻馬車がガタガタ音を立てながら路面を走ることを許していた国なのだ。やがて、ガス燈が電燈に、辻馬車が自動車に完全に取って代わっても、結局傘に取って代わる雨よけ、日よけが発明されることはなかった。モノの意味というものは、時代とともに転変を重ねていくものだが、古い意味も依然しがみついていて、執拗に消え去ることはない。人もまたモノにまつわる記憶というものを容易に拭い去ることができないもののようだ。20世紀は、一面あらゆるものを民主化、平準化し、持つ者と持たざる者の格差を縮めていこうとした時代であったといえるかもしれない。しかし、労働者階級にとって新品の傘が高嶺の花だった時代は遠い昔の話となっても、階級というものが厳然として存在しつづけるイギリス社会にあって、傘は今もって持つ者と持たざる者の恩讐の記憶を呼び覚ますものでありつづけているのだろう。誰もが傘を所有できる時代なればこそ、イギリス国民の傘に対する思いは、ステイタス・シンボルとしての過去への懐旧の情から反発までの振幅を内に秘めたまま、結局持つも持たぬも、さすもささぬも、個人の自由という落としどころを見いだすしかなかったようなのだ。

　一度ロンドンの街角で小雨のなかを傘もささずに歩いている人に理由を尋ねてみるがよい。「余計なお世話だ」とどやしつけられるのがオチだが、なかには「雨というものは大地と人を濡らすために降るんだよ。それが天の摂理というものさ」などと悠揚迫らぬ物腰で答えてくれる御仁もあるかもしれない。だが、その彼とて、説明のつかないわだかまりがそうした鷹揚ぶった返答を口にさせていることに薄々気がついているにちがいない。雨は太古の昔から降りつづけてきたが、彼らの傘とのつき合いは、まだせいぜい200年ほどでしかないのだ。

第 2 部　「イギリスらしさ」を読み解く

〔付記〕
　本章執筆中の 2008 年初め、当時マンチェスタに留学中であった木村明日香さんにマンチェスタにおける当節の傘事情についてお尋ねしたところ、やはり今もって 3 分の 2 以上の人が雨天時でも傘をささずに街中を闊歩しているとの情報を伝えて下さった。
　フードつきのウィンドブレーカーの着用で済ます人が多く、傘をささない伝統は今も受け継がれているようだとのことであった。
　貴重な情報をお寄せくださった木村明日香さんに、記してお礼申し上げる。

◉参考文献――

住友和子編集室他編『傘――和傘・パラソル・アンブレラ』INAX 出版、1995 年。
谷田博幸『図説・ヴィクトリア朝百貨事典』河出書房新社、2001 年。
―――「〈市民社会〉の中の絵画――十九世紀英国のナラティヴ・ペインティング」
　　川那部保明編『ノイズとダイアローグの共同体』筑波大学出版会、2008 年、16-47 頁。
別府大学附属博物館「東アジアのかさ《傘・蓋・笠》の歴史と文化――さす・ふせぐ・
　　かぶる」『別府大学附属博物館だより』48、2007 年 2 月、1-8 頁。
J. S. Crawford, *A History of the Umbrella*, London: David & Charles, 1970（別宮貞徳・
　　中尾ゆかり・殿村直子訳『アンブレラ――傘の文化史』八坂書房、2002 年）.
[Ch. Dickens], "Umbrellas", *Household Words* 6, 1853: 201-4.
J. Farrell, *Umbrellas and Parasols*, London: B. T. Batsford, 1985.
C. F. Gordon Cumming, "Pagoda, Aurioles, and Umbrellas", *The English Illustrated
　　Magazine* 57-58, June-July, 1888: 601-12, 654-67.
A. Varron, "The History of the Umbrella and the Sunshade", *Ciba Review* 42, 1942:
　　1509-48.

[第8章]
なぜイギリス人はサヴォイ・オペラが好きなのか？

金山亮太

　イギリスで演劇とくれば、まずシェイクスピアだろうとわれわれは考える。それは確かに間違いではないが、多くのイギリス人にとって、もっと一般的な演劇経験といえば、子ども時代に連れられて行ったパントマイムで見た『ピーター・パン』であったり、学校時代の学芸会で演じたサヴォイ・オペラのなかの水兵役だったりする。さすがイギリス、小学生のころからオペラに出演するのか、などと勘違いしてはいけない。実はこのサヴォイ・オペラ、オペラと名はつくものの、いわゆる本格的なオペラとはかなり趣が違う。そして、イギリスのみならず、英語圏に暮らす人びとにとって身近なオペラといえば、なによりもサヴォイ・オペラのことなのである。彼らにとってそのメロディは幼いころから馴染みの深いものであり、ナースリー・ライムズ（一般には「マザー・グース」の名称で知られている一連のわらべ歌）同様、英語圏の人びとの生活の一部に溶け込んでいる。

　これほどしっかりと彼らの文化の根底に根を張っているというのに、日本ではこの軽歌劇の存在はこれまで一部の人びとにしか知られていなかった。もちろん、いくつかの作品はプロの劇団によって上演もされ、21世紀に入ってからは1、2作の翻訳も出るようにはなってきたものの、19世紀後半のイギリスで生まれたこの喜歌劇は、いまだ知る人ぞ知る程度にしか日本国内では認知されていない。歌劇としても演劇としても二流、三流の扱いしか受けていないために、あえてこれを取り上げる必要を感じない——というのがその主たる原因のようだが、はたしてそうなのか。

　この章では、サヴォイ・オペラの定義と、ヴィクトリア朝の演劇界におけ

第2部 「イギリスらしさ」を読み解く

る存在意義から説き起こし、この喜歌劇が今日もなお根強く愛好されている理由について考察していきたい。

---

column パントマイム

　一般に日本ではパントマイムとは無言芝居のことを指すことが多いが、イギリスのパントマイムとはクリスマスの時期に上演される子ども向けのおとぎ芝居のことで、台詞あり音楽ありのバラエティ・ショーのようなものを指す。童話などを題材にしたものが多く、主役の少年を若い女優が演じるなどといった特徴がある。

---

column オペラ

　オペラはイタリアで1597年に創始された歌劇の総称で、叙唱調（レチタチーヴォ）、詠唱調（アリア）、合唱（コーラス）と管弦楽の伴奏からなる（グランド・オペラには台詞の部分がない）。大きく二つのジャンルに分かれ、ひとつはオペラ・セリア（opera seria）という正歌劇、悲歌劇であり、古代史の英雄物語に題材を取ったもの、そしてもうひとつはオペラ・ブッファ（opera buffa）という喜歌劇で、滑稽かつ風刺的な内容を特徴とする。

1.　サヴォイ・オペラの誕生

　一般にサヴォイ・オペラとは劇作家ウィリアム・ギルバートと作曲家アーサー・サリヴァンのコンビが生み出した一連のコミック・オペラのことを指すものと理解されている。ギルバートはロンドン大学キングズ・カレッジを卒業後、公務員になったものの収入不足を補うために片手間に劇評や戯文を雑誌に投稿しはじめ、遺産を得て法律家に転じた後も文筆活動を諦めず、ついにはこの趣味が嵩じて演劇界に身をおくようになった人物である。一方、サリヴァンはクラリネット奏者から身を起こしてついには軍楽隊の教師になった父を持ち、第1回メンデルスゾーン奨学金を得て王立音楽学校に入り、

[第8章] なぜイギリス人はサヴォイ・オペラが好きなのか？

図8−1　劇作家ウィリアム・ギルバート
出典：Leslie Baily, *Gilbert & Sullivan and their world*, London: Thames and Hudson, 1973.

図8−2　作曲家アーサー・サリヴァン
出典：*Ibid.*

ライプチッヒ音楽学校へも留学するなど、本格的な作曲家としての将来を嘱望された人物であった。

　この二人の間を取りもったのは、興行主リチャード・ドイリー・カートという人物である。ノルマン系の苗字をもつ彼は音楽家で楽譜販売や楽器製作を手がけた父の影響のもと、自らも作曲や楽器演奏などを嗜んだが、ロンドン大学を中退して父の商売を手伝い、後にイギリス国産オペラの重要性と将来性を信じて興行主に転じた。ギルバートとサリヴァンがはじめて合作をしたのは1871年の『悲劇役者 (*Thespis*)』においてであったが、この作品にはカートが関係しておらず、また楽譜が紛失してしまったこともあり、普通はサヴォイ・オペラとは見なされていない。カートが二人を正式に引き合わせたのは1875年の『陪審裁判 (*Trial by Jury*)』であり、これ以降、1896年の『大公 (*The Grand Duke*)』でこの二人のコンビが最終的に解消されるまで、合計13作が世に送り出された（次頁の表8−1に演目一覧と劇場名、公演日程と初演時の公演回数を示す）。

第2部 「イギリスらしさ」を読み解く

表8-1 サヴォイ・オペラの各演目の表題、劇場名、初演の公演日程、初演時公演回数

演目	劇場名	日程（初演／終演）	初演時公演回数
0．Thespis	Gaiety Theatre	1871.12.26 ／ 1872.3.8	－
1．Trial by Jury	Royalty Theatre	1875.5.25 ／ 1875.12.18	131
2．The Sorcerer	Opera Comique	1877.11.17 ／ 1878.5.24	178
3．H.M.S. Pinafore	Opera Comique	1878.5.25 ／ 1880.2.20	571
4．The Pirates of Penzance	Opera Comique	1880.4.3 ／ 1881.4.2	363
5．Patience	Opera Comique	1881.4.23 ／ 1881.10.8	170
6．Iolanthe	Savoy Theatre	1882.11.25 ／ 1884.1.1	398
7．Princess Ida	Savoy Theatre	1884.1.5 ／ 1884.10.9	246
8．The Mikado	Savoy Theatre	1885.5.14 ／ 1887.1.19	672
9．Ruddigore	Savoy Theatre	1887.1.22 ／ 1887.11.5	288
10．The Yeoman of the Guard	Savoy Theatre	1888.10.3 ／ 1889.11.30	423
11．The Gondliers	Savoy Theatre	1889.12.7 ／ 1891.6.20	554
12．Utopia Limited	Savoy Theatre	1893.10.7 ／ 1894.6.9	245
13．The Grand Duke	Savoy Theatre	1896.3.7 ／ 1896.7.10	123

出典：Ian Bradley, *The Complete Annotated Gilbert & Sullivan*, Oxford : Oxford University Press, 1996 をもとに作成。

ここで、サヴォイ・オペラが生まれた時代背景について簡単に見ておこう。1851年のロンドン万国博覧会は、世界に先駆けて産業革命を成功させたイギリスにとって、自らの国力を諸外国に誇示するための絶好の機会であった。ジョゼフ・パックストンの設計による、鉄骨とガラスでできた水晶宮（クリスタル・パレス）や、そこに展示された、イギリスの植民地をふくむさまざまな国からの商品見本が見物客たちの好奇心を満たし、イギリス人は文字通りイギリス帝国の繁栄を実感した。

しかしながら、こういった産業面での優位とは異なり、文化面での発信ということになると、イギリスは、ディケンズやサッカレー、ハーディやテニスンなどといった文豪や詩人を輩出した文学、あるいはロセッティやミレイらが彩るラファエル前派（イタリア・ルネサンスの古典主義の完成者であるラファエロよりも前の時代を理想とする、19世紀半ばの革新的美術家・批評家集団）や風景画の巨匠ターナーを生んだ美術はいざ知らず、演劇や音楽についてはもっぱら消費する立場に甘んじていた。確かに産業革命の恩恵を受けて劇場内の照明もガスから電気へと変わり、また劇場建築の際に鉄骨作りが採用さ

[第8章] なぜイギリス人はサヴォイ・オペラが好きなのか？

> *column* 1851年万国博覧会・水晶宮
>
> ヴィクトリア女王の夫であるアルバート公をプロモーターとして、ロンドンのハイド・パークを会場にして1851年5月1日より10月15日まで開催された万国博覧会は、正式名称を「万国産業製作品大博覧会」といい、芸術・工業・商業振興のための祭典である。参加各国から寄せられた工芸品を陳列するためのパヴィリオンは建築家ジョゼフ・パックストンの設計による、鉄とガラスを用いた斬新な建物であり、「水晶宮（クリスタル・パレス）」と呼ばれた。
>
> 水晶宮（万国博覧会の公式カタログより）

れたために大量の観客を収容できるようになるなど、この時期は演劇関係者にとっては順風が吹いていたように見える一方、大掛かりになった舞台装置や衣装代などの採算を取るために、劇場経営者は経済感覚を問われることにもなった。観客の好みに迎合した大げさで扇情的な、あるいは見世物的な脚本に観客が集まることにもなり、結果的に演劇の質が大衆化したというのが、ヴィクトリア朝演劇に関する一般的理解である。サヴォイ・オペラもそのような風潮の延長上にあることは否定できない。

サヴォイ・オペラはけっしてマイナーな演劇ではなく、文字通り庶民向けな軽歌劇であるといってよい。イギリスのみならず、英語圏に育った者ならば、かならずやそのメロディを一度は耳にしているはずだし、場合によっては学校の音楽の授業で歌ったりするなどということもあったはずである。ただし、オペラと名がつくだけの音楽によって彩られているにもかかわらず、サヴォイ・オペラの筋立ては基本的に荒唐無稽なドタバタであり、いわゆる正統派オペラに見られるような芸術性という面ではおおいに見劣りするせいもあってか、英国産オペレッタとして二流扱いのまま今日に至っている。ミュージカルという演劇ジャンルの生みの親と呼ばれることもあるが、基本

第 2 部 「イギリスらしさ」を読み解く

的に大衆向け音楽劇の祖とでもいった位置づけであろう。また、大衆的である以上、その社会批判は本質的にノンポリであり、その折おりの政府やお偉方に楯突いているように見えるものの、結局その攻撃の矢は本丸までは届かず、その先を丸めてあることも了解されよう。

　にもかかわらず、この英国産オペラの独自性は、「ナンセンス好み」に訴えかける本末転倒の物語展開や、当時の世相をなんらかの形でかならず槍玉に挙げることで観客が笑えるポイントを保証し、結果的に劇場に来たお客に肩のこらない娯楽を提供できたことにある。一般的にヴィクトリア朝はお体裁主義（ヴィクトリア朝の人びと〔とくに中産階級〕が世間に対して常に心がけていた、いかに自分の「立派さ」をさり気なく示すか、という自意識のこと）で知られる時期であり、人びとは堅苦しい道徳観念に束縛されていたとされるが、その一方、この時代にはエドワード・リアの『ナンセンスの絵本（*The Book of Nonsense*）』(1846)やルイス・キャロルの『不思議の国のアリス』(1865)などといった荒唐無稽な作品が数多く生み出されたことも忘れてはならない。人びとは一方において謹厳実直な生活様式を尊ぶように見せながら、その一方で、ナースリー・ライムズに典型的に見られるようなナンセンス（たとえば、代表作「マザー・グース」では、主人公のマザー・グースは結末で魔女になり、箒にまたがって月へ飛んでいってしまう）を許容する二面性を有している。それは、人生の浮沈にあってもある種のバランス感覚を失わないようにさせる妙薬のようなものかもしれない。

　しかし、それだけでは今日もなおこの作品がイギリスで根強い支持を受けていることの十分な説明にはならない。一見しただけでは社会問題に対する穏やかな風刺によって笑いを取る、自虐的なイングリッシュ・ユーモアの典型例にしか見えないこの軽歌劇のなかに、実はヴィクトリア朝後期に共有されていた帝国主義的観念や人種差別、性差別、階級差別がさまざまな形で組み込まれている。当時の観客が自らを笑うことによって味わっていた自己満足や各種の偏見は今日のイギリス社会にも通じるだろうし、それはまた、複数の民族から構成されている国に住む彼らに、自らの民族的アイデンティティを確認させるものにもなっているのである。

世相を皮肉ることによって観客とともに「笑い」、またそのように笑っている観客自身が自らを「嗤う」という閉鎖的構造をもつがゆえに、この英国産バーレスク（おどけ芝居）は翻訳不可能な笑いや歴史的事象への言及に満ちている。現在では英米人ですら必携書や用語集を使って「お勉強」しなければ理解できないほど瑣末なディテールがある（2008 年に刊行された最新のペンギン版『サヴォイ・オペラ』には 100 頁近い注釈がついている）。にもかかわらず、これが一種の文化遺産となって次世代へと受け渡されていくさまを見ると、単なる罪のない軽歌劇ではすまされない何かがサヴォイ・オペラにあることが分かってくる。それは何だろうか。

2. サヴォイ・オペラを楽しむ人びと

　現代のわれわれがサヴォイ・オペラに接してまず感じるのは、時代がかった舞台設定とご都合主義的な物語展開があまりにも作り物めいているせいで、かえってリアリズムの限界から解放され、この軽歌劇を気楽に鑑賞できるということであろう。風刺されるべき社会現象なり制度なりが約束通りに用意されていて、観客はヴィクトリア朝社会が抱えていたさまざまな問題のいずれかが批判されるのを安心して眺めていればよいのである。いわば、政治的には反体制を装う程度の生ぬるい攻撃しか行われないことを承知している観客と舞台の間に、ある種の共犯関係が結ばれているのだ。
　この共犯関係を考える際、イアン・ブラッドリーの指摘は興味深い。ブラッドリーはスコットランドのセント・アンドリューズ大学神学部で実践神学のリーダー（Reader。日本の大学の准教授に相当）の地位を占める傍ら、自ら同大学のギルバート＆サリヴァン協会の終身名誉会長を務め、実際に舞台にも立つ。二度目の編集となる『注釈つきギルバート＆サリヴァン全集』の序文において、彼はこの軽歌劇の人気の秘密は「ノスタルジアの要素」と「時代遅れ」にあるという。価値観の変動や急速な変化が日常的におこるような時代においては出自と伝統が重要視されると彼はいい、昨今の文化遺産産業の興隆にも触れている（1970 年代以降に会員登録者数が急増したナショナル・

第2部 「イギリスらしさ」を読み解く

トラストはその典型である。また、ディケンズ・ワールドというテーマパークが2007年ケント州チャタムにできたが、これなどもその一例であろう)。さらにブラッドリーは、過去の時代の無邪気さ、素朴さ、楽しさをもサヴォイ・オペラの魅力として指摘するが、それが当時ですらすでに「現実逃避」であったことも付け加えている。サヴォイ・オペラへの愛情がひしひしと伝わってくる口ぶりながら、ヴィクトリア朝時代が無邪気であったなどといってしまっていいのだろうか。

そもそも、このように必要以上に過去を美化するという行為はすでにヴィクトリア朝にも見られたことであった。アーサー王（ケルト系ブリトン人の王）やロビン・フッド（義賊で弓の名手）といった古代・中世の伝説上の英雄が、アングロサクソンの優秀性を証明するものとして利用される一方、そうした伝説が作られた時代、イギリスは「陽気なイングランド（メリー・イングランド）」として栄光を謳歌していたという言説が当時もてはやされた。また、イギリスの過去を美化したイメージは、ラファエル前派の絵画やテニスンの詩『王の牧歌（*Idylls of the King*）』(1856-85)などによっても強化された。

こうした過去の読み換えのなかで、ヴィクトリア朝の「素朴で無邪気な」軽歌劇が、今日に続くイギリスの伝統（の一部）となっていったのだろう。だがそれは誰にとっての「伝統」なのだろうか。

ブラッドリーは前掲書の序文で、ギルバート&サリヴァンの作品は中産階級文化の基礎を形作ったのだと明言している。ここで中産階級の例として彼が挙げているのは、産業資本家ではなく、伝統的プロフェッション（専門職）である法律関係者と聖職者だ。なるほど、ギルバートは法律家であった時期があり、作品中には法律家を茶化した部分や法律用語が頻出する。また、サリヴァンの作品のなかには賛美歌や国歌のような荘厳さを備えたものもあり、教会で演奏されても違和感を与えないだろう。しかも、ブラッドリー自身、牧師であり、大学教員という専門職に在る。ここからは、サヴォイ・オペラで風刺されることの多い下層中産階級出身の成り上がり者の滑稽さを冷笑する上層中産階級、という構図が浮かんでくるだろう。

では、この演劇を真に楽しめるのは、彼らと同じような階級的優越感を持

[第8章] なぜイギリス人はサヴォイ・オペラが好きなのか？

ちうる人だけなのだろうか。実際、すべてのイギリス人がサヴォイ・オペラを無条件に楽しんでいるわけではなく、スノビズム（ジェントルマンや教養人を気どる俗物根性）が鼻につくといって毛嫌いする人びともまた存在する。その一方で、サヴォイ・オペラにはさまざまな階級の人びとをまとめ上げる仕掛けも備わっているようである。次にその一例を見てみよう。

---

column アーサー王とロビン・フッド

　アーサー王は紀元5世紀後半から6世紀前半に実在したとされるケルト系ブリトン人の王で、12人の円卓の騎士たちの逸話からなるアーサー王物語群の中心人物。もともとサクソン人の侵略を撃退したローマ帝国に仕えるブリトン人の軍人がモデルとされるが、中世以降は吟遊詩人らによってヨーロッパ中に広まった。とくにテューダー朝の創始者となったヘンリー7世（在位1485-1509）は、この物語の舞台であるウェールズの出身であったため、自分の息子にアーサーという名前をつけるなど、この伝説上の英雄を自らの王位継承を正統化する証しに利用した。

　ロビン・フッドは中世のイングランドに実在したとされる伝説上の義賊で、ノッティンガムのシャーウッドの森に住み、富裕な商人などを対象に追いはぎ行為を行っていたとされる。ノルマン王朝の圧制に対抗するサクソン人のヨーマンという当初の位置づけは、やがて16世紀以降、十字軍遠征中のリチャード1世（獅子心王）の留守中に暴政を行ったジョン王への反抗者へと変化した。

---

column 陽気なイングランド（メリー・イングランド）

　中世と産業革命の間のイングランド社会を表現する言葉であり、ウィリアム・ハズリットが『イギリスの喜劇作家について』（1819）のなかでロビン・フッドの活躍した時期をこう呼び、さらにウィリアム・コベットが『田園紀行』（1822-26）のなかで産業革命以前の自給自足的な農村を理想化して描いたことから一般に共有されるようになった。その一方で、フリードリッヒ・エンゲルスは『イギリスにおける労働者階級の状態』（1844）で現実逃避的な観念であると揶揄している。

第2部 「イギリスらしさ」を読み解く

3. 『軍艦ピナフォア号』と階級

　1880年に上演された『軍艦ピナフォア号（*H.M.S. Pinafore*）』は、時の海軍大臣 W. H. スミスが海軍とは何の関係もない文具商から身を起こしたことを皮肉っていることで知られる。弁護士事務見習いから身を起こして海軍大臣にまで上り詰めたジョゼフ・ポーター卿は、下層中産階級出身のコーコラン艦長の娘ジョゼフィーンとの結婚を望んでいた。しかし、彼女の心は労働者階級出身で平水夫のレイフ・ラックストローに向けられており、二人は駆け落ちを画策する。レイフの仲間たちもこの身分違いの恋の味方だったが、そのなかで、ディック・デッドアイというせむしの船員だけは、階級差のある結婚などうまくいくはずがないと考えて、艦長に二人の駆け落ちを密告する。だが、リトル・バタカップという中年の物売り女がある秘密を暴露することですべてが逆転してしまう。実は、かつて劣悪な託児所で働いていた彼女は赤ん坊を取り違えてしまい、コーコラン艦長とレイフが入れ替わってしまったのである。つまり、本来ならばレイフこそ艦長になるべき階級の人間であり、コーコランは平水夫にしかなれない階級に属していたのだ。また、レイフが労働者階級出身とはとても思えない高尚な台詞を口にしてジョゼフィーンに愛を告白するのとは対照的に、コーコラン艦長は下層階級に特徴的な「罵り言葉」をどうしても口にしてしまう癖を普段からかわれており

図8-3　『軍艦ピナフォア号』（1899）
注：左からコーコラン艦長、ポーター卿、レイフ・ラックストロー。
出典：Robin Wilson and Frederic Lloyd, *Gilbert & Sullivan: The Official D'Oyly Carte Picture History*, New York: Alfred A. Knopf, 1984, p.77.

166

[第8章] なぜイギリス人はサヴォイ・オペラが好きなのか？

（第1幕）、それが、当時の常識である「生まれは育ちに勝る」「血は争えない」という伏線でもあった。大団円では、ヒーローとヒロインに加えて、平水夫の娘だと判明したジョゼフィーンとの結婚を断念したポーター大臣は自分と同じような社会的地位に在るいとこの女性ヒービ（台詞もほとんどなく、影が薄い存在である）と、平水夫という出自が明かされたせいで艦長の地位を失ったコーコランは自分を取り違えた年上のリトル・バタカップと、それぞれ結ばれることになる。

　まことに荒唐無稽（ナンセンス）な物語だが、ここで注目したいのは、ストーリーの展開上強調された階級差を薄めるために埋めこまれたある仕掛けである。駆け落ちを阻止されたレイフをかばうために、掌帆長（ボースン）を先頭に、舞台にいる全員が歌う「彼はイギリス人（For he is an Englishman！）」がそれだ。

掌帆長	彼はイギリス人！
	なぜなら、彼自身がそういっているのだし、
	彼にとっても名誉なことなのだ
	彼がイギリス人であるということは！
全員	彼がイギリス人であるということは！
掌帆長	なぜなら、彼はロシア人になっていても不思議はないし
	フランス人、トルコ人、プロシア人にだって
	あるいはイタリア人にだってなっていてもおかしくないのに！
全員	あるいはイタリア人にだってなっていてもおかしくないのに！
掌帆長	しかし、よその国の国民になれと
	あれほど誘惑されたにもかかわらず、
	彼はイギリス人のままなのだ！

（『軍艦ピナフォア号』第2幕、以下、本文中の訳詩はコラムも含めてすべて本章筆者による）

　愛国的雰囲気が高揚したエドワード朝期（1901-10）には、この歌が芝居のフィナーレで歌われた後、ひきつづき愛国歌『ブリタニアよ、統治せよ！』が舞台と客席が一体となって歌われたという。

似たようなシーンは、同時期のミュージック・ホールでも見られた。19世紀半ばのロンドンに生まれ、世紀後半にその数を急増させたミュージックホールは、サヴォイ・オペラの観客よりも下に位置する労働者階級、あるいは下層中産階級（サヴォイ・オペラが嘲笑する人びと）の間で人気を博した娯楽施設である。19 世紀末、この「酒と歌」の娯楽空間でも「イングリッシュマン」や「ブリトンの民」、あるいは「英語を話す民族」や「アングロサクソン民族」といった言葉が何度もコーラスされている。コーラスに加わった観客にはおそらく、これらの言葉が持つ微妙なニュアンスの違いではなく、「民族（race）」という言葉自体が、あるいはそれらが醸し出す愛国的な感情が、民族や人種の優劣の観念とともに、強く意識されたのではないだろうか。

　サヴォイ・オペラの観客についても同じことがいえるだろう。「イングリッシュマン」と「ブリトンの民」が交錯する劇場空間で高揚した愛国心は、この軽喜劇が嘲笑の的とした階級差を補って余りあった。

---

column 『ブリタニアよ、統治せよ！（*Rule, Britannia!*）』

　詩人ジェイムズ・トムソンが 1740 年に発表した仮面劇『アルフレッド大王』に登場する詩にトマス・アーンが曲をつけて、1745 年、ロンドンで初演奏された。同時期にやはりアーンが編曲したといわれるイギリス国歌「国王陛下万歳（God Save the King）」（君主が女性の場合には Queen）とともに、BBC プロムス（プロムナード・コンサートの略）の最終日を飾る歌として、今なお広く知られている。仮面劇のタイトルにあるアルフレッド大王は、七王国時代のウェセックス国王（在位 871–901）。デーン人の侵入を撃退し、文教政策にも力を入れたことから令名が高かった。第 1 節の歌詩は以下の通りである。

　　この世のはじめ神の命を受け
　　紺碧の海のなかからブリテンが興りし時
　　これこそ国の証なりき
　　そして守護天使らは斯く歌いあえり
　　「統治せよ！ブリタニアよ、大海原を治めよ！
　　ブリトンの民は、断じて、断じて、断じて奴隷とはならじ！」

4. 『ユートピア有限会社』とアイルランド自治問題

　サヴォイ・オペラの抱える愛国心の別の一面を、1893年の『ユートピア有限会社（*Utopia Limited*）』に探ってみよう。この作品は、『軍艦ピナフォア号』のコーコラン艦長が再登場して階級意識を煽り、『アイダ姫（*Princess Ida*）』（1884）と同じく女子教育の問題が俎上に載るといった具合に、過去のテーマの焼き直しといった色彩が濃い作品である。

　話はこうだ。南海の島国ユートピアの王女、ザーラ姫が留学先のガートン・カレッジ（1869年に設立されたイギリス初の女子高等教育機関。のちにケンブリッジ大学の一部となる）ですっかりイギリスかぶれとなり、帰国後は自分の国の何から何までイギリス風にしようとする。それに反対するタララ（ユートピア語という意味不明な言葉をわめき散らす男。アイルランド人の聖地、ダブリン郊外のタラの丘に由来するネーミング）という人物は、自分の気に入らないものは何でも爆弾を仕掛けて「吹っ飛ばすぞ」と豪語するテロリスト。1883年から84年にかけてイギリス国内で起こったアイルランド民族主義者の爆弾テロがそのまま下敷きにされており、上演当時の観客の連想を誘ったことだろう。

　結局物語の最後には、国王までが王女の指導者であったイギリス人の女家庭教師（レディ・ソフィ）と結婚してしまい、いよいよイギリスを宗主国として仰ぐことになる。この部分の下敷きになっているのは、1870年に

図8-4　『ユートピア有限会社』のタララ（1893年初演時）
出典：Wilson and Lloyd, *op.cit*., p.57.

169

column 『アイダ姫』(1884)

　イギリス初の女子高等教育機関であるロンドン大学クィーンズ・カレッジの創立（1847）に対して書かれた桂冠詩人アルフレッド・テニスンの物語詩『プリンセス』（1847）を下敷きとする作品。ヒルデブランド王の息子ヒラリオン王子は、許嫁であるアイダ姫（隣国ガマ王の娘）が成人したのを機に結婚しようとするが、女性の権利に目覚めた彼女は、アダマント（非常に堅いという意味）城を男子禁制とし、100人の女子大生を集めて高等教育を施そうとする。しかし、当の学生たちは学問にそれほど関心のない世間知らずばかり。王子は友人とともに城に忍び込み、女装して姫らに近づこうとするが見破られてしまい、両国、両性の戦いとなる。他の女子大生が尻込みしたため、アイダ姫はたった一人で戦いに臨むが、最後には自分の非を認めて降伏し、ヒラリオンの妻となる。

『アイダ姫』のイラスト
(1884.1.19)
(Wilson and Lloyd, *op.cit.*, p.34.)

　アンナ・レオノーウェンズが自らの経験をもとに執筆した『シャム宮廷のイギリス人女家庭教師（*The English Governess at the Siamese Court*）』かもしれない。ユル・ブリンナー主演のミュージカル映画『王様と私』(1956)や、ハリウッドの人気女優ジョディ・フォスターがアンナを演じた『アンナと王様』(1999)の原作として知られる作品だ。アンナがチュラロンコン王子（後のラーマ五世）に施した教育の影響で、当時のタイ王朝の奴隷制度が廃止されたかのような印象を与える部分があり、タイ国内では国王に不敬に当たるとして、現在なお上映禁止となっている。

　その『ユートピア有限会社』第2幕フィナーレで、次のような歌が披露される。

[第8章] なぜイギリス人はサヴォイ・オペラが好きなのか？

ザーラ　　海のかなたに一まとまりの島がある、
　　　　　あまりに小さくて、どこにあるのかといぶかしく思えるほど。
　　　　　その国はどの国よりも勇敢で、
　　　　　臆病者などめったにお目にかかれない。
　　　　　もっとも高慢な国でさえ、この国の命令には膝を屈する。
　　　　　この国は外国生まれのいたずら者たちを震え上がらせ、
　　　　　ヨーロッパの平和をその手に握っている。
　　　　　たいして多くもない軍隊だけで！
全員　　　少なくとも、これこそがその国から
　　　　　風に運ばれてきた物語だ。
　　　　　この国のためにも願おうではないか、
　　　　　過ちを犯しませぬように、
　　　　　自らが主張する、その通りの国でありますようにと。
国王　　　ああ、われらもこの賢明なる行動原理をすべて真似て、
　　　　　この国の美徳と慈悲とを真似られますように。
　　　　　そして、徐々にでもいいから、この国の議会の
　　　　　独特さに慣れることができますように！
　　　　　そうすることで、やがてわれわれが、
　　　　　わが国を完全に一新することができますように。
　　　　　イギリス帝国こそ、その崇高なる君主国、
　　　　　そこにアイルランドを加える人もいれば（そうでない人もいる）。

　露骨な愛国心を臆面もなく歌い上げるなかに、最後に出てくる「アイルランドをグレート・ブリテンに加えるか否か」のくだりがある。1801年に連合王国に併合されたアイルランドは、この時期独立・自立への道を模索しており、アイルランド自治法案の成立をめぐってイギリス国内に緊張が走っていた（本書227-28頁参照）。そのなかで、これほど挑発的な歌で芝居を締めくくるのは、かなり際どい作劇術だろう。それを軽歌劇の笑いにまぶして観客に見せることで、アイルランド問題そのものを一種の冗談にしてしまい、返

171

第2部 「イギリスらしさ」を読み解く

す刀でイギリスの政治制度までも笑いのめしている。たとえばこうだ。

　ユートピア国はイギリスの制度を忠実に模倣して平和になったお蔭で、国外には敵がいなくなり、国内から犯罪も病気もなくなってしまい、軍人や法律家、医者らは失業の憂き目に遭う。しかし、ザーラ姫は、次のように説いて国王を安心させる。イギリス式政党政治を導入すれば、政権交代のたびにすべての制度が変わるため、国内は再び不安定になり、軍人や法律家らの出番が再びめぐってくる——ここではヴィクトリア朝後期、保守党と自由党が政権をとるたびに政府の方針が揺らいだことが皮肉られている。

　こうやってイギリス政府そのものをからかいながら、同時にアイルランドとアイルランド人を虚仮(コケ)にして、観客の一体感を演出するという離れ業をやってのけたのだ。これこそ、サヴォイ・オペラ！　一見人畜無害なギャグとしか思えないもののなかに、時代状況が巧みに織り込まれており、きわめて政治的な使われ方を可能にしていた。

5.　サヴォイ・オペラと『炎のランナー』

　サヴォイ・オペラが持つこのような政治性をあぶりだしてくれるのが、1981年製作の映画『炎のランナー(*Chariots of Fire*)』である。パリ五輪(1924)で活躍したイギリス代表選手二人に焦点を当てたこの映画は、今日でもオリンピックが近づくとかならずイギリス国内ではテレビで再放送される。

　主人公の一人、スコットランド人牧師の子エリック・リデルについては、イングランドに対するむき出しの対抗意識が強調されるとともに、五輪本番に「安息日である日曜日にはレースに出ない」という、牧師リデル個人の宗教的使命感や倫理観、ひいてはスコットランド人の頑固さが描かれている。サヴォイ・オペラが関わってくるのは、もう一人の主人公、100メートル競走で優勝したユダヤ人金融業者の息子ハロルド・エイブラハムである。彼がサヴォイ・オペラのファンだったことが映画のそこここで繰り返されるのである。

　第一次世界大戦直後からパリ五輪へ向かう時代、この戦争を機に成長を遂げたユダヤ系商人に対する不満が、敗戦国のドイツのみならず、ヨー

[第 8 章] なぜイギリス人はサヴォイ・オペラが好きなのか？

図 8-5 『ミカド』のプログラムファイル（1885）
出典：Wilson and Lloyd, *op.cit.*, p.70.

ロッパ中に鬱積していた。戦勝国とはいっても 90 万人以上の戦死者を出したイギリスでも、ユダヤ人は人種偏見の眼差しにさらされていたと思われる。反ユダヤ主義がくすぶる時代にあって、エイブラハムもまた、ユダヤ人というレッテルゆえにイギリス社会から締め出されているような感覚を味わっていたと思われる。そんな彼に、ヒュー・ハドソン監督は、ケンブリッジ大学入学後、サヴォイ・オペラの同好会に入って主役を演じ、『ミカド (*The Mikado*)』(1885) のヒロイン、ヤムヤム役の女優を射止めた若者、という設定を与えた。そして、オリンピックに向かう船の上で人びとの気持ちをひとつにまとめようとする彼に、サヴォイ・オペラメドレーを歌わせたのである。

　宗教的・民族的に負のイメージを与えられ、差別と迫害の歴史を生きてきたユダヤ人の一人として、エイブラハムは、実力で自分の欲しいものを一つひとつ手にしてきた。そんな彼にとって、サヴォイ・オペラはイギリス社会に受け入れられるためのパスポートではなかっただろうか。彼は、この軽歌劇に、階級の壁のみならず、人種の壁をも打ち破る可能性を秘かに期待していたのかもしれない。

　『炎のランナー (*Chariots of Fire*)』はイギリス・ロマン派の詩人ウィリア

173

ム・ブレイク作『ミルトン』の序詩「イエルサレム」の一節に由来する。イングランドに千年王国を建てようという内容のこの詩は賛美歌、愛国歌としてイギリス国内で広く受け入れられた。この映画の冒頭、ハロルド・エイブラハムの葬儀で流されたのもこの歌だ。イエス・キリストが古代イングランドに来たという伝説をもとに作られたこの詩には、緑なす大地のイングランドをキリスト教の聖地として捉えようとする濃厚な政治的メッセージがある。今日なおイギリス人の愛国心を呼び覚ますこの映画のなかで、サヴォイ・オペラは、イギリス人のアイデンティティと深く結びついているのだが、では、サヴォイ・オペラが示すアイデンティティとは何なのだろう。

---

column 『ミカド』(1885)

　サヴォイ・オペラの真骨頂ともいうべきナンセンスが詰まった作品。舞台は日本の町ティティプー。父のミカドが決めた年増女カティシャとの結婚を嫌う皇太子ナンキプーは、旅芸人に身をやつし、この町にやってきた。町娘ヤムヤムと恋におちた彼は、ひょんなことから、1ヵ月後の処刑を条件に、ヤムヤムと結婚する。一方、死刑執行長官コーコーの仕事ぶりを監視するためにこの町にやって来たミカドは、コーコーの報告で、処刑された（実際は処刑執行証明書をでっち上げただけ）のが皇太子であることを知って困惑し、死刑執行に関わった者に死刑判決を出す。結局、コーコーとカティシャが結婚し、コーコーの説明ともつかぬ説明に納得したミカドの前にナンキプーとヤムヤムが登場して、めでたしめでたしとなる。

---

6. サヴォイ・オペラはどこへいく

　サヴォイ・オペラが喚起するアイデンティティを考えるうえで格好の素材がある。それは、1994年夏以来、ダービーシャーの温泉保養地バクストンで毎年開催されている国際的イベント、「国際ギルバート＆サリヴァン祭」である。

　3週間にわたるこのイベントの期間中、イギリスはもとよりアメリカ、カナダ、オーストラリアといった英語圏の国ぐにから数多くの参加者、ならび

[第8章] なぜイギリス人はサヴォイ・オペラが好きなのか？

に劇団が集まってくる。その大半が、いわゆる「白人」だ（2008年8月、この町唯一のオペラハウスで上演された、多くのサヴォイ・オペラを観た筆者の観察の及ぶ限りでは、日本の劇団公演時を除き、観客のなかで「非白人」は——けっして誇張ではなく——筆者一人だけだった）。サヴォイ・オペラの上演空間に浮かび上がるこの「白人性」は何を物語っているのだろうか。

それに対する答えは、19世紀末から20世紀初頭にかけての「サヴォイ・オペラの時代」そのものにあるように思われる。

この時期、ミュージックホールを含めて、娯楽空間のなかでも、民族という言葉と概念への関心が愛国心と絡みながら高揚したことについてはすでに述べた。興味深いことは、当時の関心が「アングロサクソン礼賛（Anglo-Saxonism）」の形をとったことであり、このときの「アングロサクソン」が、連合王国内部というよりはむしろ、イギリス帝国を構成する白人入植地（カナダ、オーストラリア、ニュージーランド）、そして南北戦争後の復興著しいアメリカに対して向けられた言葉であったことだ。

たとえば、当時植民地大臣の職に在ったジョゼフ・チェンバレンは、次のように公言してはばからなかったという。「私はアメリカを外国と考えたり語ったりしたくない。われわれはみな同じ民族であり、同じ血が流れているのだから。私は、イングランド、カナダ、アメリカのイギリス人（Englishmen）の利害に差をつけたくない。われわれの過去は彼らのものであり、彼らの過去はまたわれわれのものなのだ。われわれは同じファミリーである」——それは、『イングランドの膨張』（1883）を著したケンブリッジ大学歴史学教授、ロバート・シーリーの歴史観でもあった。当時南アフリカを舞台にダイヤモンドの採掘権、鉄道や電信、新聞などを支配して「南アフリカの巨人」と呼ばれたセシル・ローズも、この意味での「アングロサクソン礼賛者」であった。

当時のサヴォイ・オペラが、この意味での「アングロサクソン礼賛」の一角を成していたことは、その上演形態が雄弁に物語ってくれる。『ペンザンスの海賊』は本国に先駆けてアメリカで公演されたし、『ペイシェンス』のプロモーションにはオスカー・ワイルド（この作品が嘲笑している審美主義の伝道師！）が起用され、アメリカ各地を講演して回った。こうしたエピソー

175

第 2 部　「イギリスらしさ」を読み解く

図 8-6　1880 年　アメリカ公演時の『ペンザンスの海賊』ポスター
出典：Wilson and Lloyd, *op.cit* の見返しより。

ドからうかがえるのは、アメリカは単なる公演先ではなく、イギリスにとって最も重要なパートナーであるというイギリス側の認識だろう。アメリカでは今なおサヴォイ・オペラがイギリス型教養のひとつとして尊敬を集めていると聞くが、それも、当時の英米を結ぶアングロサクソン礼賛の賜物なのだろう。

「イギリス人」というアイデンティティが大きく揺さぶられた 20 世紀末（エピローグ参照）にはじまったサヴォイ・オペラの国際的祭典は、文字通り、100 年前のアングロサクソン礼賛の再現なのかもしれない。

1999 年、映画監督マイク・リーは、『あべこべ（*Topsy-Turvy*）』でギルバートとサリヴァンを取り巻く人間関係と『ミカド』の成立過程に光を当てた。同じ年に公開されたスパイク・ジョーンズ監督による映画『ジョン・マルコヴィッチの穴（*Being John Malkovich*）』（登場人物が魔法の扉を抜けるとそこはジョン・マルコヴィッチの頭のなかで、気付いたら主人公自身になってしまうという、シュールでナンセンスなプロット）について、リー監督は、ペンギン版『サヴォイ・オペラ』の序文でギルバートお得意の「魔法の薬のプロット」との類似性を指摘しながら、この軽歌劇がこれからも形を変え、映像芸術や舞台芸術にさまざまな影響を与えながら人気を保つだろうと予言した。

[第 8 章] なぜイギリス人はサヴォイ・オペラが好きなのか？

　サヴォイ・オペラはどうやって時を越えていくのだろうか。「国際ギルバート＆サリヴァン祭」はアメリカにも飛び火し、2010 年 6 月には、南北戦争の最大の激戦地ゲティスバーグで 10 日間にわたって開催されることになった。後にリンカーンの演説で不朽の名声を得たこの土地で、この国際的イベントが行われることの意義は明らかだろう。アメリカで同好会の支部と会員数を急増させつつあるイギリス生まれのこの大衆歌劇から、ますます目が離せない。

◉参考文献──
井野瀬久美惠『大英帝国はミュージック・ホールから』朝日選書、1990 年。
金山亮太『サヴォイ・オペラへの招待──サムライ・ゲイシャを生んだもの』新潟日報事業社、2010 年。
W. S. ギルバート（小谷野敦訳）『喜歌劇ミカド──十九世紀英国人が見た日本』中央公論新社、2002 年。
────（上村盛人訳）『ペイシェンス』渓水社、2007 年。
倉田喜弘『1885 年ロンドン日本人村』朝日新聞社、1983 年。
清水勲『ワーグマン日本素描集』岩波文庫、1987 年。
庄野潤三『サヴォイ・オペラ』河出書房新社、1986 年。
芳賀徹『ワーグマン素描コレクション上・下』岩波書店、2002 年。
Ian Baucom, *Out of Place: Englishness, Empire, and the Locations of Identity*, New Jersey: Princeton University Press, 1999.
Ian Bradley, *The Complete Annotated Gilbert & Sullivan*, Oxford: Oxford University Press, 1996.
────*Believing in Britain: The Spiritual Identity of Britishness*, London: I. B. Tauris, 2007.
Ed Glinert (ed.), *The Complete Gilbert and Sullivan*, London: Penguin, 2008, vii.
Krishan Kumar, *The Making of English National Identity*, Cambridge: Cambridge University Press, 2003.
Mike Leigh, *Topsy-Turvy*, London: Faber and Faber, 1999.
Robin Wilson and Frederic Lloyd, *Gilbert & Sullivan: The Official D'Oyly Carte Picture History*, New York: Alfred A. Knopf, 1984.
Robert J. C. Young, *The Idea of English Ethnicity*, Oxford: Blackwell, 2008.

[第9章]
「われわれ」の山はどこにある？
―― ウェールズからの問い ――

久木尚志

　国土の大半が山である日本と比べて、イギリスに平地が多いことはよく知られている。とくにイングランドには本格的な登山の対象となるような高峰は存在せず、もっとも高いもので湖水地方のスコーフェル山（3209フィート、978メートル）である。筆者のいる福岡県も高い山が連なる場所ではないが、日本三大修験場として知られる英彦山はそれをはるかに越える（1200メートル）。イギリスでは、もっとも高いベン・ネヴィス山（スコットランド、4406フィート、1344メートル）がこれに近い。

　このようなイギリスにあって、スコットランド北部（ハイランド）と並んで山地が多いのが、本章で扱うウェールズである。ウェールズには標高3000フィート（900メートルあまり）を越える山は計15あるが、そのすべてが北部にある。もっとも高いのは観光地として有名なスノウドン山（3506フィート、1085メートル）で、南部に限るとペン・イー・ヴァン山（2907フィート、886メートル）である。

　高い山こそ少ないが、ウェールズ文化は山との密接なかかわりをもってきた。代表的なのが南部で石炭を産出してきた山々である。今ではその多くが閉鎖に追い込まれ、一部は観光施設などとして残っているものの、その姿からかつての繁栄を思い浮かべることはむずかしい。この地域には1980年代から日本企業などが進出し、山裾に広がる景観も大きく変わった。本章では、南北に位置する二つの山から鳥瞰してウェールズ文化にかかわるいくつかの問題を提示し、イギリスの多様性を考える手がかりを得たい。

[第9章]「われわれ」の山はどこにある？

1. フュノン・ガルウ

♣『ウェールズの山』とウェールズ語

　日本では体系的に紹介されることの少ないウェールズであるが、イングランドとは異なる文化のありようを鮮明に描いた映画がかつて公開された。1995年のイギリス映画『ウェールズの山』である。邦題に「ウェールズ」を冠した映画は、ダイアナ妃関連以外にはこれだけかもしれない。タイトル通り「山」をモティーフにした内容であるが、まずは監督クリフトファー・マンガーが故郷に残る伝説を映画化したというこの作品の概要を紹介しておく（この映画については、谷川稔による言及がある）。

　舞台は1917年、第一次世界大戦の真っ最中の南ウェールズ、おおよその位置はカーディフの北、ポンティプリーズの南である。イギリスなど連合国が形勢不利な状況下で、レジナルド・アンソンとジョージ・ガラードと名乗る二人の測量技師が村を訪れる。彼らは「国王陛下の地図」を作成する途上で、「村で自慢できるのは大昔からこの山だけ」とされるフュノン・ガルウ（Ffynnon Garw 以下、FGと略記）の計測に来たという。イングランド人には発音さえむずかしいFGは「ウェールズに入って最初の山」であり、「多くの侵略からウェールズを守りつづけてきた」と信

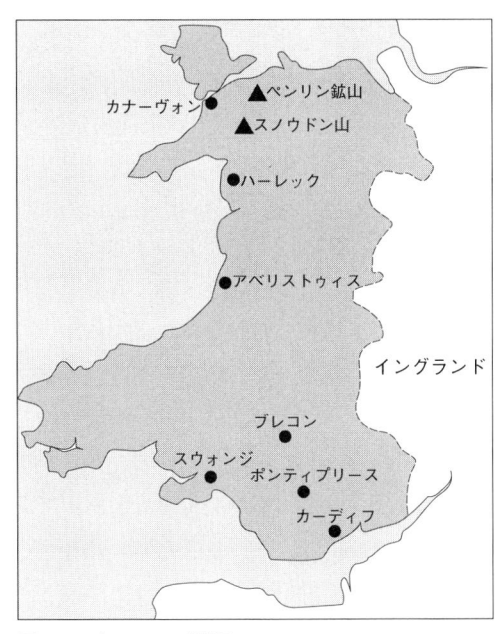

図9-1　ウェールズ地図
（筆者作成）

179

じられているこの山を、村人は誇りにしていた。

　パブの主人モーガンを中心に、彼らは山の高さを当てる賭けを始めてしまう。なかには3000フィート以上に賭ける者までいたが、小学校校長のデイヴィスは結果発表直前に980フィートに賭け直そうとして、モーガンから「裏切り者」と罵られる。FGを1000フィート未満だと考えると、「イングランド人の血が流れているのか」といわれる始末である。

　怒って出て行ったデイヴィスとともに、結果発表の場にいなかった村の重要人物がいる。ジョーンズ牧師である。牧師は常日頃から、アルコールを提供するなどのモーガンの「悪徳」を指弾してきた。そのため、モーガンのパブに宿泊していたアンソンがそこで結果を発表した時、ジョーンズ牧師は立ち会うことができなかった。計測後、アンソンがためらいがちに口にしたのは「984フィート」であった。予想よりずっと低いことに失望する村人を前に、彼は慰めの言葉を発するが、FGが山ではないことは認めざるをえない。標高1000フィート未満は山ではなく丘であり、地図には掲載されないのである。

　困惑した村人は策略をめぐらしてガラード一行を足止めし、その間にFGの頂上に盛り土して1000フィートを確保することで、山への昇格をめざそうとする。聖書を引用して「土地はわれわれの命のあかし」と唱えるジョーンズ牧師が率先して土を運ぶなど、丘を山にすべく村人たちが一丸となって努力する。彼らはモーガンの「お前のせいで失敗してもいいのか」という決め台詞で、この騒動に巻き込まれていく。

　最初に確認しておかなければならないのは、いわば「映画的真実」にかかわる問題である。この物語を当時の現実に即して捉えようとする場合に生じる疑問は、パブでの会話、牧師の説教など、地元住民同士の会話が英語でなされていることである。確かにウェールズ南部のイングランド境界線沿いでは、英語話者の比率が北・西ウェールズなどと比べると圧倒的に高い。しかし映画の冒頭で、やってきた見ず知らずの二人組に向けてモーガンが発したのはウェールズ語であった。つまり彼らが日常的に話すのは英語ではないと暗示しているわけである。それをロンドンから来た二人が理解できずにいるシーンを描き、別の場面でガラードに「あたかも外国にいるようだ」といわ

せることで、わかりやすくウェールズの特性を描き出している。映画としてはこれで十分なのであって、全編をこの調子で描いていたら、牧師や教師以外の登場人物、たとえば双子のトーマス兄弟とアンソンとの会話は常に通訳が必要になる。いちいち字幕もつけなければならないわけで、商業的な作品である点を考慮すると、この種のデフォルメに目くじらを立てるのは意味がない。

　そもそもウェールズ語はインド・ヨーロッパ語族ケルト語派に属し、コーンウォール語やブルトン語とともにPケルト語と呼ばれる。Pケルト語は、［kw］音をアルファベットのp音に転化したところから名づけられた。同音をアルファベットのq（のちにc）で文字化したのが、アイルランド語、スコットランド・ゲール語などのQケルト語である。FGが位置し、人口100万人を超えたグラモーガンシャにおけるウェールズ語話者の割合は、1921年センサス時に32パーセント、モノグロットはわずか2パーセントであった。同じ時期に人口の約3割がモノグロットであった北部と違い、映画の設定は現実からそうかけ離れてはいない。

---

column　モノグロット

　モノグロットは単一言語話者を指す言葉である。英語母語話者の比率が圧倒的に高いイギリスでは少数言語の立場は不安定であり、ウェールズ語（Cymraeg）、スコットランド・ゲール語（Scottish Gaelic）、マン島語（Manx）などのモノグロットは現在までにほぼ消滅している。しかし1901年にはウェールズ全域で約15パーセント、北西部に限れば50パーセント前後のウェールズ語モノグロットが存在した。他方、同時期のグラモーガンシャ（南部鉱工業地域）では7パーセント、カーディフ（ウェールズ最大の都市）ではわずか0.2パーセントであり、ウェールズの多様性をよく示している。北西部でも産業衰退にともなう人口移動、全国的なメディアの発展などで英語化が進むが、1960年代以降バイリンガル政策（英語とウェールズ語の公用語化）を推進することで、衰退を人為的に食い止める運動が展開された。その最大の成果が1967年ウェールズ言語法であった。

第 2 部　「イギリスらしさ」を読み解く

♣「ウェールズらしさ」
　ウェールズ文化の核となる言語の使用状況だけでなく、別の点からもこの地域が舞台となる理由があった。この物語は南部境界線沿いでしか成立しないのである。なぜなら、FG が重要なのは、「北部の高い山」「中部の美しい山」と比較して「ウェールズの最初の山」（いずれも映画中のせりふ）だからである。ちなみに北部のスノウドニアは 1951 年にウェールズではじめて国立公園に指定され、中部寄りのブレコン・ビーコンズも 1957 年に指定されている。
　逆にいえば、FG は本来「最初の山」という以外の意味を持たない。デイヴィス校長がいみじくも語っているように、ヒマラヤでは 3000 メートル級の山でさえ丘のようなものである。「高い山」や「美しい山」はそれとして価値があるのに対し、FG はイングランドとの南部境界線近くにある山であることにのみ、存在価値があると描かれているのである。
　ここにおいて、FG が山であることに村人たちがこだわる理由は明らかである。映画では、かつてイングランド人が攻めてきた時、山がそれを防いだという説明があった。しかし途中で実は山ではなく雨によって阻まれたのだと修正されている。そうであるならば、これは山そのものへのこだわりではない。のちに触れるような問題含みではあるが、山が象徴する「ウェールズらしさ（Welshness）」へのこだわりであったと考えることができる。
　というのは、ここでは実体としての山が消滅する危機が生じているわけではないからである。たとえば、ここが再開発や埋め立て用の土砂確保などの理由で切り崩される（存在自体がなくなる）という状況が生じているのであれば、FG を守ろうという運動はわかりやすい。環境保護という文脈でも共感できる側面があるかもしれない。そうではない以上、彼らが山に込めた感情をどう受け止めるかで、映画としての評価が定まるわけである。
　この点を念頭において、物語の構図を検討しておこう。まず映画の状況設定から、なぜ非常時にわざわざ地図製作に人員を割いたのかという疑問が生じる。アンソンには戦争による精神的な障害があるため、風光明媚な場所を回らせ、リハビリに専念させたと考えられるが、世界各地を転々としてきたと豪語するガラードは違う。行動から見て彼は明らかに無能であり、閑職に

回されてしまったようである。ちなみに監督マンガーが書いた小説には、そのことが明記されている。

　このガラードにあっては、ウェールズを「外国」と呼び、露骨に差別的な発言をするなど、一種の敵役のように描かれてもいる。しかしガラードを軸とするイングランドとウェールズの対立が物語の基本的な骨組みになっているわけではない。二人のイングランド人はけっして悪人として描かれてはいない。アンソンはもちろんであるが、ガラードもただの怠け者であって、それ以上のものではない。だからこそこの物語が成立しているのである。なぜなら、もしガラードが謹厳実直で有能な役人だったとしたら、測量を終えたらただちにこの場を離れていたはずである。皮肉な見方をすれば、彼のような存在があったからこそ、村人たちは丘を山に変えることができたのである。

　それ以外に映画のなかでことさらに強調されている対立は、ジョーンズ牧師とモーガンのそれである。歴史的に見ると、アルコールと非国教会主義の問題はウェールズではきわめて重要であった。ウェールズには強い禁酒運動があり、1881年にはパブの日曜閉店が他地域に先駆けて決まった。牧師とパブの主人の対立を強調しているのは、それなりに現実を踏まえたものである。しかしこの対立も物語全体を貫くものではない。高齢のジョーンズ牧師が力尽きて絶命する直前、最後に頼みにしたのはモーガンであった。彼らはFGの危機を眼前にした時、けっして対立していない。両者は村の共同性にすっぽり覆われている。

⚜ 「オワインの子どもたち」

　いがみ合っていた両者が和解に向かう最初のきっかけとなったのは、FGは山ではないとされた直後に村人が開いた集会であった。その会場には"PLANT OWAIN"と書かれた旗が掲げられていた。これは「オワインの子どもたち」という意味である。オワインとは、中世ウェールズの英雄オワイン・グリン・ドゥルである。彼は1354年生まれで、ロンドンで教育を受け、スコットランドでの軍隊経験まであったが、血統上は当時ウェールズ大公（Prince of Wales）にもっともふさわしい人物であった。オワインが率

いる少数の軍勢は1400年9月に北部で蜂起し、最初の戦いで勝利を収めた。1404年までにフランスの支援もあって、ウェールズのほぼ全域を制圧する。同年、彼はついに大公位に就くが、これが活動のピークとなる。その後はイングランド軍との戦いで息子を捕らえられるなど敗北を重ね、1412年以降、消息は完全に途絶えてしまう。

　オワインの蜂起にはいくつもの要因が考えられるが、J. デイヴィスが書くように「民族反乱」の側面を無視するわけにはいかない。映画では集会に加わった村人は「オワインの末裔」を自認していたという設定になっているが、はたして彼らはその行動を通じて、イングランドからの自立を追求していたのであろうか。表面的にはイングランドとウェールズの対立は自明であるかのように描かれているが、その内実はより複雑であった。

　治安判事や警察官まで集まった集会に参加しなかった主要登場人物が一人だけいた。先述のデイヴィス校長である。この映画のなかでは敵役として終始し、村の共同性を拒否した唯一の人物であった。嵐でいったん崩れた山頂の盛り土を保護するため、村人は小学校の校庭に生える芝生に目をつけた。警官も含め村ぐるみで校庭を掘りはじめると、校長が飛んできて、ただちにやめろという。これに対し、戦場で精神を病んで帰ってきた若者ジョニーが「あんた、イングランド人か」というせりふを浴びせかけた。ガラードのようなイングランド人であれば、こういわれても痛くもかゆくもない。しかしウェールズ出身のデイヴィスは違う。FGを山にするという村人の共通の目標、それを支える価値観を全面的に受容しない者は、彼らの共同性から排除されるという言説である。

　しかしそれをイングランドと結びつけることは簡単には理解できない。そもそもFGに特別な意味を込めているのは村人だけであり、ウェールズ全体に及ぶわけではない。そこには、特定のエスニック集団によるナショナリズムの歪んだ横領という、今も世界各地で見られる現象が見て取れる。それとは別に、なぜ映画において排除対象に選ばれたのが教師であったのかという問題がある。デイヴィスのFGへのまなざしは、科学者のように一貫して冷静である。それがジョーンズ牧師をいらだたせ、「共同体意識がない」とい

[第 9 章]「われわれ」の山はどこにある？

わしめる。両者のやり取りは共同体の知的権威の源泉をめぐる対立の存在を暗示しているが、映画においてはそれ以上の掘り下げはない。しかしこの選択には、物語上別の意味があった。

♣「ハーレックの人びと」

　後半の主要登場人物に「カーディフのベティ」がいる。彼女はモーガンの愛人の一人であったが、徐々にアンソンと恋仲になり、終幕では婚約するにいたる。アンソンは、測量後には村を出ていくのかと彼女になじられた際、「ここで自分にできることは教師くらいだ」とつぶやく。教師デイヴィスの退場は、ベティを通じたアンソンの受容（教師としての）をスムーズに実現するためにこそ必要な設定なのであって、科学（ないし世俗教育）と宗教の対立は、その舞台を整えるための道具立てにすぎなかった。

　アンソンの村への受容も印象的なシーンである。婚約を発表した二人を待ち受けていたのは、村の楽団による音楽演奏であった。しかしそこで流れるのは、およそロマンティックな場面にふさわしいとは思えない曲である。これは「ハーレックの人びと（Rhyfelgyrch Gwŷr Harlech）」であり、しばしばウェールズで国歌扱いをされることもある勇ましい行進曲であった。バラ戦争中の 7 年間（1461-68）におよぶハーレック籠城の末、ヨーク軍に降伏した 50 人のウェールズ人守備隊を讃える内容であるが、この場面では結婚式に軍歌を流すような違和感がある。逆にこの婚約が意味したものを象徴する選曲でもある。

　このように物語の構図を再構成してみると、映像的な美しさや村人の素朴さといったレヴェルで目を引く点はあるにしても、純粋に感動できる内容なのかという疑問が湧く。FG が山か丘かという問題は、村の共同性に身を置いている者でなければ、実感するのはむずかしい。したがって、この問題を強引に「ウェールズらしさ」に接合しようとしても、かえって綻びが目立ってしまう。それを覆い隠すのは、先述の発言をしたジョニーの設定に見られるような、全編を貫く大戦による惨禍の描写である。最後のシーン（未見の方のために内容は記さない）も、制作者が綻びをある程度自覚していたことの

第2部 「イギリスらしさ」を読み解く

現れかもしれない。

　FGにおける「ウェールズらしさ」の曖昧さは、「最初の山」と描かれることにも見られる。それは「最初」であって「最後」ではない。つまり山を見つめるまなざしは、常に東のイングランドから注がれている。確かに映画の主題も正確にはFGが山か丘かではなく、それが地図に載るかどうかであった。しかもそれを決定するのはイングランド人の測量士であった。村人が「ウェールズらしさ」と強弁する彼ら自身の価値規範は、他者＝イングランド人のまなざしを気にしながら表現されているのである。

　ウェールズ文化を形成しているのは、言語に代表される独自性と、イングランドとの関係性において表現される複雑な相貌である。映画『ウェールズの山』は、ウェールズ文化として一般にイメージされる諸要因について、踏み込んで考える手がかりを多面的に与えてくれる作品となっている。

2．ペンリン鉱山

♣ スレート鉱山と政治文化

　ここでは前節で検討したウェールズ文化のイメージを、別の「山」から論じなおしてみようと思う。それは、イングランドとの距離においてより遠く、ウェールズとしての独自性においてより深い山、すなわち北ウェールズのペンリン鉱山である。

　ペンリン鉱山は19世紀末には世界一のスレート産出を誇る鉱山であった。現在も操業中ではあるが、1964年以降経営にあたっていたマクアルパイン社が2007年12月、北アイルランドに本拠をおくリグサイクル社にスレート採掘部門を3100万ポンドで売却したことから、今後の見通しは不透明になっている。そしてこの鉱山は、1896-97年と1900-03年の二度にわたり、大規模な労働争議が発生した場所としてもよく知られている。

　ペンリン鉱山のふもとに発展したのが、ベセスダという町である。当時としてはイギリス史上最長であった争議の影響は、この町の共同体に深く刻み込まれた。一例をあげよう。先述の通り『ウェールズの山』でパブの主人モー

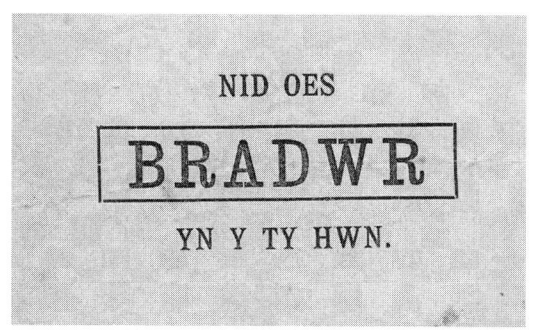

[第9章]「われわれ」の山はどこにある？

図9-2 「この家に裏切り者はいない」と書かれたポスター
出典：Gwynedd Archives Service, XM/7441/52.

　ガンは、デイヴィス校長に向かって「裏切り者」という罵声を浴びせた。この言葉は、科学的な見地からFGを「山」と認めない校長を非難するものであった。同じような言い方は、争議中のベセスダでもしばしば見かけられている。とくに2回目の争議では、スト参加者たちが自宅の窓に「この家に裏切り者はいない（NID OES BRADWR YN Y TY HWN）」と大書したポスターを張り出した。いうまでもなく、これはウェールズ語である。1917年の南ウェールズとは異なり、1900年前後の北ウェールズでは、労働者階級の母語はいまだに圧倒的にウェールズ語であった。
　独自の言語に代表される「ウェールズらしさ」が政治文化との関連で有した意味について、スレート鉱山労働者の研究で知られるR・マーヴィン・ジョーンズの所論を見ておこう。彼によれば、19世紀後半のウェールズは自由主義勢力の伸張という特徴が見出せるが、その基本戦略は、土地改革と非国教会化とを主要な争点としながら、ウェールズ固有の文化を政治的統合の軸とする「階級なきウェールズ」を志向するものであった。言語であれ何であれ「ウェールズらしさ」そのものが政治的な旗印として高々と掲げられることは少なかったものの、人びとの身についた無意識の規範として広く共有されていた。

column　スレート

　スレート（slate）はもともと「広く平らな石」を意味し、粘土が時間をかけて灰黒色化した地下資源である。屋根葺き、フローリング、習字板など、幅広い用途で使われた。北ウェールズの主要産業で、19世紀後半にはペンリン鉱山が世界一の産出を誇った。切り出し・加工にかかわる技術はウェールズ語を母体として発展したため、南部の炭鉱とは違い外部からの労働力にはほとんど依存しなかった。20世紀に入ると、カナダ・フランスなどとの国際競争にさらされるなかで、ペンリン争議の影響も手伝って徐々に生産を減少させていった。

♣ペンリン争議

　ウェールズ語モノグロットが多数を占めていた20世紀初頭北ウェールズ鉱山地帯の労働者階級にとって、生活と職場を律する言語による闘争は、自らの立ち位置を共同体に示すものであった。表通りに貼り出されたウェールズ語のポスターは、争議で敵対していた鉱山所有者ペンリン卿に直接届くようなものではなかったからである。逆にストを離脱し、スト破りとなってペンリン卿に忠誠を誓った労働者たちは、スコットランド出身でウェールズ語を解さない彼らの主人に対し、自分たちが共同体のなかで置かれている苦境を切々と綴った陳情書を英語で寄せている。

　しかしこれをただちに英語対ウェールズ語、ひいてはイングランド対ウェールズの対立として解釈するのは、適当ではない。スト参加者側も争議開始直後から、全国に向けて自らの立場を訴えるパンフレットを英語で作成しているからである。ここでは、コミュニケーションの道具であるはずの言語そのものが特定の局面では中立的な意味合いを失い、紛争の渦中に投げ込まれる場合のあることを確認しておきたい。

　この問題が最初に浮上したのは、紛争初期における労使交渉でのコミュニケーション手段をめぐって、つまり通訳の配置をめぐってであった。そもそも対立を導いた諸問題は鉱山の労働慣習に根差すものが中心であったが、それらは争議の過程で労働者自身の手でイングランド社会にも理解可能な言葉へ翻訳され、争点が変質してしまう。地域行事に即してなされた休日の要求

が、集団欠勤の是非を経て、「団結権」の要求へと横滑りしていく例などが典型的である。ここには、『ウェールズの山』でも見られたような、外部のまなざしを意識しながら自らの姿勢を整える様子が見て取れる。こうした姿を指して、イングランド人は「堂々たる小ウェールズ」などと保護者然と呼び慣わしていたのかもしれない。

　一般に労働争議にあっては、争点の移動自体は珍しい現象とはいえない。しかしこの場合、労働者の戦略は争議を「全国化」するものであり、ウェールズとイングランドの相違を際立たせることにならざるをえなかった。1896年は争議が始まった年であるが、歴史上名高い調停法が成立した年でもある。そのため、この争議は中央政府が同法に基づき本格的な介入を試みた最初の事例となった。しかし国家介入の拡大に反対する全国的な勢力にも後押しされたペンリン卿は、争議への第三者の関与を徹底的に拒否する。その過程でウェールズ語モノグロットとの交渉には必要不可欠な通訳や速記者さえ第三者扱いされ、その配置自体が「第三者介入」として争点化してしまったのである。

　先に述べたように、映画『ウェールズの山』では、この問題は技術的な理由もあり、完全に回避されている。しかし現実の世界では克服がはなはだ困難な問題であり、その証拠に2回目の争議では直接的な労使交渉はほとんど行われていない。この落差はフィクションと現実の間にだけあるのではなく、ウェールズにおける地域間の多様性や20世紀に入ってから急速に進んだイングランド化の影響によるものである。それは「ウェールズの山」の多様性でもある。南ウェールズで石炭を産出する山々では、ペンリン鉱山と異なり、各地の労働者を迎え入れていた。そのような場ではおよそ考えられない状況である。たとえば、ジョン・フォード監督の『わが谷は緑なりき』（1941）は南ウェールズの炭鉱を舞台としているが、「ウェールズらしさ」への言及はほとんど見られない。

♣「山」をめぐる対立

　しかし自らの共同性に与しようとしない異質な存在に「裏切り者」のレッ

テルを貼り、自らの大義を正当化しようとする行動において、FG をめぐる人びとと争議参加者たちは共通している。フィクションのなかでは、「山」をめぐる共同体の対立はデイヴィス校長を排除しただけで、ひとまず収束に向かった。しかし現実は違っていた。ベセスダにおける「山」をめぐる対立は克服されず、やがて共同体は崩壊に向かう。

　当事者の声を聞いてみよう。鉱山労働者の組合長をつとめた W. W. ジョーンズは争議を「ナショナリズムのための闘争」と呼び、続けてこう叫んだ。

　　スノウドニア、われわれの文化、われわれ自身、われわれの故郷、われわれの民族性、われわれの誓い、われわれのウェールズ語の説教、われわれはそれらを誇りに思い、男として立ちつづけた。裏切りよりも死である。

労働争議を「男の世界」としてしか認識できないマッチョな感覚はあえて問うまい。しかしなぜストに参加した者だけが郷土愛の持ち主として自賛されるのか。スノウドニアの山並みは、スト破りにとっても同じように美しい風景ではないのか。

　ここには、FG の村人と同じく、自らの価値観をナショナリズムに接合し、それを横領しようとする姿が見て取れる。こうした一種の非寛容さは、ウェールズで有力な非国教会主義によるところが大きいという説がある。その是非はさておき、確かに横領の範囲は宗教にも及んだ。スト参加者は非国教会の礼拝堂へ向かい、スト破りは国教会に通わざるをえなかった。自らの宗教意識とは別に共同体の分裂にともなう住み分けが生じたのである。

　それがより深刻なかたちで現れたのは、教育現場においてであった。ウェールズには、国教会系のナショナル・スクールとそれ以外のブリティッシュ・スクールが存在した。共同体の分裂が拡大した 1902 年以降、スト参加者の子どもはブリティッシュ・スクールへ、それ以外はナショナル・スクールへ転校する傾向が強まった。双方が同じ学校に通いつづけた場合、校内での大きな揉め事は記録されていないが、通学時間帯を別にするなどの配慮がなされた。他方、教師が争議に直接かかわる行動に出たことはほとんどないが、

[第9章]「われわれ」の山はどこにある?

2回目のストを引き起こすきっかけとなった1900年11月の暴動事件をめぐる裁判の際、労働者を支援するため多くの教師が学校を離れ、いくつかの小学校が休校になっている。

　南ウェールズでは、組合や社会主義運動に教師が深く関与する事例があった。しかしFGにもペンリン鉱山にも、同様の動きは見られなかった。前者の場合、教師が象徴する科学的な知識と村人がFGに込めた感情との対立に焦点が当てられ、その枠組みに収まりきらない対立軸は捨象された結果であるといえよう。後者の事情はより複雑である。労働者が最初に経営側と本格的な紛争を経験した1874年のことである。彼らは解決のための一案として、鉱山経営に携わった経験はないものの、自分たちの深く信頼する人物を現場責任者に任命するよう要求した。経営側からはあっさり拒否されたその人物こそ、ベセスダの小学校校長であった。

　しかしその約30年後、ペンリン鉱山の組合指導者にはこう語るものまで現れた。

> 半世紀にわたり、ウェールズの労働者は中産階級を持ち上げてきたものだった。しかしこんにち、中産階級はどのように労働者を扱っているだろうか。……イングランドの労働者は中産階級を振り払ってきた。ウェールズの労働者も彼らとともに歩もうではないか。

これは、20世紀初頭に始まる「リベラル・ウェールズ」から「レイバー・ウェールズ」への転換を告げる鐘の音であった。

　この転換はウェールズの南北で時間差を伴いながら進行し、北部では南部ほど鮮やかな変化は見られなかった。北部スレート鉱山の組合が労働党に加盟したのは、1920年である。逆に1960年代以降、この地域で勢力を伸ばしたのは、文化的自立を掲げて教師を含む中産階級の支持を受けた民族政党、プライド・カムリ (Plaid Cymru) であった。その背景には、ウェールズ語話者の減少という現実があった。放置しておくと山崩れを起こしかねない言語使用状況を何とか「山」のまま維持するためのミッションが、

第2部 「イギリスらしさ」を読み解く

地域に温度差を伴いながら進行したのである。反面、それは「ウェールズらしさ」がかつてのように無意識の規範として共有された時代が終焉したことを意味した。

column プライド・カムリ

　プライド・カムリ（Plaid Cymru）は「ウェールズ党」を意味する地域政党で、独自文化の保持と政治的な自立を掲げ、1925年に創設された。当初は「ウェールズ民族党（Plaid Genedlaethol Cymru）」を名乗るが、1943年以降はプライド・カムリと呼ぶのが一般的である。設立時の中心はユニヴァーシティ・カレッジ（バンゴール）の学生団体出身のL. ヴァレンタイン（初代党首）、ウェールズ大学講師で著名な詩人でもあるS. ルイスなどであり、執行部には中産階級が多かったが、19世紀ウェールズ自由主義を特徴づけた非国教会主義の影響力は相対的に小さかった。やがて「イングランド支配の打破」を主張し、1936年9月には3名の幹部が北西部に建設された英空軍関連施設に放火する事件を起こした。これは同党の第二次世界大戦中の反戦・平和主義的立場につながるとともに、その後の言語復興運動の本格的な起点にもなった。被告が法廷で英語を拒否したことから、公的空間でのウェールズ語使用要求が他政党との違いを際立たせたのである。戦後になって本格的に進出した国政選挙では、1966年補欠選挙（南西部カマーゼン選挙区）で最初の議席を、1974年2月総選挙で計3議席を獲得し、その後は北部と西部を中心に2-4議席を維持している。1999年に始まったウェールズ議会（Welsh Assembly）選挙でも一定の得票をあげているが、2007年までの3回の選挙ではいずれも労働党に次ぐ第二党に終わった。

二言語標記されたカーディフ駅の案内板
（筆者撮影）

[第9章]「われわれ」の山はどこにある？

3. 「山」が問いかけるもの

　プライド・カムリの成長が「リベラル・ウェールズの死」と軌を一にしたことは、けっして偶然ではない。ウェールズ・ナショナリズムに強烈なシンパシーを寄せる者から見れば、19世紀の自由党主導のナショナリズム運動は、20世紀以降のそれを準備し方向づける先駆的存在ではなかったからである。プライド・カムリの最初の通史は20世紀のウェールズを、自由党優位から労働党の挑戦へ、そして言語復権を中心に据えた自立のための運動の興隆へという流れで把握している。

　本格的な復権運動は、プライド・カムリ（1925年創設）とウェールズ言語協会（1962年創設）によって担われた。この運動は1960年代以降に大きく進み、政府機関、国鉄などの国有化企業に対しバイリンガル政策の採用を実現させた。事実上の公用語化が進んだことで、ウェールズの公立学校にバイリンガル教育を採用させ、道路標識に二言語表示を義務づけるウェールズ言語法が1967年に成立した。それ以降、ウェールズ語単独でのテレビ局の設置を求める運動も始まり、1982年にはシャネル4・カムリが放送を開始した。「山」と「丘」とのアナロジーでいえば、ウェールズ語はひとまず「山」として認知されたのである。

　こうした言語復興の努力については、さまざまな評価がある。第一に、運動の担い手が一貫して教師や学生を中心とした中産階級であった点である。1970年代に入ると、彼らの運動によって自治体にまでおよんだバイリンガル政策は、ウェールズ居住の英語モノグロットを雇用から排除する結果を招いた。それゆえ、労働者のなかには、バイリンガル政策は中産階級に特権を与えるものだという反発も生まれている。

　言語学的な観点からは、S. マシューズとM. ボリンスキーが次のように論じる。言語は次の世代に継承されなくなった時に絶滅寸前とみなされるのであるが、子どもたちに親より流暢なウェールズ語を話せるようにするためのバイリンガル教育を通じて、言語使用の衰退は逆転しつつある。「ケルト語

派のなかで、ウェールズ語がその将来を保証される唯一の言語となってしまった」。

　楽観的な見通しの一方で、衰退言語シンドロームの兆しを見て取る者もいる。F. クルマスは、言語衰退は単なる話者数の減少ではなく、社会的な機能の劣化がもたらす文法と語彙の体系的衰退によるのであり、コミュニケーション・ニーズを満たせなくなったことばに経済的価値はないと断じる。彼は、ウェールズ語などの言語体系の次元でおこる言語干渉現象の増加こそ、衰退傾向の最大の根拠だと主張している。それは、A 言語の特徴が B 言語に転移するという意味で、第二言語習得でのエラーを説明する概念であるが、クルマスは個々の話者におこる現象が支配言語との接触で弱小言語全体に生じるのが衰退過程にある証拠だと論じている。たとえば、ことばのもっとも重要な再生産現場である家庭からウェールズ語がほとんど完全に追い出されつつあるなかで、ウェールズ語における英語からの音声取り入れや語彙借用の強まりによって、両者の社会的落差は拡大しつつある。このような状況下では、社会的・政治的な言語復興の努力は、一見成功している印象を与えるものであっても、永続はしないのである。

　いずれの見方が正鵠を射ているかは、外部のまなざしを切り離し、生活空間において彼ら自身がそれをどう生かしていくかにかかっている。再び「山」と「丘」とのアナロジーでいえば、あくまで山を維持しようとするのか、丘であることにあえて誇りを見いだすのか、それとも山であれ丘であれ崩れていくのを受け入れるのか。一例を挙げれば、ウェールズには毎年持ち回りで開催される全国アイステズヴォッド（Eisteddfod）がある。これは 12 世紀に起源を有し、ほぼウェールズ語だけで実施される芸術祭であり、ウェールズ語を用いる人びとにとっては高い意義のある行事である。われわれはこうした行為の文化的意味を問い直しながら、彼ら自身の意志に基づく営為を見守っていくしかない。

[第9章]「われわれ」の山はどこにある？

column　ウェールズ人の名前

　ウェールズ関係の著書や論文を調べていると、研究者の苗字のバリエーションが少ないことに気付く。モーガン、ジョーンズ、デイヴィスなど、特定のファミリー・ネームが目立つのである。そのため、引用の際には注意が必要である。

　上にあげたのは、いずれも映画『ウェールズの山』の主要登場人物である。これについては映画の冒頭でも言及があり、同じ苗字が並ぶ村の人びととはそれぞれニックネームを付けて呼ばれていた。多くは本人の仕事と結び付けられているが、「好色モーガン（Morgan The Goat）」のようにありがたくないものもあった。随所で重要な役割を果たす戦場帰りのジョニーは「シェルショックのジョニー（Johnny Shellshocked）」（242-243頁参照）である。物語は、村の教師におさまったアンソンの、ひときわ異彩を放つ呼び名「丘を登ったが、山から降りてきたイングランド人（映画の原題）」の由来を、祖父が孫に語る形式で展開される。彼はこの呼び名とともに、村の仲間として迎えられたわけである。

◉ 参考文献——

F. クルマス（諏訪功他訳）『ことばの経済学』大修館書店、1993年。
B. コムリー、S. マシューズ、M. ポリンスキー編（片田房訳）『世界言語文化図鑑』東洋書林、1999年。
谷川稔『国民国家とナショナリズム』（世界史リブレット35）山川出版社、1999年。
久木尚志『ウェールズ労働史研究』彩流社、2006年。
J. フォード監督『わが谷は緑なりき（How green was my valley）』1941年、アメリカ映画。
C. マンガー監督『ウェールズの山（The Englishman who went up a hill but came down a mountain）』1995年、イギリス映画（ノベライズは、鈴木・松本訳『ウェールズの山』扶桑社エンターテイメント、1996年）。
山崎勇治『石炭で栄え滅んだ大英帝国』ミネルヴァ書房、2008年。
J. Davies, *A History of Wales*, London: Penguin Books, 1994.
R. Merfyn Jones, *The North Wales Quarrymen 1874-1922*, Cardiff: University of Wales Press, 1982.
C. Williams, D. Hopkin and D. Tanner (eds.), *Labour Party in Wales 1900-2000*, Cardiff: University of Wales Press, 2000.
G. A. Williams, *When Was Wales*, London: Black Raven Press, 1985.

[第10章]
「われわれ」の居場所はどこにある?
―― 女たちのイギリス ――

梅垣千尋

「イギリス人の家は城である」という格言がある。イギリス人にとって家庭とは、自由に取りしきることを許された小さな王国のようなもので、そこでは外の世界にわずらわされずに家族の安らぎが得られる、という意味でよく使われる。確かに暖炉を囲んだ家族団欒の場面への郷愁、あるいは家の内装や庭造りへのこだわりの強さにみられるように、家庭という空間に対するイギリス人の愛着には特別なものがありそうだ。しかし、すべてのイギリス人にこの格言が当てはまるかといえば、かならずしもそうとはいい切れない。そもそも原語の「イギリス人 (Englishman)」とは、より厳密には「イングランド男性」と訳してもよい言葉であり、歴史的にみて長い間「弱く劣った性」とされてきた女性の存在は、ここでは暗黙のうちに想定から外されている。家庭という「城」を所有し、率い、支配してきたのはもっぱら男性だけで、女性はそうした主(あるじ)のために奉仕する存在でしかなかった――冒頭の格言は、こう批判的に読み込むこともできるだろう。

では、家の主(あるじ)になることのなかったイギリスの女たちは、いったいどのように生きてきたのだろうか。彼女たちの居場所はどこにあったのか。

近代以降、女性がどのような環境や条件のもとで生活してきたのかについては、さまざまな説明の仕方がある。経済史に力点をおく女性史家たちは、資本主義の展開がもたらした影響に関心を払ってきた。そこで論じられたのは、18世紀後半以降、近世的な家族経済から工場制に基づく賃金経済への移行が進むにつれて、女性の労働力の位置づけが大きく変化したことである。ただし、解釈は大きく二つに分かれ、工業化の進展とともに男性が主要な稼

[第10章]「われわれ」の居場所はどこにある？

ぎ手になったことにより、女性は家庭内での従属を余儀なくされたという悲観論もあれば、むしろ資本主義の展開によって、女性は賃金労働者として経済的な独立を手にすることができるようになったという楽観論もあった。その一方、政治や法制度に関心を寄せる女性史家たちは、フェミニズム（男性と比べて女性が不利な立場に置かれていることに対する異議申し立ての主張）の萌芽がみられた18世紀末以降、女性が男性と同じ権利を求め、それを勝ちとっていったプロセスに焦点を当ててきた。そこで力をこめて描きだされたのは、参政権や教育権の獲得など、男女平等の実現を目指してたゆむことなく続いた女性運動の歴史であった。

　これらの歴史像はいずれも、近代から現代にいたるまで、イギリスの女たちがどのような社会の枠組みのもとに置かれてきたのかを知る手がかりとして、重要な意味をもつ。しかし、こうした図式をあまりにも固定的にとらえすぎることによる問題点も、最近では指摘されつつある。たとえば、ひとくちに「イギリス女性」といっても、そのなかには階級、人種、宗教、地域などによって大きな経験の違いがあり、そうしたバラバラな女たちをどこまでひと括りにして扱ってよいのかという問題があるだろう。さらに「女らしさ」や「男らしさ」といった表象としてのジェンダー概念の有効性が認められるにつれて、女性史の関心は経済構造や社会制度から離れ、言説やパフォーマンスのもつ力に向かうようにもなってきた。個人のアイデンティティに着目した研究のなかには、女性が活動領域において一定の制約を受けながらも、それらをうまくすり抜けるすべを身につけていたことを強調する議論もある。

　このように、女性史にさまざまな叙述方法があることを踏まえたうえで、本章では18世紀後半以降のイギリス女性の生き方を、何人かの具体的な人物の伝記をあとづけながら考えてみることにする。それぞれの時代に根ざしたジェンダーをめぐる文化規範は、女たちの生き方をどのように条件づけたのか。またその逆に、女たちはその生涯をつうじて、どのようなジェンダーをまとった女性像を社会に提示したのか。以下ではいくつかの事例を素描することで、ジェンダーをめぐる文化と、女性の生き方との間に、どのような動きをはらんだ相互関係があったのかを探っていくことにしたい。

第2部 「イギリスらしさ」を読み解く

1. ペンをもつ女たち——18世紀後半から19世紀前半

♣ 出版文化の発展と女性

18世紀後半のイギリス社会には、工業化や商業化をはじめ多くの変化がみられたが、なかでも女性の生き方に大きなインパクトを与えたのは、出版文化の発展だろう。出版の検閲制度が存在しなかった18世紀のイギリスでは、宗教書、書簡集、旅行記など多種多様な印刷物が全国に流通し、人びとの日常生活のなかに入り込んだ。これらの書物をじかに手に取ったのは、次第に読書能力を身につけていった女たちである。女性の識字率は一般に、男性のそれよりも低かったといわれるが、貸本屋の様子を描いた当時の版画には、多くの女性の姿を見てとることができる（図10-1）。

女性は読み手としてだけでなく、書き手としても出版文化を支えていた。18世紀半ば以降の児童書というジャンルの成立と拡大を助けたのは、ジョン・ニューベリーのような男性作家ばかりでなく、多くの聖職者の妻や母たちでもあった。19世紀に小説や詩が文学作品としてその権威を認められるようになるまで、女性が出版によって自らの書いた文章を公にすることはそれほどタブー視されておらず、時には奨励されることさえあった。

では、18世紀後半の女たちは、どのような経緯をたどって出版の世界に入っていったのか。ハナ・モアとメアリ・ウルストンクラフトという、タイプの異なる二人の女性に注目してみよう。

図10-1 19世紀初頭の貸本屋の様子
出典：Paula R. Backscheider (ed.), *Revising Women*, Baltimore : Johns Hopkins University Press, 2000, p.166.

198

[第 10 章]「われわれ」の居場所はどこにある？

♣ ハナ・モアとメアリ・ウルストンクラフト

　学校教師の父親をもつモアは、読み書きの手ほどきを受けた幼少時から、優れた文才を発揮した。十代の終わりには 4 人の姉妹たちとともに、父親がブリストルに設立した女子寄宿学校の教師となる。しかし二十代後半、結婚を延期されたあげくフィアンセから婚約を解消されると、彼女はその慰謝料として約束された 200 ポンドの年金をもとに、著述家として生きることを決意する。ちょうどそのころロンドンでは、文人サミュエル・ジョンソンの周辺に集まった「ブルーストッキング」と呼ばれる女性作家たちの活躍が人びとの目をひいていた。1774 年にはじめてロンドンを訪れたモアは、この文芸サークルで次第に才能を認められ、やがて三十代半ばには道徳的な作法書や悲劇『パーシー』(1777) の作者として名声を得ていった。

　一方、父親の転職のたびに各地を転々としながら育ったウルストンクラフトは、ほぼ独学で読み書きを習得した。十代後半には老婦人の話し相手やガヴァネス（家庭教師）として貴族の邸宅に住み込み、二十代半ばには妹や友人とともにロンドン北部で小さな通学制の学校を運営しはじめた。学校経営は間もなく失敗したが、この地でウルストンクラフトは偶然にも、非国教徒系の進歩的知識人たちと親しくなり、1788 年に月刊誌『アナリティカル・レヴュー』を創刊したばかりの出版者ジョゼフ・ジョンソンに紹介される。書評や翻訳の仕事を担当できる人物を求めていたジョンソンから、専属ライターとして迎え入れられたウルストンクラフトは、三十代には女性向けの教育書や児童書など、売れ筋の出版物を次々と発表していった。

　こうして二人が著述家になるまでの経緯を見ていくと、そこにはロンドンの開放的な出版文化のあり方や、女性著述家を支援する男性知識人たちの存在が浮かび上がってくる。さらにその背後に見えてくるのは、女子教育に対する人びとの強い関心だろう。商工業の発展や専門職の台頭によって階層的な流動性が高まっていた 18 世紀後半、中間層以上の娘たちに期待されていたのは、条件の良い結婚相手を見つけることであり、またそのためにピアノやフランス語といった「たしなみ」を身につけることだった。モアとウルストンクラフトがともに文筆の仕事の足がかりにした女性向けの学校事業や出

第2部 「イギリスらしさ」を読み解く

図10-2　ハナ・モア
出典：Anne Stott, *Hannah More*, Oxford: Oxford University Press, 2003, p.200.

図10-3　メアリ・ウルストンクラフト
（ロンドン、テイト・ブリテン蔵）

版物は、好ましい生活様式を教える手引きとして、多くの人びとに必要とされていたのである。

♣公論の担い手としての女性

　しかしこの時代、女性がどのように教育されるべきなのか、まだ明確な方向性は定まっていなかった。啓蒙主義の流れを汲むウルストンクラフトは、『女性の権利の擁護』（1792）のなかで男女平等を信じる立場から、女性も男性と同じく理性の力を伸ばすべきであると論じた。それに対し、国教会福音主義の立場をとるモアは、『現代女子教育体系批判』（1799）のなかで男女の差異を強調し、女性はその服従精神ゆえに男性よりも優れた宗教活動を行うことができると主張した。

　こうした意見の相違にもかかわらず、興味深いのは二人がともに公論の担い手として、さまざまな政治問題に口を挟んでいた点である。とくに1780年代後半から盛り上がった奴隷貿易廃止運動には、女たちが積極的にかかわった。モアは『奴隷制』（1788）という詩を発表し、アフリカから略奪された奴隷の過酷な運命を憐れんだ。またウルストンクラフトは『女性の権利

の擁護』のなかで、女性の隷属状態を黒人奴隷のそれになぞらえ、双方に共通する非人間性を訴えた。さらに 1789 年に勃発したフランス革命をきっかけに、イギリス国内が革命支持派と反対派に二分されると、女たちはそれぞれの立場から革命論争に加わった。人間の完全可能性を信じるウルストンクラフトは、フランス革命の現場に飛び込んでその帰趨に期待をかけた。その一方、階層的な秩序を重んじるモアは、民衆に対して現状に満足することの大切さを教え諭した。

　このような言論活動によって二人が足を踏み入れていたのは、通常なら女性のものとはされない領域だった。こうした越境行為に対する警戒は、1790年代末になると一気に高まった。ウルストンクラフトは 1797 年に 38 歳で急逝した後、革命の混乱をもたらす「アマゾニアン」(伝説の女戦士のように男まさりな女性) と中傷され、モアも 1800 年ごろには日曜学校運動を展開するなかで教区の不在牧師と敵対し、その活動が女性にあるまじきものだと非難された。しかし周囲の批判にもかかわらず、二人がそれまでの女性の生き方の幅を広げたことには変わりがない。哲学者ウィリアム・ゴドウィンとの結婚後、ウルストンクラフトが命と引きかえに産んだ娘メアリは、のちにロマン派詩人パーシー・B・シェリーの妻となり、壮大なゴシック小説『フランケンシュタイン』(1818) の作者となる。英文学史上、おそらく最初の作家一家の誕生である。またモアは、生存中に 30 版を重ねた『妻を求めるシーレブズ』(1808) をはじめ数多くの書物を著し、1833 年に 88 歳で没した時には 3 万ポンドもの遺産を残した。ペンの力で身を立てた二人の生き方からは、18 世紀の出版文化が女性に与えた可能性の大きさを知ることができるだろう。

2. 保護される妻、救済する母——19 世紀半ばから後半

♣ ヴィクトリア朝の女性像

　1837 年から 1901 年まで続いたヴィクトリア女王の治世には、「家庭の天使」という理想の女性像が社会に定着していった。男性が家庭の外で経済活動に勤しむ一方、女性に期待されたのは、道徳の守り手として愛情に溢れた

家庭を築くことだった。1832年の第一次選挙法改正で有権者がはじめて「男性」と明文化されたことに象徴されるように、おおらかだった18世紀のジェンダーをめぐる文化は、男女の領域を「公／私」へと明確に区分する厳格なヴィクトリア朝的価値観に取って代わられたのである。

　しかし、こうした理想の女性像をあらゆる人びとが実現できたわけではない。労働者階級の女たちに専業主婦になるゆとりはなかった。また「家庭の天使」になるためには相応な結婚相手が必要だったが、海外移民の増加や晩婚化の影響により、イギリス国内で結婚できる男性の数は女性に比べて圧倒的に少なかった。「余った女性」と蔑まれた独身女性は、自力で生計を立てなければならなかったが、中流階級の女性が体面を傷つけずに就ける仕事はガヴァネスなど、きわめて限られていた。それだけではない。たとえ「扶養される妻」という安定的な地位を手に入れた場合でも、夫の保護下に置かれるという立場ゆえに、予想外の苦境に立たされることもあった。この矛盾をもっともよく体現していたのが、キャロライン・ノートンである。

♣ 保護されることの矛盾——キャロライン・ノートン

　政治家リチャード・B・シェリダンの孫として上流階級の家庭に生まれたキャロラインは、社交界にデビューした翌年、19歳で地方地主の息子ジョージ・ノートンと結婚した。しかし二人の相性は合わず、キャロラインは夫に暴力をふるわれることもあったらしい。夫婦には3人の男児が生まれたが、不仲は解消されないまま、ついにキャロラインは家を追い出され、息子たちからも引き離されてしまう。1836年、離婚成立の条件整備をはかったジョージは、妻との「姦通」を理由に、ときの首相メルボーン卿を提訴。このスキャンダラスな訴訟はただちに却下されたが、キャロライン

図10-4　キャロライン・ノートン
（ロンドン、ナショナル・ポートレート・ギャラリー蔵）

は自分が妻として法的に無力な存在であることを実感せずにいられなかった。当時のイングランドの慣習法では、既婚女性は夫の庇護下に入ることで法的人格を失い、子どもの養育権から独力で獲得した財産まで、すべてが夫に属すると定められていたからである。

　キャロラインはこの理不尽な状況に対して声をあげた。1837年には、子どもとの面会を認めない夫の仕打ちに抗議するパンフレットを出版。その境遇に同情した弁護士トマス・タルフォードの尽力により、1839年には7歳未満の子どもの養育権を母親に認める未成年者監護法が成立し、彼女は数年後、ようやく息子たちと暮らせるようになった。さらに1854年には、夫から生活費の支払いを打ち切られたことをきっかけに、『19世紀の女性にとってのイングランド法』を執筆。自分の原稿料の所有権さえも、別居中の夫のものとする現行法の非合理を切々と訴えた。

　ノートンが展開したのは、女性は男性よりも劣った存在であるがゆえに「保護を受ける権利」をもつという、当時の人びとに共感されやすい主張だった。女性の弱さを武器にしたその巧みな論法は、バーバラ・ボディションらが率いる法改正要求運動を高揚させ、ついに1857年には、夫に「遺棄」された別居中の妻の財産権をはじめて認める婚姻訴訟法が成立した。ノートン自身は女性の政治運動に対して冷ややかだったものの、彼女の活動が女性の法的地位を見直す契機になったことは間違いない。夫の死後、ノートンは20年来の旧友と再婚し、そのわずか数ヵ月後に69歳で亡くなった。

---

column　子どもの保護にかんする法制度の変化

　1839年の未成年者監護法では、母親に不貞行為がない場合にかぎり子どもの監護権が認められたが、1873年の幼児監護法ではこの条件がなくなり、母親が監護できる子どもの年齢も16歳未満に引き上げられた。その後、数度にわたる法の制定や改正をへて、子どもに対する父親と母親の法的地位は1973年の後見法の制定をもって完全に平等なものとなった。また、1925年の幼児後見法では、親の権利よりも子どもの福祉を優先するという基本原則が打ち立てられ、1989年の児童法では児童虐待防止の観点から、子どもに対する親の責任が明確に規定された。

第2部 「イギリスらしさ」を読み解く

---

column 婚姻関係にかんする法制度の変化

　1857年の婚姻訴訟法で財産権を認められたのは別居中の妻だけであったが、1870年にはすべての既婚女性が200ポンドまでの財産をもつことができるようになり、さらに1882年には金額の制限が取り払われた。同じころには離婚にかんする法整備が進み、1923年に離婚申し立ての要件が男女平等になったほか、訴訟で離婚が認められる際の基準も次第に緩和された。

　婚姻の手続きや要件もまた、時代とともに変化した。1754年にイングランドとウェールズで施行されたハードウィック婚姻法では、婚姻予告の公示を行ったのち、国教会聖職者の前で挙式することが義務づけられていたが、1836年の婚姻法では教会儀式によらない民事婚が認められた。さらに近年では2005年のシビル・パートナーシップ法の施行により、事実上の同性婚が可能となった。

♣ 救い手としての女性——メアリ・カーペンター

　自分自身の保護を求めたノートンとは対照的に、他者に対して救済の手を差し伸べる女たちもいた。「産業革命」と呼ばれる経済発展の結果、困窮者の社会的排除や都市のスラム化といった問題が顕在化したヴィクトリア朝社会では、貧者を救う慈善活動がさかんに行われた。こうした事業に新たな活躍の場を見いだしたのが、女たちである。メアリ・カーペンターはその代表例といってよい。

　ユニテリアン牧師の娘として、日曜学校の教師やガヴァネスの仕事をしていたカーペンターは、二十代後半から他者を助けることに生き甲斐を感じはじめた。強い使命感に駆り立てられて、1846年には困窮した子どもたちに裁縫や洋裁を教える貧民学校をブリストルに設立。チャールズ・ディケンズの小説『オリヴァー・ツイスト』(1839)に描かれたような児童犯罪は、その当時深刻な社会問題になっていたが、彼女は生徒たちと接するなかで、彼らに必要なのは懲罰よりも人格形成を目的とした学びの場であることを確信する。こうして非行の原因を社会環境に求めたカーペンターは、1850年代には議会で青少年犯罪の予防にかんする証言を求められるほど一目置かれるようになり、1860年代には監獄改革運動にも乗りだした。

[第10章]「われわれ」の居場所はどこにある？

　さらに59歳からは、かつて親しく接したことのあるインドの改革者ラームモーハン・ロイの影響で、イギリスの直轄統治下にあったインドを4度にわたって訪問。その体験を綴った『インドでの6ヶ月』(1868) では、女子教育の不備や幼児婚の問題を指摘し、やがてインドの教育状況に関心を抱いていたヴィクトリア女王に謁見するまでとなった。

　カーペンターは生涯独身だったが、彼女がその活動のなかでしばしば「母性」を強調した点は興味深い。貧民学校の運営にあたり、彼女は「哀れな子どもたち」のために家庭的な環境で「母の愛」を注いでやらなければならないと力説した。またボンベイ（ムンバイ）とアーメダバードに女子学校を設立した時には、インドの民衆から「お母さん」と呼ばれることを誇らしげに語った。彼女は「母」という女性特有の役割を自ら引き受けることで、救済対象との距離を縮め、また広範な領域にわたる自分の活動を周囲に認めさせたように見える。

図10-5　メアリ・カーペンター
出典：J. Estlin Carpenter, *The Life and Work of Mary Carpenter*, Macmillan, 1879.

　カーペンターが世を去ったのは、偶然にもキャロライン・ノートンが亡くなったのと同じ日のことだった。その直前の1877年5月、カーペンターは友人フランシス・P・コッブの誘いを受けて、1860年代後半からジョン・スチュアート・ミルの指揮のもと始動していた女性参政権運動に合流している。男女平等の主張に与しなかったノートンならば、カーペンターのこの行動に反対したことだろう。しかし、「妻」や「母」という女性に割り当てられた領分を守りながら、実質的には女性の地位を引き上げた点で、ノートンとカーペンターは一種の同志だったといえるかもしれない。

3. 家庭の殻を破る女たち──19世紀末から20世紀前半

♣ 20世紀転換期の社会と女性

　イギリスが世界に冠たるイギリス帝国として栄華を誇った19世紀末から20世紀初頭は、女性の活動範囲が家庭の外へと広がっていく時代だった。コッブらが率いる女性運動の後押しで、男性だけに限られていた高等教育や専門職の世界は、次第に女性にも開かれるようになった。結婚せず自立した生活を謳歌する女たちの姿は、因襲にとらわれない「新しい女」として1890年代の小説にしばしば登場した。さらに1914年に第一次世界大戦が勃発すると、戦場に赴く男性に代わって女性が職場に進出。こうした状況の変化のなかで、長年にわたる女性参政権運動の努力が認められる素地ができあがり、ついに1918年には30歳以上という制限つきで、女性にも選挙権が与えられることになった（21歳以上の男女の平等な普通選挙権が実現するのは1928年）。

　しかし、このように男女平等に基づく社会制度が整えられる一方で、人びとの日常感覚には依然としてヴィクトリア朝の価値観が染み込んでいた。とくに19世紀後半に生まれた女たちにとって、「保護」と「束縛」という両義的な意味をもつ家庭の「殻」を破ることは容易ではなかった。では、彼女たちはどのような経験をつうじて、家庭の外に自分たちの居場所を見つけていったのか。ここでは、「自然」と向き合うことで家族関係のしがらみから解放され、社会的な運動へと突き進んだ二人の女性、ビアトリクス・ポターとマリー・ストープスに焦点を絞り、その足どりをたどっていこう。

♣ キノコ研究から自然保護へ──ビアトリクス・ポター

　のちに児童文学作家として有名になるポターは、法廷弁護士の父親と伝統的規範を重んじる母親のもとにロンドンで生まれた。十代になると厳格な母親とそりが合わなくなり、暗号を使って家族への苛立ちや自分の無力感を日記に綴ることもあった。しかし幸運だったのは、毎年の夏をスコットランドや湖水地方で過ごすことができたことだろう。幼いころから自然の動植物に

[第 10 章]「われわれ」の居場所はどこにある？

愛着を抱き、見たものを絵に描くことが好きだったポターは、20 歳ごろから菌類に強い関心をもつようになり、発見したキノコの細密な学術画をせっせと描きつづけた。やがて 1897 年には科学者だった叔父の協力で、博物学の権威的組織であるリンネ協会に「胞子の発芽」にかんする論文を発表。しかし、当時のリンネ協会は女性の会員を認めていなかったため、この論文は男性会員に代読されたうえ、その内容はほとんどかえりみられることがなかった。

ポターが次に取り組んだのが、動物を主人公にした子ども向け絵本の出版である。36 歳の時、自らウォーン社に原稿を持ち込んだ『ピーター・ラビットのおはなし』（1902）は、着想の新しさから予想を超えるベストセラーとなった。この物語のなかで子うさぎのピーターは、母親に着せられた上着の金ボタンを網にひっかけ、危うく農場主につかまりそうになる。この場面には、家庭で押しつけられた窮屈な規範のせいで、身動きが取れなくなったポター自身の姿が映しだされていたようにも見える。

図10-6　ビアトリクス・ポター
出典：ホームページ（http://www.udel.edu/PR/UDaiy/2008/apr/potter040808.html）より。

絵本の成功によって自信をつけたポターは、商才を発揮してゲーム盤やぬいぐるみを売り出し、十分な経済力を獲得。39 歳の時には不幸にも病で婚約者を失うが、この出来事をきっかけに過干渉気味の母親とは距離を置き、単身ランカシャーでの農場生活を開始する。おりしもこの時代、田園地帯では無秩序な開発が進み、危機感をもった人びとが 1895 年に「ナショナル・トラスト」を創設して自然環境の保護を訴えていた。ポターはこの運動に賛同し、絵本の印税収入で田園の土地を保全用に次々と購入。47 歳で志を同じくする伴侶を得てからは、羊の品種改良など農場での暮らしに没頭し、77 歳で亡くなった時には 4300 エーカーもの農地をトラストに寄付した。

第2部 「イギリスらしさ」を読み解く

　こうしてポターは「野生の自然」に深くかかわることで、のびのびと呼吸できる環境を家庭の外に見いだした。それと同じように——あるいはもっと大胆に——セクシュアリティという「人間の自然(ヒューマン・ネイチャー)」の探究をつうじて、ヴィクトリア朝的な家庭像に風穴を開けた女性がいた。産児制限運動のパイオニアと呼ばれるマリー・ストープスがその人である。

　♣ 化石研究から産児制限へ——マリー・ストープス
　アマチュア古事物研究者の父親と女性の地位改善運動に打ち込む母親の間に、スコットランドのエディンバラで生まれたストープスは、幼少期から常に努力を求められる環境で育った。十代になると、母親の影響で進歩的な女子校に入学。自然科学に関心を抱いたストープスは、女性にいち早く学位を認めていたロンドン大学ユニヴァーシティ・カレッジに入学し、植物学と地質学を専攻する。1904年には女性としてはじめてミュンヘン大学で古植物学の博士号を取得したのち、マンチェスタ大学の講師に就任。さらに翌年には、化石植物の研究でロンドン大学から学術博士号を授与された。1903年にマリー・キュリーがノーベル物理学賞を受賞したことに象徴されるように、20世紀初頭は、ちょうど自然科学の世界が女性にも門戸を開きはじめた時代だった。1897年にビアトリクス・ポターを冷たくあしらったリンネ協会が、1905年から女性会員を認め、1909年にはストープスを特別研究員に選出していたという事実からは、この変化の幅の大きさがよくわかる。
　順風満帆の研究人生を送っていたストープスは、しかし三十代になると、結婚相手との満たされない性生活に悩み、セクシュアリティの問題に目覚めていく。大英図書館の医学書から性にかんする知識を得ると、1918年には女性を対象にした性の指南書『結婚愛』を出版。女性にも性的欲望があることを認めたこの本は、女性の純潔を汚すという批判も受けたが、第一次世界大戦中に兵士の婚前交渉や性病の問題が表面化したことを受けて、夫婦間の健全な性関係を望んでいた人びとからは称賛された。なにより女たちからの反響は大きく、助言を求める手紙はたえまなく届いた。こうした読者とのやりとりから、避妊にかんする情報の不足を実感したストープスは、大学を

辞職したうえ、1921年には二人目の夫とともにイギリス初の産児制限診療所をロンドンに開設。女性自身が体内に装着できるペッサリーという避妊具の普及につとめ、やがてストープスと提携して設立された診療所の広がりは、南アフリカやオーストラリアにまで及んだ。

図10-7　マリー・ストープス
出典：ホームページ（http://www.mariestopes.org.uk/Resources/Dr_Marie_Stopes_materials.aspx）より。

とはいえ、ストープスの華々しい活躍には、ある種の危うさもあった。彼女の薦めた避妊具が「種族保護(プロ・レース)」と名づけられていたことが示すように、その発想には「劣等種族」の人口増を食いとめるナチス的な優生学思想と重なる部分もあったからである。実際、ストープスは43歳で産んだひとり息子が結婚を望んだ際、遺伝的理由から相手の女性を拒絶している。またその一方、彼女自身は再び性的不満を理由に二人目の夫のもとを去り、晩年には若い作家たちとの恋愛に身を投じた。このように夫婦関係を種の改良や性科学といった観点から捉える発想は、従来の道徳的な家族観を打ち破る力になった反面、ストープスから安らぎの場を遠ざけるものにもなったかもしれない。癌をわずらったストープスは、最後に非科学的な神秘主義にすがりながら、1958年に77歳で亡くなった。

---

column　生殖にかかわる医療技術・法制度の変化

　ペッサリー以外の道具や薬による避妊法としては、1930年代からラテックス・ゴム製のコンドームが使われはじめ、また1960年代からは排卵を抑制する経口避妊薬（ピル）の使用が普及した。なお、堕胎は1861年の人身に対する犯罪法によって違法とされたが、1929年には母体の命をおびやかす危険がある時のみ合法とされ、1967年には妊娠28週目までの堕胎が法的に認められた（1990年からは24週目までに期間短縮）。また、イギリスは生殖技術の先進国としても知られており、1978年には世界初の体外受精による出産が成功した。1991年には匿名ドナーの精子による人工授精が合法化されている。

4. 伝統を創造する女たち——20世紀後半

♣戦後のイギリス社会と女性

　1945年に第二次世界大戦が終結してから、女たちはそれまでの世代よりも自由に、男性と肩を並べて活躍する機会を手にするようになった。男性中心の伝統を守ってきたケンブリッジ大学は、ついに1948年に女性の学位取得を認め、労働の場にも1950年代前半から徐々に男女同一賃金の原則が浸透していった。さらに1970年代には制度面のみならず、意識の面から女性抑圧の構造をあばきだそうとするフェミニズム運動が盛り上がりをみせた。

　このような女性の役割や意識の変化を日常レベルで下支えしていたのが、戦後に本格化した大衆消費社会である。1970年代から家電製品が普及すると、次第に女性の家事負担は軽減され、既婚女性でも就業が容易になった。経済力を手にした女たちは、さらなる生活の豊かさを求めて独自の嗜好をもつようになり、消費はいわば自己表現の手段にもなった。

　では、戦後の消費文化は女性にどのような新しい可能性を開いたのか。ファッションの世界で活躍した二人の女性、ローラ・アシュレイとヴィヴィアン・ウエストウッドに着目してみよう。

♣ローラ・アシュレイとヴィヴィアン・ウエストウッド

　ローラは第一次世界大戦に従軍して戦争神経症（シェルショック）をわずらった父親と、その従妹にあたる母親の間に、ウェールズのカーディフに近い村で生まれた。敬虔なキリスト教徒として育ったローラは、第二次世界大戦が始まると海軍女性部隊への入隊を決意。19歳からの約2年間、大陸で対ナチスの任務にあたった。戦後、同じく軍務経験のあるバーナード・アシュレイと結婚すると、子育てをしながら夫婦でプリント生地生産の新事業を開始。素人同然の二人ではあったが、1953年には幾何学柄のプリントを施したスカーフが大ヒットし、百貨店では品切れが相次いだ。ローラの手がけたカントリー・テイストのデザインは、戦後の物不足にあえぐ人びとに「古き

[第 10 章]「われわれ」の居場所はどこにある?

図 10-8 ローラ・アシュレイ
(ロンドン、ナショナル・ポートレート・ギャラリー蔵)

図 10-9 ヴィヴィアン・ウエストウッド
(ロンドン、ナショナル・ポートレート・ギャラリー蔵)

良き時代」を思い起こさせたのだろう。ブランド名を女性的な「ローラ・アシュレイ」に統一し、家庭雑貨を扱いはじめてからは、この路線がさらに当たり、テーブルマットやティータオルが飛ぶように売れた。ローラの商品は、家事を一手に担い、家庭を快適な場にしようとした1950年代の主婦層から絶大な支持を受けたのである。

　一方、そのころマンチェスタ近郊の労働者階級の家庭に生まれ育った十代のヴィヴィアンは、芸術家になることを夢見ていた。父の失業によりロンドンに転居したのち、当初は堅実な道を歩もうと小学校の美術教師の職につき、二十代前半で結婚と出産を経験。しかし間もなく平凡な生活に耐え切れなくなり、1965年には家出同然で転がり込んだ弟の家で、前衛芸術家マルコム・マクラーレンとの運命的な出会いを果たす。1960年代後半のイギリスは、伝統的な価値規範に異議を申し立てる若者たちのエネルギーが充満した時代だった。ヴィヴィアンとマルコムは、こうした反権威的な文化を服のかたちに表現し、1971年には「レット・イット・ロック」というブティックを開店。過激な服装のせいで起訴騒ぎまで起こったが、1976年に売り出したパンク・

ファッションは瞬く間に社会現象となった。そのアナーキーな魅力にとりつかれたのは、1970年代の「イギリス病」と呼ばれる経済的停滞のなかで行き場を失った若者たちだった。

こうしてローラ・アシュレイとヴィヴィアン・ウエストウッドは、ともに専門的な技能もないままファッションの世界に足を踏み入れ、絶妙なセンスで時代の風をつかみながら、パートナーとの二人三脚でカリスマ的なブランドをつくりあげた。しかし、この二人の女性の目指した表現が、まるで水と油のような関係にあったことはいうまでもない。

♣「イギリス的伝統」の創造

ローラ・アシュレイが追求したのは、ヴィクトリア朝の田園生活をモデルとした、品格が高く簡素な美しさだった。若者文化の嵐が吹き荒れた1960年代、ローラはミニスカートの流行に逆らい、女性は身体を隠すほど魅力的に映るという持論を掲げてロングスカートづくりにこだわった。このスタイルは結果的に、1970年代になると専業主婦ばかりか仕事をもつ女性たちにも支持された。天然素材を用いた着心地のよいローラ・アシュレイの商品は、やがて質実なイギリスの風格をあらわすものとしてヨーロッパ各国でも顧客を獲得。さらに1980年、チャールズ皇太子の婚約者だったダイアナ・スペンサーがローラ・アシュレイのロングスカートをまとい、両足が逆光で透けて見えた写真がスクープされると、そのブランド名は世界中に知れ渡った。英国王室とのつながりから高貴なイメージがついたローラのデザインは、とくにアメリカでは1980年代に爆発的な売れ行きをみせた。こうした販売戦略は、女性君主としてメディアに露出しながら国民の支持を獲得したヴィクトリア女王以来の「王室の商品化」を、ある面で引き継いだものとみることもできるだろう。

同じく王室のイメージを用いつつ、エリザベス女王の顔がプリントされたTシャツに安全ピンを刺すという掟破りのデザインを生みだしたのが、ヴィヴィアン・ウエストウッドである。1980年代にマルコムとのパートナー関係を解消したのち、ヴィヴィアンは持ち前の反骨精神を発揮して、イギリス

[第 10 章]「われわれ」の居場所はどこにある？

の伝統から着想を得ながらそれをパロディ化してみせる大胆なファッションを発表。海賊をモチーフにした「パイレート・コレクション」では、海外での冒険と略奪に明け暮れた 18 世紀イギリスのいかがわしさを表現し、また「アングロマニア・コレクション」では、スコットランドの氏族を象徴するタータンチェックの生地を超ミニスカートに仕立てあげ、貴族制度の伝統をひやかした。イギリスらしさを追求しながら、同時にその内部にある緊張や亀裂を浮き彫りにするヴィヴィアンのデザインは、その挑戦的な姿勢ゆえにヨーロッパのファッション界で高く評価されている。

　二人の女性デザイナーはこうして、イギリスが世界の大国という地位をアメリカに譲り渡した 20 世紀後半という時代に、まったく対極的な位置からファッションにおける「イギリス的伝統」を世界に発信した。1985 年にローラ本人が階段からの転落事故で亡くなって以来、家庭中心のローラの生き方に共鳴していた購買者層の足は遠のき、ローラ・アシュレイ・ブランドはかつての勢いを失いつつある。しかし、ヴィヴィアンは 21 世紀に入ってもなお、イラク戦争やテロ容疑者の不当逮捕に抗議する新レーベルを立ち上げるなど、メッセージ性のある服づくりに余念がない。

5.　ジェンダーという「文化」を生きる

　こうして、それぞれの時代に生きたイギリスの女たちは、自分の置かれた環境に刻印されたジェンダーという「文化」を、ある時は追い風にし、ある時は向かい風にしながら、社会のなかに自分たちの居場所をつくりあげた。この章で取り上げたのは 8 人の女たちだけだったが、イギリスの歴史には彼女たちに勝るとも劣らないしなやかさとたくましさをもって、与えられた可能性の幅を押し広げた女たちが無数にいる。私たちが当然なものとみなしがちな家族関係や男女関係がけっして不動のものではなく、一人ひとりの経験のなかでたえずそのかたちや意味がとらえ返されてきたこと――ジェンダーという視点から歴史を眺めなおすことは、そのことを発見する作業でもあるはずだ。

第 2 部 「イギリスらしさ」を読み解く

◉ **参考文献**──

井野瀬久美惠『女たちの大英帝国』講談社現代新書、1998 年。

川本静子『ガヴァネス──ヴィクトリア時代の〈余った女〉たち』みすず書房、2007 年。

レイ・ストレイチー（栗栖美知子・出淵敬子監訳）『イギリス女性運動史 1792-1928』みすず書房、2008 年。

アン・セバ（渡邉理惠子訳）『ローラ・アシュレイ──デザインに捧げた人生』バベル・プレス、2004 年。

水田珠枝『女性解放思想史』筑摩書房、1979 年。

リンダ・リア（黒川由美訳）『ビアトリクス・ポター──ピーターラビットと大自然への愛』ランダムハウス講談社、2007 年。

ジューン・ローズ（上村哲彦・立本秀洋・松田正貴訳）『性の革命──マリー・ストープス伝』関西大学出版部、2005 年。

Hannah Barker and Elaine Chalus (eds.), *Women's History: Britain, 1700-1850: An Introduction*, London: Routledge, 2005.

June Purvis (ed.), *Women's History: Britain, 1850-1945: An Introduction*, London: UCL Press, 1995.

第3部

「悩めるイギリス」の文化的起源

第3部扉図　ジョン・シンガー・サージェント〈毒ガスにやられて〉
(1918年、油彩・キャンヴァス、ロンドン、帝国戦争博物館蔵)

[第11章]
総力戦という経験
——第一次世界大戦と徴兵制——

小関　隆

　第一次世界大戦さなかの1916年1月5日、18-41歳の独身男性に兵役義務を課す兵役法案の提出にあたって、首相H. H. アスクィスは庶民院で以下のように演説した。

> この法案は、私の考えるところ、原則においてそれを支持する人たちにも、そして、私の場合がそうであるように、緊急時だからという理由でそれを支持する人たちにも、誠心誠意サポートしていただきうる法案であり、一般にいう徴兵制とは異なります（『タイムズ』1916年1月6日）。

　イギリス史上初の徴兵制導入という重大な決断をくだす場面にしては、アスクィスの言い方はいかにも煮え切らない。彼は兵役法案を不承不承提出しているのであって、だからこそ、「一般にいう徴兵制」とは異なる、などと言い訳めいたことを述べるわけである。しかし、いかに弁を弄したにせよ、法案の趣旨は徴兵制導入以外のなにものでもない。自由党に属し、リベラリズムの信条に照らして徴兵制への違和感を払拭できずにはいたものの、戦勝という至上課題を背負った首相として、アスクィスは決定的な一歩を踏み出さねばならなかったのである。本章では、アスクィスが抱いた苦渋の思いを念頭に置きながら、徴兵制の問題に焦点を合わせて、総力戦経験の意味を考えることとする。

第3部　「悩めるイギリス」の文化的起源

1.　総力戦と総力戦体制

♣史上初の総力戦

　第一次大戦は人類がはじめて経験した「総力戦(トータル・ウォー)」といわれる。このことばがイギリスで人口に膾炙するようになるのは1930年代後半（日本やフランスでは1910年代から総力戦にあたる表現が使われている）、つまり、総力戦とは第一次大戦を事後的に理解するために利用された概念だったことになる。そして、イギリスに限らず、第一次大戦の性格を説明しようとする時、この概念が有効であることは今日でも広く認められている。

　総力戦を簡単に定義づければ、物質的・精神的・人的な資源を総動員して遂行される戦争、となろう。総力戦の交戦国では、戦闘に直接従事する者たちのみならず、あらゆる国民が戦争の当事者としてなんらかの役割を担う。軍事力ばかりでなく、経済力や技術力、そしてそれを動員する国家の力が勝敗を左右するのであるから、攻撃の対象も敵の軍事力に限定されず、食糧や軍需品の生産をはじめ、およそ敵の生活全般が含まれてくる。もちろん、厳密な意味での総力戦、一人の落伍者もなく国民全員が勝利に向けて全力を傾注するような戦争は、想像のなかにしか存在しない。総力戦といっても、それはあくまでも相対的な概念である。

　ちなみに、イギリスでは、第一次大戦は今日にいたるまで「大戦(グレイト・ウォー)」と呼ばれることが多い。このことばは、クリスマスまでには終戦、などという楽観的な見通しが崩れた1915年以降に定着した（以下、単に大戦と記す場合には第一次大戦を指す）。また、「第一次」の冠が意味をもつためには第二次大戦を想定することが必要かと思われるが、実は、第一次大戦との呼称は早くも1920年に登場している。あれだけの戦争をもってしても火種は消えていない、再び大規模な戦争が起こることは避けがたい、という認識が早々に浮かびあがっていたのである。

　「業務は平常通り(ビジネス・アズ・ユージャル)」、開戦当初に使われたこのスローガンが示す通り、大戦に突入した時点で、国民のほとんどは日常生活のあり方まで変えてしまう

[第 11 章] 総力戦という経験

新しいタイプの戦争を始めようとしていることに無自覚であった。しかし、1915 年ともなると、戦争が長期化・泥沼化しつつあることはもはや否定すべくもなかった。職業軍人だけではなく、多くの一般国民が死屍累々たる戦場に送られ、ドイツのツェッペリン飛行船による東イングランドやロンドンへの空爆で非戦闘員からも死傷者が出たことは、進行中の戦争がかつてのそれとは異なる性格のものであり、いかなる国民も無関係ではいられないことを実感させたと思われる。同じころに「銃後（ホーム・フロント）」という表現が登場してきた事実も、イギリスがまさに総力戦の只中にあったことを伝えるものだろう。

❧ 総力戦体制とマンパワーの動員

　総力戦を戦ううえで必要となるのが、総力戦体制の構築である。総力戦体制とは、社会のすべての領域の活動を戦争遂行のために合理的に活用することを求める体制である。総力戦体制の構成要素を、大戦期のイギリスに即して列挙しておこう。まず、党派対立を先鋭化させ、国論を二分するような案件を先送りする「政治休戦」。終戦まで総選挙は実施されず、補欠選挙には対立候補を擁立しないことが原則となった。そして、労使対立を極小化するための「労働休戦」。労働組合は熟練労働者の不足を不熟練労働者の代替で補う「労働希釈（ダイリューション）」の実施を大戦中に限り承認した。1917 年から「労働休戦」は綻び、ストライキが広がることになるが、「労働希釈」が軍需品生産のような部門への女性の参入をうながし、女性の戦争貢献を可視化した点は重要である。また、国民の戦意を高揚させることが総力戦には不可欠であるから、民間のジャーナリズムや政府機関を担い手とするプロパガンダも精力的に展開された。さらに、パブの営業時間の制限、食糧配給制の導入、戦争債を通じた国民の富の活用、といった措置も総力戦体制の一環である。参戦直後に制定された国土防衛法を法的基盤として、総力戦体制の整備は着々と進められていった。

　そして、総力戦体制の眼目のひとつがマンパワーの動員であった。その端的な制度的表現こそ徴兵制にほかならない。総力戦である以上、ここでいうマンパワーの動員とは戦闘員の確保だけを意味しない。軍需品や食糧の増産

は戦闘そのものに劣らず重要であり、徴兵制には、戦場と銃後とにまたがって、総力戦を合理的に遂行しうるようなマンパワーの適正配置を実現させる、という狙いが込められていた。たとえば軍需品生産部門の熟練労働者であれば、彼らは戦場に赴くよりも生産活動をつづけることで勝利に貢献すべきなのである。もちろん、ドイツやフランスでは総力戦の時代より前から徴兵制が採用されており、その意味で、徴兵制の実施と総力戦体制の構築とを同一視できるわけではない。それでも、志願入隊制とともに大戦に突入したヨーロッパで唯一の大国であったイギリスが1916年にとうとう徴兵制を導入したのは、明らかに総力戦の要請に応えるためであり、それが総力戦体制の本格的な整備に向けた重要な一歩だったことは間違いない。

2. 志願入隊制から徴兵制へ

♣ 徴兵制の不在

　1916年以前のイギリスには、臨時の徴募による民兵軍の編成（最後の例は1831年）のような限定的な兵役の強制はあったが、ある年齢層の男性全員を対象とするそれは存在しなかった。強制的兵役は自由の侵害である、徴兵制の不在は誇るべき文化的伝統である、といった認識は19世紀を通じて広く浸透し、たとえば陸軍省次官ハロルド・テナントのような人物でさえ、1915年になってもまだ、徴兵制は「われらが国民の精神になじまない」との見解を表明していた。1899-1902年の第二次南アフリカ戦争（ボーア戦争）で予想外に苦戦したことがきっかけとなって、1902年2月には徴兵制推進運動の中核となる国民兵役同盟が結成され、徴兵制をめぐる情勢は流動化していくが、それでも、大戦以前の時期には徴兵制支持の声は容易に広がらなかった。

　対照的に、ヨーロッパ大陸諸国では19世紀のうちに徴兵制はごく当然の制度となっていた。フランスを例にとれば、プロイセンの徴兵軍に完敗した普仏戦争（1870-71）を経て、1872年に徴兵制を確立する。また、徴兵制には武装の権利を一部の者の特権から国民（男性）全体の権利へと拡大する意味があり、その点で民主的な性格のものと考えられたことも見逃せない。

[第 11 章] 総力戦という経験

♣ 兵力不足

　1914 年 8 月に参戦を決断した時点で、イギリスの陸軍は徴兵制を有する大陸諸国に比べて著しく弱体であった。イギリスの戦争貢献は世界最強の海軍にこそよるべきであって、地上での戦闘には補助的に加わればよい、という見方が支配的だったわけだが、しかし、参戦にあわせて陸軍相に就任したホレイシオ・ハーバート・キッチェナーは、短期戦を予想する者がほとんどだったころから、終戦までには数年を要するだろうこと、そして、勝敗を決するのは西部戦線（フランス、ベルギー）における陸軍の対決だろうことを見通していた。遠からず大規模な陸軍の派遣が必要になるとの想定のもと、キッチェナーは志願兵が担う「新陸軍」の編成に着手する。「新陸軍」への入隊の呼びかけは熱狂的な反響を呼び、「正義の戦争」に献身しようと、あるいは、冒険に乗り遅れまいと、多くの国民が入隊手続きの長蛇の列に加わった（1914 年 9 月だけで 46 万人以上）。しかし、熱狂が冷めるのも早く、1915 年に入ると志願入隊は停滞していく。凄惨な戦場の現実がだんだんと知られるようになったことで、入隊の意欲が挫かれたのは間違いない。結果的に、陸軍では兵力不足が慢性化し、1915 年末の段階でいえば、募兵の成果は陸軍省の目標値を 30 万人も下回っていた。

　兵力不足の顕在化は「政治休戦」にきしみをもたらした。戦争指導をキッチェナーや陸軍首脳に任せることを旨とし、募兵の停滞を積極的に打開しようともしないアスクィス政権への批判が、徴兵制推進論者を多く抱える野党保守党から噴出してくるのである。アスクィスでは大戦を勝利に導けないのではないかとの懸念が広がるなか、1915 年 5 月 25 日には保守党と労働党とを加えた連立政権が成立することとなり（首班はアスクィスのまま）、イギリス史上最後の自由党単独政権はあっけなく消滅した。何人もの有力な徴兵制推進論者が政権に参加したことで、徴兵制はぐっと現実的な政策的選択肢になったといえる。

第3部 「悩めるイギリス」の文化的起源

♣ 徴兵制導入へ

　自由党の有力者としていち早く徴兵制支持に転じ、その意味でキー・パーソンとなったのが、連立政権で新設された軍需省の大臣に就任して、軍需品の増産に向けた経済活動の組織・統制に責任を負ったデイヴィッド・ロイド・ジョージだった（以前から徴兵制を唱えていたウィンストン・チャーチルは自由党の異端児であって、ロイド・ジョージに比肩できる存在ではなかった）。限られたマンパワーを効率的に活用するため、軍需省は終戦までに300万人以上の労働者の生産活動を指揮することになるが、こうした従来には考えられなかったスケールの国家介入は、最たる国家介入ともいうべき徴兵制とヴェクトルを同じくしており、たとえば1915年7月に制定された国民登録法（職業などの登録を義務化する）には、きたるべき徴兵制への地ならしの意味が確かに含まれていた。「登録デイ」とされた8月15日以降、保守党の徴兵制推進派は圧力をいっそう強め、議会外では、『タイムズ』や『デイリー・メイル』を先頭とする推進派ジャーナリズムの論調が激しさを増すとともに、国民兵役同盟も活動を活発化させた。もちろん、自由党内では慎重論が根強かった。ドイツの軍事主義（ミリタリズム）に抗する趣旨で参戦したイギリスが自ら徴兵制を導入したら参戦目的そのものが掘り崩される、徴兵制は経済活動を衰退させ、国民の結束を損ねもするから、戦勝の展望を開きはしない、徴兵制反対派の言い分はこういったもので、根底にあったのは、国民の生死を左右する権限を国家がもつことを嫌忌するリベラリズムの発想であった。

　アスクィスは難しい立場にいた。徴兵制はリベラリズムに反する、おそらくこれが彼の本音だった。しかし、参戦を決断した首相として、彼には戦勝のために手を尽くす責務があり、徴兵制なしで勝てるのか、という問いを避けて通ることはできなかった。しかも、予想よりはるかに深く陸軍が西部戦線にコミットしてしまったことも軍人任せの戦争指導の帰結にほかならない以上、陸軍からの兵力増強の要請に応えないわけにもいかなかった。1915年秋には徴兵制は不可避との認識に達したようだが、志願入隊制ではどう頑張っても兵力不足を解消できないことを国民に納得させ、徴兵制への反発を抑える必要があると考えたアスクィスは、1915年10月、アリバイづくりと

も見えるキャンペーン＝ダービー計画に着手する。まだ入隊していない兵役年齢の男性を訪問し、即座に入隊するか、そうでない場合は、いずれ入隊要請があった際にはそれに応える意志があることを「誓言（アテスト）」するよう求めるキャンペーンが同年12月まで展開された結果、充分な数の志願兵を確保する見通しがほぼ皆無であることが明らかとなった。もはや万策尽きたとして、アスクィスはついに徴兵制導入の方針を打ち出す。

♣ 徴兵制の導入・拡張

　本章の冒頭で見た兵役法案が兵役義務を課すのは18-41歳の独身男性に対してのみであり、既婚男性が対象から外されているという意味で、「一般にいう徴兵制」とは違うと強弁する余地が確かに残されてはいた。また、この法案には注目すべき点が二つある。アイルランドへの適用が回避されたこと、そして、思想・信条を根拠とする兵役免除の可能性が規定されたことである（第3節を参照）。17ヵ月にわたる交戦を経験し、徴兵制への違和感が和らいでいたためか、ダービー計画や免除規定のような配慮が功を奏したためか、危惧された反発は限定的なものにとどまり（抗議のために辞任した閣僚は自由党の内相ジョン・サイモンのみ）、兵役法はあっさりと成立する。四の五のいったところで勝たなければ始まらない、戦勝こそが最優先されるべきだ、そのためには「応分の負担」はやむをえない、これが世論の大勢であって、徴兵制の採用によって自分たちが決定的な一線をこえようとしているという意識は総じて希薄だったといってよい。法案提出日にサイモンが口にした懸念（「いったん強制的兵役の原則が認められても、これ以上強制的兵役が拡大するわけではない、と本気で考えている人などいるのでしょうか？」）は的を射ていたが、広く共有されはしなかったのである。

　サイモンの懸念は早々に現実化していく。独身者の徴兵だけでは兵力不足が解消されなかったからである。西部戦線での大規模攻勢（1916年7-11月のソンムの戦いとして具体化される）を計画する陸軍が膨大な兵力を求めてくるなか、ほどなくして徴兵制の拡張を迫る声が顕在化し、1916年5月には新たな兵役法が制定される。独身・既婚を問わず18-41歳の全男性が対象

第3部　「悩めるイギリス」の文化的起源

図11-1　軍需工場で働く女性たち
出典：Richard Holmes, *The First World War in Photographs*, London : Carlton, 2001.

となる総徴兵制の導入である。「一般にいう徴兵制」とは違うなどといった強弁はもはや不可能であった。国内の労働力不足を深刻化させ、「労働希釈」とも相まって、女性の雇用を促進した、という意味でも、総徴兵制への移行は総力戦体制の強化を告げる措置だったといえる（図11-1）。ただし、ソムの戦いでイギリス軍から約42万人もの死傷者が出ることもあって、以降も陸軍からの兵力増強要請は衰えを見せず、対象年齢の上限引き上げなどが検討に付されることになる。兵士たちを無限に飲み込んでいくがごとき大戦の現実を前に、徴兵制はずるずると拡張されるしかなかったのである。

♣ マンパワー政策

　第1節で述べたように、徴兵制は兵力の動員だけではなく、マンパワー全般の配置にかかわる措置であった。消耗戦をつづける陸軍に劣らず、国内の軍需工場も農場も炭鉱も大きなマンパワーを必要としていたのであり、徴兵制の制定は、誰を入隊させ、誰を国内に残すか、政府が自らの意志で振り分

[第11章] 総力戦という経験

ける権限を得たことを意味した。そして、振り分けにあたっては、限りあるマンパワーをいかに配置するかのグランド・デザインが必要になるが、しかし、これこそまさに政府が欠いていたものであった。包括的なグランド・デザインがないかぎり、たとえば折に触れて激しく衝突する陸軍省と軍需省のマンパワー要求への対応は、どうしても場当たり的にならざるをえない。

　この点の重要性をおそらく誰よりもよく認識していたのが軍需相と陸軍相を歴任したロイド・ジョージであって、彼が首相となる1916年12月以降、マンパワー政策の合理化が本格的に推進されていくが、マンパワー配置の優先順位が確定されたのはようやく1917年12月になってからであった。海軍・空軍 ⟶ 船舶・航空機・戦車製造 ⟶ 食糧・木材生産、食糧貯蔵 ⟶ 陸軍、これが優先順位である。最大の要求を突きつけてきた陸軍の順位が低い点が意外との印象を与えるかもしれない。しかし、そもそも、アスキスを首相の座から追い落とす過程でロイド・ジョージがなによりも主張したのは、軍人主導ではなく文民政府主導の戦争指導を実現することであったから、不毛な消耗戦でマンパワーをいわば浪費しつづける陸軍からの要求が相対的に軽視されたのは当然のなりゆきともいえる。

　マンパワー配置の優先順位には陸軍への批判が含意されていたのだが、1918年3月21日にドイツ軍が西部戦線で空前の大攻勢を開始し、パリにまで迫る勢いを見せる事態が出来すると、政府としても陸軍へのマンパワー割り当てを拡大しないわけにはいかなくなる。いくら総力戦とはいっても、特定の場面の戦闘が戦況全般を劇的に動かすだけの力をもつタイミングというものはあり、この時の西部戦線がまさにそうであった。苦境にある陸軍からの要求に応じるため、1918年4月に成立した新たな兵役法には、アイルランドへの徴兵制の適用と対象年齢上限の50歳への引き上げが盛り込まれた。大きな論争を巻き起こしたのが前者である。ようやく確定したマンパワー配置の優先順位を一時的に棚上げしてでもドイツ軍の進撃を食い止めようとするなかで、政府はついに最も危険な領域に踏み込んでいったことになる。これまでさしたる困難もなく進んできた徴兵制の導入・拡張は、ここにいたって激しい抵抗を誘発するのである。

第3部　「悩めるイギリス」の文化的起源

3. 総力戦体制の敵——アイルランド問題と良心的兵役拒否

♣ アイルランドと徴兵制

　アイルランドへの徴兵制適用の動きがいかなる事態を招いたか、確認しておこう。最初の兵役法以来、アイルランドは徴兵制の適用から除外されてきた。1914年9月に自治法(ホーム・ルール)が成立し（実施は戦後まで先送り）、アイルランドの自治権が認められた以上、アイルランド人の生死にかかわる法をイギリス議会が制定することは好ましくない、あるいは、潜在的叛徒であるアイルランド人に武器を与えるのは危険であり、戦争遂行の妨げになる、といった認識ゆえである。アイルランドで最大の政治勢力であったナショナリスト党は、戦後の自治を確かなものとする狙いから、イギリスの戦争に協力するというナショナリズムの歴史上前例のない方針をとり、イギリス軍にアイルランド人の志願兵を送り込むべく努めたが、1915年から入隊者数ははっきりと低落し、さらに、1916年4月にはイギリスとの分離、アイルランド共和国の樹立をめざす武装蜂起＝イースター蜂起まで勃発したため（数百人の死者を出した末に鎮圧される）、戦争協力路線は完全に行き詰まる。以降、アイルランドでは反戦・反イギリスの世論が支配的になるのであり、徴兵制適用の方針は最悪のタイミングで打ち出されたといってよい。ゼネストも含む激しい反対運動を前に、結局のところ、アイルランドで徴兵制を実施することはできなかった。

　反対運動では、あたかもアイルランドとイギリスとが交戦中であるかのようなレトリックが使われた。徴兵制適用の方針は「アイルランドというネイションへの宣戦布告」である、アイルランド人は「あらゆる有効な手段」によってこの「弁明の余地なき侵略」に抵抗すべきである、等々。この時点でアイルランドが総力戦体制の外にあったことは明らかだろう。戦争協力路線は開戦当初にはおおむね支持されたのだが、それでも、大戦期を通じて、アイルランドからの入隊率は連合王国全体の4分の1ほど（徴兵制導入以前で約4割）にすぎない。小規模ながら反戦運動は粘り強く展開され、ドイツとの連携を

[第11章] 総力戦という経験

模索する動きもあった。つまり、利敵行為として非難されたイースター蜂起が戦争協力路線の破綻を決定づける前の段階であっても、アイルランドを総力戦の当事者と呼ぶことは難しく、イギリスの総力戦体制は連合王国の規模では構築されえなかったといえる。ちなみに、帝国自治領のケースを見ると、ニュージーランドの入隊率はアイルランドの3倍以上、オーストラリアやカナダ、南アフリカでもほぼ2倍であって、カナダとニュージーランドは徴兵制を採用してさえいる。帝国の視野で考えても、アイルランドは総力戦に背を向ける存在だったのである。終戦直後の1919年1月にイギリスとアイルランドの間でいわゆる独立戦争が勃発する事実は、このことの証左だろう。

---

column　アイルランド問題

　イングランドによるアイルランド征服は12世紀にまで遡るが、イングランドと結んだ少数派であるプロテスタントが多数派のカトリックから土地を奪い、アイルランド社会に君臨するプロテスタント優位体制が確立されたのは17世紀のことである。1801年に始まる連合王国体制のもとでも、絶大な力を享受したのはプロテスタント地主であった。

　アイルランドは形式的にはイングランドなどと同等の連合王国の構成員とされたが、多くの点で植民地的な処遇を受けてもいた。こうした両義的性格に対応して、連合王国時代のアイルランドで主張されたナショナリズムには二つの潮流がある。イギリスとの絶縁とアイルランドの独立を目指す分離主義は植民地的立場に由来するナショナリズムであり、しばしば共和主義の性格を帯びて武力闘争路線をとった。連合王国内での自治権を求める自治主義はアイルランド議会の設立を要求の眼目とし、他の植民地にはアクセスできないイギリス議会という舞台を活用した。こちらは連合王国の構成員としての立場に力点を置くナショナリズムである。そして、要求実現への展望を最も大きく切り開いたのは1870年代以降の自治運動であった。

　プロテスタント優位体制に対し、自治（ホーム・ルール）はカトリックによる支配の脅威を突きつけた。連合王国のなかでこそ多数派たりえたプロテスタントは、アイルランド議会では少数派に転落するからである。そして、自治運動に抗すべく19世紀末から台頭してきたのが現状のままの連合王国体制を護持せんとするユニ

227

オニズムであり、歴史的にスコットランドやイングランドとの結びつきが強く、他の三つの地方（レンスター、マンスター、コナハト）とは異なる文化的独自性をもつアルスターが最大の拠点となった。1891年時点でアイルランド全体の人口の75パーセントがカトリックだった一方、アルスターではプロテスタントが約半数を占めた。自治実現の可能性が広がるとともに、ユニオニスト勢力は武力行使をも辞さぬ徹底抗戦を叫ぶようになる。

　第一次大戦と独立戦争を経た1922年、アルスター9州のうち6州（北アイルランド）を連合王国に帰属させたまま、残る26州から成る自治領＝アイルランド自由国が成立する（1949年には独立のアイルランド共和国に）。しかし、南北分割によるこの「解決」の脆さは、直後の内戦や1960年代以降の北アイルランド紛争からも明らかである。1998年の和平合意、翌年の北アイルランド自治政府の発足、といった20世紀末以来の展開は、より実効ある「解決」への期待を抱かせる。とはいえ、北アイルランドの文化的独自性が幾世紀もの歴史に根差す以上（プロテスタントが多数派でなくなる見込みもあるが）、アイルランドの統一が遠からず達成され一件落着などと楽観することは難しい。

♣ 良心的兵役拒否者と徴兵制

　総力戦体制に異議を申し立てた獅子身中の虫として、良心的兵役拒否者（Conscientious Objectors、以下ではCOs）の存在も注目に値する。COsという呼称は、「戦闘業務の遂行を拒む良心」を根拠とする兵役免除を規定した兵役法の条項（良心条項）に由来する。特筆すべきは、ここでいう良心が宗教的なそれに限られず、思想・信条も含まれること、そして、戦闘業務からだけにとどまらず、あらゆる業務から免除される可能性があることで、これは他国にはない特徴であった。たとえばフランスの場合、COsは脱走兵と同様の処罰の対象とされたし、後に徴兵制を導入するアメリカ、ニュージーランド、カナダ、などの免除規定もより限定的だった。保守党や陸軍からの批判にもかかわらず、良心条項を固守することによって、アスキスなりにリベラリズムの矜持を保とうとしたのであり、ここにも「一般にいう徴兵制」

とは違うと述べる根拠があった。

　良心条項はどう運用されただろうか？　免除認定を管轄する兵役免除審査局は大量の免除申請への対応を求められ、おざなりな審査も少なくなかったが、それでも、申請者の80パーセント以上にはなんらかの免除が認められた。全面免除が許されることはまれで（約350人、大半は平和主義で知られたクェーカー）、選択肢は事実上二つ、非戦闘要員として入隊させ、軍需品の運送、軍用道路の造成、といった後方の軍事業務にあたらせるか、入隊は免除したうえで「国にとって重要」な非軍事業務に就かせるか、であった。「負担の平等」という耳になじみやすいかけ声の前で、全面免除は不当視されるばかりだった。

図11-2　陸軍に引き渡される良心的兵役拒否者
出典：Will Ellsworth-Jones, *We Will Not Fight*, London : Aurum, 2008.

　良心条項に基づく免除を申請した者は約1万6500人、そのうち約1万人は審査局の裁定を受けいれた。裁定に従うことを拒んだCOsは逮捕のうえ陸軍に引き渡されたが、陸軍兵士となってもなお命令不服従を繰り返す者たちもいた（図11-2）。フランス（命令不服従が銃殺刑の対象となりうる「戦場」）へ移送されて軍法会議にかけられ、銃殺刑の宣告を受けた例もある（直後に減刑）。命令不服従──軍法会議──投獄──刑期満了後にまた命令不服従──軍法会議──投獄、というサイクルを延々と繰り返した約1300人は絶対拒否者と呼ばれ、10人が獄死した。加えて、獄中の処遇が直接の原因となって死亡した者や精神に異常をきたした者が100人をこえる。

　また、21歳以上の男性の普通選挙権と30歳以上の年価値5ポンド以上の不動産保有者（ないし保有者の妻）である女性の選挙権を認めた1918年の国民代表法には、全面免除者および絶対拒否者から選挙権を5年間剥奪する規

第 3 部　「悩めるイギリス」の文化的起源

定が挿入された。この件をめぐって、『タイムズ』はいう。

> どんな理由によるにせよ、シティズンとしての責務の遂行を頑強に拒んできた者たちは、自らを永久に社会の外に置いたのであって、社会による保護や市民権の享受を求める資格などもっていない（『タイムズ』1917年10月25日）。

総力戦体制に順応しなかった者は国民の権利に値しない、という趣旨にほかならない。

　COsの数（約1万6500人）は入隊者合計のわずか0.3パーセント、「コンチー」との蔑称を付与された彼らには激しい敵意が向けられた。大方の見方では、COsはきれいごとを弄する臆病者にすぎず、戦後にはCOsを国外追放にすべきだ、と主張する新聞さえあった。フランスに移送して銃殺刑を言い渡す、などという荒っぽいやり方がまかり通ったのも、あるいは、反戦・反徴兵制運動を牽引した反徴兵制フェローシップ（独立労働党員を中心に1914年11月に創設、著名な哲学者・数学者バートランド・ラッセルも中心メンバーに）が執拗に弾圧されたのも、こうした世論の動向によるところが大きい。

　わずかな支持しか得られず、徴兵制の運用を阻止することもできなかったのであるから、同時代においてCOsの抵抗運動が成功したとはいいがたいわけだが、しかし、より長期的に見れば、彼らの影響力は軽んじられない。一例だけあげるなら、第二次大戦にあたって徴兵制を再導入した際、絶対拒否者に貢献を強いることが回避され、第一次大戦時をはるかに上回る約3000人に全面免除が許されたのは（COsの登録者数も約6万2000人に上った）、疑いもなく、COsの抵抗に手を焼いた第一次大戦の経験ゆえであった。総力戦体制を揺るがしたとまでは評価できなくても、多少なりとも寛容なそれへと総力戦体制を変容させるうえで、COsは確かに大きな役割を果たしたといえる。1915年11月に反徴兵制フェローシップが採択した決議を紹介しておこう。

> 徴兵制のような制度が、人命の神聖を否定し、わが国の自由の伝統に背き、

その社会的・産業的な解放を妨げるものとなることを認識して、……われわれ反徴兵制フェローシップの代議員およびメンバーは、どんな懲罰があろうとも徴兵制に抵抗する意志をここに厳粛かつ真摯に再確認する。

ある種のヒステリアが蔓延する戦時にあって、徴兵制をイギリスの文化的伝統を根底から覆すものと把握し、良心の自由と人命の神聖を掲げてそれに抵抗した人びとが少数ながら存在したことは、やはり記憶されるべきだろう。

4. 徴兵制と民主主義

　徴兵制は1918年11月の休戦後すぐに過去のものとなったわけではない。結局、徴兵制の運用は1920年4月まで延長される。中東、ソ連、アイルランド、インド、などでの戦乱とラインラント駐留のため、ヴェルサイユ講和条約の調印後になっても兵力が求められたからである。そして、1916–20年の徴兵制はイギリス史上最後の徴兵制でもなかった。情勢が緊迫すれば、徴兵制再導入論が浮上してくることは避けられず、ナチス・ドイツがチェコスロヴァキア併合に踏み切ったことを受けて、1939年4月に政府が打ち出した徴兵制再導入の方針を、さしたる論争もないまま、国民の圧倒的多数は支持した。戦間期にいったん廃止されたとはいえ、大戦という総力戦の経験を通じて、イギリスは徴兵制を当然の選択肢として留保する社会へと明らかに変質したのである。

　第3節で見たような抵抗はあったものの、大戦期のイギリスでは徴兵制への移行が比較的すんなりと実現した。理由のひとつは、志願入隊制にともなう次のような問題点である。すなわち、志願入隊に任せていると、軍務に就くよりも国内に残る方が望ましい者たち、とりわけ専門的な知識や技能をもつ者たちが少なからず戦地に赴いてしまうことである。入隊者の圧倒的多数を占めた労働者のうち、積極的に志願兵となる傾向があったのは、不熟練労働者よりも熟練労働者、ブルー・カラーよりもホワイト・カラーであった。さらに、入隊率と社会的地位とは正の相関関係を示し、しかも、兵卒よりも

第3部 「悩めるイギリス」の文化的起源

士官の方が死傷率が高かったから、人口比からすれば、階級が上であるほど犠牲者も出やすかった。最も危険な中尉や少尉の地位にパブリック・スクールやオクスブリッジの学生・OBが多く就いたことはよく知られている。一口にいえば、余人をもって代えがたいと思われる者たちほど戦場で危険にさらされることになりがちだったのである。総力戦を戦い抜くうえでも、戦後の再出発を構想するうえでも、これらの者たちの保護は欠かせなかった。徴兵制に期待されたのは、こうした事情に対応し、マンパワーの適正配置を実現する機能だった。

そして、このことは徴兵制と民主主義という大きな論点にかかわってくる。兵役を国民に強制する際、頻繁に用いられたキャッチフレーズは「負担の平等」であった。しかし、「負担の平等」が叫ばれる一方、徴兵制には特定のタイプの人びとを温存し、別の人びとの生命を優先的に危険にさらそうという意図が込められてもいた。「平等」といいながらも、すべての国民の生命が等価と見なされたわけではないのであり、端的にいえば、いくらでも代替可能と思われる不熟練労働者のような人びとから戦場に送り出さんとする力が、徴兵制の背後には明らかに存在した。1915年6月の国民兵役同盟年次大会で聞かれた次の演説は、このあたりのことをわかりやすく伝える。

> まず最初に必要なのは戦争業務のよりフェアな分配です。今現在、殺されているのはベストの人たちです。最初に志願入隊するのはベストの人たちなのです。愛国心を最も欠如させた者たち、冒険心や責任感が最も欠けている者たちが安全な場所にとどまり …… 保護を享受しています。個々人に降りかかる負担がこのようにアンフェアであることは、それ自体、帝国やわが国の人種的な力にとって危険です（『タイムズ』1915年6月17日）。

イギリスと帝国を担うべき「ベストの人たち」を保護し、国内に残っていても役に立たない者たちを戦場に送り出すこと、これが徴兵制を通じた「フェアな分配」であった。ここには、徴兵制と民主主義の間の本質的な矛盾が鮮明に露呈していると思われる。もちろん、1918年の国民代表法に盛り込まれ

[第11章] 総力戦という経験

た選挙権剥奪規定もこの論点に関連してくる。良心条項の挿入によって、個人の自由をなんとか確保しようとする狙いは、兵役と選挙権とをバーターの関係に据えるかのようなこの措置で、完全に無意味化した。大戦を経験したイギリスが民主化を進展させたことは確かだが、しかし、それは兵役をはじめとする総力戦への協力に対する報償の性格が色濃い民主化、いわば血で購われた民主化であって、血を流そうとしない者たちを埒外に放逐することを辞さなかった。

　最後に、今日でも参照に値するA. J. P. テイラー『イギリス現代史』（原著は1965年刊）の印象的な冒頭部分を引用しておこう。「1914年8月までは、分別があり遵法精神も強いイギリス人が、郵便局と警官以外にはほとんど国家の存在に気づくことなく、一生をすごすことが可能だった」。しかし、大戦の衝撃で、「すべてが一変した。……国家が市民の上に勢力を確立し、その勢力は平時に緩和されることはあっても、除去されることはなく、やがて第二次大戦が再びそれを増強させた」。総力戦経験の核心はここにある。大戦期を通じて12の省庁が新設され、臨時雇用を含めれば公務員の数も倍増した事実に示されるように、未曾有の総力戦とともに肥大化を遂げた国家は、国民生活の奥深くまで入り込み、重大な影響をおよぼす存在となった。イギリス社会は根底的な変容を経験したのであって、大戦前へと回帰することはもはや不可能だった。

◉参考文献──
阿部知二『良心的兵役拒否の思想』岩波新書、1969年。
大江志乃夫『徴兵制』岩波新書、1981年。
佐々木陽子編『兵役拒否』青弓社、2004年。
マーカス・セジウィック（金原瑞人・天川佳代子訳）『臆病者と呼ばれても──良心的兵役拒否者たちの戦い』あかね書房、2004年。
A. J. P. テイラー（都築忠七訳）『イギリス現代史、1914-1945』みすず書房、1987年。
デイヴィッド・ボウルトン（福田晴文他訳）『異議却下──イギリスの良心的兵役拒否運動』未来社、1993年。

第3部 「悩めるイギリス」の文化的起源

R. J. Q. Adams and P. P. Poirier, *The Conscription Controversy in Great Britain, 1900 – 18*, Basingstoke: Macmillan, 1987.

W. Ellsworth-Jones, *We Will Not Fight: The Untold Story of the First World War's Conscientious Objectors*, London: Aurum, 2008.

G. Q. Flynn, *Conscription and Democracy: The Draft in France, Great Britain, and the United States*, Westport & London: Greenwood Press, 2002.

T. C. Kennedy, *The Hound of Conscience: A History of the No-Conscription Fellowship, 1914 – 1919*, Fayetteville: Univ. of Arkansas Press, 1981.

J. Rae, *Conscience & Politics: The British Government and the Conscientious Objector to Military Service, 1916 – 1919*, London: Oxford Univ. Press, 1970.

J. M. Winter, *The Great War and the British People*, Basingstoke: Palgrave Macmillan, 1985, 2nd edn., 2003.

[第12章]
第一次世界大戦と「無名兵士」追悼のかたち

森ありさ

　バロック様式の広間と、その大理石の床に安置された棺。広間はヴェルサイユ宮殿の一角で、ユニオン・ジャックに覆われた棺とその頭部に置かれた陸軍兵士のヘルメットは、戦死者追悼のモチーフである。この油彩画のタイトルは『フランスに死せるイギリス無名兵士に』("To the Unknown British Soldier Killed in France" 以下『無名兵士に』と略記）で、公式画家としてパリ講和会議を記録したウィリアム・オルペンの作品である。

　現在、ロンドンの帝国戦争博物館（Imperial War Museum）に収蔵されているこの作品は、1923年5月にロイヤル・アカデミー主催の展覧会で初公開され、物議をかもした。荘厳な趣のこの油彩画が問題視されたのは、公開時の作品が、現在見ることができる画面構成とは大幅に異なっていたためである。完成当初の『無名兵士に』は、棺の左右にイギリス兵のヘルメットを装着し、ライフルをもった半裸の歩哨が、その頭上には床まで届く花綱をもった一対のケルビム（智天使）が描かれていた。世界大戦における勝利の記録絵画を依頼した帝国戦争博物館理事会は、このモチーフを問題視し、作

図12-1　オルペン作『フランスに死せるイギリス無名兵士に』
（帝国戦争博物館蔵、4438）

品の受け取り拒否を即座に決定したのである。

それから5年後、西部戦線におけるイギリス海外遠征軍総司令官だったヘイグ将軍の訃報が届いた。肖像画制作を通じて親交を結び、尊敬していた将軍の死を契機に、軍当局との和解を模索したオルペンは、問題とされたモチーフの一部を自発的に塗り消した。こうして帝国戦争博物館は、『無名兵士に』を受贈品として受け入れたのである。

1. 画家が見た世界大戦とパリ講和会議

♣ 公式戦争画家の任命

ウィリアム・オルペンはアイルランドのダブリン出身の画家である。メトロポリタン美術学校（ダブリン）およびロンドン大学付属スレード美術専門学校を卒業し、ダブリンの母校で教職につくかたわら、エドワード朝の社交界で肖像画家としての地位を確立していった。オルペンと世界大戦のかかわりは、同時代の著名な画家たちと同様、1914年の対独宣戦布告の直後に、赤十字基金への協力から始まった。白紙のキャンバスを競売にかけ、これを最高額で落札した協力者の肖像画を画家が制作して、その収益を赤十字に寄付する活動である。しかしオルペンに、通常の肖像画制作とは異なる形での戦争体験をもたらしたのは、公式戦争画家（Official War Artist）としての西部戦線派遣であった。

イギリス史上、政府機関による公式戦争画家の採用と前線派遣は、第一次世界大戦が最初の事例である。これ以前にも戦争絵画を専門とする画家たちは、連隊本部を飾る記念碑的絵画から、挿絵本のイラストまで、さまざまな形で戦争を描いてきた。こうした旧世代の戦争画家たちが、時には古戦場を訪れ、あるいは自らのアトリエで、過去の戦争をイメージして作品を描いていたのに対して、世界大戦期の公式戦争画家は、その多くが形式的とはいえ軍隊に配属され、前線近くで絵画制作に従事したのである。

公式戦争画家の先駆けとなったのはミュアヘッド・ボーンで、1916年に当時の戦争宣伝局（War Propaganda Bureau）によってリクルートされ、ソ

[第12章] 第一次世界大戦と「無名兵士」追悼のかたち

ソムの戦いの最中の西部戦線に派遣された。ボーンは約3ヵ月間で200点あまりの作品を制作して帰国した。当時の軍当局は、検閲の徹底が困難な戦場の写真撮影に否定的で、従軍カメラマンを当初は2名しか認めず、前線での無許可カメラの所持や写真撮影は、発覚すれば銃殺刑が適用された。ボーンの作業は、任命した軍当局を含めてプロパガンダおよび戦争記録の成功事例とみなされた。その結果、1917年2月に新設された情報省（Department of Information）がさらなる画家のリクルートに着手し、各地の戦線に公式戦争画家を派遣することになったのである。

✤ ソムの戦場

　1917年4月、西部戦線に到着したオルペンは、北フランスのアミアンを拠点に選び、市内の高級ホテルに個室を確保すると、絵画による記録作業に着手した。この任務にあたり、オルペンには少佐の階級と当番兵に加えて、運転手つきの専用車も準備されていた。1921年に出版された回想録、『フランスにおける傍観者、1917-1919』の表題通り、将校の肩書を持ちつつも戦闘任務に就くことのない画家は、前線で特権的待遇を受ける傍観者だったのである。

　とはいえ、戦闘の合間を縫っての前線周辺での作業は、オルペンに否応なく戦争の一局面を突きつけた。回想録には到着直後の様子がこう記されている。

> はじめて目にしたソムの戦場の光景を忘れることはないだろう。雪がしきりと降りつづいていたが、大地が覆われることはなく、泥と無数の穴と水による終わりない荒廃が広がっていた。泥、水、十字架群、破壊された戦車という身の毛のよだつ、しかし厳粛な光景が何マイルにもわたって続き、そのなかを貫くアルベール＝バポーム間の街道を通って、兵士、銃、食料運搬車、ラバや車両の終わりない流れが、尽きせぬエネルギーをもって前線へと徴用されていった。戦友たちが倒れた場所に立つ小さな十字架群を通り過ぎ、けっしてひるむことなく、兵士たちはバポームのはるか彼方の地獄へと進ん

でいった。……傍観者の立場にある自分でさえ、しばしば背中に恐怖と、逃げ出したい切望を感じていたのである。いったい兵士たちは何を感じていたのだろうか。"神よ、戦闘と殺人と突然の死から我らを救いたまえ。"

　前線でのオルペンの作品は、将校の肖像画から兵卒のスケッチ、戦闘直後の戦場や塹壕、破壊された兵器、町、住民など、多岐にわたっている。社交界の肖像画家が、新たな課題に精力的に取り組んでいった様子がうかがわれる。また回想録に記された以下のくだりは、旧世代の戦争画家との差異において、示唆的である。

　一人の将校がこういったのを思い出す。「ソンムを描く？　私でも記憶を頼りに描けますよ。平らな地平線と泥の穴ぼこに溜まる水、それとひしゃげた数本の木でね」。しかし臭いを描くことは誰にもできない。

　キャンバスに捉えることのできない戦場の臭気への言及は、前線で戦争を観察した画家ならではの感覚だろう。後の問題作『無名兵士に』でオルペンが試みたモチーフは、こうした前線体験の延長線上にある。
　多くの場合、公式戦争画家たちは前線近くに数ヵ月程度滞在し、一定数の作品を制作すると帰国した。一方オルペンは、1918年5月に『戦争』と題したロンドンでの個展開催と、ナイト叙勲のために一時帰国したが、この時期を除けば、休戦までのおよそ1年半をフランスに留まり、戦争画家の「総司令官」とも評された。そして休戦後は、引き続きパリ講和会議の公式画家に任命されたのである。

♣ パリ講和会議の記録絵画

　1917年に設立された帝国戦争博物館は、この講和会議の、すなわちイギリスの戦勝を記録する油彩画3点をオルペンに委託した。1919年2月にパリに到着すると、公式画家としてフランス外務省会議場への入室を認められたオルペンは、連日繰り広げられる各国代表の交渉を観察した。

［第 12 章］第一次世界大戦と「無名兵士」追悼のかたち

　私［オルペン］はいつも窓際の席に腰掛けていた。そこに座って、"トラ"のあだ名のクレマンソー［フランス大統領］が、協議が長引けば、代表を送ってきている小国を壊滅の危機に追いこみかねないと語るのを聞くのは、実に愉快だった。小国代表ほど自ら語る義務を強く感じているのだが、じきにクレマンソーがグレイの手袋を振り回して、黙らせてしまうのである。
　時折ウィルソン大統領［アメリカ］が立ち上がり、愛と許しについて語った。ロイド・ジョージ［イギリス首相］はとにかく仕事をしていた。大臣たちがひっきりなしに彼のもとに駆け寄り、耳打ちしては去っていく。そしてさらなる耳打ちのために戻るのである。その個性で他の代表をことごとく平凡に見せているバルフォア氏［イギリス外相］は眠っていた。威厳という点でバルフォア氏に匹敵しうるのは、ただ一人西園寺侯爵［日本全権特使、公爵叙勲は 1920 年］のみだった（引用文中の ［　］ は引用者による補足説明）。

　大国の利権とこれを代表する政治家たちの傲慢な態度に反感を抱きつつ、オルペンが制作した委託作品の 1 点目は『フランス外務省における講和会議』（"A Peace Conference at the Quai d'Orsai"）、2 点目は『ヴェルサイユ宮殿、鏡の間における講和条約調印、1919 年 6 月 28 日』（"The Signing of Peace in the Hall of Mirrors, Versailles, 28th June 1919"）である。それぞれセーヌ河畔の外務省と、ヴェルサイユ宮殿の広間を背景とした、列強首脳の室内集合画である。
　1919 年に完成されたこれら 2 点の油彩画はとくに問題もなく、1920 年に発注元の帝国戦争博物館に収蔵された。しかし 3 作目にして最後の委託作品となる『無名兵士に』は、完成までに前 2 作よりも長い期間を要したのである。

第3部 「悩めるイギリス」の文化的起源

2. 不都合な「戦傷者」

♣ロイヤル・アカデミーの問題作

　『無名兵士に』の棺の左右に当初描かれていた歩哨は、オルペンが1917年に前線で描いた水彩画に基づくモチーフである。『爆裂－狂気』("Blown up - Madness")と題するこの絵は、地雷爆発の衝撃を受けた兵士を描いたものだったという。『無名兵士に』のなかに再現された歩哨は、着衣は破れて腰から垂れ下がり、痩せ細った上半身をさらしている。ヘルメットでかろうじてイギリス兵と識別できるが、空ろな表情、とりわけ異様な目つきと、生気の感じられないその姿は、およそ戦勝を記念する絵画のイメージとは異なるものだった。

　帝国戦争博物館の理事たちは、1923年にロイヤル・アカデミーの春の展覧会で『無名兵士に』を見るや、この作品を拒絶した。画壇からも、「悪趣味」、「感傷的」、「ヴィジョンにひらめきを欠く」など、手厳しい画評が相次いだ。絵のなかで問題とされたのが、棺左右の歩哨たちだったことは、後にこの部分が塗り消された作品を、帝国戦争博物館が受け入れたことからも明らかである。

　イギリスにとって第一次大戦は、多大な犠牲を払いつつも勝利に終わった戦争である。戦後の世界秩序再構築に向けてのヴェルサイユ条約調印からほぼ4年後、ロンドンの展覧会場で一枚の記録絵画が呼び起こした問題は何だったのか。その手がかりとなるのが、この歩哨のモチーフの原画の画題、すなわち『爆裂－狂気』である。世界大戦中、"戦場の狂気"と呼ばれた現象があった。開戦直後から"恐怖のあまりの狂気"のうわさが、前線の兵士の間でささやかれていたが、これが軍隊組織にとってきわめて深刻な問題であることが、しだいに明らかになっていったのである。

[第12章] 第一次世界大戦と「無名兵士」追悼のかたち

> *column*　爆裂－狂気
>
> 　「狂気」の概念に絶対的定義はなく、時代や社会によってその認識は変化する。戦争神経症を「狂気」と呼ぶことは、今日的には不適切であり、帝国戦争博物館はこの作品の副題「狂気」を、現在は削除している。しかし第一次世界大戦当時のイギリス社会において、明確な病名が確立されていなかったこの症状が、一般的に「狂気」と認識されていたことも事実である。本章では、この同時代社会の認識を反映したオルペンによるオリジナルの画題を尊重し、副題を含めて表記している。

♣ 近代戦がもたらした傷

　第一次大戦は、各国の兵器開発を加速化させ、さまざまな近代兵器が戦場に投入されていった。なだらかな平野がつづく北フランスからベルギー国境にかけての西部戦線では、両軍が塹壕戦で対峙することとなり、これに伴って射程距離がより長い火砲や、破壊力が大きな地雷が考案された。北フランスのアルベール近郊で、イギリス軍の27トン火薬が穿ったクレーターは、直径およそ100メートル、深さおよそ30メートルの傷跡を、今も大地に残している。後の核兵器の破壊力とは比べようもないとはいえ、こうした兵器による破壊の応酬の結果、前線となった地域はあたかも"月面"と化したかのようだったといわれる。

　過去の戦争で使用されたことのなかった新たな兵器も、この世界大戦で用いられた。イギリス軍が先駆けた戦車は、1916年に西部戦線に投入され、火砲の攻撃に耐えて泥沼の戦場を走行した。開戦直後から各種毒ガスも攻撃兵器となり、1917年のイーペルの戦いでドイツ軍が用いた猛毒のマスタードガス（別名イペリットガス）は、風向きしだいでユニフォームの色とは無関係に、無防備な兵士の視力を、命を奪った。そして黎明期の飛行機もまた、この戦争で兵器と化したのである。

　殺戮手段が急速に変化していくなかで、塹壕戦を経験した兵士たちがある種の神経症状を発症し、戦闘不能に陥るケースが増えていった。トラウマ、すなわち精神的外傷に起因する神経症状で、世界大戦当時は一般にシェル

ショックと呼ばれた。開戦当初、こうした戦争神経症は、身体的外傷が神経になんらかの損傷を与えた結果ではないかとも考えられており、苛烈な戦闘経験による心因性神経症との認識は確立されていなかった。この病因に関する医学知識は過渡期にあり、その結果としてシェルショック発症者が、前線で不名誉な烙印を押されるケースすら発生した。

　前線では軍規違反を理由とする銃殺刑が、随時行われていた。第一次世界大戦の間に、軍法会議で有罪評決を受け、翌日の夜明けに銃殺を執行されたイギリス軍(自治領諸国軍を含める)の将兵は、300人を超える。軍当局がシェルショック発症者への、前線での対応を始めたのは、1917年に入ってのことである。したがって1916年ごろまでの軍規違反者のなかには、こうした戦争神経症による戦闘不能状態を理由に、有罪とされた将兵も含まれていたと考えられている。それから90年後の2006年、イギリス政府は新法を制定し、第一次世界大戦時に銃殺刑を執行された将兵の名誉回復を行った。これに際してブラウン国防相は、処刑された将兵のなかには、特定はできないが不当に断罪されたケースが含まれていた可能性があると、コメントしている。

♣社会問題となるシェルショック

　もちろんシェルショックは前線だけの問題ではなかった。シェルショックを発症した多数の将兵は、神経症状が治癒しない状態で、1914年末ごろから続々と本国に送還されはじめた。その結果、銃後のイギリス社会もまた、病因や治療方法に関する知識も不十分なままに、新しいタイプの「戦傷兵」への対処を迫られたのである。

　世界大戦以前から、大規模な鉄道事故や炭鉱事故に際して、生き残った事故関係者が、後日ある種の神経症状を発症するケースがあることは知られていた。一部の神経科医は、こうした症例を強度のストレス体験と関連付けた仮説を立てていた。世界大戦期の戦場で同様の神経症状発症者が多数現れたことは、はからずもこの仮説を補強することになっていったのである。イギリス海外遠征軍の医学顧問ホームズ医師は、神経科の専門医の意見に基づいて、前線後方にシェルショック発症者のための一時的収容施設設置を提言

した。こうして前線での初期治療が、遅ればせながらも 1917 年に採用され、一定期間の施療の後、選別された「負傷兵」が本国に送還されるシステムが作られていったのである。

　戦後もシェルショックは引き続き社会問題となっていた。1920 年に 15 ヵ所だった専門治療施設は、1921 年に 29 ヵ所と倍増し、退役年金受給者の 5.4 パーセントに相当する 6 万 3296 人が、公式にシェルショックとみなされていた。1920 年には議会が調査委員会を設立し、シェルショックについての調査も開始された。同委員会による報告書が公刊されたのは 1922 年だったが、結論からいえば、この報告書はシェルショックを「仮病でないならば任務放棄の都合のいい口実」とみなしており、軍当局の保守的見解を確認する内容であった。

　この調査報告書に対しては、医学専門誌『ランセット』の記事をはじめ、神経症を専門とする医師から批判の声が上がった。しかし政府にも軍当局にも、この報告書の内容を支持する、それぞれの事情があったのである。戦傷兵への年金支給は、莫大な戦時負債を抱えたイギリス政府の予算を圧迫するものだった。心因性の戦傷兵を外傷性の戦傷兵と同列に扱うことは、政府のふところ事情にとって好ましいものではなかったのである。一方、軍当局も心因性の戦傷者の認知をためらった。近代兵器を駆使した戦争が、将来さらに激烈なものとなることは明らかだった。兵士は心身強壮にして、勇敢であらねばならない。これが軍当局の保守的見解であり、心因性の戦傷を臆病者の言い訳と断罪する発想に結びついていたのである。

　オルペンの『無名兵士に』が、ロイヤル・アカデミーに出品されたのは、こうした社会問題が進行中の時期である。前 2 作で戦勝国の首脳たちを描いたオルペンが、この最後の作品に託したのは、戦場の犠牲者のモチーフであった。しかし兵士のあるべき姿に関して、帝国戦争博物館理事会もまた、軍当局と価値観を共有していた。作品中の、生気なく憔悴しきった異様な表情の歩哨たちは、シェルショックという軍隊組織にとって不都合な「戦傷者」と同様に、容認しがたいモチーフだったのである。

第3部 「悩めるイギリス」の文化的起源

3. 戦死者を追悼するかたち

❧「無名兵士」を生む戦争

『イングリッシュ・レヴュー』の1923年6月号に、『無名兵士に』のモチーフに関するオルペン自身の短い記事が掲載されている。これは帝国戦争博物館がこの問題作を拒絶した直後の号で、作品の意図について、オルペンはこのように記している。

> 突然こんな考えがひらめいた。ごく普通のイギリス兵を描かなければ、私の絵は偉大な功労者を欠いていることになる。ひとたび彼を絵のなかに入れたところ、もはや他の人物を描く余地はなくなってしまった。……
>
> この絵はフランスにおける無名のイギリス兵を偲ぶものである。何人の無名兵士がいるのだろうか。そして何人が共同墓地に埋葬されているのだろうか。古代の驚異的建築家たちと同様に、彼らの身元が明かされることは今後もないだろう。しかし無名の彼らが成し遂げた業は、その魂に不変の栄光を与えつづけよう。

志願兵、徴募兵を問わず、第一次世界大戦で従軍したすべての将兵は、いうまでもなく名前をはじめ固有のアイデンティティをもって前線に赴いた。しかし過酷な戦闘の結果、「無名兵士」となったものも多い。1917年に設立され、その後両世界大戦の戦場跡で、英連邦諸国（旧イギリス帝国）の共同墓地の管理にあたっている連邦戦争墓地協会（Commonwealth War Graves Commission）によれば、第一次世界大戦に関して、身元が判別している戦死者の墓は、本国、自治領、植民地を合わせて58万あまりである。これに対して、墓地のゲートや壁面などに名前のみが記録された推定戦死者が52万あまりで、その一方身元確認ができない墓も19万近くに上るという。

シェルショックという新しいかたちの戦傷者を生み出した殺戮の過酷さは、こうした数字にも表れている。墓石を立てようにも遺体が見つからない将兵

[第12章] 第一次世界大戦と「無名兵士」追悼のかたち

は、"戦闘中行方不明、戦死と推定"と記録され、墓石の代わりに共同墓地の記念碑に名前を刻まれた。おそらく身元不明の墓が、これらの行方不明者に該当するはずだが、オルペンの言葉の通り、個別の身元確認のすべはなかった。そして単純な引き算から明らかな通り、それでもまだ遺体すら見つからない戦死者が30万を超えるのである。

　オルペンが世界大戦を記録する最後の委託作品のモチーフに、あえて「無名兵士」を選んだ背景には、パリ講和会議を通じて知った、エゴイズムむき出しの政治家たちへの反感もあっただろう。しかし、前線近くで戦闘の一端を垣間見た経験から、墓標を立てることもかなわない戦死者や、身元不明の数多くの墓所の存在が、オルペンの心にかかっていたことは想像に難くない。

　世界大戦につづく時期、「無名兵士」へのこうした想いを、なんらかのかたちにしようと試みたのは、オルペン一人ではなかった。戦後、各国でそれぞれに世界大戦戦死者の追悼が国家行事として始められるが、そこで用いられた重要なシンボルが「無名兵士」だったのである。

　休戦から1周年にあたる1919年11月11日に、ロンドンはホワイトホールの、首相官邸に隣接した場所に、世界大戦戦死者を追悼するための記念碑、セナタフ（Cenotaph）が建てられた。戦場跡の共同墓地では、フランスやドイツが墓石に十字架を用いたのに対して、イギリス兵の墓石には、戦死者の出身、階級、宗教などにかかわらず、同じ形状の板石が用いられ、平等性とともに、外観の非宗教性が意識されていた。ロンドンのこの記念碑も同様で、十字架をはじめとするいっさいの宗教的要素を排し、高さおよそ10メートルの頭頂部を、棺の形状とすることで戦死者追悼のシンボルとした。当初の建材は木材と石膏だったが、これをより恒久的記念碑とするため、1920年の休戦記念日に向けて、ポートランド産の石灰岩を用いて建て替えられ、今日に至っている。

　セナタフとは「空（から）の墓所」を意味する。この記念碑は、墓標を立てることのかなわない将兵を含めた、すべての戦死者追悼のシンボルとされた。1920年の休戦記念日にあたっては、セナタフ前での国王参列行事の一環として、フランスから「無名兵士」の遺体をロンドンに運び、あらためて

第3部 「悩めるイギリス」の文化的起源

図12-2 セナタフ（ロンドン、ウェストミンスタ）

埋葬するという追悼式が企画されたのである。

2年目の休戦記念日の直前に、西部戦線の激戦地となった北フランスのエーヌ、ソンム、イープル、アラスの4ヵ所から、名前はもちろん出身や軍隊内での階級などの情報がすべて不明の、ただイギリス兵とのみ識別される遺体が発掘された。集められた遺体のなかから、「無名兵士」搬送班の先任将校によって無作為に選ばれた1体が、ドーヴァーを渡って、ロンドンに護送された。ユニオン・ジャックで覆われたその棺は、市内のパレードの後、セナタフの前を通って、歴代国王、女王の墓所であるウェストミンスタ・アビーに埋葬されたのである。

前述の通り、第一次世界大戦におけるイギリス帝国軍の戦死者は100万を超えた。海外遠征軍にとって、この膨大な数の遺体を本国に送還することは不可能であり、必然的に戦場近くに共同墓地が作られることとなった。1920年の追悼式は、縁者が異国の戦場跡に葬られたイギリスの遺族たちに配慮した儀式だったのである。

故国に戻った一人の「無名兵士」は、イギリス兵という以外のアイデンティティが不明であることによって、墓標のない行方不明者を含めた無数の戦死者のシンボルとなりえた。さらに複数の激戦地のいずれが本来の埋葬地であったかを、あえて不明にすることによって、この「無名兵士」のシンボル性は、いっそう高められたのである。

同じく1920年の休戦記念日には、フランスでもイギリスと同様の「無名兵士」追悼式が行われている。翌1921年にはアメリカ合衆国がこれに倣い、各国は互いにかつての同盟国の「無名兵士」に勲章を贈りあったのである。

[第12章] 第一次世界大戦と「無名兵士」追悼のかたち

♣「総力戦」が意味したもの

「無名兵士」の追悼や埋葬に関しては、アメリカ南北戦争期に北部の連邦政府がアーリントン墓地に身元不明者を埋葬するなど、19世紀の事例もある。しかし国籍以外のアイデンティティがいっさい判らない一人の「無名兵士」の遺体をもって、すべての戦争犠牲者のシンボルとしたのは、第一次大戦の特徴といえる。およそ1世紀前のトラファルガー海戦が、ロンドンのトラファルガー広場をはじめ帝国各地で、ネルソン提督という一個人の英雄像建立をもって記念されたのとは対照的である。

column 戦争記念碑

　近代イギリスにおける戦争記念碑の代表的事例として、まずナポレオン戦争の勝利を記念する建築物が挙げられる。ジョージ4世治世下で建築が開始された、ハイド・パークのマーブル・アーチやウェリントン・アーチは、古代ローマに倣った凱旋門タイプの記念碑である。また1820年代からの地区再開発で造られたトラファルガー広場の中央、高さ46メートルの円柱上のネルソン像は、トラファルガー海戦を勝利に導き戦死した英雄を記念している。

　帝国主義時代を通じて、イギリス諸連隊は独自に所属将兵や交戦の記録を蓄積していくが、国家規模での戦争記録は第一次世界大戦が契機となって制度化された。未曾有の規模の戦闘と初の総力戦を経験するなかで、その記録保存の必要性が認識された結果、1917年に帝国戦争博物館が設立されたのである。同博物館は現在まで、イギリスがかかわった戦争の記録を、絵画・写真・AVなど時代に応じた形で保存し、戦車・戦闘機・艦船などを含めた展示機能も果たしている。

　第一次大戦期には、海外遠征軍の膨大な数の戦死者についても、身元識別や戦没地を組織的に記録する必要性が高まった。1917年に王令によって設立された帝国戦争墓地協会（現在の連邦戦争墓地協会）は、各地の前線での記録作業に従事した。戦後になるとロンドンにセナタフが建てられ、遺体の戻らぬすべての戦死者が本国で追悼されるかたわら、同協会が、フランスやベルギーなど友好国政府から用地提供を受けて、かつての前線近くに共同墓地の建設を開始した。第二次大戦期にも戦闘地域近くに共同墓地を立てる原則が採用され、同協会が現在も世界各地の墓所の管理運営に責任を負っている。

第3部 「悩めるイギリス」の文化的起源

　オルペンと同世代の友人、シドニー・ダークは、オルペンの伝記中で、『無名兵士に』の展示を見たある女性が、オルペンに宛てた手紙を引用している。

　　私はイングランド人の母親で、たった一人の子どもはフランスの名も知れない墓地に葬られています。土曜日に、夫と私はロイヤル・アカデミーを訪れて、『フランスに死せるイギリス無名兵士に』を拝見しました。あなたのみごとな絵のなかに、存命中の著名な人びとの代わりに、明確な犠牲の寓意を描いてくださったことに、ひと言お礼を申し上げずにはいられません。……
　　最愛のものを大戦に捧げた私たちは、時おり平和はこれほどの犠牲に値するのだろうかと自問します。人はすぐに忘れるものです。だからこそ、私たちの最愛の息子の命の犠牲を、ペンや絵筆で記憶にとどめようとする偉大な方たちに、感謝を申し上げるのです。

　世界大戦で一人息子を失ったこの母の想いは、イギリス社会にとっての第一次大戦の意味をも語りかけてくる。戦争を指導した政治家たち、あるいは作戦指揮を執った将軍たちの肖像ではなく、シンボルとしての「無名兵士」を描いたことによって、オルペンの作品は、代償のない犠牲を捧げた母の琴線に触れたのである。「総力戦」と呼ばれたこの世界大戦の過程で、前線はもちろん銃後にあっても、国民は否応なく総動員されていった。未曾有の規模の戦死者、戦傷者をはじめ、国民のだれもがなんらかの犠牲を経験したはずである。それを踏まえてこの世界大戦を回顧する時、もはや固有名詞の英雄が国家を勝利に導いたという図式は、成り立たなかったのではないか。
　国家が末永く所有する戦争の記録として、オルペンが依頼された3点の油彩画の最後の作品は、完成までに3年近くを要した。この間にオルペンが模索したのは、この戦争の真の主役と、国家の恒久的記録にふさわしいモチーフである。最終的に、主役は「無名兵士」となり、描かれたモチーフは「犠牲」となった。
　戦争を記録し、追悼するかたちは、さまざまである。だが死者を弔う行為が、遺族や生き残った戦友にとっての癒しの模索であるならば、公式画家オ

[第12章]第一次世界大戦と「無名兵士」追悼のかたち

ルペンが描いた「問題作」もまた、戦場から一人の「無名兵士」を帰還させ、歴代国王の墓所に埋葬した国家行事に相通じる、時代の空気をとらえた追悼のかたちだったのである。

◉参考文献──

佐々木雄太『世界戦争の時代とイギリス帝国』ミネルヴァ書房、2006年。
ジェイムズ・ジョル（池田清訳）『第一次世界大戦の起源』みすず書房、初版1987年、2007年。
バーバラ・W・タックマン（山室まりあ訳）『八月の砲声』ちくま学芸文庫、2004年。
リデル・ハート（上村達雄訳）『第一次世界大戦』中央公論新社、2000年、2001年。
エリック・ホブズボーム（河合秀和訳）『20世紀の歴史』三省堂、1996年。
ブライアン・ボンド（川村康之訳）『イギリスと第一次世界大戦』芙蓉書房出版、2006年。
マーガレット・マクミラン（稲村美貴子訳）『ピースメイカーズ』芙蓉書房出版、2007年。
森ありさ「公式戦争画家ウィリアム・オルペンによる第一次世界大戦の記録」『紀要』日本大学文理学部人文科学研究所、2006年9月。
Bruce Arnold, *Mirror to an Age*, London: Jonathan Cape, 1981.
P. G. Konody and Sidney Dark, *Sir William Orpen, Artist and Man*, London: Sheeley Service, 1932.
Peter Leese, *Shell Shock: Traumatic Neurosis and the British Soldiers of the First World War*, Hampshire: Palgrave Macmillan, 2002.
Sir William Orpen, "To the Unknown British Soldier in France", *English Review*, June, 1923.
─── *An Onlooker in France*, Dublin: Parkgate Publications, 1996.

[第13章]
帝国の逆襲
―― ともに生きるために ――

井野瀬久美惠

　1948年6月22日、その船がロンドンのティルベリ・ドックに接岸した時、その後のイギリス社会と文化の劇的な変質を予測できた人がこの国にどれほどいただろうか。

　その船――エンパイア・ウィンドラッシュ号は、もともとドイツの客船（当時の名はモンテロザ号）であったが、第二次世界大戦中は軍事輸送船として使われ、ドイツ敗北にともない、イギリス海軍に接収されてその名を改めた。1948年5月、帰郷するイギリス軍人500名余りを乗せてオーストラリアからイギリスに向かう途中、ジャマイカのキングストンに寄港した同船に、ジャマイカやトリニダード、バーミューダといった英領西インド諸島の出身者たち、総勢492名が乗り込んだ。第二次大戦後の高い失業率とインフレ率、そしてサトウキビ畑を直撃した前年のハリケーン被害が、打開の道を宗主国イギリスに求めることを彼らに決意させたのである（ちなみに、492名中18名は、旅費28ポンド10シリングが工面できなかった密航者であり、ロンドン到着直後に一時的ながら拘束された）。

　今ふりかえれば、「英領西インドからの初の移民」を乗せたエンパイア・ウィンドラッシュ号は、第二次世界大戦後の帝国解体によって、多民族、多文化、多宗教化していくイギリスの未来をみごとにいいあてていた。この西インド諸島からの移民の波に、時を置かずして、インドを中心とするアジア、さらにはアフリカの英領植民地出身者が加わった。その顛末は、それから半世紀余り後、「連合王国の人口の8パーセント余りを非白人が占める」という国勢調査（2001）がはっきりと物語る。非白人移民が年々滞留し、世代を重ね

［第 13 章］帝国の逆襲

るにつれて、イギリス国内のポストコロニアル的状況は深化、複雑化していき、都市を中心に多文化状況を生み出した。その意味でも、ウィンドラッシュ号の到着は、20世紀後半のイギリス社会とこの国の文化のありようを根本的に書き換える「大事件」だったといえよう。

もっとも、1948年6月22日にロンドンに到着した492名の多くにとって、イギリスは未知の地というわけではなかった。彼らの約3分の1がイギリス空軍（Royal Air Force, RAF）に所属しており、それ以外の人びとにも戦争中イギリスでの生活経験をもつ者が多かったのである。先に紹介したこの船の履歴にも似て、20世紀後半を彩る英領西インドからの大量移民の契機は、第二次世界大戦のなかに埋め込まれていた。英領西インドからの移民は、1948年に突然はじまったわけではなかったのである。

図13-1　エンパイア・ウィンドラッシュ号の到着（1948年6月22日）
出典：Paul Gilroy, *Black Britain: A Photographic History*, London: SAQI, 2007, p.69.

その後長らくイギリス社会で忘れられていたこの事実に再び注目が集まったのは、1998年、ウィンドラッシュ号到着50周年を記念するさまざまなイベントにおいてであった。それは、イギリスに新天地を求めて移民してきた旧植民地の人びとが、イギリス社会で「自分たちの物語」を語る「声」を得るのに50年という歳月がかかった、ということなのかもしれない。この時間には、歴史家ピーター・バークのいう「紛争と闘争の場としての文化」が端的に詰まっている。本章では、それを具体的に見ていくことにしよう。

第3部 「悩めるイギリス」の文化的起源

1. 二つの世界大戦と英領西インド諸島

　1620年以来、アンティグア、バルバドス、ジャマイカ、グレナダ、セントキッツ、ネヴィス、セントルシアといったカリブ海域に点在する英領植民地（本書前見返しの地図参照）は、砂糖生産を中心とする重要な経済拠点、ならびに軍事拠点として、イギリス帝国史の初期から長い歴史を積み重ねてきた。このことは、イギリスにおける黒人問題にも400年ほどの歴史が存在することを意味する。とくに奴隷貿易・制度への反対運動が活発化した18世紀末から19世紀初頭にかけては、オラウダ・エキアノやメアリ・プリンスら、奴隷経験のある黒人が描いた半生記が、イギリス帝国内部における奴隷貿易廃止（1807）と奴隷制度廃止（1833）に大きな影響を与えたことはよく知られている。
　イギリスへの大量移民という形での「戦後」を英領西インドに準備したのも、カリブ海域をその胎内に抱えたイギリス帝国の歴史——より直接的には第二次世界大戦中の戦争動員、すなわち帝国総力戦体制であった。その意味で、現代イギリスの多文化状況は、開戦まもない内閣で植民地動員の問題が議論された1939年にはじまったといえるかもしれない。
　この植民地動員には、第一次世界大戦時の経験が深く絡みついている。
　第一次世界大戦開戦の翌1915年、英領西インド全域の歩兵部隊を集めて西インド連隊（図13-2）が結成された。戦地で白人の連隊との混合を避けることがその主たる目的だったと思われる。当時の人種偏見のなかで結成された西インド連隊には、総勢1万6000名ほどの植民地の男たちが義勇兵として参加し、「母国イギリス」のために戦った。彼らが、ヨーロッパ戦線ではなく、カメルーンやドイツ領東アフリカ（後のブルンジ、ルワンダ、タンガニーカ）、あるいはエジプトやパレスチナといった東部戦線に投入されたのもまた、肌の色の問題からだろう。
　しかしながら、第一次世界大戦を植民地の非白人部隊も戦ったという事実は、戦争終結とともに、イギリス社会ではすっかり忘れられていく。それゆえに、終戦直後の1918年12月、西インド連隊に属する兵士180名ほどが、

[第13章] 帝国の逆襲

図13-2　フランス、アミアンに派遣された西インド連隊（1916）
出典：Gilroy, *op.cit.*, pp.24-25.

軍隊に根深い人種差別（カラーバー）に抗議する反乱をイタリア南東部の港町ターラントで起こしたことも、除隊後の彼らがイギリスからの独立を求める民族運動の担い手となっていったことも、あるいは終戦の翌1919年にリヴァプールやロンドン、ニューポートなどで人種差別に反対する黒人暴動が起こったことも、イギリス人の多くにはごく最近まで忘却の彼方にあった。

その後、1930年代の西インド諸島が経済的・社会的に不安定な状態に陥らなければ、第二次世界大戦への彼らの動員もなかったかもしれない。1833年に奴隷制度廃止法案がイギリス議会を通過した後、西インド諸島の多くでは奴隷解放が実施されたが、白人農園主が所有、経営するサトウキビ農場で黒人労働者が搾取されるという構造自体にさして大きな変化はなかった。選挙権は土地所有者、あるいは月150ドル以上の収入のある者に限られ、組合活動は違法とされた。教育や福祉の制度にも多くの欠陥があった。こうした状況を憂慮したイギリス本国は、1939年、議会の王立特別委員会を通じて改正勧告を発令する。第二次世界大戦の勃発はその直後のことであった。

大戦開始当初、イギリス陸軍は第一次世界大戦時と同様に、「将校は純粋なヨーロッパ出身者に限る」としていたが、この条項は在英黒人兵の強い反

第3部　「悩めるイギリス」の文化的起源

発で削除された。それまで優勢だったドイツ・イタリア枢軸国軍に対して、連合国軍巻き返しの契機となったスターリングラード攻防戦が始まる1942年8月ごろから、陸軍は非白人技術兵を受け入れはじめた。それでも、第一次世界大戦の経験から、西インド諸島出身者の多くは、人種偏見が根強い陸軍を避けて空軍を志願した。ウィンドラッシュ号の乗船者に空軍出身者が多かったのはそのためである。空軍でも、パイロット養成や昇進に関して人種差別的な姿勢がなかったわけではないが、それでも、1944年に結成された西インド諸島出身者から成るカリブ海連隊は総勢7000名余りを数え、イタリアやエジプトの戦線でドイツ兵捕虜の護送などの任務にあたった。

一方、王立海軍には西インド出身者の姿はほとんど見られない。とはいえ、18世紀以来、リヴァプールやロンドン、カーディフ、ブリストル、ハルといった港町には、カリブ系、アフリカ系の黒人水夫のコミュニティが形成されており、海事関係者に非白人が多かったことは事実である。第二次世界大戦勃発と同時に、アンティグアから約300名、セントルシアからも100名ほどの水夫が商船の船員（merchant navy）に加わっていた。それでも、黒人とともに戦うことを嫌がる労働組合の反発を受けて、1941年、王立海軍は、白人とは別に在英黒人水夫の連隊を組織化した。同じころから、西インド出身者はカリブ海域の警備や物資の分配を担当するようになり、その数は、当初の190名余りから1200名を超えるまでに膨れあがった。彼らの増員は、アメリカの参戦（1941）以後、ドイツ軍による無制限潜水艦攻撃によってカリブ海域の安全が脅威にさらされていたことを物語って余りある。

さらには、戦争の長期化にともなってイギリス社会のあちこちで生じた労働力不足、とりわけ軍需産業の労働力を補填するため、イギリス政府は西インドの英領植民地の人びとに対して、積極的に渡英を呼びかけた。渡英後の彼らは戦時動員体制に組み込まれ、空襲時の訓練や灯火管制、配給といった経験をイギリス人と共有したのである。

第一次世界大戦同様、この戦いでも、植民地の黒人とともに戦うことについてはさまざまな人種偏見が認められた。とりわけ、西インド出身者を敵視したのは、黒人が銃器をもつことに強く反対していた南アフリカ出身の白人

[第 13 章] 帝国の逆襲

兵士だったといわれる。やがてアパルトヘイト（人種隔離政策）で世界的な非難を浴びる白人メンタリティの一端をうかがわせる話だろう。また、アメリカの参戦後、カリブ海各地に設けられたアメリカ軍基地では、アメリカ南部諸州で実施されていた人種差別的な政策がそのまま導入され、現地の人びとを苦しめた。戦時には平時の偏見が先鋭化するものである。

にもかかわらず、戦時動員を求める「母国イギリス」の呼びかけに応えて、1万人を超える男女が西インド諸島からこの戦争に加わった事実は重い。しかも、終戦とともに故郷に戻った彼らの多くが、イギリス社会にはびこる人種偏見の存在を知りつつも、イギリス行きを希望したのである。

その背後には、1930年代以上に悪化した戦後の西インド経済、物資不足とインフレから大戦中に倍増した生活費の負担、高い失業率などの問題があった。生活苦にあえぐ西インド諸島の各地で、「イギリス帰り」の男女が語る戦争中の「イギリス生活経験」は、多くの人びと、とりわけ若者たちを魅了したにちがいない。これに、病院や交通関係、繊維工業などいくつかの基幹産業で（不熟練）労働力不足が生じた戦後イギリス経済の要求が重なり、西インド諸島からの移民労働者がイギリスに押し寄せることになった。それが、イギリス文化を新たな「闘争の場」へと引き込むことになった。

2. 50年後の声

先にも触れたが、1998年には、ウィンドラッシュ号の到着50周年を祝うさまざまなイベントがイギリス全土で行われた。そのなかで、移民一世は異口同音に、当時のイギリス経験を語りはじめた。

たとえば、1940年にイギリス空軍に加わったダドリー・トムソンは、ドイツ空軍によるイングランド中部の工業都市、コヴェントリーの空爆を自らの責任のように感じたこと、ユダヤ人と同じく、黒人を「類人猿」と呼んで差別したアドルフ・ヒトラーへの怒りを募らせてドイツとの戦いに闘志を燃やしたことなどを語っている。「あの戦いで多くの仲間が死んだ。われわれは人間として戦ったのだ」というトムソンは、「にもかかわらず、第二次世

第3部 「悩めるイギリス」の文化的起源

図13-3 ウィンドラッシュ号船上の移民
出典：*The Guardian Weekend*, 16 May, 1998, p.39.

界大戦史に黒人への言及はない」と憤る*。

これまで見てきたように、二つの世界大戦はいずれも、ヨーロッパの戦いにとどまらず、文字通りの「帝国の戦い」として、カリブ海域やアジア、アフリカを深く巻き込んでいた。しかしながら、戦史の多くで非白人の存在は黙殺された。ウィンドラッシュ号到着50周年という記憶の節目は、移民たちが、「イギリスの戦争」のなかに自分と祖先の姿を探し求め、可視化する機会ともなったと思われる。

また、やはり空軍の一員として第二次世界大戦に加わったサム・キングは、船を下りた後、郵便局などで働き、1983年、テムズ川南岸、サザーク行政区（borough）初の黒人区長（Mayor）に昇りつめた、ウィンドラッシュ号の「有名人」だ。彼は、ジャマイカ、キングストンの港にウィンドラッシュ号が到着した時、移民斡旋事務所前にイギリス行きを希望する男たちが長蛇の列を作っていたことを鮮明に記憶していた。彼自身は3頭の牛を売って旅費（28ポンド10シリング）を工面したが、そんな自分を含めて、ウィンドラッシュ号に乗ったジャマイカ人は極貧ではなかったと強調する。

1998年、50年目の記憶を伝えるテレビ番組は、ウィンドラッシュ号の下船シーンを繰り返し流した。このシーンは、20世紀後半を通じて、イギリス国内で人種差別的な事件がおこるたびに、あるいは移民規制の強化が議論される時にも、ドキュメンタリー番組や特集記事の多くで取り上げられ、イギリスにおける「人種差別の原点」として言及された。映像や写真に映し出された自分たちの、そして祖父母や父母の姿に、ノスタルジアを感じる西インド出身者も少なくなかったと思われるが、それはひとつに、彼らが身につ

けていたファッションのせいだろう。誇らしげに高々と帽子を掲げる男たち、おしゃれな手袋とボンネットに身を包んだ女たち——それはまるで、日曜日の教会にでもでかけるかのようである。当時の彼らとしては精一杯の晴れ姿に、「母国イギリスに行くこと」の意味がにじみでていた。

　その一方で、テレビなどで繰り返し流されるこのイギリス上陸シーンに、多くの移民が、いつまでたっても外来者でしかないいらだちを感じていた。

3.　途切れない非白人移民の波

　ウィンドラッシュ号を下船した人びとのうち、ロンドンでの滞在を希望する者に対し、イギリス政府は「宿泊先」を準備して「歓迎」のポーズを示した。しかしながら、それは形だけのことだった。彼らの「宿泊先」は、ロンドン南部、地下鉄クラッパム・サウス駅近くの空き地に設けられた防空壕であり、食事は近くのクラッパム・コモンに設営されたテントで支給された（図13-4）。防空壕を出て住まいや宿泊場所を探しはじめた人びとは、労働者の権利を守るはずの組合でも、労働者の息抜きの場であるパブでも、人種差別を経験する。彼らに認められたのは「労働」だけであり、当時の新聞はこぞって「彼らは短期間で西インドに戻るだろう」と書き立てた。実際、短期滞在との見込みは、ウィンドラッシュ号に乗った彼らも同じだった。

　その一方で、1948年以降、イギリス政府内では、（戦争中と同じく）戦後復興の労働力を植民地に期待する労働省と、彼らの流入をよしとしない植民地省との対立が表面化しつつあった。非白人の定着を危惧する声に対し、ウィンドラッシュ号到着時の植民地大臣であったクリーチ・ジョーンズはこういい放った。「心配はいらない。彼らは一冬もたないだろうから」——。植民地省トップの発言ににじみ出る人種偏見と無理解こそ、ウィンドラッシュ号から下船した移民たちを待ち受ける「母国イギリス」の素顔であった。

　それでも、1948年6月以降、ジャマイカはじめ、西インド諸島からの移民を乗せた船はイギリスの港にやってきつづけた。そこにはもうひとつ、大きな事情があった。奇しくもウィンドラッシュ号到着と同じ年、イギリス帝

第 3 部　「悩めるイギリス」の文化的起源

図13-4　クラッパム・コモンに設営されたテント内で食事の支給を受ける
　　　　ジャマイカからの移民（1948 年 7 月）
出典：Gilroy, *op.cit.*, p.68.

国領（英連邦、コモンウェルス）に暮らす「イギリス臣民（British subject）」全員に「イギリス国民としての資格（British citizenship）」を与え、イギリスでの居住と労働の権利を認める「イギリス国籍法（British Nationality Act）」が議会を通過したのである。二重国籍を認める形で開かれた「母国イギリス」への移民の可能性を、この法案成立後まもなく施行されたアメリカの移民規制が後押しした。話を整理するとこうなる。

　1880 年にはじまったパナマ運河の建設は、黄熱病の蔓延や資金難でフランスが断念した後、20 世紀初頭のアメリカに引き継がれ、10 年の歳月を経て 1914 年に完成した。この運河によって、西インド諸島とアメリカとの経済関係が緊密化していく。とりわけ、バナナ栽培に乗り出したジャマイカでは、アメリカとの間に独自の定期航路、通称「バナナ・ボート航路」が開かれ、1911-21 年の 10 年間に約 3 万人のジャマイカ人がアメリカに移民した（他にも 2 万人余りが砂糖産業の発展著しいキューバに移民している）。1920 年代、アメリカの移民規制は強化されたが、ジャマイカはじめ、英領西インド諸島の

[第13章] 帝国の逆襲

人びとは「イギリス人」としてカウントされたため、規制の適用を受けることなく、アメリカに移民することができた。そのため、カリブ海域の英領植民地に暮らす「イギリス臣民」にしてみれば、アメリカはイギリス以上に身近で魅力的な移民先であった。

　この状況を変えたのが、1952年のマッカラン＝ウォルター法である。英領西インド諸島の人びとを「イギリス人」から除外するこの法律によって、西インド諸島からアメリカへの移民は、年間数百名（ジャマイカの割当は年間100名）にまで大幅に削減された。このことが、新天地を求める人びとの目を再び「母国イギリス」へと向けさせることになる。

　ウィンドラッシュ号到着から10年後の1958年、西インド諸島からイギリスにやってきた移民は12万人を超え、その多くがロンドンはじめ大都市の交通局やホテル、レストランなどで働いた。短期滞在という当初の予想を、マッカラン＝ウォルター法によるアメリカの移民規制が裏切ったことは統計が証明している。1952年の同法施行直前まで、年間1000人ほどに留まっていた西インドからイギリスへの移民は、2年後にはその10倍を超え、1955年には20倍を上回る2万2000人余りを数えた。戦後復興期のイギリス社会がそれだけの労働力を必要としていたのである。西インドからやってきた非白人に対する白人の反発を（ある程度）封じ込めていたのも、当時の労働力不足の現実だったと思われる。

　だからこそ、1950年代末、イギリス経済の景気後退とともに悪化した雇用状況のなかで、移民への態度が変わったのも無理からぬことだった。イギリス人の多くが失業したこの時期、ふと気がつけば、わずか10年足らずの間に「黒い肌」は目に見えるかたちで数を増していた。戦後復興が一段落した当時の「白いイギリス人」にとって、彼らはもはや侵入者以外の何者でもなくなりつつあった。

第3部　「悩めるイギリス」の文化的起源

4.　ノッティングヒル人種暴動

　ウィンドラッシュ号を下りた西インド移民の多くが、「宿泊先」であるクラッパム・サウス駅近くの防空壕周辺、ブリクストンに定住したのは自然のなりゆきだろう。1998年11月、サザークにあるランベス・タウンホールで開かれたウィンドラッシュ号到着50周年記念シンポジウムの冒頭、司会を務めたサム・ウォーカー（当時の黒人文化史料館館長）は、次の言葉で50年前の記憶に触れた。「ブリクストンは歴史を作る。イギリスのため、そして世界のために」――。

　10年間で12万人を大きく超えたジャマイカからの移民はじめ、カリブ海域からやってきた人びとは、実際には徐々にその居住範囲を広げていき、ブリクストン以外にも独自の居住区を形成していった。ロンドンの中心部から地下鉄セントラル線に乗って西に15分ほど行ったところにあるノッティングヒルもまた、そんな西インド移民居住区のひとつである。ここでは、毎年8月下旬のバンクホリデーを含む3日間に渡って、カーニヴァルが行われる。リオのカーニヴァルを思わす色鮮やかな衣装を褐色の肌にまとった住民たちが、ノン・ストップのカリプソやレゲエなどのサウンドに合わせて歌い踊り、街頭を西インド一色に染めあげる。沿道には多くの観光客がつめかけ、マスコミは連日その模様を伝える。街頭のフェスティバルとしてはヨーロッパ最大といわれるこのノッティングヒル・カーニヴァルは、常になんらかの騒動へと発展し、とくに1970年代半ば以降は毎年のように逮捕者を出してきた。

　カーニヴァル（謝肉祭）とは、もともとイエス・キリストが断食修行した四旬節（復活祭前の40日間）に肉食を断つ前、2月下旬から3月上旬の時期に思い切り肉を食し、大騒ぎするカトリックの祝祭である。そのころのヨーロッパはちょうど真冬。緯度の高いイギリスでは春の訪れさえ感じることはむずかしいが、南半球、たとえばブラジルのリオデジャネイロでは真夏を迎え、灼熱の太陽がお祭り気分をおおいに盛りあげてくれる。サンバのリズムは真夏にこそぴったりだ。だから、イギリスにおける西インド移民の祭典、

[第13章] 帝国の逆襲

　ノッティングヒル・カーニヴァルは8月なのか——という解釈は間違っている。ノッティングヒル・カーニヴァルの原点は、1958年の夏の終わりにイギリスじゅうを震撼させたノッティングヒル人種暴動にある。
　ノッティングヒルに飛び火する人種暴動は、1958年8月23日、まずはイングランド中部の町ノッティンガムではじまった。西インド系を中心に非白人移民約3000人が暮らすこの地方都市でも、同時期のロンドンと同じく、テディー・ボーイズとよばれる白人の不良少年による非白人住民に対する襲撃、少年たちのいう「黒人狩り」がつづいていた。そんな状態が極限に達したのだろう、この日の夜10時ごろ、パブでのささいな口論から非白人の青年が白人男性を刺殺する事件がおきた。これがイギリス全土を巻き込む大暴動へと発展していく。
　ノッティンガムの事件から1時間もたたないロンドンでは、テレビやラジオで事件を知ったテディー・ボーイズらが、鉄パイプや自転車のチェーン、ナイフなどを手に、ノッティングヒル地区に集結した。「黒人狩り」の開始である。少年たちは、当時の右翼のスローガン、「イギリスの有色化を許すな！」や「黒人はジャングルへ帰れ！」、そして「黒人にリンチを！」などと叫びながら、この地区の西インド系住民の家々に石やレンガ、火炎ビンなどを投げつけ、路上を行く非白人を無差別に襲った。ノッティングヒルの「黒人狩り」は、まもなく、この地区と並ぶ西インド移民地区であるブリクストンやハクニーなどに波及し、それとともに暴力はエスカレートしていった。テディー・ボーイズによる「黒人狩り」は1週間以上にも及び、その間、数を増やした白人の暴徒たちは、9月に入るころには数千人にも膨れあがったといわれる。不良少年らの暴力が、非白人住民を受け入れたはずの白人の心の奥深くに潜む人種偏見を一気に解き放ったかのようであった。白人たちは口々にこう叫んだ。「キープ・ブリテン・ホワイト！」——。非白人住民は外出を避け、恐怖に怯えながら、「黒人狩り」の嵐が収まるのを、ただただ息をひそめて待つしかなかった。その間に5人の西インド系住民が殺された。
　この出来事は、西インドからの移民たちに、「母国イギリス」がけっして「寛大で慈悲深き母」ではないことを教えた。その一方で、「白いイギリス人」は、

第3部 「悩めるイギリス」の文化的起源

図13-5　ノッティングヒル人種暴動の翌年、トラファルガー広場で開かれた非白人移民反対集会の様子（1959）
出典：Gilroy, *op.cit.*, p.112.

彼らの存在そのものから発せられる「国民の境界線」の揺らぎに不安を募らせた。

5.　移民規制の強化と西インド移民

　人が動けばモノも文化も情報も、そして生活も動く。当初「ジャマイカ移民地区からひどい騒音が聞こえてくる」といった日常レベルでの感覚の違いだったものが徐々にエスカレートしていき、ついに1958年夏のノッティングヒルで爆発したのである。この人種暴動以降、「白いイギリス人」からの突き上げは激しさを増し、それが、「イギリス臣民の入国自由の原則」を掲げてきたイギリス政府に移民政策の転換を迫っていった。
　時は、アジア、アフリカで旧植民地の独立が相次いだ帝国再編の時代。EEC（ヨーロッパ経済共同体、本書vi頁参照）への加盟交渉がはじまろうとしていたことも、イギリスに帝国という枠組みの見直しを迫っていた。「帝国

[第13章] 帝国の逆襲

の代償」は払わねばならないが、その方法が問題だった。

1961年11月に議会を通過し、翌62年7月1日から施行された「英連邦移民法」は、イギリスで労働もしくは定住を希望する「イギリス臣民」に労働省発行の雇用証明書の提示を義務づけた。法案通過から施行までの8ヵ月間の駆け込み移民数は18万人を大きく上回ったが、この数字は、それ以前に入国した西インドからの移民数とほぼ同数であった。

その後も、非白人の移民規制は白人の反発に押されるかたちで強化された。1965年には独立後の旧植民地の失業者への雇用証明書の発行が停止され、就職を希望する本人はもちろん、その

図13-6 移民規制の強化に反対する西インド移民（1971）
出典：Gilroy, *op.cit.*, p.201.

家族についても厳しいチェックがなされるようになった。1968年、イギリス政府は、「英連邦からの移民希望者は、両親もしくは祖父母がイギリス生まれであることを証明できる者に限る」という新しい規制を成立させるとともに、独立後の各政府が発行したパスポートはあっても、イギリスでの労働許可証を持たないアジア系移民の入国を拒否した。1971年の移民法では、イギリスへの入国は「本人もしくは両親がイギリス生まれで就労許可を持つ英連邦加盟国市民」に限定された。こうした規制の影響もあって、このころから西インド移民の数は激減していく。

この間、1950年代の西インド諸島からの移民に続き、60年代にはインド、パキスタン系、さらには独立が相次ぐアフリカ諸国から「追放」されたアジア系の人びと（たとえばケニアーウガンダ間の鉄道建設に従事したインド人）がイギリスに移民してきた。アジア系移民の到着は、先発の西インド移民の意

識に微妙な変化をもたらしたようである。後発のアジア系移民の多くは英語が理解できず、シク教やヒンズー教、イスラム教などキリスト教以外の信仰を固持し、民族と血の絆を重んじる閉鎖的なコミュニティを形成して、イギリス社会になかなか溶け込もうとしなかった。それに対して、西インドからの移民は、イギリス社会の一員になろうとする意志と努力を当初から示していたといえる。すでに述べたように、西インド移民が後にした故郷では、イギリス帝国に組み込まれた17世紀以降、生活のさまざまな面で「イギリス化」が進行していた。彼らは英語を解し、クリスチャンとなり、イギリスの習慣や法律、制度についてもある程度の情報と知識があった。それが、他地域からの移民と比べた場合、西インド移民のイギリス定住にプラスに働いたといわれている。

　しかしながら、それ以上に西インド移民の定住を確固たるものにしたのは、「イギリス社会で生きる」ために重ねた彼ら自身の努力であったことを忘れてはならない。ノッティングヒル暴動の直後から、西インド系移民の間では、人種偏見を超えて「白いイギリス人」と共存する試みがはじまった。この試みを象徴するのが、クラウディア・ジョーンズ——「ノッティングヒル・カーニヴァルの母」と呼ばれる女性である。

6. ノッティングヒル・カーニヴァルの意味

　クラウディア・ジョーンズは、西インド諸島のひとつ、トリニダードで生まれ、幼いころに家族とともにアメリカ、ニューヨークのハーレムに移住した。その後、黒人人権運動と共産主義運動に関わり、公民権活動家として頭角を現すが、共産党員とその支持者を排除しようとするマッカーシズム、いわゆる「赤狩り」の嵐が吹き荒れた1950年代、共産党員であったジョーンズは逮捕・投獄を重ねるなかで体調を崩し、国外追放により、1955年末、イギリスにやってきた。ロンドンで体調を回復した彼女だったが、イギリスの共産党員の多くが黒人女性に敵意を抱いていることに失望し、情熱を傾ける対象を地元ロンドンの西インド移民コミュニティへと移していった。58

年３月、イギリス初の黒人紙『西インド・ガゼット』(ならびに『アフリカ・アジア系カリブ・ニューズ』) を主宰、発行し、ジャーナリストとして、西インド移民のみならず、多様な人権擁護団体の組織化に乗り出した彼女は、しだいに黒人コミュニティのリーダー的存在となっていく。

　新聞発刊直後におこったノッティングヒル人種暴動に対して、そして同じノッティングヒル地区で発生した翌1959年の黒人リンチ事件の際にも、ジョーンズは強い抗議の意を込めて記事を書いた。と同時に、彼女は、ノッティングヒル人種暴動に対する直接的な「答え」として、ノッティングヒル地区のポウィス・スクェア (Powis Square) からタヴィストック・スクェア (Tavistock Square) までのウォークを企画・実行し、ダンスやスティックドラム演奏などを披露して、カリブ文化のポジティヴな諸相を街行く人びとにアピールした。彼女がイギリス初のカリビアン・カーニヴァル（当初は室内で開催）を組織化したのは、人種暴動から数ヵ月後の1959年1月のことである。スローガンは「芸術は自由を生む」——ジョーンズは、西インド移民を「木を切り、土を耕す以外何もできない」と思い込んでいた「白いイギリス人」の偏見を払拭しようと、移民たちの芸術的才能を証明する場を設けたのである。これがノッティングヒル・カーニヴァルのはじまりであった。1964年からは街頭で開催されるようになり、今やヨーロッパ最大の規模を誇る。それは、クラウディア・ジョーンズの生まれ故郷、トリニダードのカーニヴァルの伝統に倣うものであった。

　仮面の祝祭空間カーニヴァルは、18世紀後半、当時スペイン領だったトリニダードの総督に招かれたあるフランス人によってこの島に伝えられたといわれる。当時フランス系クレオール（植民地生まれのフランス人）によって行われた仮面舞踏会を、現地の黒人奴隷たちは葬儀などの儀式で模倣し、ひそかに奴隷主を嘲笑したという。1787年の英領化後も続けられたカーニヴァルが、トリニダードの街頭で公然と行われるようになったのは、1834年、奴隷制度廃止以後のことである。解放された元奴隷たちは街頭にくり出し、自分たちを支配してきた白人奴隷主を真似て顔を白く塗り、歌い踊りながら、何世紀にも渡って自分たちを苦しめてきた奴隷制度の終焉に歓喜の声

第３部　「悩めるイギリス」の文化的起源

を上げたのであった。

　植民地政府の度重なる禁止命令にもかかわらず、トリニダードの街頭でのカーニヴァルはその後、凝った衣装、スティールドラム（ドラム缶から作られたトリニダード起源の打楽器）、そしてカリプソの音楽に彩られる独特の祝祭空間へと発展していき、やがて、ブラジルのリオ、イタリアのヴェネチアとともに、世界三大カーニヴァルのひとつに数えられるようになっていった。クラウディア・ジョーンズがイギリスの街頭で誇示しようとしたのは、奴隷解放にルーツを持つこのカリブの伝統文化だったのである。

　一方、カリブ海域からイギリスに移民した人びとにしてみれば、かつての奴隷主を公然とあざ笑うことのできたカーニヴァルという祝祭空間は、人種偏見にさらされた日々の生活のなかで鬱積した負のエネルギーを解き放つ格好の機会となったことだろう。見方を変えれば、ノッティングヒル人種暴動の記憶とともに構想され、組織化されたカーニヴァルには、ここイギリスでどうしても暮らしていかねばならないという彼ら、西インド移民の覚悟と人種共存への希望が込められていたといえるかもしれない。

　当初、カーニヴァルを見る「白いイギリス人」の目は偏見に満ちていた。1958年の人種暴動直後から1960年代を通じて、ノッティングヒルという言葉は、人種対立や暴力、スラムというイメージを喚起したし、街頭でのカーニヴァル開催から10年余り後、1976年のカーニヴァル最終日には、この祝祭空間を警備する警官の数の多さに憤慨した黒人たちが暴動をおこし、多くの負傷者と逮捕者を出した。この事件以降、カーニヴァルにおける暴力追放の試みはことごとく失敗し、80年代を通じて、毎年犠牲者を出す状況が続いた。

　その一方で、同じころから、アメリカのポップ・カルチャー、とりわけヒップホップやＲ＆Ｂといった音楽の流入によって、カーニヴァル空間の嗜好が微妙に変化しはじめたことは注目に値する。やがて、ニューヨーク（市）出身のヒップホップ・グループ「オニクス（onyx）」が歌う「スラム」がこのカーニヴァルのテーマソングとなった90年代以降は、この祝祭空間の商業化も進み、彼らの音楽であるレゲエやラップも「世界商品」として定着していった。そして現在、女王や首相からのメッセージで幕を開けるようになったカーニヴァルは、

夏の終わりの風物詩としてロンドン観光の目玉となり、150万人を超える動員数を誇る。

もちろん、それでイギリスにおける人種問題が解決したわけではない。多民族国家と化した現在のイギリスでも、「白いイギリス人」と「黒いイギリス人」の意識の違い、前者の後者に対する偏見や差別は、生活のどこかにつきまとって離れない。移民二世、三世は、親の世代とは異なる課題を背負っている。彼

図13-7　クラウディア・ジョーンズを顕彰するブループラーク
（筆者撮影：2009年）

らは、イギリスに生まれ、イギリスで教育を受けた「イギリス人」だからだ。ウィンドラッシュ号到着50周年の年、1998年のカーニヴァルを特集したある新聞調査（『インディペンデント』1998年8月30日）によれば、西インド移民の若い世代は、男性の40パーセント、女性の20パーセントほどが「パートナーは白人」だという。若者たちを悩ませる「自分はいったい何者なのか」というアイデンティティの危機は、「1958年の人種暴動の記憶」という原点から離れつつあるカーニヴァルの現状とも無関係ではないだろう。

ノッティングヒル人種暴動から50年目の2008年8月22日、カーニヴァルを通じて人種共存に尽くしたクラウディア・ジョーンズを顕彰するべく、カーニヴァルのルートとなるポートベローにブループラーク（歴史に名を残す著名人ゆかりの場所、生家や居住地などに設置された青い銘板で、なかにはブロンズや黒、えんじなどの色を使用した銘板もある。管轄はイングリッシュ・ヘリテージ財団だが、自治体やNPOなどが設置する場合もある）が、カーニヴァルの発端となった1959年のウォークの起点ポウィス・スクェアにはブロンズプラークが置かれた。その一方で、カーニヴァル50周年を祝う翌2009年の新聞や雑誌の記事には、この街頭の祭典が「1958年の記憶」とカリブ文

第3部 「悩めるイギリス」の文化的起源

図13-8　カーニヴァル50周年で注目された「カーニヴァルに加わり、1970年代の若者をまなざすウィンドラッシュ世代」
出典：*Time Out*, 27 Aug. - 2 Sep., 2009, p.46.

化という原点を失いつつあることが指摘されている（図13-8）。この顛末を、ロンドン北部、ハイゲート墓地のカール・マルクスの隣で眠る「カーニヴァルの母」はどう思っているのだろうか。

7.　スティーヴン・ロレンス事件

　1998年、ウィンドラッシュ号到着50周年の記憶は、この年に裁判を迎えたある事件と共鳴することによって、イギリス社会の人種差別に対してさらに大きな波紋を投げかけることになった。5年前の1993年4月22日におこったスティーヴン・ロレンス（殺人）事件である。
　ロンドン南東部のエルサムという小さな町で、友人とともに帰宅のバスを待っていた18歳の高校生、西インド系移民二世のスティーヴン・ロレンスが、白人の若者グループに襲われて刺殺された。殺害現場となったエルサムは、ロンドンのなかでも非白人の比率が低く、当時「黒人差別の最前線」といわれた地域であり、1991-93年の2年間で、ロレンスを含め、人種差別がらみの殺人事件が13件もおこっていた。ロレンスの場合も、いっしょにい

た友人らが耳にした"nigger"という言葉から、彼個人に対する恨みではなく、彼が黒人であったことが殺害の動機だと思われた。

　目撃者の証言から事件の2日後には早くも容疑者が浮上し、さらにその2日後には、この地域で不良として知られた5人の白人に逮捕状が出された。この迅速な対応には、偶然にも事件発生時にロンドンを訪れていた南アフリカ大統領ネルソン・マンデラ（当時）が、殺されたロレンスの両親を見舞ったことが無言の圧力となったようである。

　ところが、事件の2週間後に逮捕された5人の容疑者は、3ヵ月後、証拠不十分で釈放され、翌1994年4月、ロレンスの両親が彼らを相手におこした民事裁判も、2年後、やはり証拠不十分のために敗訴した。ウィンドラッシュ号到着から50年近い歳月が流れ、イギリスで生まれた移民二世、三世が育ちつつあったこの時でさえ、非白人の命はまだまだ軽かったのである。

　ところが、事件はそれで終わらなかった。人種差別的事件が日常化していた当時のイギリスにあって、スティーヴン・ロレンス事件の特殊性はまさにここにある。それは、愛する息子を殺されたロレンス夫妻、とりわけ「なぜわが子が殺されねばならなかったのか」の真相を知りたいと願う母ドリーンの執念の賜物でもあろう。

　事件から4年後の1997年2月、『デイリー・メイル』（1997年2月14日）は一面トップで容疑者5人の若者を実名と顔写真入りで掲載し、次のような大見出しをつけた。

　「殺人者たち（Murderers）——本紙は彼らを殺人罪で告発する。もしわれわれが間違っていたら、われわれを訴えればいい！」

　同年7月、ロレンスの両親と面会した内務大臣ジャック・ストローは、元最高裁判所長官ウィリアム・マクファーソンにこの事件の再調査を命じた。事件への関心が再燃するなか、1998年3月24日、裁判のやり直しを求める裁判所の公聴会が始まった。出廷する容疑者5人の若者が見せた横柄なふるまいがテレビに映し出され、世論の怒りをさらに煽った。再調査の結果、ロンドン警視庁の「組織ぐるみの人種差別（institutional racism）」が暴露され、1998年10月、ロレンスの母に辞職を求められていた警視総監ポール・コン

第3部 「悩めるイギリス」の文化的起源

ドンは、事件の処理が不適切であったことをロレンスの両親に謝罪した。新聞に大きく報じられた警察の人種差別的体質は、ウィンドラッシュ号到着50周年に沸く当時のイギリス社会に冷水を浴びせた。事件を再調査し、隠されていた事実を丹念に洗い出して分析と考察を重ねた事件の報告書、全47章とぶ厚い補遺から成る「マクファーソン・レポート」が出されたのは、1999年2月のことであった。

「マクファーソン・レポート」では、容疑者の家宅捜査やロレンスの両親への対応を含み、警察内部に巣くう「無意識の人種偏見」が強調されている。そして、この組織ぐるみの人種差別意識が、ロレンス個人にとどまらず、黒人一般に向けられたことを示しながら、同報告書は、「もし殺されたのが白人の高校生だったら、警察は同じ態度をとっただろうか」との疑問を投げかけた。報告書はさらに踏み込んで警視総監コンドンの解雇を求めており、それは、この事件をまとめたテレビのドキュメンタリー番組はじめ、メディアでも大きくとりあげられた（もっとも、コンドンの退職が迫っていたことから解雇は見送られた）。当時の首相トニー・ブレアはこの報告書を高く評価し、人種差別について根本的な法改正を約束した。

この約束は、2000年、人種や民族などによる直接的・間接的な差別を禁じた1976年の人種関係法（Race Relations Act）の改正という形で実現した。地方自治体をはじめ、公共機関に対して、人種間の機会均等と良好な人種関係を促進する義務を付与したこの法律は、それまでは就職や教育、住宅といった公共サービスに適用されたものの、唯一、警察は適用外に置かれていた。2000年の改正により、警察が人種差別的な対応をした場合には法的処置をとることが可能となった。さらには2003年、「マクファーソン・レポート」を受けて改正された刑法は、長らく不変と目されてきた（同じ罪で二度は裁かれないという）「一時不再理」の原則を見直し、「新たな証拠」ないし「説得力のある証拠」があった場合の再審を可能にしたのである。

その後、建築家志望だったロレンスを顕彰して、王立イギリス建築家研究所にスティーヴン・ロレンス賞が設けられた。2008年2月には、殺害現場からさほど遠くないロンドン南東部のデットフォードに、かつてのロレンス

同様、建築家をめざす若者を支援する施設、その名も「スティーヴン・ロレンス・センター」がオープンした。もっとも、オープン直後からこの建物が人種差別的な攻撃にさらされた事実自体、いまだこの事件で有罪判決を受けた者がいないという不可解な現状を映し出しているのかもしれない。

8. ブリティッシュ・ブラックの可能性

　ロンドン初の行政区長となったサム・キングは、ウィンドラッシュ号到着50周年を記念するイベントに招かれ、力強くこう語った。「われわれは、あれから50回の冬をここで過ごした。われわれは生きのびたのだ」——かつて植民地大臣クリーチ・ジョーンズが口にした人種差別的発言を皮肉ったこの言葉に、彼ら西インド移民のパワーが込められていた。それが、政界への進出を含めて、ゆっくりとではあっても確実に、彼らの立場を改善していくことにつながったと思われる。

　イギリス社会で生き抜く闘いのなかで、彼らは「自分は何者か」をたえず自問自答したと思われる。たとえば、ガイアナ出身のC. Y. グラント（彼は1941年に王立空軍に加わり、2年間をドイツで戦争捕虜として過ごした後、ジャマイカに渡り、1948年、ウィンドラッシュ号に乗った）は次のように語っている。

> 当時［50年前］の私には、イギリス人というアイデンティティはとくになかった。かといって、イギリス人以外の何者でもなかったように思う。もともと奴隷や年季奉公人として他の場所から連れてこられたために、カリブ海域で暮らす人びとは（人種・民族的に）多種多様である。私自身、生まれ故郷のガイアナに特別な感情はなかった。いや、当時のわれわれにはアイデンティティが問われることすらなかった（以下、引用文中の［　］は引用者による補足説明）。

　このグラントの言葉から、「誰がイギリス人か」というアイデンティティの問題が、20世紀末から21世紀初頭にかけての「現代イギリスの問題」で

第3部 「悩めるイギリス」の文化的起源

あることが知れるだろう。それは、グローバル化の進展のなかで、ヨーロッパ連合（EU）という「新しいヨーロッパ」が統合を強めつつ東へと拡大した時代であり、香港返還（1997）によって「帝国の終焉」が意識された時代であり、彼ら非白人移民が国内外でプレゼンスを高めた時代の問題意識なのである。いい換えれば、それは、50年のうちに数を増し、自らを語る声を持ちうるようになった非白人移民の存在が、（この国の歴史のなかで何度もくり返されてきた）ナショナル・アイデンティティの再編を促しているということだろう。

その意味で、ウィンドラッシュ号到着50周年の直前、1997年に、カルチュラル・スタディーズの第一人者であるスチュアート・ホールを中心に始動した「イギリス再創造（Re-inventing Britain）」なるプロジェクトは興味深い。その名の通り、「イギリス人であること」の意味を問い直し、その再構築を試みるものだ。ホールはこのプロジェクトについてこう語っている。

> 文化的な多様性とは外からやってくるものではない。イギリスらしさと関わりながら、その内側でそれを動かし、イギリスらしさそのものを変えていくことである。

いい換えればこうなろう。非白人、非ヨーロッパ人である彼ら、旧植民地からの移民を「イギリス人」として胎内に抱えることによって、「イギリス人であること／イギリスらしさ」自体が、移民たちの経験や価値観をどのように内側に収めるか、それが問われているのだ、と——。（ホールの言葉を借りれば）「オリンピックのナショナル・チームにかならず黒い顔がいる」現代のイギリス社会で、「イギリス人」という存在に白人性を問うことはもはやナンセンスである。ホールはいう。

> かつて［われわれのプレゼンスは］イギリスにおけるアフリカ系カリブ人というものであった。しかし、今はじめて、黒人（ブラック）であることがイギリス人であるひとつの正常なあり方となったのである。

[第 13 章] 帝国の逆襲

　その意味で、20世紀末のイギリスで噴出したアイデンティティ論争（本書「エピローグ」参照）は、「黒人であること」の再構築をめざすホールらの追い風となったことだろう。と同時に、新たに構築される（であろう）「ブリティッシュ・ブラック」を内包することで、「イギリス人であること」も「イギリスらしさ」もまた、構築し直されていくことになる。「イギリス人」意識の変革を試みるこのプロジェクトは、まさしく「帝国の逆襲」なのかもしれない。
　重要なことは、ここでホールがいう「ブラック」に、カリブ系、アフリカ系、アジア系など、イギリス国内の非白人移民がすべて包含されることだ。彼は、1951年、オクスフォード大学入学のためにジャマイカを離れるまで、自分を「ブラック」と意識することはなかったという。ジャマイカの彼の祖母は15種類の「茶色」の肌の色を見分けることができたというが、それを祖母は「ブラック」と呼んだわけではなかった。それになにより、「カリブ海域で、人種は純粋なカテゴリーではなく、社会的に決定されるもの」であった。つまりホールは、渡英と同時に、イギリスでは人種が絶対的なカテゴリーであり、しかもブラウンとブラックとが同一視されることを知ったのである。
　そのイギリスで、広義の「ブラック」を核とするコミュニティの構築をめざすホールは、「ブラック」内部に生まれつつあったいくつかの亀裂にぶつかった。とりわけ、イギリス社会にうまく居場所を確保した西アフリカ（カリブ）系と、そうできなかったアジア系（インドやパキスタン、バングラデシュからの移民）の対立は深刻である。ホールが「ブリティッシュ・ブラック」という新しいアイデンティティの再構築をめざすのは、こうした複雑化する移民コミュニティの再生にとって、アイデンティティ・クライシスがプラスに作用するかもしれないとの期待感があるからだろう。
　自分たちは何に忠実であるべきなのか。「自分は何者か」と深くかかわるこの問いかけを、2005年7月のロンドン同時爆破テロはさらに複雑なものにしてしまった。パキスタンからやってきた移民二世の青年、クリケットが大好きな「ごくふつうのイギリス人」と思われていた彼が、同じ「イギリス人」を無差別に殺そうとしたこと、いい換えれば、彼が忠実でありたいと願う対象が「イギリス人」や「イギリスらしさ」ではなかったという事実が、多く

第 3 部　「悩めるイギリス」の文化的起源

の「イギリス人」を苦しめた。これは、従来のような単純な移民規制で解決できる問題ではない。この「文化の問題」に、ホールらの「イギリス再創造」プロジェクトはどのような可能性を拓くのだろうか。

＊　本文中に引用した、ウィンドラッシュ号到着 50 周年記念イベント参加者の発言は、'Black and British', *Guardian Weekend*, 16 May, 1998, pp.33-46 による。

◉参考文献——

フィリッパ・スチュワート（山岸勝栄・日野寿憲訳）『イギリス少数民族史』こびあん書房、1988 年。

富岡次郎『現代イギリスの移民労働者——イギリス資本主義と人種差別』明石書店、1988 年。

浜井祐三子『イギリスにおけるマイノリティの表象——「人種」・多文化主義とメディア』三元社、2004 年。

平田雅博『内なる帝国、内なる他者——在英黒人の歴史』晃洋書房、2004 年。

スチュアート・ホール、ポール・ドゥ・ゲイ編（宇波彰監訳）『カルチュラル・アイデンティティの問題——誰がアイデンティティを必要とするのか？』大村書店、2001 年。

毛利嘉孝『文化＝政治』月曜社、2003 年。

Peter Fryer, *The Politics of Windrush*, London: Index Book, 1999.

Paul Gilroy (preface by Stuart Hall), *Black Britain: A Photographic History*, London：SAQI, 2007.

Mike Phillips & Trevor Phillips, *Windrush: The Irresistible Rise of Multi-Racial Britain*, London: Harper Collins, 1998.

Onyekachi Wambu (ed.), *Empire Windrush: Fifty Years of Writing About Black Britain*, London: Phoenix, 1998.

[第14章]
ニュー・カルチャーの誕生？
―― 1960年代文化の再考 ――

市橋秀夫

　20世紀のさまざまなイギリス文化のなかでも、革新的なイメージで語られることの最も多いのがいわゆる「1960年代文化」である。ビートルズやローリング・ストーンズに代表されるようなポピュラー音楽の革新、ミニスカートに集約されるような若者ファッションの革新、アメリカに先んじて始まったブリティッシュ・ポップ・アートにみられるようなアートの革新、性の解放やドラッグ・カルチャーなどと結びついたライフスタイルの革新などなど――私たちが出くわす60年代イギリスのあらゆる文化領域が革新的イメージに彩られているといっても過言ではない。第二次大戦後のイギリスに「文化革命」という呼称が仮に許される時代があるとすれば、それはおそらく60年代をおいてほかにあるまい。

　しかし、60年代のイギリスの文化状況は、どのような点が、また、どのような意味で新しかったといえるのだろうか。60年代とは、イギリス戦後史のなかでもとりわけ特別な時代だったのだろうか。こんにちのイギリス文化や社会のありように、60年代はどのような刻印を残しているといえるのだろうか。本章では、いくつかの若者文化を手がかりにして、イギリスのいわゆる「60年代文化」の特質と歴史的位置付けを再考してみたい。

1. 戦後復興期の重要性

　60年代は、1960年に始まるわけではない。たとえば歴史家のアーサー・モーウィックは、1958年から74年を「長期の60年代」と名づけ、うち58-63

第3部 「悩めるイギリス」の文化的起源

図14-1 パオロッツィの1952年コラージュ作品 "Keep it simple, Keep it sexy, Keep it sad"（1952）
出典：Fiona Pearson, *Paolozzi*, Edinburgh: National Galleries of Scotland, 1999, p.27.

年を「文化革命の草創期」だとした。しかし、私たちが「60年代的」だとみなしている文化現象のスタイルやアイデアの創出と受容の時期は、実際にはさらに遡って確認することができる。

たとえば、アメリカ合衆国に先んじて誕生し展開したブリティッシュ・ポップ・アートをみてみよう。その先駆者ともされる彫刻家エデュアルド・パオロッツィは、1924年、エディンバラの港湾地区にイタリア系移民の菓子屋の息子として生まれた。戦時下から戦後にかけてエディンバラやロンドンのアート・スクールに籍をおいたパオロッツィは、1947年にパリに遊学、モダニスト芸術家たちと交友して大きな影響を受ける。しかし、雑誌や漫画やラジオ、そしてアメリカ映画といった大衆文化にどっぷり浸かった子ども時代を送っていたパオロッツィは、同時に、パリ在住の除隊アメリカ兵の妻らから入手したアメリカ大衆雑誌を素材にしたコラージュの試みにも取り組んでいた。ブリティッシュ・ポップ・アートの先駆者は、戦後まもないヨーロッパで、アメリカ大衆文化と邂逅していたのである。

1950年代初頭になると、ロンドンの「現代アート研究所（ICA）」内の若手メンバーが「インディペンデント・グループ（IG）」なる集まりをもつようになっていた。ロンドンに戻ったパオロッツィも参加したこのグループには、その後のブリティッシュ・ポップ・アートのさまざまな芽が含まれていたといえる。参加者は、おおむね20歳代後半から30歳代前半の1920年代生まれであった。

52年から55年にかけて不定期に会合をもっていたIGでは、大量生産商

[第14章] ニュー・カルチャーの誕生？

品、機械美、ファッション、コミュニケーション理論、アメリカの自動車デザインや恐怖漫画などのテーマが議論され、アメリカの大衆雑誌・広告・映画・SF 小説の視覚イメージも検討された。メンバーのなかには、パオロッツィのようにヨーロッパ経由で戦後のアメリカ文化の体験を積んだ者もいれば、直接訪米経験のある者もおり、彼らが実際に持ち寄ったアメリカ大衆文化の視覚イメージが、のちにブリティッシュ・ポップ・アートの歴史の公の起点と見なされるようになる「これが明日だ」展覧会（ロンドン、1956）の着想につながったという。こうして、ブリティッシュ・ポップ・アートを代表する一人リチャード・ハミルトンは、すでに 1957 年、ポップ・アートを「大衆的、一時的、消耗品、低価格、大量生産、若者向け、ウィットがある、セクシー、見かけ倒し、グラマー、儲かる商売」といった用語で特徴付けていた。これらの特徴は確かに、その後の 60 年代の新しい文化現象をおよそ的確に表象したものであった。

　60 年代ファッションといわれているものの舞台背景や登場人物にしてみても、その原型は 50 年代半ばにはすでに出揃っている感がある。ミニスカートを流行させて 60 年代のファッション界を牽引したマリー・クワントは、苦学して奨学生となり教育職に就いていたウェールズの炭鉱村出身の両親のもと、刻苦精励を旨とした教育方針でロンドンで生れ育てられていた。しかし、1950 年、美術教員免許をとるという親の了解でゴールドスミス・カレッジ・オブ・アートに奨学生として進学した彼女は、そこではじめて「仕事に優先して、あらゆるたぐいの愉しみや放縦の追求に人生を捧げる人びとがいる」ことを知る。卒業後、親の意向に沿うことなく婦人帽製造の仕事に就いたクワントだったが、どんちゃん騒ぎに派手に費やして普段は金欠という日常生活を送り、職場の隣のレストランのジャマイカ人調理士から分けてもらった残り物がその日のすべての食事ということもあったと回想している。

　そんなクワントが 21 歳の 1955 年、ロンドン南西部のチェルシーに若者向けブティック「バザール」を開いた。かつてのチェルシーは、芸術家気取りの金持ちと貧乏なボヘミアンが混住する比較的割安な街だったという。チェルシーに住むエキセントリックで鳴らした上流階級出身の未来の夫と、チェ

ルシーで写真スタジオとコーヒー・バーを経営していた元弁護士の実業家と組み、二人の多額の出資を元手に、キングズ・ロードに店開きしたのである。当時のチェルシー、とりわけキングズ・ロード界隈に集まっていた人びとについてクワントはこう語っている。

> ……知り合いはみな、それぞれ何か人に奨めることのできる独自のものをもっていた。友人や知人といえば、画家、写真家、建築家、作家、社交界の紳士淑女、俳優、詐欺師、高級娼婦だった。レーシング・ドライバー、賭博師、ＴＶプロデューサー、広告マンもいた。しかしどこかチェルシーの人びとは、誰もがうんと前向きで、やってみなよ、という感じで、それぞれの分野の第一人者というわけではなくとも、少なくとも情熱を傾けて取組んでいた。

こうした業界人こそ、「スウィンギング・ロンドン(躍動するロンドン)」と呼ばれた60年代最盛期ロンドンの主役となってメディアの過剰な注目を浴びた人びとであった。

より大衆的な若者文化にしてみても、同様の事情がみてとれる。1950年代前半、ロンドンの中心繁華街ソーホーにはモダン・ジャズやトラディショナル・ジャズのクラブが地階で営業し、1952年からはイタリアから輸入されたエスプレッソを淹れる機械が備え付けられた新手のコーヒー・バーが現れはじめていた。これらのジャズ・クラブやコーヒー・バーに集った若者たちは「ビートニクス」として知られるようになる。彼らは、若い中産階級出身の、役者、芸術家、デザイナー、アート・スクールをはじめとする学生たちで、この現象は間もなくイギリス中に広まっていったという。

60年代イギリスでのポップおよびロック音楽の地位確立につながっていく流れは、こうしたジャズ・シーンの生演奏現場から胚胎した。アメリカのジャズとブルースとフォークが混交したイギリス独自のビートをもった若者音楽スタイル「スキッフル」は、トラディショナル・ジャズ・セッションの幕間のお楽しみとして1956年に始まったものだった。ギターやベース、そ

[第14章] ニュー・カルチャーの誕生？

して洗濯板や茶箱などで手づくりしたリズム楽器の演奏とともにイギリス中の若者たちが唄い叫ぶようになり、またたく間に素人バンドが全国に多数出現した。20世紀イギリスを代表する歴史家 E. J. ホブズボームは、1958年春、次のように書かずにはいられなかった。

> スキッフルは間違いなく、われわれの世代の最も普遍的なポピュラー音楽である。それは年齢以外のすべての障壁を打ち砕いた。8歳から18歳までの年齢層の者で、階級、教育、知性のいかんを問わず、おつむの足りない者にいたるまで、たとえわずかな期間であっても、この音楽を多少なりともおおいに愉しまなかったイギリス住民はほとんどいなかったであろう。

　スキッフル・ブームの第一人者は、グラスゴー出身のロニー・ドネガン（1931年生まれ）であったが、スコットランドは1930年代以降、イギリス国内で最も多くのジャズ音楽演奏家を輩出してきたとして知られている。スキッフルは、少数の熱心な愛好家が聴くジャズではなく、アマチュアが聞きアマチュアが演奏に参加するポップ・ミュージックとなった。1957年にエルビス・プレスリーに熱狂していたジョン・レノンが結成し、60年代イギリス文化の輝ける存在たるビートルズへと発展していくことになったバンド「クオーリーメン」もまた、イギリス中のあまたのスキッフル・バンドのひとつだった。イギリス最初のロックンロールのスターとして位置づけられているトミー・スティールが、ソーホーのコーヒー・バーから発掘されてレコード・デビューしたのも1956年のことだったが、スキッフル人気はそれをしのぐものがあった。

　ビートニクスと時をほぼ同じくしてやはりロンドンで出現していた、労働者階級を中心としたもうひとつの若者文化現象が「テディー・ボーイズ」であった。メディアは不良暴力少年のイメージで書きたてたが、彼らがなによりもこだわっていたのは喧嘩用のナイフというよりも櫛、すなわち洋服と髪型だったといわれている。テディー・ボーイズもまたすばやく全国現象と化していった。

第3部 「悩めるイギリス」の文化的起源

図14-2　BBCテレビ番組「6-5スペシャル」
リハーサル風景（1957）
出典：J. Corner (ed.), *Popular Television in Britain*, London: BFI Publishing, 1991, p. 97.

　1955年10月、アメリカ映画「暴力教室」がイギリスで公開されたが、そこで使われたアメリカのビル・ヘイリー・アンド・ヒズ・コメッツのテーマ曲「ロック・アラウンド・ザ・クロック」がテディー・ボーイズらティーンエージャーの人気を呼び、翌月と翌年の1月に、全英ヒット・チャート1位をそれぞれ3週間連続で獲得するまでになった。映画を観にきていたテディー・ボーイズおよびガールズは、ロンドンでもイングランド北西部の港町ブートルなどの地方都市でも、館内で踊り狂ったり座席シートを切り裂いたりしただけでなく、街頭に出てからも群れをなして踊るなどして警察沙汰にもなった。
　リヴァプールでは、このビル・ヘイリーのアメリカン・ビートに魅せられた不良少年ギャングのなかから音楽「グループ」が生まれていった。ある当事者によれば、彼らが自分たち自身での演奏活動を始める直接のきっかけとなったのは、1957年2月から放送が始まったテレビの「6-5スペシャル」というイギリス初のビート音楽番組だったという。26歳のプロデューサーが仕切ったティーンエージャー参加型のこの番組には多くのスキッフル・バ

ンドが出演し、これなら自分たちでもできるという自信を十代の視聴者に与えたのである。それと並行して演奏場所としての地元ビート・クラブの数も増加し、60年代初頭には300にのぼるビート・グループがリヴァプールには存在するようになっていたという。マージー・ビートの生成発展にも、実は全国テレビ放送という大衆メディアの決定的な影響があったのである。

　以上見てきたように、60年代に属するとされる文化的特徴の多くは、実は、50年代中頃までにはすでに出揃っていた。60年代的だとされているアイデアやイマジネーションの核心は、50年代末以降のいわゆる「豊かな時代」の産物ではなく、むしろそれに先んじた、戦後復興期の空気がなお色濃いイギリス社会に胚胎したものだった。さらには、この時代の革新的文化クリエーターたちの出自や文化的ルーツは、アメリカやヨーロッパ、ウェールズやスコットランドなど多様であり、そうしたコスモポリタンな性格がイギリス文化の革新に寄与したところはきわめて大きかったのではないかとも思われる。

2. 確立期──ティーンエージャー市場の発見

　モーウィックは、1958-63年を60年代「文化革命の草創期」としているが、むしろ「確立期」といったほうがふさわしい。いわゆるティーンエージャーが独自の消費者・購買層として顕在化し、マーケティングの対象として認識されるようになり、それにむけてとくに服飾と音楽の世界で、ポップ商品が大量生産消費財としてデザインされ供給されるようになったのがこの時期である。豊かな時代の到来とともに、かつてない規模の消費力が労働者階級の若者たちにも及んだ。彼らの消費力はとりわけファッションや音楽を通して可視化され、社会における独自の存在感を誇示するようになった。

　保守党政府もいち早く、若者層に注目していた。15-20歳人口は、1957年には341万人だったが、1963年には428万人へと急増し、ピークの1967年には437万人（全国人口の9.1パーセント）、以後も400万人を下回ることなく推移した。加えて1960年には徴兵制度が撤廃され、そのために一般市民社会にとどまる18-20歳人口がそれまでよりおよそ20万人増加すること

が予想されると、1958年に教育大臣により設置されたイングランドおよびウェールズの青少年教育に関するオルバマール委員会は警告していた。保守党政府は、増大しつつあった戦後生まれの若者層のあり方に言い知れぬ不安と疑念を抱き、対処の方策を模索していたのである。

オルバマール委員会報告書は、このベビーブーム人口の膨張とともに、戦後の青少年を取り巻く労働条件および家庭環境の変化にともなう若者の消費行動・レジャー行動の変化についても言及していた。若者層の購買力が、著しく向上していたのである。戦前の1938年には15-20歳の男女の週賃金は1ポンド強、しかもその大半を親に渡していたために自分で使える所持金は数シリングにしかならなかった。それが1958年には週賃金が5ポンドを超え、そのうち約3ポンドもが若者自身の手元に残るようになったという。報告書は、物価上昇を差し引いたティーンエージ労働者層の実質賃金は戦前の1.5倍になり（成人労働者の賃金上昇率の倍の増加率）、実質可処分所得にいたっては2倍になっていると見積もっていた。

また、イギリスのティーンエージャー市場を調査した市場調査会社のマーク・エイブラムズは、ティーンエージャー市場の範囲を15-25歳の全日制教育課程に在籍していない未婚者まで広げ、その平均可処分所得を5ポンドだと見積もった。この推計によれば、イギリスの年間個人所得総額の8.5パーセントがこの年代の若者労働者によって占められていたことになる。

当時の若者の消費力を示す具体例を見てみよう。トラック運転手の父とマーケットで働く母をもつロンドンの労働者階級家庭で暮らす15歳の少年マーク・フェルドは、1962年の『タウン』誌のインタビュー記事で、自分のもっている服飾類の内訳を次のように述べていた——「スーツ10着、スポーツジャケット8着、スラックス15本、上質のシャツ30-35枚、セーター20着、革ジャン3着、スエード・ジャケット2着、靴5-6足、とびきり上等のネクタイ30本」。彼は、まだ義務教育下にあり、土曜日だけ母を手伝って働いていたにすぎない。フェルドの年長の遊び仲間である20歳のピーター・シュガーの場合は、週におよそ12ポンドを稼ぎ、母親には2.5ポンド渡し、残りはすべて自分のものでそのほとんどを洋服に使う、という状況だった。

[第14章] ニュー・カルチャーの誕生？

図14-3　ロンドン・イズリントンの
　　　　ティーンエージャー（1963）
出典：Don McCullin, *In England*, London:
Jonathan Cape, 2007, p.7.

図14-4　マーク・フェルド（マーク・ボラン）
　　　　のモッズ・スタイル
出典：*Town*, September, 1962, p.50.

　彼らこそ60年代を代表する若者族「モッズ」であり、最先端のファッション・スタイルの体現者でもあった。フェルドは、地元ウィンブルドンの映画館で列を作るテディー・ボーイズについて「最悪髪型コンテストのようだ」と酷評し、自らのモッズ・ファッションの最新性と優位を誇ってもみせた。流行の最先端は、ティーンエージ市場の拡大とともに、60年代にはめまぐるしく変化するようにもなっていった——モッズもまた66年以降はやや下火になり、彼らが始めたユニ・セックス志向は引き継がれはしたものの、その後は中産階級の比較的高学歴なハイティーンが牽引するヒッピー・スタイルが注目を集めていくというように。

　ファッションは確かに十代の若者にとってきわめて重要な関心事だった。1966年に実施されたイングランドとウェールズの若者を対象にした大規模な政府社会調査によると、15歳で社会に出る男子の60パーセント程度、女子の80パーセント以上が「洋服、髪型、見かけ」を自分にとって重要な事

第3部 「悩めるイギリス」の文化的起源

柄だと答えている。これは、「好きな仕事をもつ」「家族」に次ぐ、また「お金を稼ぐ」「大人として扱われる」「一緒に遊ぶ友達がいる」「若いうちに愉しむ」などと同等以上の高い支持を得た項目であった。

　服飾産業界は、こうした若者の旺盛なファッション需要を見逃してはいなかった。1957年にすでに2軒目のブティックを開いてビジネスを順調に拡大していたマリー・クワントは、62年にはアメリカ最大のチェーン・ストアJ.C.ペニー社との契約に成功し、数百万ドルに達することになる全米の巨大大衆消費市場を手中に収めた。これを足がかりにクワントは事業を大量生産へと展開させ、翌63年には大衆ブランド「ジンジャー・グループ」を立ち上げ、イギリス国内160軒のデパート内のブティックで販売を始めた。

　1963年に事業を開始したもうひとつの伝説的イギリス・ブランド「BIBA」の場合には、拡大しつつあった若者市場を背景に、最初から大衆消費路線を狙うことができた。新聞記事とのタイアップ形式をとったメールオーダー販売で最初に大成功を収めたのは、25シリングという低価格のギンガムチェック・ドレスで、1万7000着の注文が舞い込んだ。ちなみに、BIBAを創始したバーバラ・フラニッキはユダヤ系ポーランド人移民であり、このような廉価製造販売を可能にしたのはギリシア人が経営する縫製工場であった。

　60年代イギリス若者文化のなかで世界的に最も有名であろうビートルズが大手レコード会社EMIとの契約に成功したのも同時期、1962年であった。リヴァプールに存在していた数多くのアマチュア・バンドのひとつとして出発したビートルズは、裕福なユダヤ人実業家の息子としてレコード店経営にあたっていた若きビジネスマン、ブライアン・エプスタインのマネージメントのもとでレコード会社に売り込まれ、大ブレークを果たしていく。ビートルズのイギリスでの人気が、当時のBBCのファン・インタビューなどが示唆するように、音楽以上に服装や髪型、しゃべり方や態度にあった点は重要である。

[第14章] ニュー・カルチャーの誕生？

3. 最盛期——「躍動する60年代」

　モーウィックによって60年代イギリスの最盛期とされる1964-68/69年は、科学技術による社会革新を掲げていたウィルソン労働党政府の時代にあたる。文化面でいえば、消費文化のさらなる進行のもと、イギリスの社会や文化における伝統的な境界線やヒエラルキーが、権威や階級、年齢や世代、ジェンダーやセクシュアリティ、芸術やデザインなどあらゆる分野で揺らぎ、その意義を著しく低下させていった時期だったといえよう。あらゆるモノの価値の平準化、すなわち記号化が進んだ時代だといってもいいだろう。

　たとえば、すでにミニスカートの普及におおいに貢献しつつあったマリー・クワントは、66年にはファッション産業への貢献を讃えられてイギリス帝国勲章（OBE）を授与された。彼女は、ミニスカートをはいて女王陛下の授章式典に臨んだ。それは「階級のない社会」の誕生を意味したわけではないが、階級的垣根を気に掛けない社会のあり方を示唆するものであったといえるかもしれない。

　その後クワントは、化粧品や靴製品へと事業を拡大して「トータル・ルック」を提案するなど、洋服における流行の最先端を行くに留まらず、若い女性のライフスタイル全体を牽引するような新機軸を打ち出していくことに成功した。流行の最先端を行くポップ・スターや映画スター、ヘア・ドレッサー、ファッション写真家、ファッション雑誌編集者などとのコラボレーションが進むなかで、女性および男性ファッション・ブランドは、文字通り「躍動する60年代」というイメージにおおいなる相乗効果を与えるのに貢献していったように思われる。

　レコード・デビューしてからのビートルズの成功もよく似た経過をたどっていた。64年2月、フランス公演を終えたビートルズは渡米し、合衆国で45パーセントの視聴率を誇っていたヴァラエティ・テレビ番組「エド・サリバン・ショウ」に出演、4月には合衆国ビルボードのシングル・チャート上位5位までを独占した。彼らがクワントより1年早くイギリス帝国勲章

第3部 「悩めるイギリス」の文化的起源

図14-5 クリスマスの電飾でおおわれた若者ファッションのメッカ、ロンドンのカーナビー・ストリート
出典：G. Perry (ed.), *London in the Sixties*, London: Pavilion Books, 2002, p.57.

（MBE）を受けたのも、こうした業績をふりかえれば驚くべきことではないかもしれない。それまでアメリカ文化の一方的な消費者にすぎなかったイギリスが、63年ごろから独自の若者文化を世界に発信しはじめたとされるが、その際に決定的な役割を果たしたのがビートルズだった。ローリング・ストーンズ、アニマルズ、キンクスといったロック・グループがこれに続き、合衆国へのいわゆる「イギリスの侵略」現象が起きていく。そして、ビートルズもまた、数々の実験的な音楽や詩の創作に留まらず、レコード・ジャケットのデザインや映画製作などの面でも、写真家やポップ・アーティストとのコラボレーションを通して、大衆消費マーケットがもつ趣向の限界を押し広げていくようなクリエイティヴィティのあり方を提示していったのである。

　以上のように、完全雇用の維持、平均可処分所得の持続的拡大、それにともなう大衆消費財の各世帯への普及を背景に、さまざまな伝統的価値体系の形骸化がイギリス若者文化の世界的成功にいたる過程で演じられていった。それらは、イギリス経済がなんとか体面を保つことができていた間、すなわち少なくとも1967年11月のポンド切下げまでは、イギリスの新しいアイデンティティとして、批判されるよりも容認あるいは歓迎される風潮にあったといえそうである。そして、そういう観点から見れば、たとえば当時の数々のポップ・アートやファッション・デザインによく取り入れられていたイギリス国旗の図案は、伝統的価値の引き降ろしでもありながら同時に新しいナショナル・プライドの表れでもあったと読むことができよう。

[第 14 章] ニュー・カルチャーの誕生？

4. 60 年代文化の終焉

　いわゆる 60 年代文化と呼ばれるものの最大の特質は、大衆的な規模での、伝統的な価値体系や境界線の失効宣告と、若さという価値基準のヘゲモニー確立にあったといえるかもしれない。戦後イギリス社会が物質的豊かさを維持拡大し、労働者階級が消費生活および余暇時間の幅を広げられたことが、それを後押しした。若者マーケットが発見されただけでなく、新しい文化を作る側でも若者世代が存在感を誇示するようになっていた。

　既存社会に対する異議申し立ての声は確かにあった。文学や映画や演劇といったジャンルを中心にニュー・ウェイヴを巻き起こした「怒れる若者たち」や、60 年代初頭の政治諷刺ブームなどはそのわかりやすい事例である。しかし全体的にみれば、60 年代の文化現象は、抵抗や反抗の論理との応接よりも、消費主義との親和性において理解されることが重要であろう。

　異議申し立ての文化状況は、むしろ 60 年代文化が終息していくのと入れ替わって存在感をもってくる。たとえば 67 年以降に台頭してきたヒッピー文化は、商業化されつくしたかにみえたモッズ・スタイルへの反発があったが、それは反体制文化やもうひとつのライフスタイルを生み出す基盤をもつものだった。エコロジー運動をはじめとする 70 年代以降のさまざまな新しい社会運動には、50 年代から 60 年代に謳歌された消費主義への批判が基底にある。ジェンダー、セクシュアリティ、ディスアビリティ、エスニシティなど、差別とアイデンティティをめぐる政治・社会運動が、より大衆的な基盤をもって展開されていったのも 70 年代だった。文化固有の領域においても、文化政策をはじめとする制度的枠組みの問い直しの声が本格化するのは、70 年代に入ってからのことである。

　戦後復興期に胚胎して徐々に顕在化した 60 年代文化は、1966-67 年ごろにはすでにピークを迎えていたといっていい。1968 年には、北アイルランドではカトリック住民による公民権運動が始まり、ロンドンでは大規模なヴェトナム反戦デモが起きている。一方で同年には、保守党政治家イノック・

第3部 「悩めるイギリス」の文化的起源

パウエルが移民排斥演説をうち、労働者階級のおおいなる支持の声を集めていた。対立と不満、いらだちと模索の70年代の幕開けである。1969年9月、ビアフラへのイギリスの軍事介入に抗議するなどの理由で、ビートルズのジョン・レノンがイギリス帝国勲章を返還したことは象徴的である。その時彼は、「イギリス人であることを恥ずかしく思いはじめた」と語っていた。

むろん、70年代に特有な不安定さは、60年代にも見出せないわけではなかった。たとえば、異文化への対応も矛盾に満ちたものだった。一方では、白人のイギリス青少年は50年代に引き続き、レコードやクラブでの生演奏を通じてアメリカやカリブ海の黒人音楽を貪欲に吸収していった。50年代末に出現しはじめた最先端のカフェやレストランでは、トリニダード出身のウェイター、アルゼンチンや香港出自の内装、ラテンアメリカの音楽、クリームチーズやフレッシュ・フルーツの載ったオープン・サンドイッチなど、エキゾチックな空間と味覚が演出されていると当時のニュース映像は伝えている。60年代の10年間でブリテンでのワインの消費は2倍になり、インド料理店の数はわずか6軒から1200軒へと激増した。チャイニーズ・テイク・アウェイの店も増加していた。しかし、その一方で、移民増加への反感や差別は持続し、しばしば暴力的なかたちで顕在化した。サッカー場でのフーリガニズムが急増しはじめたのも60年代後半であった。ホームレス問題もまた、60年代半ばにはすでに社会問題化していた。

また、60年代のイギリス社会はしばしば「寛容社会」であったといわれるが、これも一概にそうであったとはいえない。確かに、1967年には男性同性愛行為を対象にした性犯罪法が一部ではあるが撤廃・改正され、中絶も一定の条件のもとで合法化された。68年には演劇の検閲撤廃法案が成立、69年には、離婚の法的条件も大幅に緩和され、65年にすでに試行的に廃止されていた死刑の恒久的廃止も決まった。これら法改正はしばしば、60年代が道徳的・文化的に寛容な社会であったことの証左だとされている。しかし、各種の世論調査をみると、これら60年代の法改正を、世論が積極的に受けとめていたわけではないことも明らかである。内相ジェイムズ・キャラハンが、1969年の下院答弁で、政府委員会が出した大麻規制緩和勧告を拒

否し、「寛容」の行き過ぎを批判したのはそうした世論を反映したものであった。彼はこう続けた――「寛容は、近年発明された言葉のなかで最も嫌な言葉のひとつであります。私たち自身の社会を、同情と共感に満ちた社会、利己的でない社会、あるいは責任感をもった社会だとみなすことができるのであれば、私としては1969年をいっそうの誇りをもって感じられましょう」(下院議事録、1969年1月27日)。

5. 60年代が残したもの

ニュー・レイバーを率いた1953年生まれのトニー・ブレア元首相は、1960年代を次のように評価している。

> 1960年代は、表現の自由、ライフスタイル、私生活を自分が好きなように選択して生きる個人の権利といった点で、大きな前進を果たしました。差別反対や女性平等に対する合意が見られはじめた時代であり、人種差別や同性愛嫌悪の因習に対するいかなる意味での顧慮も終わった時代でした。差別がなくなったわけではなく、いまでもあるわけですが、そうしたものは新しい時代の精神に反するものだと次第に受け入れられていったのです。服従的な態度もまた時代遅れとなりましたが、それは正しいことでした。厳格な階級格差もますます容認されなくなりました（2004年7月19日の演説）。

しかし、ブレアは続けて「法と秩序に関する1960年代のリベラルな社会的合意の終焉」を宣言し、犯罪に対する厳罰主義の堅持を表明した。さらに彼は、「60年代革命」がもたらした「多様なライフスタイルの社会は、親からの規律や適切な役割モデルをもつことなく、また他者に対する責任感を少しももつことなく育てられた一群の若者たちを生み出しました」と60年代批判の言葉を紡いだのである。ここで示されているのは、上述したキャラハンの下院答弁や、「60年代文化」について「何をしても許される、自己中心的で、他人のことを気遣わない風潮が、新手の性の自由の衣をまとって蔓延した」

第3部 「悩めるイギリス」の文化的起源

（『デイリー・メイル』紙、1988年4月29日）と断罪した、保守党のマーガレット・サッチャー元首相の発言とさほど変わるところのない認識である。

こうした為政者たちのかんばしくはないイギリス60年代評価を前に、私たちはどう考えたらいいのだろうか。歴史家のモーウィックは、大多数の一般の人びとのライフスタイルにかかわる「文化革命」が起きたと主張する。文化史家のロバート・ヒューイソンは、60年代アートの革新性を評価しつつも、それが戦後経済成長という永遠には続かなかった基盤に乗った短命な「ひとつの幻想」に終わったと指摘する。ポスト・モダン的な立場にたつ歴史家マーク・ドネリーもまた、「最盛期60年代の楽観主義と文化的活力はイギリスの長い戦後史のなかの例外的な幕間劇」であるという。

こんにちのイギリスの音楽やファッションやアートの状況や制度をみると、60年代文化の痕跡が、なおいたるところに見出される。こんにちのイギリス人のライフスタイルもまた、60年代と対立的なものではなく、その延長線上にあるものといえよう。60年代イギリス文化を「革命」と呼ぶのには無理があるが、「幻想」や「幕間劇」と片付けることも、同様に難しい。

◉参考文献——

フランシス・ニュートン（山田進一訳）『抗議としてのジャズ』合同出版、1969年（E. J. Hobsbawm, *The Jazz Scene*, London: Weidenfeld & Nicolson, Rev ed., 1989〔Orig ed., 1961〕）。

バーバラ・フラニッキ（金子美雪訳）『BIBAをつくった女』ブルース・インターアクションズ、2008年。

クリストファー・ブリュワード、デヴィッド・ギルバート、ジェニー・リスター監修（古谷直子訳）『スウィンギン・シックスティーズ——ファッション・イン・ロンドン1955-1970』ブルース・インターアクションズ、2006年。

リチャード・ホガート（香内三郎訳）『読み書き能力の効用』晶文社、1986年。

ジョージ・メリー（三井徹訳）『反逆から様式へ』音楽之友社、1973年。

M. Akhtar and S. Humphries, *The Fifties and Sixties*, London: Boxtree, 2001.

R. Coopey, S. Fielding and N. Tiratsoo (eds.), *The Wilson Governments 1964-1970*, London: Pinter Pub., 1993.

[第14章] ニュー・カルチャーの誕生？

J. Corner (ed.), *Popular Television in Britain*, London: BFI Pub., 1991.

M. Donnelly, *Sixties Britain: Culture, Society and Politics*, Harlow: Pearson Longman, 2005.

R. Hewison, *Too Much: Art and Society in the Sixties, 1960-75*, London: Methuen, 1986.

Arthur Marwick, *The Sixties: Cultural Revolution in Britain, France, Italy, and the United States, c.1958-c.1974*, Oxford: Oxford University Press, 1998.

B. Osgerby, *Youth in Britain since 1945*, Oxford: Blackwell Pub., 1998.

M. Quant, *Quant by Quant*, London: Cassell, 1965(M. クワント〔藤原美智子訳〕『マリー・クワント自伝』鎌倉書房、1969年).

J. Walker, *Cultural Offensive*, London: Pluto Press, 1998.

［エピローグ］
揺らぐアイデンティティ
——「イギリス人」のゆくえ——

高田　実

　コックニーはどこでしゃべられているか？
　伝統的に、クリスマスの日には何を食べるか？
　スコットランドの北岸からイングランドの南岸までの距離はどれくらいか？
　連合王国の何パーセントがイングランドに住んでいるのか？
　連合王国の国家元首はだれか？
　下院はどこにあるのか？
　何年にイングランド国教会は成立したのか？
　国王や女王はどのようにしてカンタベリ大主教を選ぶのか？
　現在の王位継承者は誰か？
　ヨーロッパ審議会の目的は何か？
　英連邦には何ヵ国加盟しているか？
　連合王国においてエスニック・マイノリティは人口の何パーセントを占めるか？

　これは、2005年11月1日に施行されたイギリス市民権テストの模擬問題の一部である。イギリス市民権を得ようとする者は、一定の英語力を証明した後、上記のような問題24問を45分以内に解答し、その75パーセントに正解しなければならない。この背景には、移民の増大により、イギリス市民権を獲得する者が増加しているという事情がある。とくに、1998年以降、移入民は増大を続け、2002年度には50万人を突破し、2004年度以降は60万人近い数字で推移している。また、移入民と移出民の差で示される純移入民数は、2004年には40万人を超えた。ケン・ローチ監督が『この自由な世

[エピローグ] 揺らぐアイデンティティ

界で』で描写したように、とりわけ、東欧からの移民が増大している。その結果、2003-04年には14万1000人（前年比12パーセント増）に市民権が付与された。

このテストについて、時の移民相トニー・マクノーティは、「これはある人がイギリス人となる能力があるかどうか、あるいは彼らのイギリス人たる資質(ブリティシュネス)についての試験ではない」と釈明している。もちろん、大臣が「イギリス人たる資質についての試験」だなどとは口が裂けてもいえないだろう。しかし、この問題集を注意深く見ていると、イギリス市民にどのような「知識」が求められているかがわかる。地理、人口構成、歴史、国制、生活慣習、王室、EU、それに帝国である。どの市民権テスト対策問題集をみても、これらの項目は含まれている。つまり、これらがイギリス人としての必須アイテムになっているということだ。

この市民権テストの導入は、現代イギリスにおけるアイデンティティ再構成の必要性を物語る。現に、毎週、毎月の雑誌では「アイデンティティ論争」とでも呼ぶべき議論が展開されている。イギリス社会は、「安定的な」コミュニティと価値観が揺らぐなかで、従来「他者」あるいは「異質なもの」として切り捨ててきたものと正面から向かい合い、それらをも含みこんだ新しい集団と帰属意識を構築する必要に迫られているのである。

エピローグでは、これまでの章で検討した諸問題を念頭におきつつ、アイデンティティの揺らぎをめぐる今日の問題状況を考えてみたい。

1. アイデンティティの多層性と危機

♣ アイデンティティの多層性と揺らぎ

今日のアイデンティティの危機を考えるにあたって、まず確認しておきたいことは、アイデンティティは単一ではなく、多層的で、複合的なものであること、また帰属意識には生まれや属する地域のような選択の余地がなく「与えられたもの」と、エスニシティやジェンダーのように「選択的に」構築されるものとがあるということだ。人びとは、非選択的・選択的の二重のアイ

デンティティを背負って生きている。後者の場合は、創出されたアイデンティティのあり方とともに、何を、どのように選択して、アイデンティティを紡ぎだすのか、同一化の過程が重要になる。その選択の方法は、「われわれ」を意識させる他者が誰であるかによって左右される。

　たとえば、労働者階級としての連帯が、労働争議という運動のエネルギーになる場合もあれば、同じ労働者階級のなかでも、白人のデスクワーク労働者と黒人の現場労働者の対立が先鋭化し、階級の連帯を困難にすることもあろう。あるいは、同じ白人どうしでも、アイルランド訛りでしゃべるオブライエン、スコットランド訛りで語るマクドナルドとクイーンズ・イングリッシュで語るスミスの間には序列が作られるだろう。さらに、もろもろのアイデンティティが常に対立しているわけではないことにも注意を払う必要がある。たとえば、イギリス人たることが、スコットランド人やアイルランド人であることと共存しうる場面があるし、女であることと男であること、白人であることと黒人であることが常に対立を生み出すわけではない。簡単にいえば、イングランド人・ミドルクラス・黒人・女性・シングルマザーとアイルランド人・労働者階級・白人・男性・同性愛者のどちらが、イギリス社会においては優遇されているのか、そう簡単に答えることはできない。

　このようにして、多元的なアイデンティティが交錯しながら、ある社会的な力を発揮しているところに難しさがある。しかし、グローバル化が進行し、すべてが急速に移ろいゆくなかでは、自分たちが準拠していたコミュニティとそこで作られてきた規範や共通感覚も急速に不安定になる。そうすると、帰属意識を構成してきた各層で「揺らぎ」が生じる。その多元的な揺らぎが重なり合うと、振幅の幅が大きくなるし、揺らぎの質も、複雑で、ねじれたものとなる。このような揺らぎの複合によって、アイデンティティの「危機」が醸しだされるのである。もちろん、多層的なアイデンティティが平和裡に共存するのか、あるいは相互の緊張関係が暴力をともなって爆発するのかは、歴史の文脈に依存している。

[エピローグ] 揺らぐアイデンティティ

♣ アイデンティティの危機と「衰退」意識

アイデンティティが問い直されるのは、それまでの自分に自信がもてなくなり、不安が生じた時、いわば「衰退」を感じはじめた時である。イギリス人のアイデンティティが本格的に問い直されはじめたのは1960年代である。イギリスは帝国の解体によって、ポストコロニアルな自分を模索しなければならなかったし、既存のイングランド的な社会秩序の「緩み」は「寛容な社会」を創出した。70年代には、経済衰退に不安を感じ、「イギリス病」からの回復の道を模索した。80年代、「ヨーロッパとアメリカの狭間」に埋没するイギリスは、サッチャーという強力な指導者のもとで新自由主義（ネオ・リベラリズム）と社会的権威主義（「寛容な社会」の否定）に基づく「強い国家」の再生を夢見た。グローバリズムの進展した90年代には、アメリカ中心の国際秩序強化のなかで、国際的指導者としての地位の衰えを感じるとともに、国内的には連合王国の分裂と移民増大を背景とした民族対立を抱え、大きな不安と焦りを感じている。今日のイギリスは、各時期の不安が発した「われわれは何者かと」という問いが重層化したアイデンティティの危機の只中にいる。そして、まだそこから脱出する道は見えていない。

♣ 象徴的な二つの死

この先行きの不透明さを象徴するのは、二つの死である。9.11の衝撃のなかで、労働党政権は、アングロサクソン型の「自由」「民主主義」、それに「国際秩序」を守るために、イラク戦争に突入した。その正当化のために、ブレア首相（当時）は「イラク軍は、発令後45分以内に、化学兵器または細菌兵器を使用することができる」という衝撃的なメディア宣伝を行った。しかし、その真偽が疑いはじめられていた2003年7月18日、根拠となる調査を担当した武器査察官は、自宅近くの林のなかで謎の死を遂げた。さらに、この戦争への反動として、2005年7月7日、首都ロンドンでは同時多発テロ事件が発生した。テロも悲惨だが、それ以上に悲惨なのは、7月22日、ブラジル人電気技師が、その前日に起きた失敗に終わった2回目の地下鉄自爆テロ事件の犯人とまちがわれて射殺されたことである。これがエスニックな

対立と暴力の連鎖をさらに拡大することになったことはいうまでもない。「対テロ戦争」に関係する二つの死は、イギリスの国際的地位低下への焦りと、国内的な多文化社会への不安を悲劇的に物語っている。

2. グローバリズム、民族主義、多文化主義

♣ グローバリズムと民族主義

いうまでもなく、今日のアイデンティティの危機はグローバリズムの展開を背景としている。モノ・人・カネ・情報のグローバルな展開は世界の一体化を促進したが、他方では人びとがそれまで依拠してきた境界線とそれによって画された「場」そのものを破壊している。世界の「液状化」現象のなかで、「わたし」と「わたしたち」の帰属意識、とくに「国民」としての意識は大きく揺らぐとともに、人びとは不安を抱くようになった。

この不安が、一方では、民族主義やナショナリズムを強めている。人びとは自らの不安と不満を転嫁する「他者」を創造しつづけながら、より安心できる帰属先と「安定した」同質的な社会を求める。たとえば、サッチャーは1979年総選挙前に、「多くの人が、移民によってダメになると考えている。国民は、自分たちの周囲が何もかも変わってしまったと考えている。彼らは、自分たちの国が沈んでいくと感じているのである」と述べて、保守党への支持を取り戻した。

♣ ハニフォード事件

1980年代には、エスニックな問題をめぐる対立が表面化した事件が多い。たとえば、教育界では、1984年ブラッドフォードで起きた「ハニフォード事件」が、マスメディアのあり方も含めて大きな問題となった。小学校の白人校長ハニフォードは、アフロ・カリビアン系児童の教育水準の低さと家族の価値観を取り上げつつ、エスニック・マイノリティを「優遇する」地方教育当局の多文化主義・反人種主義を批判した。彼は、新聞、テレビで人種差別的な発言を繰り返したが、民衆の一定の支持を受けつつ、マスメディアの

[エピローグ] 揺らぐアイデンティティ

寵児となった。「人種関係ロビー」の活動の結果、ハニフォードは停職に追い込まれるものの、裁判闘争で「人種主義者」との訴えに対しては「無罪」を勝ち取る。この事件は、衰退する経済の底辺でくすぶりつづけてきた民衆の不満をあぶりだした。

♣ 右翼政党の躍進

　こうした動きは90年代以降さらに強まり、過激な主張を展開する民族主義政党が躍進するようになった。2002年のフランス大統領選挙では国民戦線とその党首ルペンが予想外の支持をえて周囲を驚かせたが、イギリスでも、反イスラム、反セミティズム、反移民を掲げるイギリス国民党が勢力を拡大している。その機関紙のタイトルが『アイデンティティ』であることは象徴的である。2009年夏には、BBCがゴールデンタイムの討論番組にこの党を登場させることを決定したが、労働党はこの番組での同席を拒否しており、極右勢力に国政上の市民権を与えるべきかどうかをめぐって論争が起こっている。

　また、世界的な金融危機を背景とした2009年のヨーロッパ議会選挙では、各地で民族主義政党が票を伸ばすとともに、イギリスでも反欧州を掲げる連合王国独立党が与党労働党を凌駕する事態すら生み出された。さらに、2009年夏には、反イスラム過激主義、反アジア人青年を掲げ、周囲からは新ナチ勢力と見なされている極右のイングランド防衛同盟が、バーミンガムやロンドンで街頭デモを行い、反対派との間でトラブルを起こした。内務省の政府高官は、1930年代のオズワルド・モーズリーのイギリス・ファシスト連合の再来を危惧し、法的対応も辞さないと警戒を強めている。自由主義を掲げてグローバル化を主導するとともに、広大な植民地を有したイギリスの場合は、このような民族主義的な反動も大きくなる。

　もちろん、イギリス政府もこうした動きに手をこまねいてきたわけではなく、一方では移民制限法によって紛争の源となる者の「排除」を行いつつも、他方では度重なる人種関係法の改定による人種差別の緩和を図ってきた。そのなかには、自らのうちに抱え込んだ多元的なエスニシティをうまく並存さ

図1　連合王国独立党欧州選挙キャンペーン（2009）
出典：連合王国独立党ホームページ（http://www.ukip.org/content/features/998-campaign-2009-photo-gallery）より。

図2　イングランド防衛同盟の街頭デモ（2009）
出典：*The Guardian Weekly*, 18 Sept., 2009.

せようする多文化主義という手法も含まれている。それぞれのエスニシティが有する固有の文化を、寛容な態度によって、互いに承認しあい、共存させようという戦略である。しかし、現実には、この「多文化」は「多分化」へと帰結する可能性も含んでいることを忘れてはならない。互いの文化の境界線を維持し、その関係性だけを問うというやり方では、逆に文化の殻を強固にし、むしろ分離と対立を促進することを危惧するむきもある。

[エピローグ] 揺らぐアイデンティティ

♣「第三の道」としての市民権テスト

　民族主義と多文化主義の間で、冒頭の市民権テストはある意味で中間的な戦略をとっている。一定の質をもち、移住先の地域社会とイギリス国家の体制に順応できる「イギリス市民」を育成することによって、移民とイギリス社会とのある種の「同化」を進めることを意図している。それは、「シティズンシップ教育」により、一定の文化的で、道徳的な行為を植えつけることで、地域の「安定」を図ろうとする考え方とも軌を一にしている。

　民族主義的な過度の同化か、多文化の並存か、それとも多文化を前提とした現代的な「イギリス市民」の新たな創造か、今日のイギリス社会はこうした三極構造のなかに置かれているといえよう。

3. 統合されない連合王国
―― 「イングランド問題」と「北アイルランド人」意識

♣ 権限委譲以後

　90年代にアイデンティティの危機を増幅したのは、1999年に実現した権限委譲問題である。ウェールズとスコットランドには議会が制定され、一定の権限が付与されることになった。これによって、北アイルランドを合わせた、各ネイションは一定の「自律性」を獲得した。実際、各ネイションでは伝統文化・言語教育が推進されつつある。国民統合の進展のなかで失われつつある各地域の民族教育を復活・維持しようとする意識的な努力がなされ、スコットランドやアイルランドの独自のアイデンティティの再創造もなされている（第5章参照）。しかし、これで問題が解決したわけではなく、地域議会とウェストミンスタ議会のあり方をめぐる議論は続いている。そのなかで、「忘れ去られていた問題」であった「イングランド問題」が急浮上していることに、注意しなければならない。

　権限委譲前までは、連合王国がどこまで統合されているのか・いないのかが問われていた。つまり、イングランドの支配を前提とした連合王国の存在を当然視すべきではなく、各ネイションの文化的独自性を重視すべきことが

強調されていた。歴史研究の舞台でも、本書の随所で言及されているリンダ・コリーの『イギリス国民の誕生』は、18世紀の対仏戦争中の強力な反カトリック意識が、プロテスタントの「ブリテン人意識」を構築し、イングランド・ウェールズ・スコットランドの統合を促進したと論じた。これに対しては、いかに四つのネイションが統合されていないか、あるいは各ネイション内の差異がいかに大きいかという反論がなされ、イギリス史の一大論争となった。

♣「イングランド問題」の生起

しかし、今日のアイデンティティ危機を深刻化させているのは、「イングランド問題」である。つまり、これまでイングランドの支配的地位は明らかで、イングランド人たることとイギリス人たることは矛盾なく共存できると想定されてきた。しかし、ウェールズ、スコットランド、アイルランドへの権限委譲が実現し、それぞれが固有のアイデンティティを再主張することが公式に認められるなかで、逆にイングランドの利害は犠牲にされてきた。権限委譲でもっとも不利な立場におかれたのは、実はイングランドであるというのだ。なぜなら、イングランドには独自の議会が認められていないからだ。

こうした国制上の議論に並行するように、そもそも「イングリッシュネス」とは何かを改めて問い直すべきであるという議論が論壇をにぎわすようになった。ベストセラーになったジェレミー・パクスマンの『イングランド人――ある国民の肖像』の冒頭では、次のように記されている。

> かつては、イングランド人であることはきわめて容易であった。彼らは、その言葉、行動様式、衣服、大量の紅茶を飲むという事実、これらによって認識される地球上でもっとも識別しやすい国民であった。
> ［しかし］今日では、それははるかに複雑になっている（引用文中の［　］は引用者による補足説明）。

そのため、「イングランド人の行動様式」が再定義されなければならなくなっているという。

[エピローグ] 揺らぐアイデンティティ

　本書第2部では、傘、料理、オペラなどの「イギリスらしさ」を表象するものが検討されたが、それとは区別される「イングランドらしさ」を表現するものが確認されなければならなくなったのである。学問的な分析であれ、イングランド主義者の主張であれ、イングリッシュネスを表すものを整理しようとする試みが次々と発表されている。社会学者ケイト・フォクスは、第7章の分析とオーバーラップするように、「天候」から話を始め、「外見」「反応」「価値観」のダイアグラムを描き、その核に社会不安があると分析する。また、「アイデンティティの政治」を強調するグループのなかでは、ユニオン・ジャックはもはや「外国の国旗」であるので、イングランドの国旗、「聖ジョージ旗」を掲げるべきだという動きが、2002年のワールドカップ以降、急速に強まっているというのである。

　さらに、イングランドらしさを表現するものとして、景観の役割も大きい。多くの場合、土地と景観保存は、地主を中心とした農村の保守主義と結び付けて理解されてきた。たとえば、ボールドウィン首相は「イングランドとは農村地帯であり、農村地帯こそがイングランドである」と語ったとされる。メディアに登場する農村風景は、イングランドらしさの心臓部をなした。それは、巧みな映像手法と現存する風景・景色・遺跡との絶妙なマッチングによって示される。画面一杯に映し出される緑の丘陵地帯と羊たち、そこを犬を連れ、バブアーのコートを着て歩く紳士。その路が連なるのは広大な貴族のマナー・ハウスである。現存する風景は歴史の重みを感じさせ、国民に安堵を与える。現に、このマナー・ハウスと緑がなければ、イギリス映画はハリウッド映画に対抗できなかったとまで語られる。その意味で、ナショナル・トラストは景観、建物、史跡の保護を通じて、ナショナル・アイデンティティづくりに大きな役割をはたしてきた。

　こうして、ブリティッシュネスと同時に、その中核にあると想定されていたイングリッシュネス自体が問い直され、両者が共鳴しているところに、現代のアイデンティティ危機の深さがある。つまり、支配の中心が不在となることで、全体の輪郭と構成原理が曖昧になるのだ。

♣ネイション内部の帰属意識の揺らぎ

　さらに危機を深めているもうひとつの要因は、連合王国を構成する各ネイション内部における帰属意識の対立とねじれである。連合王国からの権限委譲、あるいは「イングランドの支配」からの解放が進行するにつれて、今度は、自明のように語られてきた各ネイションの統一性が問い直されている。より根本的には、近代社会が作り出した「民族自決の原則」や古典的なネイション形成の論理が通用しなくなっていることを示している。

　たとえば、北アイルランドにおいては、連合王国にとどまることを志向するプロテスタントのユニオニストと、独立を目指しアイルランド共和国との統合を志向するカトリックのナショナリストの対立という二項対立の「伝統的な」図式は維持できなくなっている。ケン・ローチ監督の映画『麦の穂をゆらす風』は、アイルランド南部の町コークにおいて、イギリスからの独立後の国制が生み出すアイリッシュ内部の対立を鮮明に描き出した。アイルランドを分断する講和条約に反対するデミアンと、自由への一歩前進としてそれを評価するテディが、死を賭して対峙するラストシーンはあまりに衝撃的で、忘れることはできない。この衝突を基点とした同一民族内の暴力的対立に苦しみ、悩み、疲弊した北アイルランドでは、アイリッシュとブリティッシュを表明しないでもすむ、第三項の「北アイルランド人」意識を創造することで、新たな和解への道が模索されている。つまり、多数派を占める「アルスター・ブリティッシュ」が、自己を「マイノリティ化」しつつ、多文化主義を主張して、自分の居場所を確保するような運動を展開している。「寛容」とは、「多文化主義」とは、「尊重の等価性」とは、実際にどういうことをさすのか、既存のアイデンティティでは統合されない、複数の、多元的な帰属意識の共存を可能にする取り組みが始まっている。

　長期的にみると、連合王国の歴史は、統合と分裂の相対立する力の相克、両者の振り子運動として描くことができるし、それがイギリス史に独自のダイナミズムを与えてきたといえよう。最近は、どちらかといえば、流れは分裂の方向に進んでいるといえよう。

[エピローグ] 揺らぐアイデンティティ

4. アメリカとヨーロッパの狭間で

♣ アングロサクソンか、ヨーロッパか

　現在のイギリスの地政学的な位置は、「アメリカとヨーロッパの狭間で」（アンドリュー・ギャンブル）という言葉によって表現されるだろう。いうまでもなく、20世紀の世界経済を主導してきたのはアメリカ合衆国であるが、社会主義の崩壊後はこの方向性がさらに強まり、アメリカは、世界の東半分も含めた、文字通りの「世界の憲兵」として国際秩序構築に積極的役割を果たすようになった。他方、ヨーロッパは、EUの結成以降、アメリカ経済圏に対抗するひとつのまとまりを作っている。関税の自由化、通貨の統一、社会政策の平準化を経て、いよいよヨーロッパ憲法の承認にまで問題は拡大している。さらに、「社会的経済」のような、アメリカ発の市場万能主義に対抗しうる新しい質をもった地域経済圏も構想されているのである。

　イギリスはこの両方の世界にまたがり、部分的にはそのどちらにも帰属しながら、しかしどちらにも決定的にコミットすることを拒否する。空間的にみれば、アングロサクソン世界への帰属は、プロテスタント大西洋文化圏に浮かぶ諸島群の東端の島として自らを意識させる。また、政治的には、アングロサクソン的な「自由」「民主主義」を推奨するという点では、イギリスは合衆国と価値観を共有するものの、もはやその同盟におけるマスターの地位は失い、ジュニア・パートナーにすぎなくなっている。元々自分の国から旅だったはずの人びとが作る国が、世界の中心、自由の本場として表象されるようになり、歴史の主客は逆転する。

　他方、ヨーロッパとの一体化によって、イギリスはヨーロッパ大陸の西端の島としてのポジションをえる。しかし、EUに参加しても、地域通貨ユーロを導入する気配はない。20世紀の過程で決定的に金融経済へと移行したイギリスでは、「ポンドがなくなる日は、イギリスがなくなる日である」とまでいわれている。ここに時間軸を加えると、イギリスはローマ帝国の支配を享受する、最辺境の地として描き直されることになる。どちらの時空間へ

の帰属を選択しても、イギリスはあくまで「周縁」に位置づくことになる。

♣「大西洋諸島群史」の試み

このような「アメリカとヨーロッパの狭間で」という視角は、イギリス史の描き方に新しい可能性を提起している。つまり、「ブリテン島中心史観」を糾し、一方ではヨーロッパという広域地域の歴史の一部分として、他方では大西洋に浮かぶ諸島群（Archipelago）の一部分の歴史として、「イギリス史」を描写すべきであるという主張がなされる（本書 *vii-viii* 頁参照）。

とりわけ注目すべきは、後者の立場である。ポーコックは次のように述べる。

> 『ブリテン史』は第二次連合王国（1801-1922）の領域内——あるいは、サークからシェトランド諸島の全範囲——で形成されたすべての人の歴史のあらゆる局面を含むために、そしてある共通の歴史、つまり単一のものとして形成されたアイデンティティに還元するために提案されたパラダイムの名称である（p. 295）。

したがって、「主権とアイデンティティを、状況依存的で・関係的で、イメージされ・創造されかつ広く受容されたものとして扱うこと」が大事となる。そうした視点からみれば、ヨーロッパという「ひとつの規範」を自明視せず、「大西洋諸島群史」という視点から「ブリテン史」が描かれるべきであることが問題提起される。しかし、忘れてならないのは、このような視角が、ポーコックの出身地ニュージーランドという旧植民地の経験を踏まえて提示されている点である。かつて、植民地は、同じ「ブリテン史」のなかで描かれてきたが、本国イギリスはその経験を忘れて、ヨーロッパの方ばかり向いている。それでよいのか。「旧植民地の国民……は、自分たち自身のブリテン史を書く必要がある」。こう主張するポーコックが「大西洋諸島群史」の方法を問題提起しているのである。確かに、ポーコックの主張が西しか見ていないという問題点はある。しかし、ブリテン史を、植民地の歴史を踏まえつつ、より開かれた時空領域のなかで描けという論点の重要性は見過

ごしてはならない。統合された連合王国、統合されない連合王国、そして、閉ざされない時空間としての連合王国、こうした新たな時空認識のなかで「ブリテン史」が書き直されようとしている。

5. イギリス帝国と王室

♣「第三の道」としての帝国

ここで選択される第三の道が、帝国である。かつて、世界の4分の1を支配した「イギリス帝国」にこそ自らの歴史的な存在意義を見出し、そこを唯一の基盤として自信回復を図ろうとする選択肢がブリトン人の共感を呼ぶことになる。偉大だった帝国としての過去に生き残りの力を託す途が模索される。

これまで述べてきたように、多元的なアイデンティティが対立する局面は多いが、もろもろのアイデンティティがおとなしく共存する場合もある。それは、この多層的なアイデンティティを包み込む、より上位の帰属意識が作用している場面においてである。このために大きな力を果たしてきたのが「帝国」というキーワードであり、人物的表象としての「王室」である。イギリス史における国民形成の歴史は、常に帝国の歴史とオーバーラップしてきた。噴出する対立は、結果的にはナショナル、インペリアル、それにロイヤルという形容詞のもとに糾合されてきた。

♣ フォークランド紛争の影響

「帝国」アイデンティティが思いがけない形で噴出したのが、1982年のフォークランド紛争（本書 ix 頁参照）であった。あんなに遠い、南半球の忘れられていた小さな島をめぐって、かつての「イギリス帝国」が南米アルゼンチンと事を構えると、誰が予想しただろうか。しかし、結果的には、当時の保守党サッチャー政権はこのジンゴイズムに救われ、再選をはたした。ここから一機にアイデンティティをめぐる議論が論壇をにぎわすようになり、ナショナリズムも高揚していったのである。しかし、この戦争はイギリス国内に大きな影をもたらす。イングランド北部のすさんだ若者たちと右翼活動

家との結びつきを描くシェーン・メドウズ監督の映画『これがイングランドだ』は、重苦しい雰囲気のなかで、悲惨な戦争が若者たちにもたらしたナショナリズムとアイデンティティの揺らぎを映し出している。

♣ クイーン・マザーの葬儀

　さらに、儀礼がもつ「伝統の創造」機能についてはよく知られているが、2002年の春には、ナショナル・アイデンティティに帝国と王室が大きな役割を果たすことを象徴する二つのイベントが、ロンドンで開催された。

　ひとつは、皇太后クイーン・マザーの葬式である。文字通り20世紀を生き、101歳という高齢で亡くなった皇太后は、第二次大戦時に国民とともにドイツ軍の空襲を生き抜いたことから、親しみを込めて「マム」と呼ばれていた。その皇太后の葬式は、帝国とそれを支えた軍事色に彩られていた。棺は砲台にのせられ、それにつづく孫のチャールズ、ひ孫のウィリアムは軍服姿である。スコットランド出身の彼女らしくバグパイプ合奏隊の一群がかなでる独特の音色のなかを、棺はイギリス議会を象徴するビッグベンの下、ウェストミンスタ・ホールを出発し、道ひとつ挟んだウェストミンスタ寺院へと向かう。棺は近衛兵の肩に担がれて寺院に入るが、その入口の両側を警備するのは旧植民地軍である。葬式では、カンタベリ大主教やその他の宗教関係者の弔辞がつづくが、進軍ラッパの演奏の後に、読み上げられる称号は「旧インド皇帝の妻」に代表されるように、イギリス帝国そのものを示すような肩書きばかりである。

　寺院での式典が終わると市中パ

図3　クイーン・マザーとジョージ6世の銅像
（モール）
（筆者撮影：2009年9月）

[エピローグ] 揺らぐアイデンティティ

レードであるが、今度はアイルランドのバグパイプ演奏に送られる。寺院を出発後は、ホワイトホールのホースガードから第一次大戦の慰霊碑へと戦争にかかわる場所を経由する。バッキンガム宮殿に向かうモールにさしかかると、上空からは、バトル・オブ・ブリテンを支えた爆撃機と戦闘機スピットファイヤが弔意の飛行を行う。軍事色濃厚な葬式パレードとなる。

しかしここで式典は終わらない。隊はバッキンガム宮殿を素通りしてもうひとつのモニュメントに向かう。ウェリントン・アーチである。日頃はその下を車が通ることはない門を、両側から大砲に守られて、皇太后の棺は通り抜ける。その後、ケンジントン宮殿、ハイド・パークのヴィクトリア女王碑を一周して、葬送の隊列はウィンザー城へと向かった。

♣女王在位50周年式典

もうひとつのイベントは、2002年6月の女王在位50周年記念式典である。わざわざ祝日を移動して、4日間の連続休日を作って、このイベントが開催された。最終日には10万人の人びとがバッキンガム宮殿に通ずるモールを埋め尽くし、ユニオン・ジャックが打ち振られた。

このイベントも、また帝国と王室の結びつきを強調するものであったが、今度は未来の王室と新たな帝国の結合関係が明るいタッチで描かれる。

ポップスとクラシック各一夜ずつとった前夜祭には、当代の若手ロック・ポップスのスターが総出演。クイーンのブライアン・メイがバッキンガム宮殿の屋上でギターを奏でる。闇夜のなかで宮殿全体をスクリーンとしてユニオン・ジャックが映し出され、当然ながら国歌が大音量で演奏される。

女王在位の50年間を振り返る式典では、庶民生活の移り変わりがファッションや乗り物などの変化として示される。しかし、やはりイベントの中心におかれたのは、帝国である。旧帝国各地出身の子どもたちが、踊りながら登場するだけでなく、英連邦の将来と王室の繁栄を祈念する巨大なタペストリーが国王に贈呈され、バッキンガム宮殿の壁にかけられる。

驚いたのは、カリブ移民の苦難を背景として、自己のアイデンティティ維持のために開催されてきたノッティングヒル・カーニヴァルもまた、このイ

図4　女王在位50周年式典（2002）
出典：Photo: Rex Features/ アフロ.

ベントの中心的なエンターテインメントのひとつとして組み込まれていたことである（第13章参照）。しかも、そこにはかならず子どもたちが参加している。空から祝意を表明するのは、戦闘機ばかりではない。コンコルドが中心となって、それを両側から最先端の戦闘機が支援する航空機編隊がバッキンガム宮殿の上空を舞う。

いずれも、新しい時代を、帝国とともに、しかも若い世代とともに切り開こうという意図が盛り込まれているし、その中心には女王と王室がいることがイベントを通じて可視化された。BBC のレポーターは、王室のダイアナ葬儀への対応に向けられた民衆の批判を意識して、「この4日間が王室を救った」と報じた。

♣ 戦没植民地兵記念門の建立

さらに注目すべきは、在位50周年の意義を、新しい帝国のメモリーとともに、永遠に記録しようとする記念碑が造られたことである。クイーン・マザーの棺を見送ったウェリントン・アーチの前には、20世紀の二つの大戦をともに戦った、インド、アフリカ、カリブの500万人にも及ぶ植民地兵を追悼し、顕彰する4本の石柱、「戦没植民地兵記念門」が、在位50周年記念行事の一環として建てられた。その解説板には、この門の建造が、「彼らの崇高な貢献が、それに足るだけの承認を受けた最初の機会」であり、「今日、連合王国に住む、これらの志願兵の非常に多くの子孫とともに、この戦没兵記念門は、最大の危急時に私たちが分かち合った犠牲のすべてを、私たちに想い起させる手助けとなる」と記されている。なによりも印象的なのは、柱

[エピローグ] 揺らぐアイデンティティ

図5　戦没植民地兵記念門
（筆者撮影：2009年9月）

の1本に人気作家ベン・オクリの詩の一部、「私たちの未来は、私たちの過去よりも偉大である」という言葉が刻まれていることである。帝国の過去は、戦争貢献の記憶を媒介として、新しい帝国の未来へとつながっているようにも読めてしまう。

同時期にはサッカーのワールドカップが日韓共同で開催された。この数ヵ月はイギリス各地でユニオン・ジャックが掲げられ、「女王陛下万歳（ゴッド・セーブ・ザ・クイーン）」が歌われた。イギリスの愛国主義はパブで、茶の間で最高潮に達した。

♣ 国王の表象

こうした流れは映画『クイーン』にも継承される。ダイアナ事故死への対応を対象に、人間女王の姿が、ブレアの巧みな政治戦略とともに描かれる（第2章参照）。広大な自然のなかで、鹿を見つめ、語りかける姿は、女王の孤独と優しさを伝える。女王は、そして王室は非難されるべきではなく、普通の人間（たち）なのだと。映画制作者の意図はどうであれ、この映画はダイアナ後の王室の新しいイメージ作りに貢献している。『エリザベス』、『ブーリン家の姉妹』、『クイーン・ヴィクトリア──至上の愛』など過去の国王を描いた映画はいまや定番となっている。イギリス国民の統合にとって王室は必須アイテムとしてもちだされている。

309

国王には公的領域における表象と私的領域における表象の二つのイメージがつきまとう。前者は、儀式、王の訪問、彫刻、王室慈善という形で、「見られる王」とその統合機能を意識している。後者は、家族のなかにおける「良き母親」「良き父親」としての役割を意識している。9人も子どもを生み育てたヴィクトリア女王は、この両者をみごとに統一して表現した人物として描かれる。また、エドワード8世は王位を捨て愛を選んだが、この行為は後者における庶民との連続性を意識させる。現在の女王は、明らかに、この後者の領域におけるトラブル続きを、前者における公的プレゼンスにおいて克服しようとしているように見受けられる。いくら映画『クイーン』が人間女王を描き出そうとしても、彼女を取り巻く家族の姿は「聖家族」のイメージとはほど遠い。市民の「模範」とはなりえない。こうしたなかで、自己の存在理由を民衆に理解させるための装置は、あくまで公的領域における表象に求める以外にはない。

6. イギリスの過去とアイデンティティ

　現在に暮らすイギリス人のアイデンティティをつくるのに、過去の歴史イメージが大きな役割を果たしていることは、他の国と同様である。とくに2007年は奴隷貿易廃止200年で、自分たちの過去を見つめ直すのに、うってつけの年であった。奴隷貿易を廃止した「自由で、民主的な」イギリスの価値を称える立場と、奴隷貿易に荷担することで得た巨万の富によって支えられる社会（とくに慈善事業や町のインフラ整備）を批判する立場、この両者の中間にある多数の立場がせめぎ合い、市民を巻き込んだ論争がメディアで展開された。

♣ 社会と国家の再解釈
　ところで、アイデンティティの危機論争は、歴史研究のあり方にも陰影を映し出す。一言でいえば、帝国、国家、社会の成功物語が語られる傾向が生まれている。

[エピローグ] 揺らぐアイデンティティ

　サッチャー元首相は、「社会などというものは存在しない」、なにより自助が重要であることを強調し、福祉国家の解体へと邁進した。しかも、自助と個人主義を中心とした「ヴィクトリア朝の価値観」がイギリスの偉大だった時代を作った、だからいまこの復活が必要だと主張した。これに対して歴史家たちは、サッチャーの言説が歴史の実態とは大きく異なることを批判した。19世紀の自由主義国家は、確かに「小さい」けれども、けっして「夜警国家」などではなく、「規制的で、強力な国家」であったのだ、と。つまり、社会を十分に機能させるための枠組み作りにおいて、国家が積極的な役割を果たしたから、「異常なまでに安定的な社会がつくられたのだ」と。もちろん、この学説のサッチャー批判としての意義は大きいが、特定の面だけが強調されると、自由主義の国家と社会の成功物語として受け取られかねない危険性もある。

♣ 帝国のサクセス・ストーリー

　しかし、もっとも気になるのは帝国の歴史解釈である。ニオール・ファーガソンは、"Anglobalisation"という造語を用いながら、イギリス帝国が初期的なグローバリズムのもとで自由主義の制度を世界各地に普及させることで、世界の平和と一体化に貢献したことを強調する。イギリス帝国への「行き過ぎた」反省を戒め、帝国とは「良いこと」であったと、帝国の「恵みをもたらす効果」を強調する。少し長くなるが、重要な文章であるので、「再評価される帝国——自由をもたらす帝国」(『BBCヒストリー』2004年7月号、36頁) と題する論文から彼の言葉をそのまま引用しておく。

> われわれはすべてなんらかの点において、私が"Anglobalisation"と呼んできたものの後継者である。世界中にイギリスの支配が広がることなしに、世界各地の違いのある多くの経済的領域に自由主義的資本主義の構造がこれほどうまく確立するとはとても信じがたい。イギリスの帝国支配の影響力なしに、議会制民主主義の制度が世界の大多数の国家で受け入れられるとはとても信じがたい。世界最大の民主主義国家インドは、ふつう考えられている以

上に、イギリスのインド統治の恩恵を被っている。インドのエリート学校、大学、官僚、陸軍、新聞、議会制度、これらはすべて依然としてまちがいなくイギリス・モデルである。そしてさらに、英語がある。それはおそらく過去300年のなかでもっとも重要な輸出品である。

　イギリス帝国は、自由貿易、自由な資本移動、それに奴隷貿易の廃止をともなう自由な労働の先駆者であった。イギリス帝国は近代的な通信手段のグローバルなネットワークを開発するために莫大な額を投資した。それは、広範な地域に法の支配を広め、強制した。もちろん多くの小さな戦争はあったけれども、イギリス帝国はそれ以前とも、それ以後とも比肩しえないほどの世界平和を維持した。そして、20世紀には、帝国は二つの世界大戦で、自らの存在を正当化する以上のものとなった。というのは、ドイツや日本によって提示されたイギリスの支配への代替策は、それらの国自体も認めているが、明らかにはるかに悪いものであったからだ。イギリス帝国なしに、イギリスがそれらを阻止することができたであろうか。私にはとてもそうは思えない。

　もし1世紀前のイギリス人たちが、帝国をバラ色のめがねを通して見る気にはとてもなれなかったとしても、われわれは反対のまちがいを犯してはならない。われわれは、世界最初の英語を話す人びとによる自由な帝国のもつ多くの積極的な側面に目を閉ざしてはならないのである。

　歴史研究の成果は、テレビ、ラジオ、出版物という媒介を通じて国民の歴史意識とアイデンティティを形成していく。一般向け歴史雑誌を通じて、このような歴史像がお茶の間に届けられている現実を、同じ帝国の過去をもち、その歴史が近隣諸国との関係において今なお重要な政治争点になっているわれわれはどのように考えたらよいだろうか。この歴史雑誌が行った「何を特集してほしいですか」というアンケートで、圧倒的多数は「帝国」であった。

[エピローグ］揺らぐアイデンティティ

図6　自由をもたらす帝国
出典：*BBC History Magazine*, July, 2004, pp.32-33.

♣ 軍隊の物語と『戦時の勇気』

　しかも、帝国史には軍隊の物語が付随するのが常だ。イギリスの書店でも、軍事史コーナーは大人気だ。また、夏のD-Day（6月6日、ノルマンディ上陸作戦の日）、VE-Day（Victory in Europe Day：5月8日、ドイツ降伏とヨーロッパ戦線終結の日）、VJ-Day（Victory over Japan Day：8月15日、日本の無条件降伏、太平洋戦線終結の日）は世界の民主主義を守った日として、花火とともに祝われる。勲章を胸にした、退役軍人の姿を町のあちこちで見かける。お国のために、帝国のために身を挺した兵士に思いをはせ、それを偲ぶことで、「国を愛し」、「国民」の意識を涵養するという構図は、洋の東西を問わず、学校と大衆的な歴史教育のなかで再生産されつづけている。

　2009年9月、時の首相ゴードン・ブラウンは『戦時の勇気』を出版し、戦時の名もなき人びとの広範な勇気を想起すべきであると主張している。もっとも、一方では、「戦時へのノスタルジアが、イギリスの変化した現実に対するわれわれの眼を閉ざしている」という冷静な指摘がなされていることも、付け加えておかなければならない（『ガーディアン』2009年9月3日）。本書でも総力戦の物語によって作られる国民意識の問題性については、二つの章を割いている。

313

7. 帰属と承認のポリティクス

♣「交渉し直す」アイデンティティ

　ポストモダンの時代にあっては、「アイデンティティはもはや『あらかじめ与えられた』ものではなく、新たに『交渉し直す』必要のあるものなのです」。近年陸続と著作の邦訳がなされ、注目を集めているリーズ大学の社会学者ジグムント・バウマンは、このように述べている。彼は、「リキッド・モダニティ」に生きる人びとの人生を、「準拠のコミュニティ」という寄港地に立ち寄り、港ごとに自らの資格を再検証されつづける船旅にたとえた。そして、ナチスの迫害に立ち向かったポーランド出身のユダヤ人としての自己の経歴も影響して、自己解放するためには、「強力で多くの事柄を要求するコミュニティ」が必要だと主張した。なぜなら、「交渉し直し」て再構築されたアイデンティティが本物であるかどうかは、厳格な資格チェックを行うコミュニティが寄港地に存在し、「ひとつの権威、つまり承認を拒む力をもっているゆえに、その承認に価値があるコミュニティ」との対峙のなかではじめて検証されるからだと記している。

　今日のイギリスもこのような「交渉し直し」を続けているが、過去に世界各地に及ぼした影響力が大きいだけに、この再交渉は非常に厳しいものになっている。いつになったらこの再検証の作業がおわるのか、またどのようにしたらゴールにたどり着くのか、依然として不透明である。

　ブラウン元首相自らが企画にかかわり、同時に序文を寄せた書物の題名『イギリス人たること――国民をつなぐ価値観を求めて』(2009) は、そのことを象徴的に物語っている。ちなみに、その序文のなかで、ブラウンは求められるべき価値観のリストに、「寛容」「自由」「公正」の三つをあげている。しかし、何が国民をつなぐ価値観であるのか、それに答えることが容易でないことは、この本を一読しただけでもすぐにわかる。「イギリス人」のゆくえは、定まっておらず、模索が続いている。

[エピローグ] 揺らぐアイデンティティ

♣ 文化と現実の緊張関係

 アイデンティティは文化的に構築されるものであるが、その文化の力が結晶化した制度は規範的な力をもち、人びとを馴致する場合もあったし、逆に文化の力が人びとに厳しい現実と対決する力を与え、制度自体の変革を導いた場合もあった。歴史の舞台では、われわれを承認してほしいという欲求が、死を賭してまでも人びとを運動に駆り立てる場面があった。9.11以降、とくに暴力による紛争解決が横行しているが、帰属と承認をめぐる「アイデンティティの政治」のなかで作用する言説や文化の力が、逃れることのできない苛酷な現実を作り出すことが銘記されるべきであろう。本書では文化と制度の相互関係を強調してきたが、読者のみなさんにはこのような文化と現実の緊張に満ちた関係についても、ぜひ理解してもらいたい。

◉ 参考文献──

川本静子・松村昌家『ヴィクトリア女王──ジェンダー・王権・表象』ミネルヴァ書房、2005年。

佐久間孝正『変貌する多民族国家イギリス──「多文化」と「多分化」にゆれる教育』明石書店、1998年。

指昭博編『「イギリスであること」──アイデンティティ探求の歴史』刀水書房、1999年。

ジグムント・バウマン（伊藤茂訳）『アイデンティティ』日本経済評論社、2007年。

浜井祐三子『イギリスにおけるマイノリティの表象──「人種」・多文化主義とメディア』三元社、2004年。

尹慧瑛『暴力と和解のあいだ──北アイルランド紛争を生きる人びと』法政大学出版局、2007年。

Arthur Aughey, *The Politics of Englishness*, Manchester: Manchester University Press, 2007.

Robert Colls, *Identity of England*, Oxford: Oxford University Press, 2002.

Kate Fox, *Watching the English: the Hidden Rules of English Behaviour*, London: Hodder, 2004.

Andrew Gamble, *Between Europe and America: the Future of British Politics*, Basingstoke: Palgrave Macmillan, 2003.

Robert Hazell (ed.), *The English Question*, Manchester: Manchester University Press, 2006.

Krishan Kumar, *The Making of English National Identity*, Cambridge: Cambridge University Press, 2003.

Peter Mandler, *History and National Life*, London: Profile Books, 2002.

Jeremy Paxman, *The English: A Portrait of a People*, London: Penguin Book, 1999.

J. G. A. Pocock, *The Discovery of Islands: Essays in British History*, Cambridge: Cambridge University Press, 2005.

Paul Ward, *Britishness since 1870*, London: Routledge, 2004.

あとがき

　今から16年前の1994年、私は、「イギリスは『衰退』したのか？」との疑問で『イギリス文化史入門』(昭和堂)を締めくくった。当時、「経済衰退」は、日本、いや世界がイギリスに寄せる主たる関心事であり、ありふれた言説であった。だからこそ、『文化史入門』では、「経済が衰退してなお、強靭さを失わず、エネルギッシュなパワーを放ちつづけるイギリス文化とは何なのか」を問いたかったのである。

　当時、そして今も、この国にはわれわれを魅了しつづける"何か"がある。私自身はこの"何か"にこだわって研究をつづけてきた。その"何か"を一言で言えば、「文化」ということになろうか。文化の定義は多様だが、それは、文化について考えることが、人間を、人間の想像力/創造力を考えることだからだろう。つきつめれば、文化とは「人間が人間であるための営み」といえるかもしれない。しかも、この営みは一朝一夕にできたものではなく、ある時代や社会の状況（あるいは状況の変化）のなかで生まれ、それを支えるしくみを作り出し、人びとの感性を揺さぶりながら、やがて変質して別の営み――別の文化へと作り変えられていった。この流れが歴史、でもある。

　このようにイギリス文化史を見る目自体は、『入門』から十数年たった本書でも変わっていない。文化の捉え方や論じられ方に変化はあろうが、イギリス文化を学ぶおもしろさそのものもまた、変わらない。この十数年間にはっきりと変わったのは、イギリス文化を知りたいと思う背景だろう。1990年代後半、ブレア政権下でイギリス経済の立て直しは急速に進み、「経済衰退」もそれをめぐる数々の思索も、歴史の一コマへと場を移しつつあるように思える。2008年秋のリーマンブラザーズ破綻に端を発する金融危機以降も、「衰退」はもはや、日本や世界がこの国に向ける主たる関心事でなくなった。

　では今何が問題なのか。

　　　　　＊　　　＊　　　＊

　本書が注目したのは、「経済衰退」をめぐる議論の後退と相前後して、20世紀末以降のイギリス社会で浮上してきた、「イギリス人とは何か／誰か」をめぐる議論であった。なぜ今、イギリス人は自らのアイデンティティにこだわるのだろうか。

　時代は、Windows 95の発売以降、加速化するIT革命によって世界がグローバルにつながり、携帯電話をはじめ、さまざまな情報ツールが、人と人との出会い方や関係のあり方を劇的に変えつつあったころ。EU統合とも相まって、ヨーロッパでは人やモノ、情報などの流動性が格段に高まり、共通通貨ユーロ導入には抵抗を示したイギリスにも、EUパスポートで楽々と国境を超えて人びとがやってくるようになった。それが、「肉は焼く、野菜は茹でる」が常識だったイギリスに「モダン・ブリティッシュ」なる新しいイギリス料理を登場させ、外食の楽しみをおし広げた。こうした動きのなかで、「イギリス人」へのこだわりが再燃したのである。

　これを、「わが身を外に開くことと、開いたがゆえに見えてきたわが身」と言い換えれば、イギリスでおこったことが、実は、同じIT革命やグローバル化の渦中にある「われわれ」の問題でもあることに気づかされる。いや、明治維新で国を開いて以来、われわれはすでに「彼ら」の文化に多くを学んできた。それを今改めて見つめ直してみよう。「彼ら」がこだわる「イギリス人」の中身とは何だろう。それはどうやって生まれ、変化して今にいたっているのだろう。そんなふうに思考を深めていけば、やがて「私って何／誰？」にもたどりつけるにちがいない。文化は「人間が人間であるための営み」なのだから……。この営みに、ワクワク、ドキドキしてほしい――。

　本書を編みながら、私は自分の大学時代を思い出していた。大航海時代、毛織物（それも質の悪い）の在庫を山のように抱え、経済不況に苦しむこの島国の活路を海の彼方に求めた男たちの顛末を、身ぶり手ぶりを交えて熱く語る恩師の言葉に、私はどれほどワクワク、ドキドキしたことだろう。「彼ら」の思考錯誤が「私」の想像力を激しく揺さぶった。だから、今の私がここにいる。

あとがき

　本書を手にとった読者のなかには、当時の私のように大学で学びはじめた若者もいれば、もういちど学び直したいと思う「卒業生」もたくさんいるだろう。そんな読者に知のワクワク感をきちんと届けるためには、文化というものを、表面的な現象のみならず、その奥にある構造的なものにまで踏み込んで議論することが必要になってくる。とはいえ、学問が進歩し、時代が複雑になるなかで、ある研究対象に対して一人の力でアプローチできる範囲は限られている。そこで重要になってくるのが「知の連携」だ。

　私の呼びかけに、本書の執筆者たちは力強く共感してくれた。その結果、本書は、それぞれの章題（ないしは章題と関わるテーマ）を研究する専門家14名の共同作業となった。全員が、（いわゆる）「偉人」や「エリート」の文化ではなく、その名を歴史のなかでとくに誇示しなかった民衆の日々の暮らしに関心を寄せており、本書には社会史や文化史の方法論がふんだんに活かされることになった。このメンバーだからこそ、問題を多元的、複眼的に見ることもできたし、民衆のなかで生きつづけてきた文化の力を生き生きと描くこともできたのだと自負している。

＊　　＊　　＊

　『イギリス文化史入門』の改訂ではなく、まったく新しい『イギリス文化史』となったのは、こうした事情からである。各々にすばらしい業績を持つ専門家とともに「イギリス文化史」という知のタペストリーを編みあげる喜び——それは編者のみに許されたものかもしれない。執筆者の皆さん、ほんとうにありがとうございました。そして昭和堂編集部の皆さん、支えてくれてありがとう。

　本書が、読者の皆さまに、イギリス文化を解読するおもしろさを、時間軸をさかのぼって深く物事を考える魅力を、そこから「自分」を見つめ直す楽しみをお伝えすることができたのならば、これ以上うれしいことはない。

編者　　井野瀬久美惠

基本参考図書

井野瀬久美惠

　イギリス文化と関わる個別研究には興味深いものが多く、世紀ごとの通史や概説もたくさん書かれている。ここでは、イギリス文化史を議論するための方法や研究史を知り、全体の流れを概観するために重要だと思われる文献を選び、解題をつけた。いずれも入手しやすいものである。各章末尾で紹介された文献と合わせて、読者の理解を深める一助にしていただきたい。

レイモンド・ウィリアムズ（若松繁信、長谷川光昭訳）『文化と社会』ミネルヴァ書房、1968 年
　―――（小池民男訳）『文化とは』晶文社、1985 年
　「文化」の言説を歴史のなかに探り、それを市場経済がもたらす影響のなかで再考したウィリアムズによれば、現在われわれが用いる「文化」という概念は、産業革命が進展しつつあった 18 世紀末のイギリスで生まれたという。出版技術の発達による読者の増大、市場経済に絡めとられる芸術作品と芸術家といった事象と関連させて文化を再定義したこの 2 冊は、文化とは人間の知性と創造力／想像力の賜物であるのみならず、人びとの日常／非日常の諸制度や行動のなかに立ち現れるものであることを伝えている。

テリー・イーグルトン（大橋洋一訳）『文化とは何か』松柏社、2006 年
　レイモンド・ウィリアムズに師事したイーグルトンは、19、20 世紀文学をマルクス主義の視点から分析した『文学とは何か』（岩波書店、1997 年、新版）やアイルランド文化研究で知られる文芸批評家である。本書は、現在きわめて多義的に、つまりは曖昧なままに用いられている「文化」という言葉とその概念について、「文明」概念との関係を軸として歴史的に考察し、普遍と個

別という「文化」が持つ二つの価値のせめぎあい、「文化」が結びつく伝統や権威、アイデンティティ、商品という三つの相などを問題にしながら、ある種口実として「文化」が使われている現実に警鐘を鳴らしている。

リン・ハント編（筒井清忠訳）『文化の新しい歴史学』岩波書店、1993 年

　『フランス革命の政治文化』（平凡社、1989 年）で「革命の主な成果は政治文化を変質させたことである」とする独創的な革命解釈を提起した著者が編集した本書は、人類学と歴史学、そして文学理論が交錯する文化史研究の状況を知るうえでの基本文献である。ミシェル・フーコーやナタリー・デーヴィスらの先駆的な文化史研究のモデルを検討し、祭典・書物・身体・視覚芸術などの表象や実践に対する分析的アプローチを紹介しながら、いわゆる「文化論的転回」の動向を的確に表現する論文集となっている。

ピーター・バーク（中村賢二郎、谷泰訳）『ヨーロッパの民衆文化』人文書院、1987 年
　―――編（谷川稔訳）『ニューヒストリーの現在』人文書院、1992 年
　―――（長谷川貴彦訳）『文化史とは何か（増補改訂版）』法政大学出版局、2010 年

　著者は、近世ヨーロッパの民話や民謡、祝祭などの分析に加えて、旅行や読書、広告、家具、あるいは記憶といったより広い視野から文化を捉える文化史研究者として知られる。なかでも、『文化史とは何か』は、ヨーロッパのみならず、グローバルな視点で、文化史の多様性、論争と対立の様子、「新しい文化史」から「言語論的転回」以降の研究にまで目配りし、文化史研究の過去・現在・未来を整理した必読の入門書である。

グレアム・ターナー（金智子、溝上由紀他訳）『カルチュラル・スタディーズ入門』作品社、1999 年

　20 世紀後半に展開されたカルチュラル・スタディーズは、歴史学や社会学、人類学、哲学、メディア論などを横断する試みとして、ハイカルチャーのみ

ならず、サブカルチャーをも対象に加えて、文化的な行動と権力との関係を考えてきた。欧米で教科書として使われる本書は、この試みがイギリスでどのように生まれ、展開したのか、体系立てて綴っている。訳者による解説「カルチュラル・スタディーズの日本における導入」も示唆に富む。

リン・チュン（渡辺雅男訳）『イギリスのニューレフト――カルチュラル・スタディーズの源流』彩流社、1999年

　本書は、副題にあるように、カルチュラル・スタディーズの源流を1950年代から1970年代までのイギリスのニューレフト運動に探った通史である。著者は文化大革命世代の中国人。イギリス労働党主流派への対抗を意識して展開されたニューレフト知識人のラディカルな思考や文化は、現実のイギリスの政治に対してはほとんど無力だったものの、そこに見られるマルクス主義理論の先進性と革新性のパラドックスを解きほぐそうとする著者の議論には、文革時代の自らの苦い経験が重なって興味深い。

エドワード・トムスン（市橋秀夫、芳賀健一訳）『イングランド労働者階級の形成』青弓社、2003年

　著者は、1956年のスターリン批判とハンガリー事件を機に正統派マルクス主義と訣別し、ホガートやウィリアムズとともにイギリスのニューレフト運動で重要な役割を担い、1980年代にはヨーロッパの反核運動のリーダーとしても知られた。本書は、1963年の出版以来、現在にいたるも大学の参考図書リストからはずれたことがない。18世紀末から19世紀初頭の時代を抗いながら生き抜き、その後忘却された貧しい職人や土地を追われた小作人らを歴史の暗闇から掘りおこし、「下からの歴史」を提唱した本書は、史料的にも高く評価されている。同時に、彼らが労働者という「階級意識」をどのように形成したのかを問い直すなかで、「階級」が自明の存在ではなく、経験や感性などの文化の産物であることも語ってくれる。

基本参考図書

ギャレス・ステッドマン・ジョーンズ（長谷川貴彦訳）『階級という言語』刀水書房、2010年

　事物や意味が実体として存在してそれを表現するために言語がつくられたのではなく、言語こそが先行して意味内容を創造・構築したとする認識論的断絶を意味する「言語論的転回」を歴史分析に応用し、19世紀から20世紀の「労働者階級」の言説と実態の関係を再考して、多元的な「階級という言語」の存在を明らかにした。階級に対する社会史的アプローチを乗り越えようとする著者の一貫した姿勢が、歴史学のみならず現代政治に与えた影響は大きい。

エリック・ホブズボーム、テレンス・レンジャー編（前川啓治、梶原景昭他訳）『創られた伝統』紀伊国屋書店、1995年

　本書の主張は実に明解である。「遠い昔から脈々と受け継がれてきたもの」と思われがちな「伝統」の多くが、さほど古いものではなく、たかだか100年くらい前に、それも人為的に構築されたというのである。本書は、王室の儀式、スコットランド高地文化を代表するタータンチェックのキルトやバグパイプ、神秘的で空想的な「ウェールズらしさ」、さらにはインドやアフリカまで、イギリスと関わる「伝統」を例に、歴史学者と人類学者がその構築のプロセスを追い、「伝統」に対する見方に大きな転換を迫った。1983年の原書出版以来、今なお読み継がれる文化史研究の基本文献である。

リンダ・コリー（川北稔監訳）『イギリス国民の誕生』名古屋大学出版会、2000年

　ベネディクト・アンダーソンは名著『想像の共同体』（NTT出版、1997年、増補版）のなかで、国家とは「敵（他者）を想像することによって成立する共同体」だといっている。コリーによれば、「自己」と「他者」を区分する「イギリス人」の境界線は、17世紀末から19世紀初頭まで続いたフランスとの戦争のなかで、敵としてのフランス、カトリック・イメージのなかで鍛えられたという。文書や図像を資料として豊かに駆使しながら、階級やエスニシティ、ジェンダーなど、連合王国内部のさまざまな差異を超えて、対フランス意識

を土台として「イギリス人」という一体感が創造されていく様子を、形成と変容を繰り返した「イギリス的なるもの（Britishness）」を中心に読み解き、アイデンティティ論争の端緒を開いた話題作である。

近藤和彦『民のモラル――近世イギリスの文化と社会』山川出版社、1993年
ローハン・マックウィリアム（松塚俊三訳）『19世紀イギリスの民衆と政治文化――ホブズボーム・トムスン・修正主義をこえて』昭和堂、2004年
　いずれもエドワード・トムスンの研究成果や批判的な読解を踏まえて、前者は18世紀、後者は19世紀を生きた民衆の経験と政治文化を生き生きと描いている。

マーティン・ウィーナー（原剛訳）『英国産業精神の衰退――文化史的接近』勁草書房、1984年
W. D. ルービンステイン（藤井泰、村田邦夫他訳）『衰退しない大英帝国――その経済・文化・教育 1750-1990』晃洋書房、1997年
ジェフリー・オーウェン（和田一夫監訳）『帝国からヨーロッパへ ―― 戦後イギリス産業の没落と再生』名古屋大学出版会、2004年
R. イングリッシュ、M. ケニー編著（川北稔訳）『経済衰退の歴史学――イギリス衰退論争の諸相』ミネルヴァ書房、2008年
マイケル・サンダーソン（安原義仁、藤井泰、福石賢一監訳）『イギリス経済衰退と教育――1870-1990s』晃洋書房、2010年

　「産業革命の国」であったはずのイギリスの「衰退」が問題視された1970年代以降、その原因をめぐってはさまざまな議論が闘わされた。そのなかでウィーナーは、産業革命の時代、イギリス人の思考・価値観に「文化」という言葉と概念が意味を持ちはじめ、ジェントルマンの文化と教養へのあこがれ（＝反産業・反実業的精神、反資本主義文化）が、パブリック・スクールからオクスフォード、ケンブリッジ大学での教育を通じてミドルクラスの産業精神に影響を与え、その後の衰退を準備したという刺激的な議論を展開した。
　この「文化批判」説を真っ向から否定するルービンステインは、イギリスの経済衰退（工業の衰退）は、産業精神後退の産物ではなく、商業・金融経

済への転換・適応の結果だと捉える。

　オーウェンは、繊維、造船、鉄鋼、製薬などイギリスの主要産業を徹底して分析し、「ある産業は衰退したのに、他の産業はなぜ健全だったのか」という問いへの歴史的な解明を試みる。そして、それをヨーロッパ域内貿易を重視する政策への転換と結びつけながら、イギリスの経済没落説に異議を唱える。

　こうした論争を概観したイングリッシュとケニーの編著では、イギリス衰退論争自体を見直し、「衰退」を歴史的に再考して、衰退論が前提としてきた「イギリスで起こった世界初の産業革命」はジャーナリズムや時々の経済状況と結びついたイメージでしかないとして、「実態としての産業革命」を否定した。

　一方、サンダーソンは、1890年以降イギリスの教育制度は急速に改善され、そのなかで企業家が産業精神を衰退させることはなかったとして、教育史の立場からウィーナーの衰退説を非難するとともに、20世紀イギリスの教育制度や改革に議論を進めている。

　いずれも、「イギリス衰退」論を文化史的観点から検討するためには不可欠の書物である。しかも長期的な視点から問題を検討しており、過去から現代を照射しようという強い意識が感じられる。

ピーター・クラーク（西沢保、市橋秀夫他訳）『イギリス現代史——1900-2000』名古屋大学出版会、2004年

武藤浩史、遠藤不比人他編『愛と戦いのイギリス文化史——1900-1950年』慶應義塾大学出版会、2007年

　いずれも文化史的な視点を含む20世紀イギリス史の概説書。前者は、政治、経済、社会、文化にいたる幅広い視点から人びとの経験を描き、「衰退」とは異なる20世紀イギリスの全体像を紡ぎ出した。文学の専門家を中心に大学の教科書として編まれた後者は、階級、セクシュアリティ、ナショナリズム、メディアなどの視点から、二つの世界大戦を経験した20世紀前半のイギリス、大英帝国の文化・社会現象をさまざまに解読している。

井野瀬久美恵『大英帝国という経験』(興亡の世界史シリーズ・第16巻) 講談社、2007年

　近代から現代にいたる連合王国の文化史を、植民地アメリカ喪失以後の帝国再編と関連させながら、通史的に描いている。保護貿易から自由貿易へ、奴隷貿易の支配者から博愛主義の旗手へというイギリスのアイデンティティの大転換と、帝国であったがゆえに生まれた文化やそれを入れる「器」との関連が、「帝国の文化史」として理解できる。

河村貞枝、今井けい編『イギリス近現代女性史研究入門』青木書店、2006年

　18世紀末から20世紀にいたるイギリス史を女性の視点で描いた入門書。フェミニズムの形成、家族と教育、女性と政治・労働、慈善と社会福祉、女性の帝国経験など、女性の生き方を多角的かつ史的に探りながら、男性中心の歴史叙述を脱構築するのみならず、「方法としての女性史」の意味と役割を考えさせられる。

谷川稔編『歴史としてのヨーロッパ・アイデンティティ』山川出版社、2003年

　興味深いことに、「ヨーロッパとは何か」という問いは、「時代の転換」が意識されるたびに人びとの関心を集めてきた。ヨーロッパ連合 (EU) が存在感を増す21世紀初頭に出された本書は、古代から現代にいたる「ヨーロッパ」の自己認識を検証しており、その一角を成すイギリスの立ち位置を見直す契機を与えてくれる。

年表

西暦	イギリス関連	日本および世界
1533	ヘンリー8世、離婚問題を契機に教皇庁からの分離を画策	
1534	イングランド国王を国教会の長とする国王至上法制定	1543年、コペルニクス『天球の回転について』で地動説を主張
1536	ウェールズ、イングランドと合同	
1558	エリザベス1世即位	1560年、織田信長、桶狭間で今川義元に勝利
1576	浮浪者取締を通じて常設劇場設置	1581年、オランダ独立宣言
1588	スペイン無敵艦隊（アルマダ）来襲	
1600	東インド会社設立	関ヶ原の戦い
1603	スコットランド王ジェイムズ6世、イングランド王ジェイムズ1世として即位（ステュアート朝成立）	1602年、オランダ東インド会社設立 江戸幕府が開かれる 1604年、フランス東インド会社設立
1605	火薬陰謀事件	
1607	北米に初の植民市ジェイムズタウン建設	1608年、フランスがケベック建設
1611	『欽定訳聖書』刊行	1618年、三十年戦争（〜48）
1620	ピルグリム・ファーザーズ、プリマス到着	1637年、島原の乱
1642	議会派と王党派の内乱（〜49）	1648年、三十年戦争が終結し、ウェストファリア条約締結
1649	チャールズ1世処刑。クロムウェル、アイルランド上陸	
1651	航海法制定。ホッブズ『リヴァイアサン』刊行	
1652	第1次英蘭戦争（〜54）	
1655	ジャマイカ島の英領化	
1660	チャールズ2世による王政復古。ロイヤル・ソサエティ設立	1661年、フランスでルイ14世親政開始
1665	第2次英蘭戦争（〜67）	
1666	ロンドン大火	
1667	ミルトン『失楽園』刊行	
1672	第3次英蘭戦争（〜74）	
1678	バニヤン『天路歴程』第1部刊行	1682年、ロシアのピョートル大帝即位
1687	ニュートン『プリンキピア』刊行	
1688	オレンジ公ウィリアムとメアリの上陸。ジェイムズ2世のフランス亡命（名誉革命）	
1689	ウィリアム3世、メアリ2世即位。寛容法、権利章典制定。ロック『統治二論』刊行	松尾芭蕉、「奥の細道」に旅立つ
1690	ボイン川の戦い（アイルランド）	
1692	グレンコー渓谷の虐殺事件	
1694	イングランド銀行創設	
1695	出版の特許検閲法廃止	

西暦	イギリス関連	日本および世界
1701	王位継承法制定	
1702	アン女王即位。スペイン継承戦争（1701～13）に参戦（アン女王戦争）	赤穂浪士、吉良邸討ち入り
1707	イングランドとスコットランドの合同	
1714	ジョージ1世即位（ハノーヴァー朝成立）	
1715	ジャコバイトの反乱	
1720	南海泡沫事件	
1731	『ジェントルマンズ・マガジン』創刊	
1739	ウェズリによる野外伝道（メソディスト運動）の開始	
1740	オーストリア継承戦争（～48）	
1744	北米でジョージ王戦争（～48）	
1745	ジャコバイトの反乱（～46）	1748年、モンテスキュー『法の精神』刊行
1753	大英博物館設立	
1756	七年戦争（～63）	
1757	インドでプラッシーの戦い	1762年、ルソー『社会契約論』刊行
1763	七年戦争終結、パリで講和条約	
1764	アメリカ歳入法（砂糖法）制定	
1765	印紙法制定。ワット、蒸気機関改良	
1767	タウンゼンド諸法制定	
1768	ロイヤル・アカデミー設立	
1772	サマセット事件で「イングランドにおいて奴隷制は違法」の判決	
1773	ボストン茶会事件。東インド会社規制法制定	
1776	アメリカ独立宣言。スミス『諸国民の富』、ギボン『ローマ帝国衰亡史』第1巻、ペイン『コモン・センス』刊行	
1780	ゴードン暴動	1781年、カント『純粋理性批判』刊行
1783	パリ講和条約でアメリカ13植民地の独立承認	
1785	『タイムズ』創刊	
1787	奴隷貿易廃止協会設立	
1788	オーストラリア、流刑植民地として英領化	1789年、フランス革命
1791	ペイン『人間の権利』第1部を刊行	サンドマング（仏領）で奴隷反乱
1792	ウルストンクラフト『女性の権利の擁護』刊行	
1793	対仏戦争（～1815まで断続的に）	
1798	マルサス『人口論』刊行	
1800	アイルランド合同法成立（翌年発効）	
1801	第1回国勢調査（センサス）	1804年、初の黒人共和国ハイチ独立。ナポレオン皇帝即位
1805	トラファルガー沖海戦	1806年、神聖ローマ帝国消滅

年　表

西暦	イギリス関連	日本および世界
1807	イギリス帝国内での奴隷貿易禁止	
1813	東インド会社の中国以外の貿易独占権廃止	
1814	ウィーン会議（～15）	
1815	ワーテルローの戦い（ナポレオン戦争終結）	1816年、アルゼンチン独立宣言
1819	ピータールー虐殺事件	
1820	キャロライン王妃離婚問題（～21）	
1821	『マンチェスタ・ガーディアン』創刊	1822年、ギリシア独立宣言
1823	反奴隷制度協会設立	
1824	動物虐待防止協会設立	1828年、シーボルト事件
1829	カトリック解放法成立	
1830	スウィング暴動（～31）。リヴァプール＝マンチェスタ間に鉄道開通	フランスで七月革命 1831年、エジプト＝トルコ戦争（～33）
1832	第1次選挙法改正	
1833	イギリス帝国内での奴隷制度廃止。東インド会社の対中国貿易独占の廃止。工場法制定	
1834	新救貧法制定	
1837	ヴィクトリア女王即位	大塩平八郎の乱
1838	チャーティスト運動開始（～58）。第1次アフガン戦争（～42）	
1840	アヘン戦争（～42）	
1842	鉱山法制定	
1844	工場法で女性の労働時間制限	
1845	アイルランドでじゃがいも飢饉（～49）	
1846	穀物法廃止	
1848	公衆衛生法制定	ヨーロッパ各国で革命。マルクスとエンゲルス、「共産党宣言」発表
1849	航海法廃止	カリフォルニアで金鉱発見
1851	第1回万国博覧会開催。オーストラリアで金鉱発見	太平天国の乱（～64） 1853年、ペリー、浦賀に来航
1854	クリミア戦争（1853～56）参戦	
1856	アロー戦争（～60）	
1857	インド大反乱（セポイの反乱）（～59）	
1858	インド統治法により東インド会社解散。インド直接統治の開始（ムガル帝国滅亡）	
1859	スマイルズ『自助』、ダーウィン『種の起源』、J. S. ミル『自由論』刊行	1861年、イタリア王国成立。ロシアで農奴解放令公布。アメリカ南北戦争（～65）
1867	自治領カナダ連邦発足。第2次選挙法改正。全国女性参政権協会（NSWS）設立	
		1868年、明治維新

西暦	イギリス関連	日本および世界
1869	慈善組織協会設立	アメリカ大陸横断鉄道開通。スエズ運河開通
1870	初等教育法制定	1871年、ドイツ帝国成立
1877	ヴィクトリア女王、「インド女帝」宣言	露土戦争（〜78）
1878	第2次アフガン戦争（〜80）	
1880	第1次南アフリカ（ボーア）戦争（〜81）	1881年、ロシア皇帝アレクサンドル2世暗殺
1882	エジプト占領。既婚女性財産法制定	
1884	アフリカ分割に関するベルリン会議（〜85）。第3次選挙法改正	
		1885年、ボンベイでインド国民会議派結成
1886	アイルランド自治法案提出（否決）	
1887	ヴィクトリア女王即位50周年記念式典。第1回植民地会議開催	
1889	ロンドン・ドック労働者のストライキ	大日本帝国憲法発布
1893	第2次アイルランド自治法案（否決）	1894年、日清戦争（〜95）
		1896年、アテネで第1回オリンピック大会
1897	ヴィクトリア女王即位60周年記念式典	
1898	ファッショダ事件	アメリカ、ハワイを併合
1899	第2次南アフリカ（ボーア）戦争開始（〜1902）	
1900	ロンドンで第1回パン・アフリカ会議開催	義和団事件（〜01）。第1回ノーベル賞授与
1901	自治領オーストラリア連邦の成立。ヴィクトリア女王没。エドワード7世即位	
1902	バルフォア教育法（中等教育改革）	日英同盟締結
1903	女性社会政治同盟（WSPU）設立	
1904	英仏協商締結	日露戦争（〜05）
1905	外国人法制定	ロシアで血の日曜日事件
1907	ニュージーランドの自治領化。英露協商の締結（三国協商成立。グレート・ゲーム終焉）	
1908	老齢年金法制定。ボーイ・スカウト運動開始。第1回ロンドン・オリンピック開催	
1910	ロイド・ジョージの人民予算成立。ジョージ5世即位。自治領南アフリカ連邦成立	日韓併合
1911	国民保険法制定	辛亥革命（〜12）
1912	タイタニック号沈没	
1914	第3次アイルランド自治法成立(実施は戦後に延期)	パナマ運河開通。第1次世界大戦（〜18）
		1915年、日本、中国に二十一カ条要求

年　表

西暦	イギリス関連	日本および世界
1916	徴兵制導入。アイルランドでイースター蜂起	
1917	英王室名を「ウィンザー」に変更。バルフォア宣言	ロシア革命
1918	第4次選挙法改正	日本、シベリア出兵
1919	新外国人法制定	ヴェルサイユ講和条約調印
1920	アイルランド統治法制定	国際連盟発足。イラクならびにパレスチナの委任統治領化
1921	カイロ会談。英・アイルランド条約調印	ワシントン軍縮会議（～22）。イラク王国樹立
1922	アイルランド自由国成立。BBC設立	ソ連邦成立
		1923年、関東大震災
		1929年、世界恐慌
1931	ウェストミンスタ憲章布告	満州事変
1932	オタワでの帝国経済会議にて、帝国特恵（関税）制度を確立	イラク王国独立承認
		1933年、ドイツでヒトラー政権成立。日本が国際連盟を脱退
1936	エドワード8世、「王冠をかけた恋」で退位。王弟ジョージ6世即位	スペイン内戦（～39）
		1937年、盧溝橋事件、日中戦争開始
		1939年、第2次世界大戦（～45）
1941	チャーチル、ローズヴェルト米大統領と大西洋憲章発表	太平洋戦争（～45）
1942	ベヴァリッジ報告書	
1944	連合軍によるノルマンディ上陸作戦開始	
1945	ヤルタ会談。アーツ・カウンシル設立。ポツダム会談	広島、長崎に原爆投下
1946	チャーチル、「鉄のカーテン」演説	東西冷戦の開始
1947	都市農村計画法制定	インド、パキスタン独立
1948	エンパイア・ウィンドラッシュ号到着。国民保健サービス（NHS）施行。第2回ロンドン・オリンピック開催	世界人権宣言。イスラエル建国宣言。パレスチナ戦争（第1次中東戦争）（～49）。南アフリカでアパルトヘイト法制化
1949	アイルランド、英連邦を脱退	中華人民共和国成立。北大西洋条約機構（NATO）創設
		1950年、朝鮮戦争（～53）
1952	エリザベス2世即位。ケニアでマウマウの反乱。初の核実験成功	
1954	商業テレビ放送開始	1956年、ハンガリー動乱。スエズ戦争（第2次中東戦争）
		1957年、ガーナ独立

331

西暦	イギリス関連	日本および世界
1958	核武装反対キャンペーン（CND）結成。ノッティングヒル人種暴動	
		1960年、アフリカの年（17の植民地が独立）
1962	英連邦移民法制定(旧植民地からの自由な入国の終焉)。ジャマイカ独立。ビートルズ、レコードデビュー	キューバ危機
1965	人種関係法制定	中国文化大革命開始。ヴェトナム戦争、北部へ拡大（〜73）
		1967年、EC発足
		1968年、プラハの春
1969	北アイルランド紛争本格化。放送大学開学	1970年、大阪万博
1973	ECに正式加盟	
1975	性差別禁止法	
1979	サッチャー保守党内閣成立（〜90）	1980年、ジンバブウェ独立
1981	チャールズ皇太子、ダイアナ妃と結婚	
1982	フォークランド紛争	
1984	炭鉱労働者による大規模なストライキ。ハニフォード事件	
		1989年、天安門事件、ベルリンの壁崩壊
1990	メイジャー保守党内閣成立（〜97）	イラク、クウェートに侵攻
1991	湾岸戦争に多国籍軍として参戦	ユーゴ内戦（〜95）。ソ連邦崩壊
1993	スティーヴン・ロレンス（殺人）事件	EU発足
		1994年、南アフリカ、全人種による初の総選挙でネルソン・マンデラ大統領就任。ルワンダ内戦激化
1997	ブレア労働党内閣成立（〜2007）。香港返還。スコットランド議会とウェールズ議会の開設に関する国民投票（賛成多数）。ダイアナ元皇太子妃、事故死。ロンドンにグローヴ座復元	
1998	北アイルランド和平合意	
1999	オーストラリア、国民投票で立憲君主選択。北アイルランドで自治政府発足。ウェールズとスコットランドで地方議会発足	欧州単一通貨ユーロ誕生。ユーゴスラヴィアでコソボ紛争
		2001年、アメリカ同時多発テロ
2003	イラク戦争参戦	
2005	ロンドン同時爆破テロ事件	
2007	奴隷貿易廃止200周年。ブラウン労働党内閣成立（〜10）	2008年 リーマン・ショックを契機とする世界金融危機
2010	キャメロン保守―自由民主党連立内閣成立	

人名索引

ア行

アーノルド、マシュー（Arnold, Matthew, 1822-1888）　107
アシュレイ、ローラ（Ashley, Laura, 1925-1985）　210
アスクィス、ハーバート（Asquith, Herbert Henry, 1852-1928）　088, 217, 221-222, 225
ヴァールブルグ、アビ（Warburg, Aby, 1866-1929）　003
ヴィクトリア女王（Queen Victoria, 1819-1901: 在位 1837-1901）　039, 201, 307, 310
ウィリアムズ、レイモンド（Williams, Raymond, 1921-1988）　001
ウィルバフォース、ウィリアム（Wilberforce, William, 1759-1833）　041
ウエストウッド、ヴィヴィアン（Westwood, Vivienne, 1941-）　210
ウェズリ、ジョン（Wesley, John, 1703-1791）　033
ウルストンクラフト、メアリ（Wollstonecraft, Mary, 1759-1797）　198
エキアノ、オラウダ（Equiano, Olaudah, 1745?-1797）　252
エリザベス1世（Elizabeth I, 1533-1603: 在位 1558-1603）　028
エリザベス2世（Elizabeth II, 1926-: 在位 1952-）　036, 212, 221, 307-309
オルペン、ウィリアム（Orpen, Sir William Newenham Montague, 1878-1931）　235
オーウェン、ロバート（Owen, Robert, 1771-1858）　97

カ行

カーペンター、メアリ（Carpenter, Mary, 1807-1877）　204
キーン、チャールズ（Keene, Charles, 1823-1891）　144
キッチェナー、ホレイシオ・ハーバート（Kitchener, Horatio Herbert, 1850-1916）　221
キャロル、ルイス（Carroll, Lewis, 1832-1898）　162
ギルバート、ウィリアム（Gilbert, William Schwenck, 1836-1911）　158
キング、サム（King, Sam, 1927-）　256, 271
クイーン・マザー（Queen Elizabeth, Queen Mother, 1900-2002）　306, 308
グリーン、トマス（Green, Thomas Hill, 1836-1882）　086, 107
グリン・ドゥル、オワイン（Glyn Dwr, Owain, 1354-?）　183
クワント、マリー（Quant, Mary, 1934-）　277, 284-285
ケイ＝シャトルワース、ジェイムズ（Kay-Shuttleworth, Sir James Phillips, 1844-1877）　103-104
ケネット、ホワイト（Kennet, White, 1660-1728）　021
コープ、チャールズ・ウェスト（Cope, Charles West, 1811-1890）　153
コブ、フランシス・P（Cobbe, Frances Power, 1822-1904）　205
ゴドウィン、ウィリアム（Godwin, William, 1756-1836）　201

333

サ行

サイード、エドワード (Said, Edward 1935-2003)　012
サヴィル、ジョージ (Savile, George, Marquess of Halifax, 1633-1695)　032
サッチャー、マーガレット (Thatcher, Margaret Hilda, 1925-)　vi, 296, 305, 311
サリヴァン、アーサー (Sullivan, Arthur, 1842-1900)　158
シーリー、ロバート (Seeley, Sir John Robert, 1834-1895)　175
ジェイムズ2世 (James II, 1633-1701: 在位 1685-1688)　029, 031
シェリー、パーシー・B (Shelley, Percy Bysshe, 1792-1822)　201
シェリー、メアリ (Shelley, Mary, 1797-1851)　201
ジョージ3世 (George III, 1738-1820: 在位 1760-1820)　038
ジョーンズ、アーサー・クリーチ (Jones, Arthur Creech, 1891-1964)　257, 271
ジョーンズ、クラウディア (Jones, Claudia, 1915-1964)　264-265, 267
ジョンソン、サミュエル (Johnson, Samuel, 1709-1784)　199
ストープス、マリー (Stopes, Marie, 1880-1958)　206
スマイルズ、サミュエル (Smiles, Samuel, 1812-1904)　084, 123
ソワイエ、アレクシス・ブノワ (Soyer, Alexis Benoît, 1809-1857)　122

タ行

ダイアナ (Diana, Princess of Wales, 1961-1997)　036, 212, 308-309
チェンバレン、ジョゼフ (Chamberlain, Joseph, 1836-1914)　087, 175
チャーチル、ウィンストン (Churchill, Winston Leonard Spencer, 1874-1965)　vi, 222
チャールズ1世 (Charles I, 1600-1649: 在位 1625-1649)　025
チャールズ2世 (Charles II, 1630-1685: 在位 1660-1685)　029
チャールズ皇太子 (Charles, Prince of Wales, 1948-)　212
ディケンズ、チャールズ (Dickens, Charles, 1812-1870)　068, 138, 160, 204
トムスン、エドワード (Thompson, Edward, 1924-1993)　005, 053

ナ行

ナイト、ウィリアム・ヘンリー (Knight, William Henry, 1823-1863)　146
ニュートン、アイザック (Newton, Sir Isaac, 1642-1727)　024
ニューベリー、ジョン (Newbery, John, 1713-1767)　198
ネイスミス、ジェイムズ (Nasmyth, James, 1808-1890)　123
ネルソン、ホレイシオ(ネルソン提督, Nelson, Horatio, Viscount Nelson, 1758-1805)　247
ノートン、キャロライン (Norton, Caroline, 1808-1877)　202

ハ行

ハーヴィー、ウィリアム (Harvey, William, 1578-1657)　024
バーク、ピーター (Burke, Peter, 1937-)　002
ハーディ、トマス (Hardy, Thomas, 1840-1928)　108, 160
パクスマン、ジェレミー (Paxman, Jeremy, 1950-)　300
パジット、エウセビウス (Pagit, Eusebius, 1546/7-1617)　020
バニヤン、ジョン (Bunyan, John, 1628-1688)　017-020, 029
パノフスキー、アーウィン (Panofsky, Erwin, 1892-1968)　003

人名索引

ハンウェイ、ジョナス（Hanway, Jonas, 1712-1786）　137
ブース、チャールズ（Booth, Charles, 1840-1916）　086
フォックス、サミュエル（Fox, Samuel, 生没年不詳）　140
ブラウン、ウォルター（Browne, Walter, 1845-?）　144
ブラウン、ゴードン（Brown, James Gordon, 1951-）　313-314
ブラウン、ハブロ・ナイト（通称フィズ, Browne, Hablôt Knight, 'Phiz', 1815-1882）　144
フランカテッリ、チャールズ・エルメ（Francatelli, Charles Elmé, 1805-1876）　122
フリス、ウィリアム・パウエル（Frith, William Powell, 1819-1909）　150
プリンス、メアリ（Prince, Mary, 1788-?）　252
ブルクハルト、ヤーコプ（Burckhardt, Jacob, 1818-1897）　002
ブレア、トニー（Blair, Anthony, 1953-）　v, vi, 037, 270, 289, 295
ヘイグ、ダグラス（ヘイグ将軍, Haig, Douglas, 1st Earl Haig, 1861-1928）　236
ペナント、ダグラス（ペンリン卿, Pennant, G.S. Douglas, 2nd Baron Penrhyn, 1836-1907）　188-189
ペニントン、メアリ（Penington, Mary, 1623-1682）　028
ベンサム、ジェレミー（Bentham, Jeremy, 1748-1832）　093
ペンブル、ウィリアム（Pemble, William, 1591/2-1623）　025
ヘンリー8世（Henry VIII, 1491-1547: 在位1509-1547）　024
ホイジンガ、ヨハン（Huizinga, Johan, 1872-1945）　002
ボールドウィン、スタンリー（Boldwin, Stanley, 1867-1947）　301
ポター、ビアトリクス（Potter, Beatrix, 1866-1943）　206
ボディション、バーバラ（Bodichon, Barbara, 1827-1891）　060, 203
ホプキンス、エヴェラード（Hopkins, Everard, 1860-1928）　149
ホランド、ヘンリー（Holland, Henry, 生没年不詳）　140

マ行

マクラーレン、マルコム（McLaren, Malcolm, 1946-2010）　211
マンデラ、ネルソン（Mandela, Nelson, 1918-）　269
ミュアヘッド・ボーン、デイヴィッド（Muirhead Bone, Sir David, 1876-1953）　236
ミル、ジョン・スチュアート（Mill, John Stuart, 1806-1873）　205
メドウズ、シェーン（Meadows, Shane, 1972-）　306
モア、ハナ（More, Hannah, 1745-1833）　198
モーリエ、ジョージ・デュ（Maurier, George du, 1834-1896）　144

ラ行

ラスキン、ジョン（Ruskin, John, 1819-1900）　086
リー、ジョン（Lee, John, 生没年不詳）　148
リッチー、ジョン（Ritchie, John, 生没年不詳）　145, 150
レノン、ジョン（Lennon, John, 1940-1980）　279
ロイ、ラームモーハン（Roy, Rammohun, 1772?-1833）　205
ロイド・ジョージ、デイヴィッド（Lloyd George, David, 1863-1945）　222, 225
ローズ、セシル・ジョン（Rhodes, Cecil John, 1853-1902）　175
ローチ、ケン（Loach, Ken, 1936-）　292, 302
ロシッター、チャールズ（Rossitter, Charles, 1827-1897）　152
ロレンス、スティーヴン（Lawrence, Stephen, 1974-1993）　268-271

事項索引

ア行

アートスクール 278
アイステズヴォッド 194
アイルランド
　アイルランド自治 169, 171, 227-228
　『麦の穂をゆらす風』 302
アングロサクソン vii, 175, 295, 303
イギリス
　――国籍法 258
　――国民党 297
　――再創造プロジェクト 272, 274
　――市民権テスト 292, 299
　――臣民 258-259, 262
　――病 212, 295
イギリス料理
　獣脂食文化圏 118
　食材の在地性 113
　　――多様性 113
　食文化 113
　　――の植民地的状況 127
　　――の衰退 116
　調理方法の多様性 113
　ティー 129
　猟鳥獣料理 118
イースター蜂起 226-227
イーブル 241
移民法
　→英連邦移民法（案）
　――1961年 263
　――1968年 263
　――1971年 263
イラク戦争 vii, 046, 213, 295
イングランド

　――国教会 020-022, 024-025, 027-031, 033
　――内戦 025, 027-028, 031-032
　→ピューリタン革命
　――防衛同盟 297
イングリッシュネス 300-301
ヴァールブルグ研究所 004
ウィンドラッシュ号 251, 254-257, 260, 267-272
　→エンパイア・ウィンドラッシュ号
英連邦移民法（案） 263
　→移民法
演劇 028
エンパイア・ウィンドラッシュ号 250
　→ウィンドラッシュ号
オクスフォード大学 025, 031
『オリヴァー・ツイスト』 072, 091

カ行

ガヴァネス 059, 169-170, 199
科学革命 024
学務委員会 099, 105
家事使用人 061-062
火薬陰謀事件 027
カリブ海連隊 254
カルチュラル・スタディーズ 005
カントリー・ハウス 130
　→マナー・ハウス
寛容社会 288-289, 295
議会囲い込み 121
貴族院 042
救貧
　――院 069
　――法 069

事項索引

　　劣等処遇の原則　　070
教区　　021-023, 025, 027-028
　　――学校制度　　096-097, 099
　　――連合　　072
『共通祈祷書』　　022
協同組合　　080-081
教理問答書　　021
キリスト教知識普及協会　　100
『クイーン』　　309-310
クェーカー　　028-030
『クリスマス・キャロル』　　068, 085
啓蒙主義　　200
権限委譲　　299
言語論的転回　　xi, 008
ケンブリッジ大学　　031, 210
工場法　　053-057, 066
構築主義　　008
合理的娯楽　　063-064
国民代表法（1918年）　　229, 232
国民的効率　　088
国民兵役同盟　　220, 222, 232
『この自由な世界で』　　292
『これがイングランドだ』　　306

サ行

サヴォイ・オペラ　　xii, 157
サブ・カルチャー　　i
三角貿易　　vii
　→奴隷貿易
産業革命　　120, 160, 204
シェルショック　　241
自助　　084
　『――論』　　084
自治法（1914年）　　226
CTC 製法　　129
じゃがいも飢饉　　122
ジャコバイトの乱　　038
自由党　　172
　　――の社会改革　　088
巡回学校　　100-102
『女性の権利の擁護』　　200

庶民院　　042
人種　　ix, 173, 267, 273
　　――関係法　　270, 297
　　――差別　　253-256, 268-271
　　――偏見　　viii, 252, 254, 270
新自由主義　　088
スキッフル　　278-280
スティーヴン・ロレンス（殺人）事件　　268
スノウドン山　　178
正餐　　118
聖餐　　018, 022, 026-027
政治文化　　035
聖ジョージ旗　　301
生存維持の経済　　091
政党政治　　172
セクシュアリティ　　208
セナタフ　　245
戦時動員体制　　254
戦没植民地兵記念門　　308
相互扶助　　080
総力戦　　217-220, 227, 231-233
　　――体制　　218-220, 226-228, 230, 252
ソンム　　237
　　――の戦い　　223-224

タ行

第一次世界大戦　　viii, 206, 217-221, 224, 226, 228, 230-231, 233, 240-241, 244-248, 252-254
第二次世界大戦　　viii, 210, 218, 230, 233, 250-255
　D-Day　　313
　VE-Day　　313
　VJ-Day　　313
大学拡張運動　　105-107
大衆消費社会　　210
大西洋諸島史　　304
タイタニック　　127
第二次南アフリカ戦争　　087
体罰　　094-095
多文化主義　　298

337

チャーティズム（チャーティスト運動）
　050
チャリティ（慈善活動）　021, 028, 077-080
　→フィランスロピ
調停法（1896年）　189
ティーンエージャー　280-283
帝国戦争博物館　235
テディー・ボーイズ　261, 279-280, 283
トーリー党　031, 043
トリニダード　264-265
奴隷
　――制度　170, 252-253, 265
　――貿易　vii, 200, 252
　　→三角貿易
　――貿易廃止200年　310

ナ行

ナースリー・ライムズ　157
ナショナル・トラスト　207, 301
西インド
　――移民　250-251
　――連隊　252
ニュー・レイバー　289
農業革命　120
ノッティングヒル
　――・カーニヴァル　260-261, 264, 307
　――人種暴動　261, 265-267

ハ行

バーミンガム大学現代文化研究所　006
「ハーレックの人びと」　185
バクストン　174
バナナ・ボート航路　258
ハニフォード事件　296
バプテスト　028, 030
パリ講和会議　238
反徴兵制フェローシップ　230-231
『ピーター・ラビットのおはなし』　207
ビートルズ　279, 284-286, 288
被救済権　076

非国教会　032, 190
　――主義　183
非国教徒　029-031
ピューリタン　027-028, 030, 032
　――革命　025
　　→イングランド内戦
貧困線　086
フィランスロピ　077
　→チャリティ
フェミニズム　012, 197
フォークランド紛争　viii, ix, 305
福音主義　030, 033, 200
福祉の複合体　090
プライド・カムリ　191, 193
『フランケンシュタイン』　201
ブリクストン　260
ブリティッシュネス　293, 301, 314
ブリティッシュ・ブラック　271, 273
文化遺産産業　163
兵役
　――法　217, 223, 225-226, 228
　良心的兵役拒否者（COs）　228-230, 233
ヘイビアス・コーパス（人身保護令状）
　049
ベセスダ　186
ホイッグ党　031, 043
保守党　172
ポストコロニアリズム　011-012
ポストコロニアル的状況　ix, x, 251
ポップ・アート　275-277, 286

マ行

マクファーソン・レポート　270
魔術　026, 032
マッカラン＝ウォルター法　259
マナー・ハウス　130, 301
　→カントリー・ハウス
ミクロストリア　007
ミュージック・ホール　168
名誉革命　v, 024, 029

メソディスト　030, 033
メリー・イングランド　164-165
モダン・ブリティッシュ　130
モッズ　283, 287
モントリアル・システム　097-098, 101
モラル・エコノミー　048

ヤ行

友愛組合　080-081, 083
優生学　209
有用知識普及協会　104
ユニテリアン　204
ヨーロッパ
　――統合　vi
　――連合（EU）　vi, 272

ラ・ワ行

ラファエル前派　160
リスペクタビリティ
　お体裁主義　162
　品行方正　079
連合王国独立党　297
連邦戦争墓地協会　244
労働
　――希釈　219, 224
　――組合　080, 254, 257
　――者階級　166
　――者教育協会（WEA）　105, 107-108
ローマ・カトリック教会　018-019, 022-023, 027, 029-031
ロマン主義　033
ロンドン
　――同時爆破テロ　273
　――万国博覧会　160
ワット・タイラーの乱　047

執筆者紹介

■編者

井野瀬久美惠（いのせ・くみえ）

　1958年愛知県生まれ。京都大学大学院文学研究科博士課程単位取得退学。博士（文学）。甲南大学文学部教授。専攻はイギリス近代史、大英帝国史。著書に『興亡の世界史（16）大英帝国という経験』（単著，講談社，2007年）、『植民地経験のゆくえ――アリス・グリーンのサロンと世紀転換期の大英帝国』（単著，人文書院，2004年）、『黒人王、白人王に謁見す――ある絵画のなかの大英帝国』（単著，山川出版社，2003年）などがある。

■執筆者（執筆順）

長谷川貴彦（はせがわ・たかひこ）

　1963年茨城県生まれ。東京大学大学院人文社会系研究科博士課程修了。博士（文学）。北海道大学大学院文学研究科教授。専攻はイギリス近現代史、歴史理論。著書に『イギリス福祉国家の歴史的源流――近世・近代転換期の中間団体』（単著，東京大学出版会，2014年）、『現代歴史学への展望――言語論的転回を超えて』（単著，岩波書店，2016年）、『イギリス現代史』（単著，岩波書店，2017年）などがある。ピーター・バーク『文化史とは何か（増補改訂版）』（訳書，法政大学出版局，2010年）などがある。

那須　敬（なす・けい）

　1971年東京都生まれ。英国ヨーク大学大学院歴史学部博士課程修了。Ph.D（歴史学）。国際基督教大学上級准教授。専攻は近世イングランド宗教史、文化史。著書に「言語論的転回と近世イングランド・ピューリタン史研究」（『史学雑誌』第117編第7号，2008年）、『身体医文化論――感覚と欲望』（共著，鈴木晃仁・石塚久郎編，慶應義塾大学出版会，2002年）などがある。

竹内敬子（たけうち・けいこ）
　1955年東京都生まれ。マンチェスタ大学大学院人文・歴史・文化研究科博士課程修了。Ph.D（歴史学）。成蹊大学文学部教授。専攻はイギリス女性労働史。著書に『イギリス近現代女性史研究入門』（共著，河村貞枝・今井けい編，青木書店，2006年），『西洋史の新地平』（共著，佐藤清隆編，刀水書房，2005年），『国際文化研究の現在——境界・他者・アイデンティティ』（共著，成蹊大学文学部国際文化学科編，柏書房，2005年）などがある。

高田　実（たかだ・みのる）
　1958年福岡県生まれ。東北大学大学院文学研究科単位取得退学。修士（文学）。下関市立大学経済学部教授。専攻はイギリス近現代史。著書に『近代ヨーロッパの探求　福祉』（中野智世と共編著，ミネルヴァ書房，2012年），『英国福祉ボランタリズムの起源』（岡村東洋光・金澤周作と共編著，ミネルヴァ書房，2012年），『歴史の誕生とアイデンティティ』（鶴島博和と共編著，日本経済評論社，2006年）などがある。

松塚俊三（まつづか・しゅんぞう）
　1946年愛知県生まれ。名古屋大学大学院文学研究科博士課程単位取得退学。博士（歴史学）。福岡大学人文学部教授。専攻はイギリス近代史。著書に『識字と読書——リテラシーの比較社会史』（八鍬友広と共編著，昭和堂，2010年），『国家・共同体・教師の戦略——教師の比較社会史』（安原義仁と共編著，昭和堂，2006年），『歴史のなかの教師』（単著，山川出版社，2001年）などがある。

小野塚知二（おのづか・ともじ）
　1957年神奈川県生まれ。東京大学大学院経済学研究科第2種博士課程単位取得退学。博士（経済学）。東京大学大学院経済学研究科教授。専攻はイギリス経済史、食文化史、音楽社会史、兵器産業・武器移転史。著書に『自由と公共性——介入的自由主義とその思想の起点』（編著，日本経済評論社，2009年），『西洋経済史学』（馬場哲と共編著，東京大学出版会，2001年），『クラフト的規制の起源——19世紀イギリス機械産業』（単著，有斐閣，2001年）などがある。

谷田博幸（たにた・ひろゆき）

　1954年富山県生まれ。早稲田大学大学院文学研究科博士課程単位取得退学。修士（文学）。滋賀大学教育学部教授。専攻は西洋近代美術史。著書に『唯美主義とジャパニズム』（単著，名古屋大学出版会，2004年）、『極北の迷宮――北極探検とヴィクトリア朝文化』（単著，名古屋大学出版会，2000年）、『ロセッティ――ラファエル前派を超えて』（単著，平凡社，1993年）などがある。

金山亮太（かなやま・りょうた）

　1961年兵庫県生まれ。東京都立大学大学院人文科学研究科博士課程単位取得退学。修士（文学）。立命館大学文学部教授。専攻はイギリス文学。著書に「『ペイシャンス』から『ユートピア有限会社』へ――ワイルド、アメリカ、アイルランド」（『オスカー・ワイルド研究』第16号，2017年）、『西洋近代の都市と芸術：ロンドン――アートとテクノロジー』（共著，竹林舎，2014年）、『ディケンズ鑑賞大辞典』（共著，渓水社，2007年）がある。

久木尚志（ひさき・ひさし）

　1962年京都府生まれ。広島大学大学院文学研究科単位取得退学。博士（文学）。北九州市立大学外国語学部教授。専攻はイギリス近現代史、ウェールズ労働史。著書に『ウェールズ労働史研究――ペンリン争議における階級・共同体・エスニシティ』（単著，彩流社，2006年）、『西洋近代における個と共同性』（共著，渓水社，2006年）、『たたかう民衆の世界――欧米における近代化と抗議行動』（岡住正秀・中野博文と共編著，彩流社，2005年）などがある。

梅垣千尋（うめがき・ちひろ）

　1973年東京都生まれ。一橋大学大学院社会学研究科博士課程単位取得退学。修士（社会学）。青山学院女子短期大学准教授。専攻はイギリス思想史、イギリス女性史。著書に『女性の権利を擁護する――メアリ・ウルストンクラフトの挑戦』（単著，白澤社，2011年）、『イギリス近現代女性史研究入門』（共著，河村貞枝・今井けい編，青木書店，2006年）、アイリーン・J・ヨー編『フェミニズムの古典と現代――甦るウルストンクラフト』（永井義雄と共訳書，現代思潮新社，2002年）などがある。

小関　隆（こせき・たかし）

　1960 年東京都生まれ。一橋大学大学院社会学研究科博士課程単位取得退学。博士（社会学）。京都大学人文科学研究所教授。専攻はイギリス・アイルランド近現代史。著書に『プリムローズ・リーグの時代――世紀転換期イギリスの保守主義』（単著，岩波書店，2006 年）、『世紀転換期イギリスの人びと――アソシエイションとシティズンシップ』（編著，人文書院，2000 年）、『一八四八年――チャーティズムとアイルランド・ナショナリズム』（単著，未来社，1993 年）などがある。

森ありさ（もり・ありさ）

　1963 年東京都生まれ。学習院大学人文科学研究科史学専攻博士後期課程単位取得満期退学。博士（史学）。日本大学文理学部教授。専攻はアイルランド近現代史。著書に『アイルランドの経験』（共著，後藤浩子編，法政大学比較経済研究所，2009 年）、（『文理学部人文科学研究所研究紀要』第 72 号，2006 年）、『アイルランド独立運動史――シン・フェイン・IRA・農地紛争』（単著，論創社，1999 年）などがある。

市橋秀夫（いちはし・ひでお）

　1962 年愛知県生まれ。英国ウォーリック大学大学院社会史研究所博士課程修了。Ph.D（社会史）。埼玉大学大学院人文社会科学研究科教授。専攻はイギリス近現代社会史。著書に「私的自由の境界――戦間期イギリスにおける同性愛犯罪法改正論議（上）」（『埼玉大学紀要教養学部』第 43 巻第 2 号，2007 年）、「英国戦後復興期における地域芸術文化政策の展開」（『文化経済学』第 2 巻第 3 号，2001 年）、『「障害者」を生きる――イギリス 20 世紀の生活記録』（訳書，青弓社，2001 年）などがある。

イギリス文化史

2010年10月30日　初版第1刷発行
2018年 3月10日　初版第5刷発行

編　者　井野瀬久美惠

発行者　杉　田　啓　三

〒607-8494　京都市山科区日ノ岡堤谷町3-1
発行所　株式会社昭和堂
振替口座　01060-5-9347
TEL（075）502-7500　FAX（075）502-7501

© 2010　井野瀬久美惠ほか　　　　　　　　印刷　亜細亜印刷
ISBN978-4-8122-1010-9
乱丁・落丁本はお取り替えいたします。
Printed in Japan

本書のコピー、スキャン、デジタル化等の無断複製は著作権法上での例外を除き禁じられています。
本書を代行業者等の第三者に依頼してスキャンやデジタル化することは、たとえ個人や家庭内での利用でも著作権法違反です。

近代イギリスと公共圏

大野誠編

近代以降のイギリスの「公共圏」の問題を多面的に検討する。とくにこれまでの社会史、思想史、政治文化論、ジェンダー論などの成果を基礎としながら、公共圏の歴史的構造と機能に注目し、「公」に関わる独自の伝統を形成した近代イギリスの新たな一面を照射する。

本体 4000 円 + 税

一九世紀イギリスの民衆と政治文化
──ホブズボーム・トムスン・修正主義をこえて──

ローハン・マックウィリアム著／松塚俊三訳

イギリス労働者階級の運動を貫く急進主義の伝統。階級闘争史観、社会史の成果と欠陥を総括し、新たな視点へと読者を導く。ポスト・モダニズムとの真摯な対話。

本体 2400 円 + 税

上海租界興亡史
──イギリス人警察官が見た上海下層移民社会──

ロバート・ビッカーズ著／本野英一訳

大英帝国の公僕であった、ある無名のイギリス人の生と死に関する波瀾万丈の物語を通して、大都市・上海の激動の歴史を浮き彫りにする。主人公は実在の人物でその写真帳と書簡を駆使した評伝であるが、それを当時の大英帝国と中国、日本の関係を読み解く。

本体 3300 円 + 税

イギリス都市文化と教育
──ウォリントン・アカデミーの教育社会史──

三時眞貴子著

18 世紀イギリスの都市文化はいかに育まれたのか。本書は、地方都市の誕生した私立アカデミー（ウォリントン・アカデミー）を見ることで、人的なネットワークを捉え直し、18 世紀のイギリス都市社会・文化を描く。

本体 5400 円 + 税

インドから見た大英帝国
──キプリングを手がかりに──

北原靖明 著

20 世紀への転換期、アングロ・インディアンと呼ばれ、インドで生きるイギリス人たちがいた。本国と植民地の狭間で揺れる彼らを、その一人であるラドヤード・キプリングを中心にひもといていく。

本体 5000 円 + 税

昭和堂刊

昭和堂のホームページは http://www.showado-kyoto.jp です。

海のイギリス史
　　──闘争と共生の世界史──

　　　　　　　　　　　　　　　　　　　　　　　金澤周作編

　　探検と難破、海軍と海賊、海上貿易と密貿易──。16〜19世紀のイギリスを中心に、海に生きる人間の光と影の歴史を描き出す。本書を羅針盤に、海事史研究という名の大海原に漕ぎだそう。

　　　　　　　　　　　　　　　　　　　　　本体2800円＋税

イギリスのカントリーサイド
　　──人と自然の景観形成史──

O.ラッカム著／奥敬一・伊東宏樹・佐久間大輔・篠沢健太・深町加津枝監訳

　　イギリスの絵本のような美しい風景はいつどのように形成されたのか。カントリーサイドを、植生、景観、動物や人とのつながりの歴史から読み解く。Angel Literacy賞受賞作品。

　　　　　　　　　　　　　　　　　　　　　本体7500円＋税

福祉国家の効率と制御
　　──ウェッブ夫妻の経済思想──

　　　　　　　　　　　　　　　　　　　　　　　江里口拓著

　　ウェッブ夫妻の業績を一つの経済思想として描き出す。その思想は、福祉国家がうまく「制御」されれば最大限の「効率」を発揮するが、そのための制度デザインの再調整がうまくいくかは大衆民主主義の作用にかかっていると説く。

　　　　　　　　　　　　　　　　　　　　　本体4000円＋税

ヘンリ8世の迷宮
　　──イギリスのルネサンス君主──

　　　　　　　　　　　　　　　　　　　　　　　指　昭博編

　　「青ひげ」のモデルとなったヘンリ8世はいかなる王だったのか？　アン・ブリンをはじめとする6人の女性との恋愛遍歴、宗教改革、幾度も戦争をしかけた暴君？　音楽をこよなく愛し、騎士道を重んじるルネサンス君主？　ヘンリ8世という名の迷宮にようこそ。

　　　　　　　　　　　　　　　　　　　　　本体2600円＋税

生き甲斐の社会史
　　──近世イギリス人の心性──

　　　　　　　　　　　　　　　　　キース・トマス著／川北　稔訳

　　16〜18世紀末のイギリス民衆が、人生の目標を何に求めていたか。「人生をまっとうすること」という概念をキーとして、彼らは何のために生きようとしたのか。しかし、それを妨げる条件は何であったのか。近世イギリス民衆の生活の諸相を具体的に解明する。

　　　　　　　　　　　　　　　　　　　　　本体4000円＋税

昭和堂刊

昭和堂のホームページは http://www.showado-kyoto.jp です。

新しい史学概論　【新版】

望田幸男・芝井敬司・末川清著

社会史や歴史統計学など、近年における多彩な歴史研究の動向と成果を踏まえ、生きた歴史像を見つめる、これから歴史と取り組もうとする人への好個の手引き。歴史研究を理解するための良書が、国際情勢や歴史学自体の変化を反映させて改訂。

本体 2200 円＋税

スペインの歴史

立石博高・関 哲行・中川 功・中塚次郎他編

「光と影の国」の素顔を知る――ヨーロッパ世界にあって独自の道のりを刻んできた、多言語・多文化の国スペイン。その歴史を、現在の研究成果に基づいて概観する、待望の入門書。

本体 2300 円＋税

イタリア都市社会史入門
――12世紀から16世紀まで――

山辺規子・齊藤寛海・藤内哲也編

中世後期から近世初期までのイタリア都市社会を舞台として、そこで営まれる政治・経済・生活・文化などの諸活動の日常性と、その対概念としての非日常性という視点から描く「日常生活史」。

本体 2800 円＋税

ドイツ文化史入門――16世紀から現代まで――

若尾祐司・井上茂子編

近代化・現代化に伴う生活文化の変容や、その時代の生活意識・文化意識を総合的に記述することを目指す。その際、身分制から階級社会への移行と高度技術化の中で、それぞれの生活環境に出発して人々は、どのように自らの生活世界を変えていったのか、人々の生活実感に即した叙述を基軸に置く。

本体 2800 円＋税

アメリカ文化史入門
――植民地時代から現代まで――

亀井俊介編

本書は、17 世紀～今日までのアメリカの歴史と文化を概観したテキストである。メディア、フェミニズム、芸術、性などのキーワードを取り上げ、アメリカの文化像を浮き彫りにする。

本体 2800 円＋税

昭和堂刊

昭和堂のホームページは http://www.showado-kyoto.jp です。

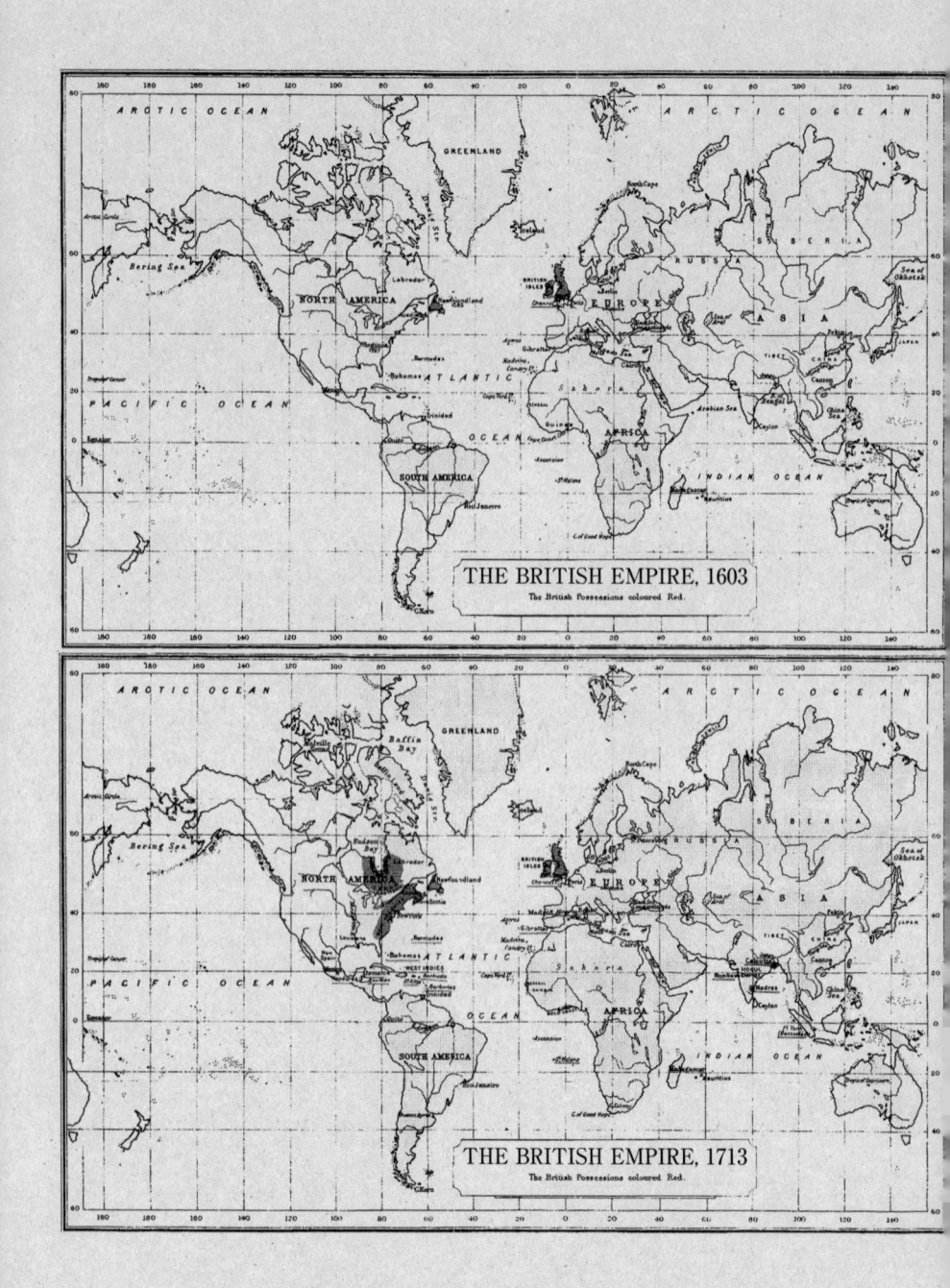

THE BRITISH EMPIRE, 1603
The British Possessions coloured Red.

THE BRITISH EMPIRE, 1713
The British Possessions coloured Red.